Thomas Pröpper · Erlösungsglaube und Freiheitsgeschichte

Thomas Pröpper

Erlösungsglaube und Freiheitsgeschichte

Eine Skizze zur Soteriologie

2., wesentlich erweiterte Auflage

Kösel-Verlag München

CIP-Titelaufnahme der Deutschen Bibliothek

Pröpper, Thomas:
Erlösungsglaube und Freiheitsgeschichte : e. Skizze zur Soteriologie / Thomas Pröpper. – 2., wesentl. erw. Aufl. – München : Kösel, 1988
ISBN 3-466-20272-8

2., wesentlich erweiterte Auflage

Gesamtherstellung: Kösel, Kempten
Umschlag: Elisabeth Petersen, Glonn
ISBN 3-466-20272-8

Inhalt

Vorwort zur zweiten Auflage

Die vorliegende Arbeit wurde im Juli 1986 abgeschlossen und im darauffolgenden Herbst von der Katholisch-Theologischen Fakultät der Universität Tübingen als Dissertation angenommen. Sie erscheint als wesentlich erweiterte Zweitauflage des Buches, das bereits 1985 unter demselben Titel veröffentlicht wurde und inzwischen vergriffen ist. Konzeption und Anlage sind unverändert geblieben und größere Texteinheiten in die Neufassung übernommen. Doch wurden die Hauptthesen umfassender begründet, ausführlicher entfaltet und gelegentlich präzisiert. War die ursprüngliche Fassung eher fundamentaltheologisch ausgerichtet und primär daran interessiert, die Bedeutung des christlichen Glaubens an Erlösung durch die Aufnahme des philosophischen Freiheitsdenkens und im Blick auf das gegenwärtige Stadium der Freiheitsgeschichte zu erschließen, so hatte die Neubearbeitung, um den vorgeschlagenen Ansatz zu verdeutlichen und zu erproben, ausdrücklich auch die innertheologische Problemlage zu behandeln. Einzugehen war nicht nur auf die wichtigsten der exegetischen und dogmengeschichtlichen, dogmatischen und hermeneutischen Fragen, die bei jeder Vergegenwärtigung des Erlösungsglaubens anstehen, sondern auch auf verschiedene Grundpositionen der Soteriologie und damit der systematischen Theologie. Zugleich lag mir daran, den philosophischen Standort der Arbeit noch näher zu bestimmen. Neugefaßt und erheblich erweitert wurden deshalb das 2. und 3. Kapitel, gelegentlich ergänzt auch das 7. und 8. Kapitel. Das ehemalige Vorwort wurde zur neuen Einleitung erweitert und dem 4. Kapitel ein Abschnitt über das Offenbarungsdenken Karl Rahners angefügt. Beträchtlich gewachsen ist außerdem der Anmerkungsteil, in dem einzelne theologische und philosophische Themen weiter erörtert und eingehende Bezüge zur aktuellen Diskussion hergestellt werden. Aus ihm habe ich für die Drucklegung eine größere Zahl der längeren Anmerkungen ausgegliedert und zu einer Reihe von Exkursen zusammengefaßt, die nun den dritten Teil der Arbeit bilden.

Ebensowenig wie den Titel der Arbeit, der das Problemfeld benennt, auf das sich ihr Versuch der Glaubensvermittlung bezieht, habe ich die Bezeichnung »Skizze« verändert. Denn obwohl sie mit der Neufassung deutlichere Konturen gewann und die besonders umstrittenen Einzelfragen aufgreift, konnte sie sich bei manchen Themen, die nicht weniger Beachtung verdienen, nur auf Hinweise und Problemanzeigen beschränken. Für die dringliche Neugestaltung der Soteriologie, die zur Zeit – wie es scheint – wieder wachsendes Interesse findet, sucht sie vor allem dadurch einen Beitrag zu leisten, daß sie die Aufmerksamkeit auf die systematischen Aspekte lenkt und sich die Entwicklung konsistenter und tragfähiger Grundbestimmungen zum Ziel setzt.

Danken möchte ich der Tübinger Fakultät für die Verleihung des Doktorgrades. Vor allem danke ich Herrn Prof. Dr. Walter Kasper, der nicht nur diese Arbeit betreut und begutachtet, sondern mir als theologischer Lehrer auch viele der Einsichten und Fragestellungen vermittelt hat, die in ihr aufgenommen sind. Die Tübinger Jahre, in denen ich an seinem Kolloquium teilnahm und als Assistent mit ihm zusammenarbeiten konnte, haben mein theologisches Denken wesentlich geprägt. Für das menschliche Interesse und alle Förderung, die ich von ihm erfuhr, bin ich ihm dankbar verbunden. Danken möchte ich auch Herrn Prof. Dr. Peter Hünermann, der das Zweitgutachten verfaßte, sowie allen anderen Professoren, die am Promotionsverfahren beteiligt waren.

Meiner Heimatdiözese Paderborn und ihrem Erzbischof Dr. Johannes Joachim Degenhardt schulde ich besonderen Dank für meine Freistellung zur wissenschaftlichen Arbeit und für einen großzügigen Beitrag zu den Druckkosten dieses Buches. Frau Marianne Eckold, Gabriele Duhe, Bernd Wacker und Martin Günther danke ich für ihre Hilfe bei der Fertigstellung des Manuskripts und Herrn Dr. B. Snela vom Kösel-Verlag für die gewissenhafte Betreuung der Drucklegung.

Herzlich zu danken habe ich auch vielen, die ich nicht namentlich aufzählen kann: meinen theologischen und philosophischen Lehrern, den Kollegen und Studenten in Tübingen und Paderborn und vor allem den Freunden, auf deren Gesprächsfreudigkeit, Ermutigung und Kritik ich mich immer wieder verlasse und von denen ich wenigstens Gotthard Fuchs nennen möchte, der meinen Weg schon am längsten begleitet.

Ich widme dieses Buch dem Andenken meiner Eltern.

Wewelsburg, 29. März 1988 Thomas Pröpper

Einleitung

Daß Gott »für uns Menschen und zu unserem Heil« gehandelt hat in Jesus Christus, ist zentrales Bekenntnis des Glaubens. Aber läßt sich der Anspruch auf menschliche Relevanz, den er so eindeutig erhebt, auch vertreten? Diese Frage ausdrücklich zu stellen und für jede Gegenwart wieder zu stellen, ist Sache der Soteriologie. Da in ihr nicht nur ein besonderer Inhalt, sondern stets das Ganze des Glaubens in seiner »Bedeutung für uns« auf dem Spiel steht, wird gerade in ihr freilich auch der Abstand bewußt, der die überkommene Glaubensgestalt von der Selbst- und Wirklichkeitserfahrung der Zeitgenossen trennt. Kann die Rede von »Erlösung« diese Kluft überbrücken? Verstellt gerade sie, statt die Bedeutung des Glaubens zu erschließen und für ihn zu gewinnen, nicht den Zugang zu ihm? An ermutigenden Vorstößen, die selbstverschuldete Fremdheit des Erlösungszeugnisses zu überwinden und es als befreiende Wahrheit zur Geltung zu bringen, hat es seit dem letzten Konzil nicht gefehlt. Mit der vorliegenden Schrift nehme ich wichtige ihrer Motive und Einsichten auf und versuche, sie in systematischer Weise zu begründen und weiterzuführen. Vorgeschlagen und skizziert wird eine Theologie der Erlösung, die entschlossen den Freiheitsgedanken in den Mittelpunkt rückt und seine Klärung so weit voranzutreiben sucht, daß ein möglicher theologischer Neuansatz sichtbar und mit ihm der Sinn des Erlösungsglaubens vermittelt und zugänglich wird.
Worin gründen die Schwierigkeiten mit dem Erlösungsgedanken? Was hat als wesentliches, zu vergegenwärtigendes Zeugnis des Neuen Testamentes zu gelten? Wie sind die Vermittlungsversuche der theologischen Tradition zu bewerten, ihre Einsichten zu würdigen, ihre Folgen zu überwinden? Welche Problemverschärfungen brachte das Denken der Neuzeit? Die Konsequenzen, die sich aus der Behandlung dieser Themen im ersten Teil der Arbeit ergeben, sind festgehalten in sieben Thesen. Sie nennen die Aufgaben einer gegenwärtigen Theologie der Erlösung.
Der zweite Teil nimmt, um den einzuschlagenden Weg und seinen Ausgangspunkt zu begründen, die ebenso dringliche wie umstrittene Frage nach dem Verhältnis des christlichen Glaubens zur neuzeitlichen Freiheitsgeschichte auf. Wie will sich die Theologie zu ihr stellen, wie

zu ihrem Anspruch und Verlauf sich verhalten und wie, vor allem, auf ihr Prinzip sich beziehen? Das Programm einer kritischen Vermittlung, auf das die historischen und prinzipiellen Überlegungen zulaufen, wird in der Auseinandersetzung mit den theologischen Entwürfen von *J.B. Metz, J. Moltmann* und *H. Peukert,* die sich in verschiedener Weise auf die Dialektik der Emanzipationsgeschichte beziehen, weiter verdeutlicht. Seine mögliche Ausführung skizziert das zentrale siebte Kapitel, indem es zunächst die Wahl des Freiheitsparadigmas theologisch rechtfertigt, sodann die für die Explikation der Soteriologie relevanten Einsichten einer transzendentalphilosophischen Freiheitsanalyse entwickelt und endlich mit ihrer Hilfe den christlichen Glauben an Erlösung in seinen Grundbestimmungen darstellt. Was sich dabei an Perspektiven für das Verständnis christlichen Handelns eröffnet, wird im abschließenden Kapitel zusammengefaßt und konkretisiert.
Die Entschiedenheit, mit der ich für eine Theologie der Erlösung als »Theologie der Freiheit« plädiere, entspringt der Überzeugung, daß sich christliche Theologie durchaus bei ihrem Thema befindet, wenn sie auf die Herausforderungen der Freiheitsdiskussion eingeht. Daß Gott sich selbst als Liebe geoffenbart hat – diese Wahrheit der Geschichte Jesu Christi und Grundwahrheit aller Theologie verlangt eine Auslegung in Kategorien der Freiheit. Denn Liebe ist wesentlich Freiheitsgeschehen. Und Heilsgeschichte Freiheits- und Befreiungsgeschichte, als solche von Anfang an bezeugt und weiterhin zu bezeugen. Es scheint mir nicht wenig dafür zu sprechen, daß das Freiheitsdenken der Neuzeit, noch in seiner Entgegensetzung zum christlichen Glauben, eine größere Affinität zu ihm aufweist als die Denkweisen früherer Epochen[1]. Daß allerdings jeder Versuch, den Glauben mit ihm zu vermitteln, bestimmten Widerspruch einschließen muß, dürfte angesichts der tatsächlichen Selbstbestimmung neuzeitlicher Freiheit

[1] »Es mag dahingestellt sein, ob die Opposition des neuzeitlichen Denkens gegenüber der mittelalterlichen Mentalität (abgesehen von wenigen Mißverständnissen) im entscheidenden eine antichristliche Bewegung war. Ging es nicht vielmehr im Grunde um ein Finden des Menschen zu sich selbst und darum um eine sich ergründende Subjektivität, die nichts mit Subjektivismus und eigentlich auch nichts mit Atheismus zu tun hat? Denn der Mensch, der zu sich selbst findet, ist auf diese Weise Gott näher, als wenn er Gott nur faktisch anerkennt, ohne sein Menschsein erschlossen zu haben. Dieses Sich-Finden reißt aber die Differenz des Menschseins immer neu auf. Indem sich der Mensch als Freiheit versteht, sieht er zugleich seine Entfremdung: Das Thema der Erlösung ist in der Freiheitsproblematik notwendig mitgegeben. Merkwürdiges Phänomen: Das scheinbar verbrauchte Wort der Erlösung (Nietzsche) gewinnt im Licht der Freiheitsgeschichte der Neuzeit zentrale Bedeutung« (*J. Möller,* Freiheit und Erlösung, 279).

ebenso klar sein. Die von ihr geschaffene Situation läßt der Theologie keine andere Wahl, als den Streit um die Begründung und Sinnbestimmung wirklicher Freiheit zu führen und in ihm, argumentierend und kritisch, das Angebot des Evangeliums zu vertreten. Nur so kann sie ihrer Verantwortung für die Geschichte entsprechen, in deren Verlauf sie zu tief verstrickt ist, um sich von ihrem Schicksal noch distanzieren zu können. Und gerade so, meine ich, auch der Solidarität Ausdruck geben, die sie heute, als europäische Theologie, der Theologie der Befreiung schuldet.

Sind die Intentionen der Arbeit damit genannt, so bedarf ihre Anlage noch kurzer Erläuterung. Daß sich die Ausführungen des ersten und zweiten Teils im hermeneutischen Zirkel bewegen, ist ebenso offenkundig wie unvermeidbar. Das Verständnis von Erlösung, das die Erhebung des maßgeblichen neutestamentlichen Zeugnisses im zweiten und die Diskussion der traditionellen soteriologischen Konzeptionen im dritten Kapitel schon leitet, wird erst im siebten systematisch entwickelt. Umgekehrt kann der theologische Ansatz, der dort mit Bezug auf das Freiheitsdenken und das gegenwärtige Stadium der Freiheitsgeschichte skizziert wird, als Vergegenwärtigung des christlichen Erlösungsglaubens nur gelten, wenn er der vorgegebenen Heilswahrheit entspricht, sich zugleich also dadurch bewährt, daß er die neutestamentlichen Aussagen zu erschließen und die Überlieferung (kritisch und kreativ) anzueignen vermag. Doch bleibt alles, was der erste Teil untersucht und erörtert, ausgerichtet auf das Hauptziel der Arbeit. Die Berücksichtigung der exegetischen Forschung beschränkt sich auf Fragen, die mir für ein Bemühen, die Erlösungslehre zu reformulieren, besonders dringlich erscheinen. Desgleichen verfolgen die historischen Rückblicke und Skizzen im dritten, vierten und fünften Kapitel keine selbständige Absicht, sondern dienen dazu, unsere eigene Situation zu verstehen und die anstehenden Probleme zu identifizieren. Daß die neuzeitliche Entwicklung am Ende des ersten und nochmals am Anfang des zweiten Teils thematisiert wird, entspricht der verschiedenen Zielsetzung beider Teile: Geht es zunächst um die Anforderungen, die der Soteriologie durch das philosophische Denken auferlegt sind, so kommt mit der Dialektik der Freiheitsgeschichte die Notwendigkeit theologischer Kritik, aber auch die mögliche Relevanz einer Soteriologie in den Blick, die sich als Theologie der Freiheit expliziert. Auf eine unbefangene Wahrnehmung der aufgegebenen Situation zielt bereits das erste, noch einführende Kapitel, das später behandelte Probleme lozieren und deshalb nur ansprechen möchte. Wenn es dabei (ebenso wie das fünfte Kapitel) eingehend auf literarisch bezeugte Erfahrungen achtet, will dies nicht belletristischer Schmuck sein. An der Rückbindung aller theologisch-philosophischen Reflexionen an die Wirklichkeit, wie sie Menschen in unserer Gesellschaft und ihren historischen Gegebenheiten erfahren, ist mir vielmehr durchgehend gelegen. Deshalb weisen die Ausführungen dieser Arbeit in die Situation, von der sie ausgehen, mit den abschließenden Bestimmungen christlichen Handelns auch wieder zurück.

Eine »Skizze zur Soteriologie«, die systematischen Absichten folgt und sich um eine Zusammenschau der vielen hereinspielenden Probleme bemüht, wird stets noch der absichernden, ausführenden und vertiefenden Einzeluntersuchungen bedürfen. Mußte ich die in dieser Hinsicht gezogenen Grenzen von vornherein akzeptieren, waren doch die systematisch entscheidenden Aussagen so klar zu bestimmen, daß sie diskutierbar sein würden. Daß dabei der philosophischen Auseinandersetzung besonderes Gewicht zuerkannt wird, entspricht nicht nur dem Interesse an der Vermittlung des Glaubens, das diese Arbeit motiviert hat. Es ist vom Thema selber gefordert – eben weil Soteriologie nicht nur als Titel für einen regionalen theologischen Traktat steht, sondern »soteriologisch« als »ein adverbialer modus dicendi et agendi der Theologie überhaupt« zu nehmen ist[2], als der Gesichtspunkt näherhin, der ihren Anspruch auf menschliche Relevanz signalisiert und damit die Frage nach einem vermittlungsfähigen theologischen Ansatz in den Vordergrund rückt[3]. Aus demselben Grund mußte ich freilich – nicht

[2] *D. Wiederkehr,* Glaube an Erlösung, 23.

[3] Natürlich kann ein solcher Ansatz erst als bewährt gelten, wenn er die Bedeutung des Glaubens so aufzuschließen vermag, daß die wesentlichen Aussagen seines Bekenntnisses dabei eingeholt oder doch zugänglich werden. Tatsächlich verlangt nun der Inhalt des Heils selber (Gottes in Freiheit geschenkte Liebe) wie auch die ihm entsprechende Weise seiner Realisierung (Menschwerdung und Geistsendung) eine trinitätstheologische Explikation und Begründung des Heils- und Offenbarungsgeschehens. Insofern ist es berechtigt, wenn etwa *G. Greshake* nachdrücklich ein »trinitarisches Heilsverständnis« fordert und insbesondere an die Notwendigkeit erinnert, »die Pneumatologie in die Lehre vom Heil zu integrieren« (Gottes Heil, 37f., 44f.; vgl. 131f., 136ff., 154f., 221f.). Dies muß allerdings nicht bedeuten, daß die Soteriologie mit der Trinitätslehre schon einzusetzen hätte. Statt von ihr her zunächst auf sie hin zu denken, ist theologisch ebenso legitim und aus hermeneutischen Gründen wohl auch geboten. Immerhin wird in der vorliegenden Arbeit, die im Interesse der anthropologischen Vermittlung des Glaubens den zweiten Weg wählt, an mehreren Stellen der Ansatz der Christologie ausdrücklich markiert und über sie auch die trinitätstheologische Sicht des Heilsgeschehens erreicht. Nicht mehr eigens thematisiert ist jedoch, von wenigen Hinweisen (etwa in Exkurs 14) abgesehen, seine pneumatologische Dimension. Dasselbe Geschehen, das nach der Seite seiner bestimmten geschichtlichen Gestalt und seines menschlichen Vollzugs eingehend erörtert wird, wäre also noch als Werk des Geistes darzustellen: daß nämlich er es ist, der

nur in Einzelfragen, sondern schon in grundsätzlicher Weise – innerhalb der theologischen Diskussion Stellung beziehen, auch wenn dies von der Gedankenentwicklung des Textes, die sich primär an der Sachproblematik ausrichtet, nur selten explizit gemacht wird. Denn außer den schon genannten Theologen, deren Ansätze sich ausdrücklich auf die Emanzipationsgeschichte als Leidensgeschichte beziehen und deshalb im sechsten Kapitel behandelt werden, ist ein eigener Abschnitt nur *Karl Rahner* gewidmet, der die katholische Theologie wie kein anderer für das Denken und die Fragestellungen der Neuzeit geöffnet und ihr die Aufgabe anthropologischer Vermittlung bewußt gemacht hat. Im übrigen aber wurde, um die Gedankenführung und ihre Durchsichtigkeit nicht zu sehr zu belasten, die Klärung innertheologischer Bezüge wie die Erörterung einzelner theologischer Fragen den Anmerkungen und den Exkursen überlassen. Wenn hier die Namen *Hans Urs von Balthasar, Gerhard Ebeling, Walter Kasper, Wolfhart Pannenberg* und *Edward Schillebeeckx* besonders häufig begegnen, soll damit auch zum Ausdruck gebracht werden, wie viel die folgenden Ausführungen ihren Anstößen verdanken[4].

die tatsächliche Erkenntnis der in Jesus Christus begegnenden Liebe Gottes ermöglicht und zu ihrer Annahme bewegt, und daß diese Liebe durch ihn das Innerste des Menschen erreicht und erneuert. Allerdings sollte sich eine solche Darstellung bewußt sein, daß sie mit der Aufgabe, vom Wirken des Geistes in uns und vom Heil als »Einbeziehung« in Gottes trinitarisches Leben zu sprechen, ohne doch das als Freiheitsdifferenz zu bedenkende Gegenüber von Gott und Mensch aufzuheben, unter gedankliche und begriffliche Anforderungen gestellt ist, die mit bloß metaphorischen Aussagen wohl eher verdeckt als eingelöst würden. Kurz: daß diese Arbeit eine solche Darstellung nicht mehr unternimmt, gehört zu ihren bewußten Grenzen. Daß sie deshalb nicht weniger dem Auseinanderfallen von »äußerem« und »innerem« Heil entgegenarbeitet, ist schon dadurch verbürgt und sichtbar, daß sie bei Gottes offenbarer Liebe, die als solche in symbolischer Gestalt begegnet und doch stets das »Selbst« des Menschen betrifft, als ihrem soteriologischen Grundbegriff einsetzt – einem Ausgangspunkt übrigens, der auch ein anthropologisch oder ethisch reduziertes und ebenso ein individualistisch verengtes Heilsverständnis von vorneherein ausschließt. Daß sich gerade von ihm aus der Zugang zur trinitätstheologischen Vertiefung der Soteriologie öffnet, zeigen die Ausführungen bei *W. Kasper*, Der Gott Jesu Christi, 285–383.

[4] Da die genannten Theologen noch zu vielen Einzelfragen zu Wort kommen werden, seien hier nur ein paar allgemeine und zugleich etwas persönlich gehaltene Bemerkungen vorausgeschickt. Daß ich neben *K. Rahner* (dessen Schriften ich entscheidende Einsichten, Motive und Anstöße verdanke und an dessen Denken sich auch dann noch abzuarbeiten lohnt, wenn man ihm schließlich nicht mehr folgt) *H. U. von Balthasar* nenne, mag angesichts seiner deutlichen (und gelegentlich auch die Polemik nicht scheuenden) Reserven gegenüber vielen neueren Erscheinungen in Kirche und Theologie vielleicht überraschen. Doch meine ich, daß man am Reichtum seines Werkes nur um den Preis einer theologischen Verarmung vorbeigehen kann. Sein in »Herrlich-

Die Hauptabsicht dieser Arbeit ist also systematisch und praktisch: auf ein zusammenhängendes Verstehen des christlichen Heilsglaubens gerichtet und an seiner menschlichen Relevanz interessiert. Wenn die Frage nach einer gegenwärtigen *Theologie* der Erlösung dabei den Leitfaden bildet, dann doch im Wissen um ihre Grenzen. Die fundamentale Rolle der Praxis im Überlieferungsprozeß des Glaubens ist schon deshalb anzuerkennen, weil Glaube ursprünglich das Geschehen

keit« realisiertes Programm einer theologischen Wahrnehmungslehre, die »der sich selbst auslegenden Herrlichkeit der allerfreiesten Liebe Gottes« gemäß ist (Glaubhaft ist nur Liebe, 6), dürfte von der theologischen Erkenntnis- und Prinzipienlehre im allgemeinen kaum schon hinreichend rezipiert, die Vermittlung seiner Intentionen mit einer auf die kritische Methode verpflichteten Exegese einerseits und einem transzendentalanthropologischen Denken andererseits jedoch ebenso dringlich wie lohnend sein. Die Bedeutung der wesentlichen Entsprechung von Inhalt und Gestalt der Offenbarung ist mir erstmals durch Balthasar aufgegangen, genauso wie sein zentraler Gedanke von der in Jesus Christus erscheinenden und für sich selbst sprechenden Liebe Gottes, über die hinaus Größeres nicht geschehen und gedacht werden kann, sich unmöglich – wenn er erst einmal eingeleuchtet – wieder vergessen läßt. Für die soteriologische Thematik dieser Arbeit ist in erster Linie Balthasars »Theodramatik« relevant, zumal sie das Erlösungsgeschehen im Horizont der Freiheitsgeschichte zwischen Gott und den Menschen konzipiert und dabei Freiheitsbestimmungen entwickelt, die mir (im wesentlichen) transzendentalphilosophisch rekonstruierbar erscheinen. Im ganzen bleibt freilich der Eindruck einer hermetischen, trotz ihrer inneren Schönheit schwer zugänglichen Theologie. Für ein auf die Vermittlung des Glaubens bedachtes Denken jedenfalls ist es ein langer Weg, bis es (wieder) zu der »höchsten Perspektive« gelangt (Theodramatik III, 176), in der sich Balthasars aus der großen Tradition lebende Theologie immer schon hält. – *W. Pannenberg* und *G. Ebeling* folge ich nicht nur in vielen ihrer Thesen zur Christologie und zur Hermeneutik, sondern grundsätzlich auch in ihren fundamentaltheologischen Interessen. Führte Pannenberg über eine (nur) transzendental-anthropologisch reflektierende Theologie dadurch hinaus, daß er aus der Einsicht in die unausweichliche Geschichtlichkeit menschlicher Selbst- und Wirklichkeitserfahrung die Konsequenzen für die theologische Methodik entwickelte, so bringt Ebelings Anthropologie, die den Menschen als Sein coram Deo versteht und mit seinem Angegangensein von Gott rechnet, eindringlich die Problematik des Selbst und die anthropologische Relevanz der Rechtfertigungslehre zur Geltung. Hält man an der Zusammengehörigkeit der von beiden akzentuierten Momente fest, müßte es lohnen, nach einer Verbindung zwischen der von (der Auseinandersetzung mit) Hegel geprägten universalgeschichtlichen Theologie Pannenbergs und dem eher in der Tradition Luthers und Schleiermachers sich vollziehenden hermeneutisch-worttheologischen Denken Ebelings zu suchen. Und lohnen wohl auch, Ebelings erhellende, doch zumeist eher phänomenologische Analysen, zumal sie durchgehend auf die fundamentale Gewißheitsproblematik des Subjekts rekurrieren, philosophisch auszuführen und zu verifizieren. Übrigens wäre ähnliches m. E. auch zur Gotteslehre *E. Jüngels* (Gott als Geheimnis der Welt) zu sagen, die mit ihrer ausdrücklichen Bezugnahme auf die an sich ambivalente und erst durch die Offenbarung definitiv bestimmte »Erfahrung mit der Erfahrung« mehr an philosophischen Implikationen beansprucht, als es ihre vorwiegend aporetisierende bezeichnet, in dem eine Freiheit – vermittelt durch mitmenschliche Freiheit – sich selber dadurch bestimmt, daß sie in Gottes zuvorkommende Liebe einstimmt und von ihr sich bestimmen läßt. Ebenso klar wäre freilich jeder Aufhebung der Theorie-Praxis-Dialektik entgegenzutreten. Bedarf humane Praxis, schon philosophisch gesehen, eines Begriffs von sich selber, der sie am Interesse der Freiheit orientiert und auf die Freiheit aller verpflichtet, so hängt theologisch alles daran, daß sie sich in der Bestimmtheit des Glaubens vollzieht: als begründet in Gottes eigenem Handeln und als Darstellung seiner Liebe. Ohne diese Praxis des Glaubens jedoch, die bezeugt, was theologisch bedacht wird, müßte endlich auch die Theologie gegenstandslos werden. Je klarer sie deshalb, im Blick auf den »Urheber und Vollender des Glaubens«, das der Zuwendung Gottes entsprechende Handeln des Menschen als die Weise begreift, in der Gottes Wahrheit menschliche Wirklichkeit wird, desto angemessener kann sie die eigene Aufgabe erfüllen, dieses Geschehen – ohne an seine Stelle treten zu wollen – nachdenkend und orientierend, ermutigend und kritisch zu begleiten.

Darstellung des neuzeitlichen Denkweges erkennen läßt. – Auskünfte zu zahlreichen Einzelfragen dieser Arbeit fand ich in den beiden großen einschlägigen Werken von *E. Schillebeeckx* (Jesus; Christus und die Christen). Vor allem aber folge ich ihm in wichtigen Grundoptionen und vielen seiner Urteile über die der Theologie aufgegebene historische Situation. – Wie viel Anregungen ich der Theologie *W. Kaspers* verdanke, kann mit den folgenden Hinweisen auf seine Christologie und seine Schellingarbeiten nur angedeutet werden. Jedenfalls haben sich die wessentlichen der in diese Arbeit eingegangenen Gedanken in seiner Nähe entwickelt und in vielen Gesprächen mit ihm geklärt. Besonders wichtig waren für mich die Einübung in die Tradition Tübinger Theologie mit ihrer Verbindung von geschichtlichem und systematischem Denken und die Ermutigung zur Beschäftigung mit dem Deutschen Idealismus.

I. Aufgaben einer gegenwärtigen Theologie der Erlösung

1. Schwierigkeiten mit dem Erlösungsgedanken

Wenn der christliche Glaube auf Unverständnis und Ablehnung trifft, muß es sich keineswegs immer um die Erfahrung des Widerspruchs handeln, auf den er stets gefaßt zu sein hat. Ebenso kann es den Zustand einer Ungleichzeitigkeit verraten, für die er, weil von ihm selber verschuldet, auch selbst die Verantwortung trägt. Die Theologie jedenfalls sollte, statt sich mit dem Gedanken an die erste Möglichkeit zu beruhigen, sich zuvor und wiederholt prüfen, ob sie nicht eher ihre Aufgabe und mit ihr eigene Chancen verpaßt hat. Besonders dringlich gilt diese Forderung, wenn nach der Bedeutung des *Erlösungsglaubens* gefragt ist. Denn es gibt wohl kein Wort, das einerseits so unlösbar mit dem christlichen Selbstverständnis verbunden und andererseits so direkt auf die menschliche Selbsterfahrung bezogen, ihr zugleich jedoch so fremd geworden sein dürfte wie eben das ehrwürdig-vertraute und problembeladene Wort von unserer Erlösung. Was also wären die Aufgaben einer gegenwärtigen Theologie der Erlösung? Und welche Wege stehen ihr offen? Um einer Antwort näherzukommen, empfiehlt sich, zunächst auf die ihr aufgegebene Situation einzugehen und – noch ohne systematischen Anspruch – einige der allerdings vor Augen liegenden Schwierigkeiten nicht nur zu benennen, sondern auch verständlich zu machen.

a) Angebot ohne Nachfrage

Zumindest für alle, die in der Arbeit der Verkündigung und Glaubensvermittlung stehen, bedarf eines keiner langen Beschreibung: Daß sie mit ihrem Erlösungsglauben wie mit einem Angebot dastehen, für das wenigstens unmittelbar und ausdrücklich keine Nachfrage besteht, macht ihr Grundproblem aus. Die Bedürftigkeit, Probleme und Fragen, für die Erlösung die Antwort und »Lösung« sein könnte, sind nur schwer eruierbar und werden, sofern sie überhaupt gespürt und zugelassen sind, in jeder anderen Sprache als der des Glaubens artikuliert und ohne seine Hilfe erledigt – und sei es durch die vielfältigen Surrogate, mit denen das durchaus latente Sinnbedürfnis teils beschwichtigt, teils geschickt manipuliert und ausgebeutet wird. Sensiblere Theologen spüren die Unfairneß und Geschmacklosigkeit, aus der eigenen Verlegenheit die Zeitgenossen immer nur bei ihren schwachen Momenten zu fassen. Sie haben begriffen und beherzigt, was *Dietrich Bonhoeffer* über den Gott mit »Lückenbüßerfunktion« sagte[1]. Lieber möchten sie von Gott aus der Mitte ihres Lebens heraus reden und von neuem zu reden lernen. Denn sie kennen den Widerwillen, den sie erregen, wenn sie bei »den anderen« ständig Schwächen ausschnüffeln, Ängste mobilisieren, ihnen Schuldgefühle und ihr Unglücklichsein einreden, immer wieder auf Krankheit und Tod rekurrieren, kurz: ihnen das Leben erst verdächtig und »madig« machen müssen[2], um ihnen sodann die Erlösungsbotschaft verabreichen zu können.

Was aber die Probleme angeht, die die Zeitgenossen tatsächlich bedrängen, so lastet die Hypothek ihrer Vergangenheit auch noch heute so schwer auf den Christen, daß man entscheidende Hilfe kaum mehr von ihnen erwartet. Zu verdächtig machten ihren Glauben die Folgen, die sich – um nur auf den Anteil der Theologie an dieser Entwicklung zu achten – etwa aus der Fixierung des Sündenverständnisses auf die formale Bestimmung des »Ungehorsams« ergaben. Denn je mehr dementsprechend, wie *Leslie Dewart* bemerkt hat, »die christliche Moral sich zu konzeptualisieren begann im Sinne einer Vollbringung ›bestimmer Handlungen‹, welche die ›Mittel‹ bildeten, durch welche die ›Glückseligkeit‹ zu gewinnen ist«[3], um so mehr mußte jede spontane und kreative Verantwortung zur bloßen »Erfüllungsethik« erschlaffen. Sünde ist ihnen, den Christen, so diagnostizierte *Nietzsche* diesen Vorgang,

> »eine Respekts-Verletzung, ein *crimen laesae majestatis divinae* – und nichts weiter! Zerknirschung, Entwürdigung, Sich-im-Staube-wälzen – das ist die erste und letzte Bedingung, an die seine [Gottes] Gnade sich knüpft: Wiederherstellung also seiner göttlichen Ehre! Ob mit der Sünde sonst Schaden gestiftet wird, ob ein tiefes, wachsendes Unheil mit ihr gepflanzt ist, das einen Menschen nach dem andern wie eine Krankheit faßt und würgt – das läßt diesen

[1] *D. Bonhoeffer,* Widerstand und Ergebung, 133: »Sollen wir ein paar Unglückliche in ihrer schwachen Stunde überfallen und sie sozusagen religiös vergewaltigen? Wenn wir das alles nicht wollen [...], was für eine Situation entsteht dann für uns, für die Kirche?« Ähnlich 135. 159f. 167.

[2] A.a.O. 174.

[3] *L. Dewart,* Die Zukunft des Glaubens, 37.

ehrsüchtigen Orientalen im Himmel unbekümmert: Sünde ist ein Vergehen an ihm, nicht an der Menschheit! – wem er seine Gnade geschenkt hat, dem schenkt er auch diese Unbekümmertheit um die natürlichen Folgen der Sünde«[4].

Mag das auch ungerecht oder zumindest übertrieben erscheinen: Es waren doch »christliche« Länder, in denen der Gottesdienst pünktlich stattfand und zugleich Siebenjährige in die Bergwerke mußten. Es sind heute christliche Länder, in denen Farbige und Gastarbeiter als Menschen zweiter Klasse rangieren. Noch vor kurzem haben sich Katholiken mehr Gedanken über das Freitagsgebot als über die Welternährungsprobleme gemacht. Wenn Sünde erst einmal bedeutet, daß man getan hat, was man nicht tun soll, statt daß man nicht getan hat, was man tun soll – dann ist man schon im Begriff, das Schicksal der Welt ihr selbst zu überlassen, und darf sich endlich nicht wundern, wenn *Marx*, der die Religion immerhin noch als »Seufzer der bedrängten Kreatur« und »Protestation gegen das wirkliche Elend« zu würdigen wußte, doch die Forderung des »wirklichen Glücks« mit der »Aufhebung der Religion als des illusorischen Glücks«, d. h. mit der Forderung gleichsetzte, »einen Zustand aufzugeben, der der Illusionen bedarf«[5]. Aber

[4] *F. Nietzsche,* Die fröhliche Wissenschaft: WW II, 132.

[5] *K. Marx,* Zur Kritik der Hegelschen Rechtsphilosophie: WW I, 488 f. – »Religionskritik war vor allem Soteriologiekritik«, so faßt *D. Wiederkehr* die Grundtendenz ihrer Einwände zusammen: »Unheil und Heil in der Erfahrung und Sprache des Glaubens seien spiritualistisch und immateriell, dualistisch-leibfeindlich, individualistisch oder nur privat-intersubjektiv anstatt sozial und gesellschaftlich-strukturell, postmortal-jenseitig und zu wenig innergeschichtlich-zukünftig, passiv auf Gottes gnädiges Wirken wartend anstatt verantwortlich-handelnd usw.« Auch wenn – wie Wiederkehr zu Recht insistiert – eine theologische Neuinterpretation der überlieferten Heilsaussagen sich diese Ausschließlichkeit und Gegensätzlichkeit weder bei der Beurteilung der Ausgangslage noch bei der Zielbestimmung zu eigen machen könne, da sich einerseits die »Verkürzung des Heils und der völlige Ausfall von menschlichen Wirklichkeitsdimensionen [. . .] nicht pauschal als *die* traditionelle Soteriologie und -praxie« ausgeben lasse und andererseits jede »Verkürzung des Menschen auf seine ausschließlich vitalen Lebensmöglichkeiten« nach Widerspruch rufe, sei dennoch die unerledigte Aufgabe unbestreitbar: »Daß es nach wie vor, auch zum Subjekt des autonomen und verantwortlichen ganzheitlichen Menschen und seiner Geschichte, legitim, notwendig und berechtigt ist, von Unheil und Heil im religiösen Sinn zu sprechen, also in den thematischen Kategorien von Sünde und Gnade, von Knechtschaft und Gotteskindschaft, von altem und neuem Menschen [. . .]: dies muß neu erwiesen werden gegenüber der Behauptung, die Zeit religiöser Kategorien und Existenzdimensionen sei so vorbei wie die antiquierten vorwissenschaftlichen Anschauungen und die passive Ohnmacht gegenüber dem Leiden und der Geschichte. Mit der bloßen Deklamation gegen eine Horizontalisierung der Erlösung und der unverzichtbaren

auch dann, nach den Erschütterungen durch die Religionskritik noch, viel zu lange, hielten sich die Christen im Abseits und schienen nur darauf aus, die Schwierigkeiten der anderen, die sich an die fälligen Veränderungen machten, zur Kenntnis zu nehmen. Immer noch, wenn auch leicht verunsichert, in ihrer (von *Kurt Tucholsky* beschriebenen) warmen Herberge sitzend und auf die draußen Herstapfenden und Sichabmühenden blickend, erschöpfte sich ihr Beitrag im bloßen Kommentar zu den Pannen: Wir haben's ja gesagt! Es mag uns schmerzen, aber es ist doch verständlich, wenn der Rede von Erlösung auch noch heute weithin nur Achselzucken begegnet.
Hinzu kommt, daß sich mit dem landläufigen Erlösungsgedanken Vorstellungen und Implikationen verbinden, die nicht nur wie der Gottesgedanke unmittelbar nicht mehr einleuchtend sind, sondern auch erschreckende und abstoßende Assoziationen auslösen. So vor allem das Genugtuungs- und Sühnemotiv. »Lieber Heiland, sei so gut, / lasse doch dein teures Blut / in das Fegefeuer fließen, / wo die armen Seelen büßen« – schon als Kind habe ich nicht verstanden, warum der liebe Heiland denn erst bluten mußte. Was ist das für ein Gott, der nicht wie im Falle Isaaks nur scheinbar, sondern tatsächlich auf dem Tod eines unschuldigen Menschen als Sühne für seine verletzte Ehre besteht? Verdiente er, selbst wenn es ihn gibt, das Vertrauen der Menschen? *Ernst Bloch* hat sich nicht gescheut, vom »Kannibalen im Himmel« zu sprechen[6]. Hat er nicht recht, wenn er meint, ein solcher Gott sei aus menschlichen Gründen, und dies eigentlich schon seit Ijob, nicht mehr vertretbar?

b) Krise des Ethischen und Schwinden des Sündenbewußtseins

Aber kommen wir zu dem noch tieferen Problem: dem Schwinden des Sündenbewußtseins, das die traditionelle Rede von Erlösung noch voraussetzen konnte. Ich meine nicht das Bewußtsein von Verantwortung und Schuld überhaupt, denn in dieser Hinsicht läßt sich eher eine gegensätzliche Beobachtung machen. Einerseits begegnet ein waches, problemgeschärftes Verantwortungsgefühl und häufig, auch außerhalb des Christentums, eine in ihren Inhalten geradezu christliche Ethik. Nicht etwa nur an die von der Klage über den allgemeinen moralischen Verfall leichtfertig übersehene ethische Neuorientierung der Jüngeren

Vertikale des Heils ist die Aufgabe der Neuinterpretation noch nicht geleistet« (Die ganze Erlösung, 332f.).

[6] *E. Bloch,* Atheismus im Christentum, 160.

und ihre engagierten Initiativen wäre dabei zu denken, sondern auch an die Zeugnisse der Literatur. An die Solidaritätsethik in *Camus'* »Pest«, eine Ethik aus der Einsicht, »nicht allein glücklich sein zu können«[7]. Oder an das beinahe neutestamentlich klingende Lied der Magd Grusche in *Brechts* »Kaukasische(m) Kreidekreis«:

Kümmern mußte ich mich um das, was verkommen wär
Bücken mußte ich mich nach den Brotkrumen am Boden
Zerreißen mußte ich mich für das, was nicht mein war
Das Fremde.
Einer muß der Helfer sein
Denn sein Wasser braucht der kleine Baum.
Es verläuft das Kälbchen sich, wenn der Hirte schläft
Und der Schrei bleibt ungehört[8].

Oder an die Gedichte von *Günter Eich:* »Du kannst dich abwenden / vor der Klapper des Aussätzigen, / Fenster und Ohren verschließen / und warten, bis er vorbei ist. / Doch wenn du sie einmal gehört hast, / hörst du sie immer«[9]. Und immer wieder kann man erleben, daß eine Definition wie die von *Saint-Exupéry:* »Menschsein heißt, sich schämen beim Anblick einer Not« spontan überzeugt.
Auf der anderen Seite bestätigt sich freilich, wie sehr das Gewissen von seinen sozialen und gesellschaftlichen Bedingungen abhängt, wie leicht es sich auf die herrschenden Plausibilitäten einpendelt und wie glatt die Mechanismen der Entlastung und Abschottung funktionieren. Schon *Kafka* hat dies in »Eine Gemeinschaft von Schurken« beschrieben:

»Wenn zum Beispiel einer von ihnen jemanden, einen Fremden, außerhalb ihrer Gemeinschaft Stehenden, auf etwas schurkenmäßige Weise unglücklich gemacht hatte, – das heißt wieder nichts Schurkenmäßiges, sondern so wie es gewöhnlich, wie es üblich ist, – und er dann vor der Gemeinschaft beichtete, untersuchten sie es, beurteilten es, legten Bußen auf, verziehen und dergleichen. Es war nicht schlecht gemeint, die Interessen der einzelnen und der Gemeinschaft wurden streng gewahrt und dem Beichtenden wurde das Komplement gereicht, dessen Grundfarbe er gezeigt hatte: ›Wie? Darum machst du

[7] *A. Camus,* Die Pest, 123. Wenige Tage vor seinem Tod antwortete Camus auf die Frage, was man tun müsse, um eine weniger von Not bedrückte und freiere Welt zu erreichen: »Geben, wann immer man kann. Und nicht hassen, wenn man es kann«. Vgl. *H. R. Schlette,* »Geben – nicht Hassen«.

[8] *B. Brecht,* Der kaukasische Kreidekreis, 75.

[9] *G. Eich,* Botschaften des Regens, 33.

dir Kummer? Du hast doch das Selbstverständliche getan, so gehandelt, wie du mußtest. Alles andere wäre unbegreiflich. Du bist nur überreizt. Werde doch wieder verständig.‹ So hielten sie immer zusammen«[10].

Ja, inzwischen scheint es sogar schwierig geworden, überhaupt noch die ursprüngliche Evidenz des Ethischen zu vertreten. Denn auch und gerade *Kants* Begründung der Ethik, die wie keine andere auf Autonomie und unbedingte Geltung bedacht war, hing doch von einer Voraussetzung ab: vom Entschluß der Freiheit zu sich selber, von der – wie es später *Kierkegaard* nannte – »absoluten Wahl«, die als Wahl der Freiheit der Freiheit der Wahl vorausliegt und den Unterschied von Gut und Böse allererst eröffnet[11]. Seit jedoch *Nietzsche* die moralischen Ideen von Ich, Freiheit und Verantwortung dementierte und seit sich endlich das verwissenschaftlichte, den Idealismus und alle Metaphysik verabschiedende Denken auf breiter Linie durchsetzte, wurde die Möglichkeit freier Selbstbestimmung zunehmend verdächtig und eine konditionierende Betrachtungsweise des Ethischen herrschend. Bereits bei *Feuerbach*, der die menschliche Gattung als »das letzte Maß der Wahrheit« ansetzte und dementsprechend Liebe als das subjektive »Selbstgefühl der Vollkommenheit der Gattung« und den anderen als ihren Repräsentanten und »mein gegenständliches Gewissen« bestimmte, erscheint das »Moralische« auf den »Ergänzungstrieb« der sich in ihrer Verschiedenheit gegenseitig »kompensierenden« und dadurch auf »natürliche« Weise rechtfertigenden Individuen reduziert[12]. Von *Freud* schließlich wird das Gewissen als Instrument der Kulturentwicklung und diese selbst als der »Lebenskampf der Menschenart« verstanden und das Schuldgefühl als Ausdruck eines »Ambivalenzkonflikts, des ewigen Kampfes zwischen dem Eros und dem Destruktionstrieb« erklärt[13]. Auch wenn Freuds Lehre vom Über-

[10] *F. Kafka*, Die Erzählungen, 302.

[11] *S. Kierkegaard*, Entweder – Oder, 718: »Mein Entweder-Oder bezeichnet nicht zunächst die Wahl zwischen Gut und Böse, es bezeichnet die Wahl, durch die man Gut und Böse wählt oder sie ausschließt. Die Frage ist hier, unter welchen Bestimmungen man das ganze Dasein betrachten und selber leben will [...] Es ist deshalb nicht so sehr die Rede davon, daß man wähle, ob man das Gute oder das Böse will, als vielmehr davon, daß man das Wollen wählt; damit aber ist wiederum das Gute und das Böse gesetzt.« Nur »indem man absolut wählt, kann man das Ethische wählen. Durch die absolute Wahl ist somit das Ethische gesetzt« (728). In ihr wählt das Ich »sich selbst«: »Zwar wird der Mensch damit kein anderer als er zuvor gewesen, aber er wird er selbst; das Bewußtsein schließt sich zusammen, und er ist er selbst« (728).

[12] *L. Feuerbach*, Das Wesen des Christentums: WW 5, 184–189.

[13] *S. Freud*, Das Unbehagen in der Kultur: Studienausgabe IX, 249. 258.

ich erheblich modifiziert und seine Triebaxiomatik nicht durchweg rezipiert wurde, ist die hinterfragende, illusions- und ideologiekritische Attitüde gegenüber allem, was mit moralischem Anspruch daherkommt, doch geradezu unser Schicksal geworden. Unter dem Titel »Das In den Bart Lächeln der Wissenschaft oder Erste ausführliche Begegnung mit dem Bösen« hat *Robert Musil* die »eigenartige Vorliebe« geschildert,

»die das wissenschaftliche Denken für mechanische, statistische, materielle Erklärungen hat, denen gleichsam das Herz ausgestochen ist. Die Güte nur für eine besondere Form des Egoismus anzusehen; Gemütsbewegungen in Zusammenhang mit inneren Ausscheidungen zu bringen; festzustellen, daß der Mensch zu acht oder neun Zehnteln aus Wasser besteht; die berühmte sittliche Freiheit des Charakters als ein automatisch entstandenes Gedankenanhängsel des Freihandels zu erklären; Schönheit auf gute Verdauung und ordentliche Fettgewebe zurückzuführen; Zeugung und Selbstmord auf Jahreskurven zu bringen, die das, was freieste Entscheidung zu sein scheint, als zwangsmäßig zeigen [. . .]: derartige Vorstellungen, die im Zauberkunststück der menschlichen Illusionen gewissermaßen den Trick bloßlegen, finden immer eine Art günstiger Vormeinung, um für besonders wissenschaftlich zu gelten. Es ist allerdings die Wahrheit, was man da liebt; aber rings um diese blanke Liebe liegt eine Vorliebe für Desillusion, Zwang, Unerbittlichkeit, kalte Abschrekkung und trockene Zurechtweisung, eine hämische Vorliebe [. . .] Die Stimme der Wahrheit hat ein verdächtiges Nebengeräusch, aber die am nächsten Beteiligten wollen nichts davon hören«[14].

Allerdings ist es nicht immer diese Gesinnung, die Musil vom »Kriegsgesetz der geistigen Eroberung« beherrscht sah[15], welche solche Skepsis gegenüber dem Sittlichen bewirkt. Vielmehr kann sich in der Kritik der alltäglichen Moral gerade auch das Interesse an authentischem Selbstsein anmelden. *Nietzsches* hämisch-hellsichtige Charakterisierung der »Tugendhaften« scheint jedenfalls von ihm geleitet:

»Aber wohl gibt es solche, denen Tugend der Krampf unter einer Peitsche heißt: und ihr habt mir zuviel auf deren Geschrei gehört!
Und andre gibt es, die heißen Tugend das Faulwerden ihrer Laster; und wenn ihr Haß und ihre Eifersucht einmal die Glieder strecken, wird ihre ›Gerechtigkeit‹ munter und reibt sich die verschlafenen Augen [. . .]
Und andre gibt es, die kommen schwer und knarrend daher, gleich Wägen, die Steine abwärts fahren: die reden viel von Würde und Tugend – ihren Hemmschuh heißen sie Tugend!

[14] *R. Musil,* Der Mann ohne Eigenschaften, 303f.
[15] A.a.O. 304.

Und andre gibt es, die sind gleich Alltags-Uhren, die aufgezogen wurden; sie machen ihr Ticktack und wollen, daß man Ticktack – Tugend heiße [. . .]
Und andre sind stolz über ihre Handvoll Gerechtigkeit und begehen um ihrerwillen Frevel an allen Dingen [. . .]
Ach, wie übel ihnen das Wort ›Tugend‹ aus dem Munde läuft! Und wenn sie sagen: ›ich bin gerecht‹, so klingt es immer gleich wie: ›ich bin gerächt!‹
Mit ihrer Tugend wollen sie ihren Feinden die Augen auskratzen; und sie erheben sich nur, um andre zu erniedrigen.
Und wiederum gibt es solche, die sitzen in ihrem Sumpfe und reden also heraus aus dem Schilfrohr: ›Tugend – das ist still im Sumpfe sitzen.
Wir beißen niemanden und gehen dem aus dem Wege, der beißen will; und in allem haben wir die Meinung, die man uns gibt‹ [. . .]
Und wiederum gibt es solche, die halten es für Tugend, zu sagen: ›Tugend ist notwendig‹; aber sie glauben im Grunde nur daran, daß Polizei notwendig ist.
Und mancher, der das Hohe an den Menschen nicht sehen kann, nennt es Tugend, daß er ihr Niedriges allzunahe sieht: also heißt er seinen bösen Blick Tugend [. . .]
Ach, meine Freunde! Daß *euer* Selbst in der Handlung sei, wie die Mutter im Kinde ist: das sei mir *euer* Wort von Tugend!«[16]

Der letzte Vers gibt das Stichwort für den stattgefundenen Wandel der Moralität, sofern sie sich als solche behauptet. Und für das entsprechende Gewissensverständnis: Nicht mehr als Stimme Gottes im Innern, sondern – wie *Bonhoeffer* formulierte – als der aus der Tiefe der Person »sich zu Gehör bringende Ruf der menschlichen Existenz zur Einheit mit sich selbst« wird das Gewissen gehört, *wenn* es gehört wird, als Instanz gegen die Gefährdung der Integrität und »Warnung vor dem sich selbst Verlieren«[17]. Und deshalb wohl noch Schuld, aber *nicht mehr Schuld als Sünde* erfahren. Im Gegenteil: Nietzsche fand den »Zuschauergott«, vor dem wir uns ständig verantworten müssen, unerträglich und nannte es den Hauptirrtum Jesu zu meinen, »an nichts litten die Menschen so sehr als an ihren Sünden . . . So füllte sich seine Seele mit jenem wundervollen, phantastischen Erbarmen, das einer Not galt, welche selbst bei seinem Volke, dem Erfinder der Sünde, selten eine große Not war! – Aber die Christen haben es verstanden, ihrem Meister nachträglich Recht zu schaffen und seinen Irrtum zur ›Wahrheit‹ zu heiligen«[18]. Wenn man sich etwa an die pietistische Technik zur Erweckung des Sündenbewußtseins erinnert, wird man solche Polemik wohl nicht ganz gegenstandslos finden. Oder auch an die noch gar nicht

[16] *F. Nietzsche,* Also sprach Zarathustra: WW II, 352f.
[17] *D. Bonhoeffer,* Ethik, 257.
[18] *F. Nietzsche,* Die fröhliche Wissenschaft: WW II, 133.

so alten Gesangbuch-Anleitungen zur »Erweckung von Reue und Leid«. Oder an den Erfolg von *Tilmann Mosers* Buch »Gottesvergiftung« und sein Motto: Freut euch, wenn euer Gott freundlicher war![19] Oder an die erschütternden Berichte der Therapeuten über die sogenannten ekklesiogenen Neurosen. »Man hat bisher«, so noch einmal *Nietzsche,* »das Christentum immer auf eine falsche, und nicht bloß schüchterne Weise angegriffen. Solange man nicht die *Moral* des Christentums als *Kapitalverbrechen am Leben* empfindet, haben dessen Verteidiger gutes Spiel. Die Frage der bloßen ›Wahrheit‹ des Christentums [...] ist eine ganz nebensächliche Angelegenheit, solange die Wertfrage [...] nicht berührt ist«[20]. Und dann: »die Beschmutzung und Verdächtigung des Schönen, des Glänzenden, des Reichen, des Stolzen, des Selbstgewissen, des Erkennenden, des Mächtigen – *in summa* der *ganzen Kultur:* seine [des Christen] Absicht geht dahin, ihr *das gute Gewissen* zu nehmen«[21].

Mag Nietzsches Pathos auch heute schal wirken, so ist sein Motiv doch wirksam geblieben, wenn nicht gar zur selbstverständlichen Grundhaltung geworden. Hier sei nur die Bestimmtheit erwähnt, mit welcher der junge *Camus* gegen jede Zumutung des Sündenbewußtseins das Recht der »natürlichen Unschuld« behauptet. Wie faszinierend er in »Hochzeit des Lichts« das Glück der Gegenwart beschwört: das »Bündnis von Mensch und Erde«, den Stolz auf Sonne und Meer und die Ewigkeit im »Hinfließen der Tage«[22]. Und wie unwillig der »Fremde«, für die »zärtliche Gleichgültigkeit der Welt« empfänglich und mit ihr versöhnt, dem Gefängnispriester begegnet, der ihm mit religiösen Vorhaltungen kommt und mit dem er, schließlich wütend, seine Zeit nicht länger zu »vertrödeln« bereit ist[23]. Natürlich kann man, wie es kirchlicherseits üblich wurde, sagen: Eben darin bestehe heute die Sünde, daß das Bewußtsein von ihr verlorengegangen sei. Oder auch dem tiefen Hinweis nachdenken, der in der Dichtung von *Georges Bernanos* immer wieder begegnet: daß die eigentliche und vollendete Sünde nicht die Gnade zerstöre, sondern das Bedürfnis nach ihr aufhebe. Doch ist dies schon die Deutung und Erfahrung des Glaubens – die Frage bleibt aber, wie sie mitteilbar sei.

Jedenfalls scheint es, daß das Phänomen des Ethischen keinen *unmittelbaren* Anknüpfungspunkt für die Erlösungsbotschaft mehr bietet und

19 *T. Moser,* Gottesvergiftung.

20 *F. Nietzsche,* Aus dem Nachlaß der Achtzigerjahre: WW III, 826.

21 A.a.O. 609.

22 *A. Camus,* Hochzeit des Lichts, 13. 46. 69.

23 *A. Camus,* Der Fremde, 144–154.

daß *Wolfhart Pannenberg* recht hat, wenn er in der exemplarischen Kontroverse, die er darüber mit *Gerhard Ebeling* führte, aus der »Erkenntnis der historischen Relativität des Ethischen« den Schluß zieht, daß »die Wirklichkeit Gottes und seiner Offenbarung schon für sich feststehen« müsse, um »überhaupt irgendwelche ethische Relevanz« haben zu können – wobei freilich immer noch gilt, daß »die ethische Bewährung ihrer Bekenner auf das allgemeine Urteil über die Wahrheit der Botschaft zurückwirken kann«[24]. Die eigentliche Schwierigkeit im Verhältnis der Ethik zum Glauben tritt jedoch erst zutage, wenn man nicht nur auf das Problem ihrer Gehalte, sondern auch ihre neuzeitlich-autonome Begründung und ihren Sinnhorizont achtet. Wenn *Kant* den Gottesgedanken von ihrer Grundlegung konsequent ausschloß, ihm mit der Postulatenlehre aber dennoch praktische Bedeutung zuwies, war er ebenso vom nüchternen Wissen um den faktischen Weltlauf, die Antinomie von Glückswürdigkeit und Glückseligkeit, geleitet wie zugleich noch von der als »Vernunftbedürfnis« interpretierten Zuversicht getragen, daß Moralität unmöglich sinnlos sein könne[25]. Auch *Max Horkheimer* hat, in ähnlichem Zusammenhang, doch im klaren Bewußtsein der Zerbrechlichkeit solcher Rede, von der »Sehnsucht nach dem ganz Anderen« oder, genauer und zurückhaltender noch, »von der Furcht, daß es diesen Gott nicht gebe«, gesprochen[26]. Mit den Entwürfen existentialistischer Ethik jedoch, die den Akt der Wahl selbst zum Sinnstiftenden einsetzt und aus ihm alles in der Situation der Absurdität mögliche Glück schöpft, wurde jene Perspektive eindeutig verlassen[27].

24 *W. Pannenberg,* Die Krise des Ethischen und die Theologie: Ethik und Ekklesiologie, 47. 52. Vgl. *ders.,* Antwort an Gerhard Ebeling: a.a.O. 55–69; *G. Ebeling,* Die Evidenz des Ethischen und die Theologie: Wort und Glaube II, 1–41; *ders.,* Die Krise des Ethischen und die Theologie. Erwiderung auf W. Pannenbergs Kritik: a.a.O. 42–55; zum Thema der Kontroverse auch *O. Bayer,* Die Gegenwart der Güte Gottes. Zum Problem des Verhältnisses von Gottesfrage und Ethik: Zugesagte Freiheit, 77–100.

25 *I. Kant,* Kritik der praktischen Vernunft: WW 6, 278 (A 259).

26 *M. Horkheimer,* Die Sehnsucht nach dem ganz Anderen, 76.

27 *A. Camus,* Der Mythos von Sisyphos, 53 f.: Der »Tod und das Absurde sind hier die Prinzipien der einzig vernünftigen Freiheit, jener Freiheit, deren Wirklichkeit ein menschliches Herz erfahren kann [. . .] Der absurde Mensch ahnt so ein glühendheißes und eiskaltes, durchsichtiges und begrenztes Universum, in dem nichts möglich, aber alles gegeben ist und jenseits dessen der Zusammenbruch und das Nichts liegen. Nun kann er sich dazu entschließen, das Leben in einem solchen Universum anzuerkennen und aus ihm seine Kraft zu gewinnen, seinen Verzicht auf Hoffnung und die eigensinnige Bekundung eines Lebens ohne Trost«. »Das Individuum kann nichts und vermag dennoch alles [. . .] Die Welt zerschmettert es, und ich befreie es.

Erst recht aber dürfte die Sinnfrage in der ausdrücklich theologischen Gestalt der Rechtfertigungslehre, wie sie Luthers Frage nach dem gnädigen Gott formulierte, ihre historische Plausibilität eingebüßt haben. Sie wurde in der Neuzeit von der Theodizeefrage abgelöst, die angesichts des Zustands der Welt nunmehr Gott zur Verantwortung zog[28]. Doch fehlen auch für diese Problemstellung inzwischen immer mehr der Horizont und die Prämissen. Die Empörung, mit der Iwan Karamasow aus fast selbstquälerischem Mitleid mit den gemarterten Kindern Gottes Schöpfung konsequent ablehnt, wird vom Arzt Rieux nur noch lakonisch und wie bedauernd mit dem Satz resümiert: Es ist »vielleicht besser für Gott, wenn man nicht an ihn glaubt«[29]. Und in *Becketts* »Endspiel« heißt es sogar über Gott: »Der Lump! Er existiert nicht!«[30]

c) Wiederkehr der Religion?

Ist mit der Allgemeinheit der Sündenthematik auch die Erlösungsbotschaft erledigt? Natürlich sollte man nicht übersehen, daß unsere Gesellschaft der Religion durchaus noch eine Rolle zuweist und sogar von ihr wünscht: ihren Beistand nämlich bei den sogenannten Kontingenzerfahrungen des Lebens, bei individuellem Glücksverlust, bei Alter, Krankheit und Tod. Und in der Tat: ein Glaube an Erlösung, der nicht zu trösten vermöchte, verdiente nicht seinen Namen. Aber können sich die Kirchen auf die Zumutung, bloß noch als Institutionen für Kontingenzbewältigung zu fungieren, einlassen? Nach *Helmut Peukert* hieße das nichts anderes, als »die Irrationalität einer auf Machtsteigerung beruhenden gesellschaftlichen Mechanik zu legitimieren«[31]. Ganz abgesehen davon, daß – wie *Jürgen Habermas* schon vor Jahren feststellte – es heute »zum erstenmal die Masse der Bevölkerung« ist, die auch in Grenzsituationen »nicht aus einem vollständig säkularisierten Alltagsbewußtsein heraustreten und auf institutionalisierte oder doch tief internalisierte Gewißheiten zurückgreifen kann«[32].

Ich setze es in alle seine Rechte ein« (74). »Übrig bleibt ein Schicksal, bei dem nur das Ende verhängnisvoll ist. Abgesehen von diesem einzigen Verhängnis des Todes ist alles, Freude oder Glück, Freiheit« (97).

28 Zu den Fragen allerdings, die angesichts des Leids »gerade auch beim Atheismus übrigbleiben, sofern er nicht geschichtsloser und irrealer, ja irrsinniger Optimismus ist«, vgl. *E. Bloch,* Atheismus im Christentum, 116–118.

29 *F. Dostojewski,* Die Brüder Karamasow, 5. Buch/4. Kap.; *A. Camus,* Die Pest, 77.

30 *S. Beckett,* Endspiel, 89.

31 *H. Peukert,* Kontingenzerfahrung, 84.

32 *J. Habermas,* Philosophisch-politische Profile, 35.

Aber regt sich nicht längst allerorts ein neues Bedürfnis nach »Religion«? Ich finde: nach neuer Beheimatung sicherlich und mit ihm auch eine eher noch emotionale Abkehr von der Mentalität des »homo faber«. Doch scheint mir die gesamte »Bewegung« noch zu diffus, ihre Kritik noch zu unbestimmt, ihre Beschwörung heiler Erfahrungen zu durchschaubar und ihre Anfälligkeit für beliebige Inhalte und unbefragte Autoritäten zu groß, um gesellschaftlich und theologisch schon zu große Hoffnungen auf sie zu setzen. Es könnte auch sein, daß sich das Ganze nur einmal mehr in einer folgenlosen »romantischen« Reaktion auf die bestehenden Verhältnisse erschöpft.

Man wird also festhalten dürfen: Der Atheismus (und zwar bereits jenseits der einst dramatischen Alternative von Theismus und Antitheismus) ist zum alles beherrschenden *Klima* geworden und in seiner praktischen Gestalt, von Gottes Handeln nichts zu erwarten, auch unter den Christen selbst weiter verbreitet, als man wohl eingestehen möchte[33]. Für die meisten der Zeitgenossen bilden die Selbstverantwortung und das Sich-selbst-überlassen-Sein die Ausgangserfahrung[34].

[33] Für *G. Ebeling* stellt sich die Frage, »ob nicht das Kraftloswerden des christlichen Heilsglaubens in der Neuzeit die tiefste Ursache dessen ist, daß das Wort ›Gott‹ leer und nichtig wurde. Denn wenn nicht mehr dasjenige erwartet wird, was allein von Gott erwartet werden kann, dann ist Gott überflüssig geworden, das heißt: dann ist Gott seines Gottseins beraubt. Die Tötung Gottes hätte sich dann dadurch vollzogen, daß sich der Mensch von Gott nichts mehr verspricht«. Tritt der Zweifel am Heil im christlichen Verständnis aber erst vollends und schonungslos ans Licht, ist damit zu rechnen, daß »uns eine noch viel härtere Auseinandersetzung, als sie schon um die Gottesfrage entbrannt ist, in bezug auf die Heilsfrage bevor[steht]: wenn nämlich deutlich wird, daß die Soteriologie nicht etwa eine unangreifbare Zuflucht vor der Problematik der Gotteslehre ist und darum auch nicht ein unbestrittener Ausgangspunkt zur Wiedergewinnung des Redens von Gott sein kann« (Das Verständnis von Heil in säkularisierter Zeit: Wort und Glaube III, 352f.).

[34] Auch der Mensch, »der noch Erlösung braucht, hat seine Tragik erkannt und weiß, daß er sich erlösen muß von seinen seelischen und gesellschaftlichen Zwängen, von überstarken geschichtlichen Bindungen, von seinen Komplexen verschiedenster Art, von übertriebenen Forderungen der Umgebung, der Familie, der Gesellschaft, von seinem Verfallensein an sich selbst, von seiner Angst, seinem Gotteskomplex und Schuldbewußtsein. Erlösung als Befreiung ist zum Thema psychoanalytischer Methoden, sozialkritischer Experimente, politischer Bewegungen geworden. Freiheit mag im ganzen Utopie bleiben; aber sie ist in bestimmten Bereichen und in gewissen Graden zu verwirklichen, um den Menschen menschlicher zu machen« (*J. Möller,* Freiheit und Erlösung, 275). Aber auch die durchaus verbreiteten und Faszination ausübenden »totalisierenden Zustandsbeschreibungen des Heils« wie z. B. »das Ganze, Unversehrtheit, Integrität, Überwindung der Entfremdung, totales Glück« sind »anthropologische Umschreibungen des Heils, aus denen, jedenfalls sprachlich gesehen, die Gottesfrage ausgezogen ist« (*M. Seckler,* Theosoterik, 292; vgl. *G. Sauter,* Heilsvorstellungen, 241f.).

Jede Rede von Erlösung hat dies nicht nur als ihre Situation zur Kenntnis zu nehmen[35], sondern auch die legitimen Momente daran anzuerkennen.

d) Die Notwendigkeit kritisch-selbstkritischer Solidarität

Aber verdient solchen Respekt heute auch, was man zusammenfassend die »technologische Mentalität« nennen könnte? Allerdings stellt sie weder als solche schon eine Einstellung dar, der man ohne weitere Bedingung das Prädikat »human« zusprechen könnte, noch bringt sie, der einmal eingeschlagenen Richtung überlassen, wie von selbst schon humanen Verhältnissen näher, sondern betrügt faktisch – im Verein mit der kapitalistischen Organisationsform der Gesellschaft – die Menschen um ihre Authentizität und betreibt überdies die Bewußtlosigkeit solcher Entfremdung. Sie ist, sofern sie zur fraglosen Grundeinstellung wurde, nicht nur unmittelbar und entschieden aus moralisch-praktischen Gründen zu kritisieren, sondern auch wissenschaftstheoretisch selber als bestimmte Praxis, als Praxis aneignender Herrschaft aufzuklären und theologisch zutreffend als Ausdruck des menschlichen Selbstbehauptungswillens verstehbar. Aber wenn und ehe man diese Kritik an ihr übt, sie bei ihrer Eindimensionalität, ihren manifesten Krisen und lebenzerstörenden Folgen behaftet und sich selbst oft, mit solchen Feststellungen schon befriedigt und im richtigen Bewußtsein bestätigt, von allem weiteren nur dispensiert, ist doch der Ernst ihrer ursprünglichen Entschlossenheit zu respektieren, sich für die realen Probleme verantwortlich zu fühlen und überhaupt etwas zu tun. Selbst ihre Versuche, menschliches Leid auch sublimer Form zu überwinden,

[35] »Denn die hermeneutische Grundbedingung des christlichen Redens vom Heil ist seine Offenheit für die Wirklichkeit« (*G. Ebeling,* Das Verständnis von Heil, 358). Zu Recht zieht deshalb *O. H. Pesch* (Frei sein aus Gnade) aus der gegebenen Situation, in der weder die vorgängige Anerkenntnis der Wirklichkeit Gottes noch ein ausdrückliches Sündenbewußtsein vorausgesetzt werden kann, die hermeneutische Konsequenz, den Sinn der Rechtfertigungs-, Erlösungs- und Gnadenlehre mit Bezug auf die menschliche Sinnfrage aufzuschließen: »Rechtfertigung von der Sünde heißt [...] Befreiung von der Last einer Sinnsuche, die auch noch alle Schuld und Selbstverfehlung einschließt« (218). Und es entspricht dieser Ausgangslage, daß die Frage nach Gott und die Frage nach Gnade zusammenfallen (75): »Wenn die Frage nach Gott positiv entschieden wird, dann ist immer schon die Heilsfrage, die Sinnfrage mitentschieden [...] Eine neutrale Frage nach der ›Existenz‹ eines Gottes, der *nachträglich* erst die Frage folgte, ob und unter welchen Voraussetzungen diese Erkenntnis für mich, für die Menschen Heil oder Unheil bedeute, eine solche ›neutrale‹ Frage nach Gott ist im Horizont ›unserer Erfahrung‹ absurd« (158).

sind als Abkehr von einer allzu langen Tradition passiver Leidensrechtfertigung nicht nur historisch zu würdigen, sondern stellen – solange sie nicht auf Verschleierung hinauslaufen und damit neues Leid produzieren – auch weiterhin eine Anstrengung dar, die mehr als bloßes, vielleicht gar hämisches Zuschauen verdient[36].

Erst recht verdienen Anerkennung die »emanzipatorische« Haltung und ihr Versuch, im inzwischen erreichten Stadium der Gesellschaft die »sei's drum: alteuropäische Menschenwürde« zu retten[37]. Der bei Theologen verdächtig beliebte Hinweis auf die von *Horkheimer* und *Adorno* analysierte »Dialektik der Aufklärung« ändert nichts daran, daß die weitere Entwicklung und jeder Beitrag zu ihr ihrerseits unter dem Anspruch der Aufklärung stehen. Daß Aufklärung mißbraucht werden kann, rechtfertigt keineswegs schon die Weise, wie die allerorts wuchernde Gegenaufklärung *Blochs* (und schon *Kants*) Diktum vom »Aufkläricht« verwendet und eine schicke Vernunftkritik vergangene Denkweisen restauriert, sondern es zwingt nur dazu, Unterscheidungen zu treffen und die Auseinandersetzung mit der zur technokratischen Herrschaft verkommenen Rationalität *vernünftig* zu leisten[38]. Gerade die Theologie hat wohl Anlaß, sich vor falschen Freunden zu hüten. Denn wenn die Kritik der Erlösungsvorstellung, ihrer weltlosen Innerlichkeit und geschichtslosen »Jenseiterei« *(Bloch)*, und der Hinweis auf ihre Folgen, die Erzeugung neurotischen Leids und die Stabilisierung von Verhältnissen des Elends, auch nur einiges historische Recht hat, dann bleibt sie für jeden theologischen Neuentwurf Prüfstand. Auch der Versuch, in den Krisen des säkularen Humanismus um seiner Humanität willen die ursprünglich christlichen Voraussetzungen offenzuhalten oder allererst wieder zur Geltung zu bringen, kann für die Theologie nur identisch mit der Revision solcher Tendenzen und Traditionen in ihr sein, die die Entfremdung der Freiheitsgeschichte von ihr provozierten[39].

36 »Wir müssen unsern Garten bestellen«, bemerkt Candide am Ende seiner Leidensirrfahrten. Und ebenso Martin: »Arbeiten wir also, ohne viel zu grübeln [. . .], das ist das einzige Mittel, um das Leben erträglich zu machen«. Damit antwortet Voltaire auf Leibniz' philosophische Theodizee: *Voltaire,* Candide, 184.

37 *J. Habermas,* Legitimationsprobleme, 196.

38 *H. Vormweg,* Das Elend der Aufklärung, 89: Das »Bestehende noch in seinen fortgeschrittensten Erscheinungen provoziert weiterhin die Dialektik der Aufklärung und demonstriert die Aktualität von Aufklärung. Das einzige Mittel gegen ihren Mißbrauch bleibt die Aufklärung selbst: Leben mit Vernunft«.

39 Im Blick auf die bis in die sechziger Jahre dauernde, doch inzwischen erschütterte »Euphorie der menschlichen Möglichkeiten« und die sich andeutenden Konvergenzen zwischen christlicher Erlösungstradition und gegenwärtigem Krisenbewußtsein

Das bisher Gesagte genügt wohl, um im Blick auf die theologische Aufgabe einen ersten Grundsatz zu formulieren:

(1) Die theologische Rede von Erlösung kann glaubwürdig und zugänglich nur werden, wenn sie die gegenwärtige Situation unverstellt wahrnimmt, als Aufgabe anerkennt und die Folgen der eigenen Tradition nicht verleugnet. Erst wenn sie sich ohne Vorbehalt (nicht etwa bloß taktisch-apologetisch) mit allen unbestreitbar humanen Engagements solidarisiert, erscheint auch die Auseinandersetzung um die Begründung und nähere Bestimmung dessen, was human heißen darf, menschlich berechtigt. Weil Christen Menschen unter Mitmenschen sind, wird ihr Christsein erst verantwortet und kommunikabel, wenn es in seiner Menschlichkeit einleuchtet und als Beitrag zur Menschwerdung wirksam ist.

Aus dieser eher ethischen Grundhaltung, die für jeden Theologen selbstverständlich sein sollte, ergibt sich in theoretischer Hinsicht unmittelbar eine wichtige Folge:

Eine Theologie der Erlösung ist ohne Vermittlung und Auseinandersetzung mit der philosophischen Anthropologie und den Human- und Gesellschaftswissenschaften heute weder angemessen vertretbar noch hinreichend verständlich. Sie muß, um gegenwärtig zu werden, nicht nur zur fundamentaltheologischen Argumentation bereit, sondern von dieser Bereitschaft auch in ihrem systematischen Ansatz orientiert sein.

bemerkt *D. Wiederkehr:* »Es mag für die christliche Soteriologie nicht ohne Genugtuung sein, diese kritische Selbstbesinnung und die geradezu öffentliche Umkehr der Gesellschaft festzustellen; die Praxis und die Theorie des christlichen Glaubens wird daraus keine falschen Schlüsse ziehen oder sich in Selbstgerechtigkeit distanzieren. Zum einen bleiben die Bemühungen um mehr Menschlichkeit, für die Überwindung von Hunger, Krankheit und Knechtschaft nach wie vor Ziele und Hoffnungen des Heilsstrebens und des Erlösungsglaubens, an deren Erreichung der Glaube solidarisch mitzutragen hat. Zum anderen resultiert aus dieser um sich greifenden Einsicht nicht schon eine neue weltweite Anerkenung und Annahme des christlichen Erlösungsglaubens. Ebensowenig ist der christliche Erlösungsglaube selber dadurch von der theoretisch-reflektierenden wie praktisch-kooperierenden Anstrengung dispensiert, diese angedeutete Konvergenz auch in kritischer Solidarität auszuziehen. Mehr als eine Art ›soteriologia negativa‹ halten diese wieder offengehaltenen Freiräume des Menschen und seiner Geschichte nicht fest, ob und wie sich darin die ursprüngliche ganzheitliche, weltliche und weltüberschreitende christliche Erlösungsbotschaft gestaltet und verwirklicht, ist damit noch nicht gesichert« (Die ganze Erlösung, 338f.).

e) Erlösung als Befreiung? Das Dilemma von Identität und Relevanz

Inzwischen läßt sich freilich nicht leugnen: Immer mehr Christen haben die Herausforderung ihrer Situation angenommen und bemühen sich um die dringlich gewordene praktische Solidarität. Und dies nicht mehr nur im Binnenraum eines sich zwischenmenschlich bewährenden Glaubens, sondern auch – aus der Einsicht in die politischen Implikationen *jeden* Glaubens – zu den gesellschaftlichen Konsequenzen entschlossen. Aber dabei geschah, was angesichts der tatsächlichen Verhältnisse in Gesellschaft und Kirche vielleicht geschehen mußte: daß nämlich das Schicksal der Neuzeit, die Entzweiung von Erlösungsglaube und Befreiungsgeschichte, nun die Kirchen selbst einzuholen droht. Jedenfalls ist die Frage nach dem Verhältnis von Erlösung und Befreiung zum Hauptkatalysator geworden, an dem sich die innerkirchliche Polarisierung seit längerem vollzieht[40]. Da haben die einen endlich begriffen, daß die Kirche hoffnungslos ihre Aufgabe verschläft, wenn sie sich in ihr Eigenleben einspinnt, ihre traditionellen Sprachspiele pflegt und allenfalls kosmetisch ein bißchen Aggiornamento betreibt. Angesichts der vor aller Augen liegenden Not und des durchaus veränderbaren Unrechts würden sie als Gläubige sich selbst verdächtig erscheinen, wenn sie von Erlösung nur reden wollten, statt mit dem Evangelium, das ihnen geschenkt ist, ihren Auftrag für die Rechtlosen und Armen zu begreifen und diese Einsicht entschieden zu realisieren. Die Reaktion darauf ist bekannt: Da wird vom Ausverkauf des »eigentlich Christlichen« geredet und die »Horizontalisierung« des Glaubens beklagt; da wird der Humanisierung der Welt die Verkündigung des Wortes, der Veränderung der Verhältnisse die Umkehr des Einzelnen entweder schroff gegenübergestellt oder doch so übergeordnet, daß beider Verbindung bloß nachträglich, wenn nicht belanglos erscheint; theologische Alternativen wie »Jesulogie oder Christologie«, »Orthodoxie oder Orthopraxie« werden beschworen und fixiert sowie namentlich der Emanzipationswille oft unterschiedslos als Selbsterlösung disqualifiziert[41].

[40] Symptomatisch war die Diskussion über den am befreienden Wirken und der Gotteserfahrung Jesu orientierten Neuentwurf des Erlösungsverständnisses von *H. Kessler,* Erlösung als Befreiung (1972). Dieses Buch war zugleich einer der ersten und durchaus kritischen Vermittlungsversuche des christlichen Erlösungsglaubens mit der »Kritischen Theorie«. Vgl. die beiden antwortenden Stellungnahmen von *H. Kessler,* Erlösung als Befreiung?

[41] Vergleichbare Entgegensetzungen innerhalb der evangelischen Kirchen und Theologie ergeben sich etwa bei der Kontroverse um »Quietismus und Synergismus« oder

Was sich hier abspielt, läßt sich mit *Jürgen Moltmann* zutreffend als Ausdruck des fundamentalen Identität-Relevanz-Dilemmas verstehen[42]. Je ausschließender nämlich die christliche Identität des Glaubens herausgestellt wird, desto fraglicher muß seine Relevanz werden. Deshalb führt die Solidarität mit den human und gesellschaftlich orientierten Initiativen immer häufiger zum Abschied von einer Kirche, die ihre stabilisierende Rolle als angepaßte Religion der Gesellschaft nicht reflektiert, sondern »sich selbst der religiösen Toleranz dieser frigiden Gesellschaft erfreut und um des eigenen Bestandes willen ihren faulen Frieden mit ihr gemacht hat«[43] oder auch, angefochten vom Zeitgeist, ihre Identität kleingläubig und gesetzlich in starren Formeln behauptet und sich in apokalyptischer Sektenmentalität ganz aus der Gegenwartsverantwortung zurückzieht. Umgekehrt wird freilich das Bündnis mit den sozial- und gesellschaftskritischen Kräften auch auf die Identitätsfrage gestoßen. Denn wo eine Theologie nurmehr die soziale und politische Orthopraxie als Kriterium ihrer Verifikation gelten läßt, droht die Möglichkeit eines eigenen kreativ-kritischen Beitrags in der Assimilation unterzugehen. Dennoch, meint Moltmann, ist die Entäußerung zur Solidarität mit den anderen der einzige Weg, die

um »Messianismus oder Christologie«; im Streit um die »Begründung der Theologie in einer biblisch-dogmatischen oder einer mehr sozialethischen Orientierung«; in den Auseinandersetzungen um die Grenzen der Kirche, das Ziel ihres Handelns und die dabei leitenden Heilsvorstellungen, wie sie in der Religionspädagogik, der Seelsorge, der ökumenischen Bewegung usw. aufbrechen (vgl. *G. Sauter,* Heilsvorstellungen, 229 ff.). Sehr genau bestimmt *G. Ebeling* die »Vereinseitigungen«, durch die das Denken in der gegenwärtigen Situation aus den inneren Spannungen des christlichen Heilsglaubens auszubrechen neigt; das führt zu den Alternativen: »Entweder die Heilsfrage ganz am Individuum und dessen seelischen Nöten und Bedürfnissen zu orientieren oder [. . .] die Ausrichtung auf Welt und Geschichte zu betonen; entweder sich in eine Spiritualisierung des Heilsverständnisses zu retten oder auf dessen Konkretisierung im Leibhaften zu drängen; entweder die ethischen Phänomene zum Kriterium und Interpretationshorizont der Soteriologie zu machen oder den spezifisch religiösen Aspekt dagegen auszuspielen; entweder darauf zu dringen, daß die Heilsaussagen an den Erfahrungen des irdischen Lebens sich zu bewähren und das Diesseits zu verändern haben, oder sich mit der Heilshoffnung ganz auf das Jenseits zu richten in bewußtem Widerspruch gegen alle Erfahrung; entweder eine präsentische Eschatologie zur Norm zu erheben oder gerade die futurische Eschatologie für das Entscheidende zu halten; entweder den Tod die Grenze des sprachlich Verantwortbaren sein zu lassen [. . .] oder auf die Analogiefähigkeit der Kategorien des Lebens das Recht zu anschaulichen Heilsvorstellungen zu gründen« (Das Verständnis von Heil, 354).

[42] Vgl. *J. Moltmann,* Der gekreuzigte Gott, 12–33.

[43] A.a.O. 14.

christliche Identität von neuem zu finden, ohne pharisäisch zu werden[44].
Was damit knapper gesagt ist, als es ausgeführt werden müßte, konkretisiert einen Grundsatz, der allgemein hermeneutischer Art ist und sich in jeder Lebensgeschichte bestätigen kann: Identität läßt sich isoliert nur um den Preis eines Wirklichkeitsverlustes festhalten, der die behauptete Wahrheit gleichsam auszehrt und sie zuletzt unverständlich, weil inhaltsleer macht. Zugleich trifft Moltmanns Analyse die weitverbreitete und geradezu neurotische Angst, in der sich Christen und Theologen ihres Glaubens durch die Frage nach dem »unterscheidend Christlichen« zu versichern trachten, noch ehe sie sich mit anderen auf die gemeinsamen Aufgaben einlassen. Noch verdächtiger aber macht sie ihre Lernunwilligkeit. Da werden etwa die Einsichten der marxistischen Mehrwerttheorie schon deshalb ausgeschlagen, weil *Marx* auch Religionskritik übte. Lehramtlich wird insinuiert, mit dem Gebrauch des gesellschaftsanalytischen Instrumentariums marxistischer Provenienz seien faktisch weitgehend, wenn nicht gar zwangsläufig eine Totalisierung des Klassenstandpunkts und die Übernahme weltanschaulicher Irrtümer verbunden[45]. Und warum diese Allergie gegen die von vielen Lateinamerikanern vertretene Dependenztheorie? Vielleicht doch eben nur deshalb, weil sie uns (alle) der Verstrickung ins gesellschaftliche Unrecht und den Weltbürgerkrieg überführt?
Auf der anderen Seite werden früher oder später auch die »Progressiven« vor die Identitätsfrage gestellt, sei es, daß sie bei ihren »linken Freunden« auf den Verdacht bloß halbherziger Anbiederung stoßen, den tiefwurzelnden antikirchlichen Ressentiments und den alten religionskritischen Argumenten begegnen, oder auch, daß sie mit ehrlichem Interesse nach ihrem Glauben gefragt werden und sich Situationen einstellen, wo sie das ausdrückliche Bekenntnis schuldig wären oder Entscheidungen anstehen, bei denen ins Gewicht fällt, ob man

[44] A.a.O. 20.

[45] So noch die »Instruktion der Kongregation für die Glaubenslehre über einige Aspekte der ›Theologie der Befreiung‹« vom 6. 8. 84, Abschn. VI–X. Doch ist mit der neuen »Instruktion der Kongregation für die Glaubenslehre über die christliche Freiheit und die Befreiung« vom 22. 3. 86 wohl eine neue Entwicklung im Verhältnis von kirchlichem Lehramt und Theologie der Befreiung eingeleitet worden. (Leider habe ich diese Instruktion für die vorliegende Arbeit nicht mehr auswerten können.) Vgl. zum Thema die Beiträge und Analysen in *H.-J. Venetz/H. Vorgrimler* (Hg.), Das Lehramt der Kirche und der Schrei der Armen, sowie *J. B. Metz* (Hg.), Die Theologie der Befreiung. Ein überzeugendes Beispiel dafür, wie bewußt die Theologie der Befreiung gerade an der Versöhnung von Unterdrückten und Unterdrückern orientiert ist, bietet *J. C. Scannone,* Die Dialektik von Herr und Knecht.

glaubt oder nicht. Sich selbst und anderen vom Eigenen und Besonderen Rechenschaft zu geben, hat also Bedeutung für alle[46]. Deshalb läßt sich der erste Grundsatz durch einen zweiten ergänzen, der wiederum zunächst die theologische Einstellung betrifft und sodann inhaltliche Aufgaben nennt:

> (2) Gerade die Situation der Solidarität verlangt von allen Beteiligten, daß sie die Perspektiven und Motive ihrer jeweiligen Herkunft ins Spiel bringen. Christlicher Glaube läßt sich von der Zuversicht nicht trennen, daß er sich bewährt, indem er menschliches Leben ermöglicht und neue Wege eröffnet. In der Regel wird solche Prüfung im praktischen Lebensvollzug sich ergeben, doch muß die Theologie ihn reflektierend, ermutigend und kritisch begleiten. Näherhin muß sie den Inhalt des Glaubens in seiner Möglichkeit theoretisch, in seiner geschichtlichen Identität historisch und in seiner Relevanz durch die Verdeutlichung seiner praktischen Implikationen und Folgen ausweisen. Solche Vermittlungsarbeit ist kritisch in zweifacher Richtung: einmal führt sie ins gegenwärtige Bewußtsein neue (oder auch vergessene) Möglichkeiten ein, zum anderen bringt sie die christliche Tradition zu ihrer bestimmten Wahrheit, indem sie ihre gegenwärtige Bedeutung entwickelt und dabei durchaus auch Wesentliches und Unwesentliches in ihr unterscheidet.

Ich gehe im folgenden davon aus, daß mit dem Erlösungsgedanken, richtig verstanden, in der Tat das für das Ganze des christlichen Glaubens Entscheidende auf dem Spiel steht, versuche aber zugleich ein Verständnis von Erlösung zu entwickeln, das in den genannten Hinsichten verantwortet ist[47].

[46] Vgl. *J. Moltmann,* Der gekreuzigte Gott, 23: »Wird Identität nur im Bereich der Nichtidentität fraglich und spruchreif, so wird Relevanz nur aufgrund erfahrener und geglaubter Identität aktuell«.

[47] Als das für den christlichen Glauben »Entscheidende« muß dabei in jedem Fall gelten, was *M. Seckler* (Theosoterik) das »theosoterische Prinzip« genannt hat: »Das christliche Heilsverständnis ist von Grund auf theosoterisch« (290). Am Ende einer Entwicklung, in der »die Erlösungstheorien der Schultheologie in ihrer esoterischen Korrektheit einem schleichenden Wirklichkeitsverlust unterlagen«, während »die im Gegenzug aufkommenden weltzugewandten und wirklichkeitsbezogeneren Heilstheorien immer gottloser« wurden, sieht Seckler die dringlichste soteriologische Aufgabe darin, »das theosoterische Prinzip im Kontext der neuzeitlichen Heilsfrage in seinen verschiedenen Dimensionen zu überdenken und [. . .] zentral zur Geltung zu bringen« (292). Voraussetzung für eine Überwindung der manifesten Entzweiungen wäre indessen, gegenüber der traditionellen Verengung auf ein »instrumentales« Verständnis der Theosoterik (Erlösung *durch* Gott), dessen Pendant die neuzeitlich-anthropologische Grundidee der »Selbstverwirklichung« bildet, dem »finalen« Sinn

2. Das maßgebliche Zeugnis des Neuen Testamentes

Wenden wir uns zuerst, um Kriterien für alle weiteren Überlegungen zu gewinnen, dem Neuen Testament zu. Doch stellt sich schon mit diesem Schritt ein Problem. Denn warum eigentlich muß die Theologie jeder Zeit sich an den frühesten Zeugnissen des christlichen Glaubens ausweisen? Und warum nach dem von ihnen bezeugten geschichtlichen Grund des Glaubens fragen? In der Tat könnte solche Bindung an die Autorität eines historischen Anfangs wohl nur als positionell und willkürlich erscheinen und endlich vom aufgeklärten Bewußtsein entweder als überflüssig beiseite geschoben oder als Heteronomie abgelehnt werden, wenn sie nicht einer inneren Notwendigkeit entspränge und einsichtig gemacht werden könnte, daß *der wesentliche Inhalt des Glaubens an die Form seines freien Gegebenseins gebunden* und deshalb nur wahr ist und seine bestimmte Wahrheit behält, wenn Gott tatsächlich, wie die Schriften des Neuen Testamentes bezeugen, sich selbst geoffenbart hat und dies im Glauben anerkannt bleibt. In der Auseinandersetzung mit dem Denken der Neuzeit wird sich noch zeigen, wie viel von diesem Argument abhängt.

des theosoterischen Prinzips (Heil *in* Gott) erhöhte Beachtung zu schenken. Die Alternative von Theosoterik und Autosoterik wäre ja verzeichnet, wenn sie als »Gegensatz zwischen menschlicher Erfüllung und göttlichem Heil« aufgefaßt würde. Vielmehr wären beide, im Mitvollzug der anthropologischen Wende, »ineins [zu] sehen und in einer finalen und qualitativen Theosoterik zueinander [zu] vermitteln«, die Theosoterik selbst »menschlich zu buchstabieren« (294f.). Sie würde als »essentielle« Theosoterik, die »das Wesen Gottes als Heil des Menschen« denkt, verdeutlichen können, »daß Gott in seiner Erlösungsmacht die irdischen Verhältnisse qualitativ verändert und in den Inhalten der Freiheit Heil verwirklicht«: Gottes Reich als Gerechtigkeit, Wahrheit, Liebe und Friede. Zugleich würde die Entgegensetzung von Gott und Mensch als »konkurrierender Aktivitäten« überwindbar: Wird nämlich »von einem finalen Verständnis der Theosoterik als dem grundlegenderen ausgegangen, dann liegt sowohl das tragende Geschehen der Heilsverwirklichung wie auch der Sinn und Zweck derselben in der Selbstmitteilung Gottes, die indessen eine mitwirkende Praxis nicht etwa ersetzt, sondern von ihrem Grunde her konstituiert, ermöglicht und fordert«. Von daher »ist Theosoterik nicht Gegensatz zu menschlicher Heilsverwirklichungspraxis, sondern Ermöglichungsgrund und qualitative Bestimmung derselben« (295). Mir scheint, daß dieser Aufgabenstellung nur entsprochen werden kann, wenn das Heil als Gottes offenbare Liebe verstanden und dieses Verständnis in Kategorien der Freiheit expliziert wird.

a) Die Heilsbedeutung von Leben und Geschick Jesu

Im Rahmen unseres Themas muß es nun allerdings genügen, die für eine gegenwärtige Theologie der Erlösung grundlegenden Aussagen zu erheben und von der dabei leitenden Hermeneutik Rechenschaft zu geben. Eine eingehende Beschäftigung mit den Quellen, wie sie für die Überprüfung dieser Aussagen erforderlich wäre und für die Einübung in den Glauben immer erforderlich bleibt, ist also – der systematischen Absicht entsprechend – nicht zu erwarten, eine Darstellung der neutestamentlichen Soteriologien ebensowenig angezielt wie eine historische Rekonstruktion der Geschichte, von der sie Zeugnis ablegen[48]. Denn dazu müßte man das Ganze des Lebens und Geschicks Jesu ins Auge fassen und alle Einzelheiten in ihrem Sinnzusammenhang darstellen. Müßte eingehen auf Jesu Verkündigung der Gottesherrschaft und sein ihrem Kommen entsprechendes Wirken; auf die Heilungen, Dämonenaustreibungen und Tischgemeinschaften, die ihren Anbruch darstellen, und auf die Gleichnisse, die solches Tun als Gottes eigenes Handeln auslegen und zur Mitfreude, zum einstimmenden Mittun auffordern; auf seine Aufmerksamkeit für alle Leidenden und die Armen, seinen freien Umgang mit dem Gesetz und die durch den Anspruch seines Verhaltens provozierten Konflikte; endlich auf die Gründe seines Todes, seine Annahme des eigenen Leidens und die Bedeutung seiner Auferweckung durch Gott. Denn *in all diesen Ereignissen geschah ja unsere Erlösung*, erreichte Gottes Heilshandeln seine Endgültigkeit: kam er selber uns nahe und erwies seine Treue. Und an ihnen bleibt auch zu lernen, wie erlösendes Reden und Handeln möglich ist und wie es aussehen könnte.

Dabei wäre besonders darauf zu achten, wie Jesu Verhalten selbst ausdrückt und schon bewährt, was er zusagt. Wie der bedingungslosen

[48] Die Redeweise von »Leben und Geschick Jesu« für das Ganze der Geschichte Jesu Christi (Leben, Tod und Auferweckung), in der sich Gottes Selbstoffenbarung ereignet, übernehme ich von *W. Pannenberg,* Christologie, 47–69. Zur systematischen Bedeutung der inhaltlichen Bestimmung dieser Selbstoffenbarung als Liebe vgl. *Th. Pröpper,* Jesus der Philosophen, 100–148. – Zum folgenden knappen Summarium, das angesichts der unübersehbaren Literatur sicher riskant ist und unverkennbar Akzente setzt, vgl. *J. Blank,* Jesus von Nazareth; *G. Bornkamm,* Jesus von Nazareth; *G. Ebeling,* Dogmatik II, 409–476; *P. Fiedler,* Jesus und die Sünder; *P. Hoffmann,* »Er weiß, was ihr braucht ...«; *ders./V. Eid,* Jesus von Nazareth, 27–58; *J. Jeremias,* Neutestamentliche Theologie I; *W. Kasper,* Jesus, 75–188; *H. Kessler,* Erlösung als Befreiung, 11–40. 62–95; *E. Linnemann,* Gleichnisse; *H. Merklein,* Die Gottesherrschaft als Handlungsprinzip; *E. Schillebeeckx,* Jesus, 95–240; *R. Schnackenburg,* Gottes Herrschaft.

Güte des Gottes, der ihm als Vater vertraut ist und das Heil aller will, die Zuvorkommenheit seiner eigenen Zuwendung zu den Menschen entspricht. Wie er deshalb niemanden ausschließt, doch gerade die Verlorenen sucht: die Bedrückten, die Verachteten, die Sünder. Wie unbefangen er jeden ansieht, seine innere Not merkt, aber auch die äußere heilt und sein Selbstvertrauen aufrichtet. Wie gerade seine Freude an Gott ihn zum Mitleiden befähigt und zugleich betroffen sein läßt von jeder Herzenshärte und Bosheit. Wie er den Ruf zur Umkehr mit der Einladung des Evangeliums verbindet und die Vergebung, die er nahebringt, das Geständnis der Sünde ermöglicht. Wie er gegenüber allem, weil allein an den Gott der Liebe gebunden, eine Freiheit gewinnt, die nicht nur religiöse Schranken, gesellschaftliche Zwänge und menschliche Vorurteile überwindet, sondern auch, unbesorgt um das Eigene, gegen die Mechanismen der Vergeltung Versöhnung beginnt und in den Verhältnissen der Gewalt auf die Wehrlosigkeit der Liebe vertraut. Wie die Gedanken der Menschen an ihm offenbar werden, er selbst aber Gottes Feindesliebe bewährt, bis in das eigene Sterben. Und wie Gott selber den in seinem Namen Verurteilten rechtfertigt, also *den Weg seines Lebens als Weg zum Leben erweist*.

Überdies wäre zu zeigen, inwiefern die Erwartungen des Alten Testamentes und die Vorstellungen der Zeitgenossen durch diese Geschichte erfüllt und bestätigt, aber auch überboten und kritisiert wurden oder noch unabgegolten sind. Und dies nicht nur, um den Erlösungsglauben vor dem Verlust der alttestamentlichen Heilserinnerung und -hoffnung zu bewahren und seiner Spiritualisierung entgegenzutreten, sondern auch, weil sie den ursprünglichen Sinnhorizont bilden, der ein angemessenes Verständnis Jesu und des neutestamentlichen Bekenntnisses zu ihm überhaupt erst ermöglicht[49]. Natürlich bedürfen ebenso wie der Erlösungsglaube selbst auch die von seinem Ursprung mit ihm verbundenen Vorstellungen einer steten Vergegenwärtigung und Bewährung. Gleichwohl hängen bestimmte Auffassungen über Gott, den Menschen und die Geschichte so wesentlich mit ihm zusammen, daß ihre Vermittlung mit der Denkform jeder anderen Zeit und Kultur zugleich deren Änderung bewirken und einen Transformationsprozeß in Gang bringen mußte, der die eigentliche Dramatik der Überlieferungsgeschichte des christlichen Glaubens ausmacht.

Doch kann dies alles nicht weiter entfaltet und auch im folgenden nur

[49] Zur »Wiedergewinnung des Alten Testaments für die christliche Heilsfrage und Heilspraxis« s. *D. Wiederkehr,* Glaube an Erlösung, 27–34; zur Heilserfahrung in Israel und zu den Typen der Heilsaussage in Israels Schriften s. *N. Lohfink,* Heil als Befreiung.

verdeutlicht werden, soweit sich unter einzelnen Aspekten Gelegenheit dazu bietet. Um so deutlicher sei jedoch auf die hermeneutische Grundentscheidung verwiesen, die mit dem bisher Gesagten schon feststeht: daß nämlich der Ausdruck »Erlösung« nichts anderes als die Heilsbedeutung Jesu Christi und seiner Geschichte bezeichnet[50] und deshalb alle Zeugnisse der Überlieferung (einschließlich der neutestamentlichen Schriften), die sie lediglich im Blick auf einzelne Ereignisse dieser Geschichte und mit Hilfe vorgegebener Verstehensmuster artikulieren und damit in einigen Fällen den Erlösungsglauben bis in jüngste Zeit prägten, als durchaus situationsbedingte Aussagen zu beurteilen sind, deren gültiger Sinn sich nur aufschließen läßt, wenn zunächst nach der Bedeutung des jeweils bezeugten Geschehens innerhalb der Geschichte Jesu selber gefragt wird. Dem Bekenntnis des Glaubens, daß Gottes endgültiges Handeln für uns Jesu Leben, Tod und Auferweckung umfaßt, entspricht die hermeneutische Konsequenz, diesen Ereigniszusammenhang als Bedeutungszusammenhang wahrzunehmen und dabei – der Selbstunterscheidung des Zeugnisses vom bezeugten Geschehen entsprechend – die den Ereignissen selbst zugehörige Situation als nächsten Sinnhorizont geltend zu machen. Nicht in direkter Applikation der überlieferten Aussagen auf die Gegenwart, sondern erst durch den vermittelnden Rückgang auf das Damals des verkündigenden, getöteten und auferweckten Jesus selbst läßt sich ein verantwortetes Verständnis der Wirkungsgeschichte gewinnen, die Jesu Geschichte – wie durchaus noch erkennbar – aufgrund der ihr eigenen, doch über die damalige wie jede spätere Gegenwart hinausreichenden Bedeutsamkeit inauguriert hat. Mag das damit anvisierte Programm einer historischen Rekonstruktion der Überlieferungsgeschichte des christlichen Glaubens auch eine faktisch unabschließbare Aufgabe darstellen[51], so bildet es dennoch einen unerläßlichen Bestandteil des Dienstes, den die

[50] Wenn ich im folgenden den Heilsbegriff dem Begriff der Erlösung vorziehe, so vor allem, weil er mir zugänglicher und umfassender erscheint. Allerdings bedarf er genauer Bestimmung, soll sein Verständnis nicht völlig beliebig werden. Daß diese vom Gedanken der Selbstoffenbarung Gottes als Liebe her, der Wahrheit der Geschichte Jesu Christi, in einer Weise erfolgen kann, welche die Aspekte der Gerechtigkeit und des Friedens (Schalom), der Rettung (Soteria), Versöhnung usw. aufnimmt und einem zusammenhängenden Verstehen erschließt, wird noch deutlich werden. (Übrigens scheint mir der Mißbrauch des Wortes Heil zwischen 1933 und 1945 kein genügender Grund, es einfach fallenzulassen. Um so dringender aber die Wachsamkeit gegenüber allen Programmen und Ideologien, die – ob offen oder verdeckt – als »Heilsversprechen« und mit »Heilsanspruch« auftreten.)

[51] Zur Notwendigkeit, Grenze und Hauptschwierigkeit dieser Aufgabe s. Exkurs 2.

Theologie dem Fortgang der Überlieferung schuldet[52]. Daß ihr historisches Bemühen dabei dem hermeneutischen dient und sich selber im hermeneutischen Zirkel bewegt, kann jedenfalls solange nicht als Einwand gegen seine Möglichkeit gelten, als das leitende Vorverständnis sich selber der Bewährung aussetzt. Für seine Notwendigkeit aber sprechen nicht nur hermeneutische, sondern ebenso dringende theologische Gründe. Gerade sie haben ja in den fünfziger Jahren die »neue Frage nach dem historischen Jesus« motiviert und vorwärtsgebracht[53] – Überlegungen, die inzwischen nicht nur weitgehend rezipiert, sondern im Rahmen der theologischen Hermeneutik auch weiterentwickelt wurden und die »Rückfrage nach Jesus«, nach dem »Anhalt des Kerygmas an ihm selbst« zur integralen Funktion der theologischen Systematik gemacht haben[54]. Denn indem diese Frage den schon im Namen »Jesus Christus« festgehaltenen Hinweis als Aufgabe annimmt und sie methodisch zu bearbeiten sucht, dient sie keineswegs mehr antidogmatischem Ressentiment noch umgekehrt apologetischen Sicherungswünschen, sondern vertritt, unter den Bedingungen des modernen Bewußtseins, den wesenhaft antidoketischen Aspekt christlicher Theologie und wehrt so jeder Verselbständigung des persönlichen oder kirchlichen Glaubens[55]. Dabei setzt sie die Verbindlichkeit der Überlieferung nicht außer Kraft, sondern fördert ihr inhaltliches, ihrer eigenen Intention angemessenes Verstehen. Erst recht will sie nicht den Glauben ersetzen – und könnte dies gar nicht, da sie – wie ihre Durchführung zeigt – den Fragenden ihrerseits mit der Frage entläßt, ob er dem offenkundigen, ebenso herausfordernden wie einladenden Anspruch Jesu zustimmen und

[52] In dieser Auffassung stimmen Exegeten und Systematiker zunehmend überein: s. Exkurs 2.

[53] Zu den Anfängen dieser »neuen Frage« und der mit ihr verbundenen Diskussion s. *G. Bornkamm,* Jesus von Nazareth (1956); *R. Bultmann,* Das Verhältnis (1960); *G. Ebeling,* Die Frage nach dem historischen Jesus und das Problem der Christologie (1959): Wort und Glaube I, 300–318; *E. Fuchs,* Die Frage nach dem historischen Jesus (1956): Zur Frage, 143–167; *ders.,* Glaube und Geschichte im Blick auf die Frage nach dem historischen Jesus (1957): a.a.O. 168–218; *E. Käsemann,* Das Problem des historischen Jesus (Vortrag 1953): Versuche I, 187–214; *ders.,* Sackgassen im Streit um den historischen Jesus (1964): Versuche II, 31–68; *J. M. Robinson,* Kerygma und historischer Jesus (1960). Einen umfassenden Überblick über den bisherigen Verlauf der neuen Jesusforschung und ihre Erträge bietet jetzt *W. G. Kümmel,* Dreißig Jahre Jesusforschung (1950–1980). – Zur »theologischen Relevanz« der historischen Rückfrage nach Jesus sowie zur Weiterentwicklung ihres methodischen Instrumentariums s. Exkurs 1.

[54] Vgl. Exkurs 1.

[55] Vgl. *J. Blank,* Art. Jesus Christus, 232.

sich auf das österliche Zeugnis, Gott selbst habe sich mit dem Hingerichteten identifiziert, einlassen will[56].

Was zumeist im Zusammenhang der Christologie diskutiert wird und weithin anerkannt ist, darf ebenso – da beide in ihrem Ursprung zusammengehören – auch für die Soteriologie gelten. Um von vorneherein jede Engführung zu vermeiden und ihre hermeneutische Aufgabe sachgemäß zu erfüllen, wird sie schon im Ansatz das Ganze des Wirkens und Geschicks Jesu in den Blick nehmen und als einheitlichen Bezugspunkt der neutestamentlichen (wie aller späteren) Soteriologien zur Geltung bringen müssen. Denn nur in dem Maß, wie sie den Sinn der überlieferten Aussagen an das bezeugte Geschehen selbst bindet und von ihm her zugänglich macht, wird sie umgekehrt entdecken und unverfälscht festhalten können, was jene in der Vielfalt ihrer Perspektiven und im Eingehen auf ihre Gegenwart zu verdeutlichen vermochten. So etwa sind, um nur einige Beispiele zu nennen[57], nicht nur das in der ältesten Passionsüberlieferung erkennbare Bemühen, den Leidensweg und Kreuzestod Jesu im Licht der »Schriften« als Gottes Heilsplan gemäße Ereignisse zu verstehen und ihren eschatologischen Sinn auszugestalten, sondern namentlich auch die *soteriologischen* Deutungen dieses Todes mit ihrer Verwendung des Sühne-, Opfer- und Lösegeldmotivs und ihrer Anknüpfung an die Gedanken vom Bundesblut (Ex 24,8) und vom neuen Bund (Jer 31,31 ff.), an die zeitgenössische Märtyrertheologie (2 und 4 Makk) und vor allem das stellvertretende, universale Sühne wirkende Leiden des Gottesknechtes (Jes 53) zu würdigen als Versuche des nachösterlichen Glaubens, mit dem Problem des schändlichen, vom Gottesfluch belasteten Kreuzes fertigzuwerden, das Paradox eines leidenden Messias zu fassen und den *positiven* Sinn seines Todes aufzuschließen und verständlich zu machen. Wenn Gott selbst den heilsmittlerischen Anspruch Jesu durch seine Auferweckung gerechtfertigt hatte, dann mußte in der Tat auch sein Tod mehr sein als nur die von Gott nicht verhinderte und nachträglich korrigierte Katastrophe im irdischen Wirken des nunmehr offenbaren Messias: es mußte ihm selbst Heilsbedeutung zukommen. Doch wie schon jede der für seine Deutung bereitliegenden und vom Neuen Testament aufgenommenen Vorstellungen – mochten sie nun dem alttestamentlichen Kult oder den Mysterienreligionen, der Märtyrer-

[56] Zu diesem offenen, vor eine Entscheidung stellenden Ergebnis der historischen Frage nach Jesus vgl. Exkurs 1.

[57] Eine Übersicht über die im Neuen Testament zur Deutung des Todes Jesu verwandten Motive und ihre exegetische Erforschung bietet *G. Friedrich,* Die Verkündigung, 47–175.

theologie oder dem öffentlichen Leben entstammen – einen einschneidenden Bedeutungswandel erfuhr, um der Einzigartigkeit des zu verkündenden Geschehens überhaupt entsprechen zu können[58], so muß sich an ihm erst recht ihre heutige Weiterverwendung ausrichten, wenn anders nicht unbedachte Implikationen in das Verständnis eindringen, ihre eigene Logik entwickeln und sich endlich verselbständigen sollen. Desgleichen wird man, was die von Paulus angebahnte und in der westlichen Tradition wirksam gewordene theologische Konzentration auf das Kreuzesgeschehen selber angeht, berücksichtigen müssen, daß sie sich bei Paulus in nicht geringem Maß aus seiner Auseinandersetzung mit den Enthusiasten, aus seiner Gesetzespolemik und nicht zuletzt aus dem unverzichtbaren, wenn auch später oft mißverstandenen Gedanken erklärt, daß sich Gottes Gnade in unserer Schwachheit vollendet[59]. Mit Sicherheit wird es, solange Gläubige unterwegs sind,

[58] Am Ende seiner Untersuchung stellt *G. Friedrich* fest, »daß die Begriffe, Metaphern, Analogien und Vergleiche, die das Neue Testament verwendet, mit dem Christusgeschehen nicht deckungsgleich sind. Sie erweisen sich als unzureichend, um die durch Christus geschaffene Wirklichkeit zu erfassen. Darum müssen sie, wenn sie nicht falsche Vorstellungen erwecken sollen, umgestaltet werden« (Die Verkündigung, 144). »Es werden«, so *P. Fiedler,* »jeweils nur bestimmte Elemente einer Vorstellung aufgegriffen; so wird etwa nicht gefragt, *wem* das Lösegeld bezahlt wird. Außerdem tragen die Motive ihren Skopus regelmäßig nicht in sich selbst« (Sünde und Vergebung, 568). Ebenso *K. Lehmann:* »Es muß nicht nur auswählend und darum fragmentarisch rezipiert werden [...], sondern es wird auch radikal umgestaltet (Versöhnung ist z. B. keine zweiseitige Absprache, sondern ein einseitiger Akt Gottes). Dabei sind erhebliche Korrekturen notwendig (vgl. z. B. die Bedeutung des ›Ein-für-allemal‹ im Hebräerbrief im Gegenüber zu den Mysterienreligionen). Manche Vergleiche müssen so extrapoliert werden, daß kaum mehr eine Anknüpfungsmöglichkeit erblickt werden kann (vgl. z. B. die Einheit von Priester und Opfer im Hebräerbrief im Verhältnis zum Opfergeschehen im Tempel). Die vorgegebenen Motive müssen dauernd durchbrochen und modifiziert werden [...] Wichtig sind also nicht nur die stets hervorgehobenen Amalgamierungen der urchristlichen Botschaft mit den Anschauungen ihrer Umwelt, sondern nicht weniger die Linien der Abstoßung und der Auseinandersetzung, die kennzeichnend sind für das Ringen um das ›Eigene‹ und den Widerspruch zu dem, was von Zeit und Umwelt her unmittelbar eingeht« (»Er wurde für uns gekreuzigt«, 302f.).

[59] Vgl. zusammenfassend *H. Kessler,* Die theologische Bedeutung, 309: »Paulus spricht kaum vom irdischen Jesus, in seiner Situation war vielmehr der Verweis auf den gekreuzigten Christus bei weitem beredter. Er hatte kritische Kraft in der Polemik sowie ermutigende und wegweisende Funktion in der Paraklese. Denn mit ihm ließen sich Soteriologie, existenzbestimmende Form und eschatologischer Vorbehalt in einem aussagen«. Namentlich war es die Auseinandersetzung »mit einem hellenistisch-(heiden- und juden-)christlichen Vollendungsenthusiasmus einerseits« und »einem (synkretistisch-)judenchristlichen Nomismus anderseits«, die Paulus von den ihm unabdingbaren theologischen Topoi den Kreuzestod immer mehr ins Zentrum rücken ließ. Seine Gegner hielten entweder »den (irdischen und) gekreuzig-

an Situationen nicht fehlen, die eine ebenso entschiedene Akzentuierung verlangen; und ebenso gewiß kann christliche Theologie die Einsichten der paulinischen Kreuzestheologie nicht mehr vergessen, ohne banal und ideologisch zu werden und endlich – sofern man in Jesu Tod die definitive Gestalt der Unterscheidung von Gott und Mensch sehen darf – ihren theologischen Charakter selbst einzubüßen. Und doch kann dies noch kein Grund sein, die übrigen neutestamentlichen Konzeptionen der Erlösung als theologisch belanglos zu übergehen oder mit Geringschätzung zu behandeln. So vor allem das heilsgeschichtlich orientierte »Weg-Schema« der lukanischen Schriften, die Jesus als messianischen Anführer zum Leben darstellen, der in seinen irdischen Tagen umherzog und Gutes tat, indem er die Armen und Verlorenen suchte, die von Not und Krankheit Geplagten heilte und den Sündern Gottes Erbarmen zuwandte, bis Gott ihn, der freiwillig seinen Tod übernahm, herrlich vollendete und zum endgültigen Retter erhöhte, der nun bis zur Zeit seiner Wiederkunft und der Wiederherstellung aller Dinge mit seiner helfenden Gegenwart bei denen ist, die er inmitten noch dauernder Drangsal zur Nachfolge ruft. Und ebenso das vom »Offenbarungs-Schema« geprägte Evangelium des Johannes, das – entschieden wie kein anderes urchristliches Zeugnis – den vom Vater gekommenen und zu ihm heimkehrenden Sohn schon in seiner irdischen Laufbahn als die Gegenwart eschatologischen Heiles versteht: als den einzigen, einzigartigen Offenbarer nicht allein durch seine Worte und Zeichen, die den Glaubenden Gottes eigenes Leben und seine aus Finsternis, Lüge und Tod befreiende Wahrheit eröffnen, sondern fast eindrücklicher noch durch die in der eigenen Lebenshingabe bis ans Ende verwirklichte Liebe, die bei seiner Erhöhung am

ten Jesus für eine vergangene, erledigte Sache und allein den als befreiender Sieger über die Schicksalsmächte gegenwärtigen Erhöhten für maßgebend (1 Kor). Oder sie divinisierten, heroisierten und glorifizierten den als eindeutige Manifestation des Göttlichen begriffenen irdischen Jesus, betonten seine aktuelle pneumatische Kraft, die auch sie zu überheblicher Selbstdarstellung und Selbstdurchsetzung beflügelte, vertuschten aber sein klägliches Sterben (2 Kor). Oder aber sie verfielen – gesetzeshaften Schicksalsmächten noch immer hörig – einem auf Selbstrechtfertigung gerichteten Sinnen und Tun, dem der selbstlose, preisgegebene, leistungsunfähige Gekreuzigte ein absoluter Anstoß war (Gal). Im Gegenüber zu diesen Fronten wird der Kreuzestod Jesu für Paulus zum kritischen Punkt schlechthin, [...] an dem die Geister und die Praktiken sich scheiden« (325 f.). – Zur Rezeption der Tradition vom Heilstod Jesu und ihrer spezifischen theologischen Ausgestaltung bei Paulus vgl. auch *K. Kertelge,* Das Verständnis (mit Lit.); auch Kertelge hebt (mit E. Käsemann) die »kritische Potenz« der paulinischen Rede vom Kreuz und die polemischen Argumentationszusammenhänge hervor (125 ff.); ähnlich *G. Friedrich,* Die Verkündigung, 130 ff.

Kreuz als Heilsgabe freigesetzt und mit seinem Geist allen geschenkt wird, die aus ihr leben und darin zu ihm gehören wollen[60].
Mit diesen Hinweisen soll keineswegs die soteriologische Bedeutung des Todes Jesu bestritten noch auch nur seine zentrale Stellung in Gottes eschatologischem Handeln abgeschwächt werden. Wohl aber ist gegenüber allen Tendenzen, ihn als Heilsereignis zu isolieren und sein Verständnis vom vorausgehenden Wirken Jesu zu lösen, auf der Forderung zu bestehen, seine Einzigartigkeit gerade auf der Linie dieses Wirkens zu suchen und aus der Perspektive der Verkündigung zu deuten, die zu Jesu Verurteilung und Auslieferung führte, doch von Gott für immer in Kraft gesetzt wurde. Denn wie einerseits erst der Osterglaube das Faktum des Kreuzes überlieferungsfähig, d. h. seine soteriologische Deutung zum Problem und zur schrittweise bewältigten Aufgabe machte, so kann Jesu Tod andererseits seine *bestimmte* Bedeutung nur als Vollendung seines bestimmten Lebens besitzen. Schon das Wort »Evangelium«, von Paulus primär auf Jesu Tod und Auferweckung bezogen und von Markus mit Jesu eigener Botschaft verbunden, muß Theologen Veranlassung geben, den inhaltlichen Zusammenhang des mit ihm Bezeichneten zu bedenken[61]. Angesichts der traditionellen, bis in die Gegenwart reichenden Ausprägung des

[60] Zum Erlösungsverständnis bei Lukas und Johannes vgl. *R. Schnackenburg*, Gedanke des Sühnetodes Jesu, 214–225. Der gerade für eine systematische Soteriologie anregende Terminus »Offenbarungs-Schema« wurde nach Schnackenburgs Auskunft (219) von *G. Lohfink* in die Diskussion eingebracht. – Nachdrücklich ist an dieser Stelle auch auf *E. Schillebeeckx'* großangelegtes Werk »Christus und die Christen« hinzuweisen, an dessen eingehenden, auf ausgedehnter exegetischer Vorarbeit basierenden Darstellungen der neutestamentlichen Theologien der Heils- und Gnadenerfahrung, die den Großteil des Buches ausmachen (75–607), wohl keine Soteriologie vorbeigehen kann, die den Reichtum der biblischen Erlösungstheologie zurückgewinnen möchte. Daß ich auf dieses Buch, trotz gemeinsamer Intentionen, weder in diesem noch im sechsten Kapitel ausführlicher eingehe (s. jedoch Exkurs 8), liegt – abgesehen von der kaum rezipierbaren Fülle des ausgebreiteten Materials – vor allem daran, daß es wohl mehr auf eine kerygmatisch-orthopraktische Vergegenwärtigung des neutestamentlichen Erlösungsglaubens zielt als auf die systematischen Bestimmungen und Fragen, die mich in der vorliegenden Arbeit interessieren. Angemerkt sei für den Zusammenhang des gegenwärtigen Kapitels aber noch, daß gerade die im allgemeinen weniger beachteten oder nur einseitig bekannten neutestamentlichen Schriften durch Schillebeeckx' Ausführungen eine überraschende Aktualität zeigen: so z. B. der als »Friedenstheologie« interpretierte Epheserbrief (184–206) und vor allem der ausführlich behandelte Brief an die Hebräer, als dessen Mittelpunkt der Gegensatz zwischen dem Ungenügen des mosaischen Opferkultes und der wirksamen Gnade des in Treue zu Gott und Solidarität zu den leidenden Menschen vollbrachten Dienstwerkes Jesu eindrücklich herausgearbeitet wird (226–281).

[61] Vgl. dazu die in Exkurs 1 zitierten Bemerkungen *H. Schürmanns*.

christlichen Erlösungsglaubens wird die Notwendigkeit dieser Aufgabe kaum mehr bestritten. Unausweichlich aber wurde sie durch die skeptischen Äußerungen *Bultmanns*[62], der die Möglichkeit ihrer historischen Bearbeitung entschieden bezweifelte und damit den Hauptanstoß gab, daß sich die neuere Diskussion über den Anhalt des neutestamentlichen Kerygmas am Wirken und der Verkündigung Jesu verstärkt auch der *soteriologischen* Deutung seines *Todes* zuwandte und besonders auf Jesu *eigenes* Verständnis seines Todes konzentrierte[63]. Indessen sollte, was die theologische Tragweite dieser Fragestellung angeht, von vorneherein klar sein: Selbst wenn sich für den Glauben an die Heilsbedeutsamkeit dieses Todes keine sichere thematische Äußerung Jesu auffinden ließe, wäre er dennoch in Jesu Geschichte begründet und aufgrund des Richtungssinns seiner Verkündigung sowie ihres von Gott bestätigten vollmächtigen Anspruchs durchaus auch bestimmbar – vorausgesetzt nur, daß Jesus in Treue zu seiner Sendung seinen Tod auf sich nahm[64]. Vorausgesetzt einerseits also, daß gerade seine Botschaft

[62] Geht es angesichts der Tradition vor allem um die inhaltliche Bestimmung des auf Jesu Tod gerichteten Erlösungsverständnisses durch die Verkündigung Jesu, so steht seit Bultmann die Kontinuität des Kreuzeskerygmas mit dieser Verkündigung überhaupt zur Debatte. Denn als sicher kann nach Bultmann nur gelten, daß Jesus »von den Römern gekreuzigt worden ist, also den Tod eines politischen Verbrechers erlitten hat. Schwerlich kann diese Hinrichtung als die innerlich notwendige Konsequenz seines Wirkens verstanden werden; sie geschah vielmehr aufgrund eines Mißverständnisses seines Wirkens als eines politischen. Sie wäre dann – historisch gesprochen – ein sinnloses Schicksal. Ob oder wie Jesus in ihm einen Sinn gefunden hat, können wir nicht wissen. Die Möglichkeit, daß er zusammengebrochen ist, darf man sich nicht verschleiern« (Das Verhältnis, 12).

[63] Natürlich können im folgenden nicht die verzweigten exegetischen Diskussionen ausgebreitet oder gar spezielle Streitfragen entschieden, sondern nur wichtige sich abzeichnende Tendenzen theologisch reflektiert werden. Auch werde ich, wo ich Übereinstimmungen referiere, auf besondere Belege verzichten. Vgl. zum folgenden: *P. Fiedler,* Sünde und Vergebung; *ders.*, Jesus und die Sünder; *G. Friedrich,* Die Verkündigung, 9–46; *J. Gnilka,* Wie urteilte Jesus; *M. Hengel,* Sühnetod; *L. Oberlinner,* Todeserwartung; *R. Pesch,* Das Abendmahl; *H. Schürmann,* Jesu ureigener Tod, 7–96; *ders.*, Gottes Reich, 11–64. 185–251; *A. Vögtle,* Jesus von Nazareth; *ders.*, Todesankündigungen; *ders.*, Jesus »Christus«. Von systematischer Seite *H. U. von Balthasar,* Selbstbewußtsein; *ders.*, Crucifixus; *ders.*, Theodramatik III, 212–224. 295–395; *W. Kasper,* Jesus, 132–144; *H. Kessler,* Die theologische Bedeutung, 227–329; *ders.*, Sucht den Lebenden, 97–108; *K. Lehmann,* »Er wurde für uns gekreuzigt«; *E. Schillebeeckx,* Jesus, 242–283.

[64] »Auch im Falle der erst nachösterlichen Erkenntnis des Heilssinns des Sterbens Jesu besteht kein Grund, deren Offenbarungsqualität zu bezweifeln«, bemerkt zu Recht *A. Vögtle:* »Das österliche Urbekenntnis implizierte den Glauben, daß sich Gott mit dem heilsmittlerischen Anspruch, den Jesus mit seiner vollmächtigen Gottes- und Gottesreichverkündigung für sein Wirken erhob, identifizierte und damit auch seinen

von der anbrechenden Herrschaft des bedingungslos gütigen und vergebungswilligen Gottes die zuletzt tödlichen Konflikte provozierte[65]; und vorausgesetzt andererseits, daß er dennoch seinen Weg zu Ende ging im Vertrauen auf den ankommenden Gott, der Grund und Inhalt seiner Verkündigung war, und somit in der Bereitschaft zur Hingabe und Ohnmacht, ohne die seine Vollmacht, sofern sie als Vollmacht der Liebe auftrat, nicht das ihrer Wahrheit entsprechende und sie bewährende Zeugnis sein konnte[66].

Wie aber, wenn auch diese Voraussetzungen zweifelhaft wären? Wenn Jesus, was Bultmann als Möglichkeit nicht verschleiert sehen wollte, am Ende tatsächlich zusammengebrochen wäre? Wenn der laute, wortlose Schrei, mit dem er starb und um dessentwillen *Albert Camus* seine tiefe Zuneigung zu diesem wahrhaftigen, mit unserer letzten Verlassenheit solidarischen Menschen gestand[67], vielleicht doch nicht,

Tod als abschließenden Akt des in Jesus erfolgten Heilshandelns bestätigte. Dieser Glaube hätte zwangsläufig auf einen dem Sterben Jesu immanenten Heilssinn reflektieren müssen [...] Da Jesus im Wissen seiner Jünger mit seinem Tod für die von ihm proklamierte und gelebte Botschaft von dem dem Sünder zuvorkommenden, absolut heilswilligen Vater-Gott eingestanden war, konnte der Heilssinn dieses Sterbens nicht anders denn als von Gott initiierter sündentilgender Akt erkannt und verstanden werden« (Jesus »Christus«, 78; vgl. Todesankündigungen, 105f. 112f.). Ebenso *H. U. von Balthasar:* »Falls er [Jesus] selber, was nicht zu bezweifeln ist, die Synthese zwischen seiner Heilslehre – der nahegekommenen Königsherrschaft Gottes – und seiner Person gemacht hat, dann wird die heißumstrittene Frage, ob er seinem eigenen Tod die Heilsbedeutung hat zuschreiben können, die ihm die gesamte nachösterliche Theologie zuspricht, sekundär« (Selbstbewußtsein, 33).

65 Auf die unmittelbaren Anlässe (wie etwa Jesu tempelkritisches Wort Mk 14,58) für das Eingreifen seiner Gegner braucht hier nicht eingegangen zu werden. Entscheidend ist, daß Bultmanns These von der inneren Zusammenhanglosigkeit zwischen Wirken und Schicksal Jesu, soweit ich sehe, nicht mehr geteilt wird, weil sie einseitig die (für die Römer relevante) politische Wendung des Prozesses hervorhob. Den religiösen Grundkonflikt stellt besonders deutlich *L. Oberlinner* heraus: »Jesus wendet sich ja nicht nur im Namen Gottes diesen Ausgestoßenen zu und spricht ihnen die ihr Tun überholende [...] Gnade Gottes zu, sondern er spricht gleichzeitig den in der treuen Gesetzeserfüllung Bewährten das Recht ab, diese von ihnen gezogene Grenze zwischen Guten und Bösen, zwischen Gerechten und Sündern als Gottes Willen und damit zugleich Gott selbst verpflichtende Trennung in Anspruch zu nehmen. Der von Jesus proklamierten Freiheit der Gnade Gottes steht der in der konkreten Erfüllung des Willens Gottes (und nicht in ihrer Bosheit!) begründete Anspruch der Frommen und Gottesfürchtigen gegenüber, das wahre, heilige und gottgefällige Israel zu bilden. Dieses ihr Selbstverständnis wird von Jesus radikal in Frage gestellt [...] Daß hier der jüdische Gottesglaube [...] sich wehren mußte, steht außer Zweifel« (Todeserwartung, 158).

66 Zur Ausführung dieses Gedankens und seiner theologischen Tragweite s. Exkurs 3.

67 Vgl. *A. Camus,* Der Fall, 94f.

wie es Markus und Mattäus mit ihrer Erinnerung an das vorhergehende Gebet des Klagepsalms nahelegen, ein Aufschrei zu Gott und ein »Sich-wieder-Durchbeten« zu ihm[68], sondern Ausdruck der alles Vertrauen verschlingenden Verzweiflung selbst gewesen wäre? Man wird diese, die am weitesten gehende aller hier möglichen Fragen schon deshalb zulassen müssen, weil die Antwort, wenn sie im Sinne der Frage ausfiele, von großer Tragweite wäre. Denn dann wäre Jesus nicht nur mit seiner auf Israels Glauben zielenden Botschaft, sondern zuletzt auch im eigenen Glauben gescheitert. Dann aber würde es schwer, wenn nicht unmöglich, ihn den Urheber *und* Vollender des Glaubens zu nennen, auf den Menschen in ihrem Leben und Sterben blicken und Hoffnung bewahren können. Und noch schwerer vollziehbar der Gedanke, daß das Verhängnis des Todes, weil von ihm ausgehalten und im Glauben bestanden, von innen her aufgebrochen, d. h. in seiner alles durchdringenden tötenden Macht *in* Jesu menschlichem Leben und Sterben überwunden und dadurch ein neuer Vollzug des todverfallenen Daseins auch für uns möglich gemacht worden sei[69]. (So wie umgekehrt unser Todesschicksal natürlich erst recht unverändert sein würde, wenn Jesu »Selbst« – die doketische Verzeichnung! – im Innersten von ihm unbetroffen geblieben wäre.)
Aber ist andererseits denn der Gedanke vollziehbar, daß endlich Gott selbst die Zugehörigkeit eines Menschen zu ihm bekannte, der seinem Glauben zuvor abgesagt hätte? Denn nur in diesem Fall, im Falle des Widerrufs, könnte man ja definitiv von »Zusammenbruch« sprechen. Oder darf man es wagen zu bezweifeln, daß Jesus auch dann noch zu Gott gehören und Gott bei ihm sein konnte, als sich dies seiner menschlich-subjektiven Erfahrung entzog? Vielleicht ist es gut, daß der Vollzug dieses Sterbens, dessen Abgründigkeit begreifen zu wollen schon *Kierkegaard* Vermessenheit nannte, sich dem weiteren Eindringen distanzierten Fragens verschließt. In jedem Fall aber wird, solange historisch nichts *für* die von Bultmann offengehaltene Möglichkeit, sondern alles, was wir vom vorausgehenden Weg Jesu wissen, *gegen* sie spricht, auch das theologische Argument zählen dürfen, daß Gott selbst, indem er ihn nicht im Tod ließ, sondern als Lebenden offenbarte, sein Leben *und* Sterben gerechtfertigt hat[70].

[68] Vgl. *H. Kessler,* Sucht den Lebenden, 104–108.

[69] Vgl. *H. U. von Balthasar,* Theodramatik III, 454–468 (Der Zweikampf der Tode). Zu Balthasars trinitätstheologischer Begründung der Möglichkeit dieses Geschehens s. Exkurs 7.

[70] In der Tat scheint die These vom inneren Scheitern Jesu und dem Zusammenbruch seines Glaubens nur vollziehbar, wenn zugleich der Glaube an seine Auferweckung

Die Frage nach Jesu Todesverständnis ist damit freilich nochmals gestellt. Und sie bleibt relevant in mehrfacher Hinsicht. Zunächst im Blick auf die Frage, ob Jesu gläubige Todesbereitschaft denn überhaupt vorausgesetzt werden darf. Darüber hinaus aber kann es nicht gleichgültig sein, ob er – wie ich ebenfalls vorausgesetzt habe – auch sein Märtyrerschicksal noch mit seiner Sendung verbunden und in derselben, Gottes Kommen dienenden Haltung auf sich genommen hat, die seine ganze Verkündigung prägte. Denn hätte er, wenn auch in unerschütterter Hoffnung auf die größeren Möglichkeiten seines Gottes, es *nur* als äußeres Widerfahrnis[71], nur als ihn überkommende Katastrophe seines Wirkens erlitten, dann wäre mit seiner Auferweckung zwar seine Botschaft ins Recht gesetzt, sein heilsmittlerischer Anspruch bestätigt und Gottes verläßliche, noch den Tod überwindende Treue erwiesen worden, Jesu eigener Tod jedoch nur als Anlaß für den neuen Offenbarungsakt Gottes, nicht aber selbst als Offenbarungs- und Heilsereignis verstehbar. Dann hätte »die spätere Verkündigung gleichsam über den Kopf Jesu hinweg dessen Sterben eine Bedeutung gegeben, von der Jesus nichts ahnte«[72] und die ihm nicht zukam, da sie Jesus in keiner Weise vollzog. Denn wie schon in seinem Leben konnte auch in seinem Sterben Gottes Zuwendung zu den Menschen nur durch die ihr entsprechende Freiheit Jesu geschehen: Ohne diese Vermittlung wäre sein Tod nicht Heilshandeln Gottes[73], wäre die Kontinuität seiner (durch Jesu

nicht geteilt oder als Produkt einer Reflexion über die Bedeutsamkeit seines Lebens interpretiert wird. Vgl. etwa *S. Ben-Chorin,* Bruder Jesus, 223ff.; *M. Machovec,* Jesus für Atheisten, 198ff.

[71] Daß es dies *auch* und zunächst ist, muß freilich ebenso festgehalten werden. In welchem Sinn von einer »Notwendigkeit« des Todes Jesu die Rede sein kann, wird noch zur Sprache kommen.

[72] *W. Kasper,* Jesus, 141.

[73] In diesem Sinn möchte ich eine Bemerkung *H. U. von Balthasars* aufnehmen, mit der er den »subjektive[n] Zusammenhang zwischen dem Leidenden und dem Sinn seines Leidens« hervorhebt und es als unmöglich bezeichnet, »daß Jesus etwas, vielleicht auch etwas Bedeutendes leidet, und daß Gott – gleichsam nachträglich – findet, dieses Bedeutende genüge zur Versöhnung der Welt mit ihm«. So sehr Jesus freilich – fügt auch Balthasar hinzu – das Daß seiner Aufgabe bewußt sein mußte, blieb ihm doch »ebenso das Wie ihrer Lösung notwendig verborgen [. . .] Beides, das Wissen des Für-Leidens und Für-Sterbens und die Sichtlosigkeit [. . .] gehört zusammen« (Crucifixus, 30). Auf den hier entscheidenden Punkt weist ebenso klar *E. Schillebeeckx* hin, wenn er sich von der Auffassung, »die Auferstehung sei nur die Kehrseite des Todes, nämlich der Heilsaspekt des Todes Jesu«, mit der Aussage distanziert, daß »die Negativität des Todes von Jesus innerlich durch seine Abba-Erfahrung und [. . .] seinen prophetischen Liebesdienst bis zum Tod gefüllt wurde«. Die Auferstehung Jesu zeigt an, daß »sein Tod ihn nicht von seiner Lebensgemeinschaft mit Gott [. . .] hat scheiden können«. Dies wiederum kann sie freilich nur, weil sie gerade »als

Dasein für die anderen vermittelten) Zuwendung zu den Menschen unterbrochen. Wie also hat Jesus das ihm von seinen Feinden bereitete Schicksal verstanden und auf sich genommen? An dieser Frage ist zu prüfen, ob und in welchem Sinn die soteriologische Deutung seines Todes ihren begründenden Anhalt an ihm selbst hat.
Verdient dabei schon aus inneren Gründen der Zeitpunkt besonderes Interesse, an dem sich für Jesu Bewußtsein die Möglichkeit eines gewaltsamen Endes zur Gewißheit verdichtete, so hat auch der exegetische Befund selbst die Abendmahlsüberlieferung in den Mittelpunkt der Frage nach einem heilsmittlerischen Todesverständnis Jesu gerückt: zum einen, weil die offenen und verdeckten Leidensansagen – abgesehen davon, daß sie jedenfalls in ihrer vorliegenden Gestalt vaticinia ex eventu darstellen – keine eigentlich soteriologische Deutung seines Todes enthalten, die einzige synoptische Todesankündigung Jesu aber, die unbestritten die Heilsbedeutung seines Todes ausspricht, nämlich das Lösegeld-Wort Mk 10,45 b, unter traditionskritischem Aspekt als nachösterliche soteriologische Erweiterung des (das Dienmotiv bereits sekundär erweiternden) Spruches vom Dienen des Menschensohnes gelten muß[74] und wohl selbst in den Umkreis der Abendmahlsüberlieferung gehört; zum anderen aber, weil die in den *hyper*-Formeln vorliegende und schon von Paulus als Überlieferung gekennzeichnete[75] älteste soteriologische Deutung des Todes Jesu möglicherweise doch auf Palästina, wenn nicht sogar auf die Jerusalemer Urgemeinde als ihren Ursprungsort verweist und daher, zumal sie unabhängig von Jes 53 oder anderen vorgegebenen Vorstellungen entstanden scheint, die Frage aufdrängt, ob sie »nicht irgendwie in einer Erinnerung an die letzten Lebenstage Jesu begründet ist«[76].

korrigierender Sieg über die Negativität auch des Todes Jesu [. . .] ein neues und anderes Geschehen als Jesu Leiden und Tod« ist, »sogar in ihren Heilsdimensionen« (Jesus, 575).

74 So *A. Vögtle,* Todesankündigungen, 80. Skeptisch bleibt gegenüber Mk 10,45 auch *H. Schürmann,* Jesu Tod, 22 (dem »erneuten Sicherungsversuch« von *J. Jeremias,* Neutestamentliche Theologie I, 277 ff., »zum Trotz«).

75 So ausdrücklich (außer bei der Abendmahlsparadosis 1 Kor 11,23–25) beim »Christusbekenntnis« 1 Kor 15,3–5. Doch ist auch an vielen anderen Stellen unzweifelhaft, daß sie entweder Zitate bieten (wie Röm 4,25) oder doch Elemente der schon vor Paulus geläufigen soteriologischen Deutung des Todes Jesu enthalten (so Röm 5,8; 8,32; Gal 1,4; 2,20; 1 Kor 8,11 u. a.).

76 *E. Schillebeeckx,* Jesus, 260. *J. Gnilka* (Wie urteilte Jesus, 41–49) führt die Vorstellung vom universalen Heilstod Jesu bzw. vom »Sterben für«, die nach seinem Urteil sogar »älteste Deutung des Todes Jesu« (50), auf das palästinische Judenchristentum zurück, betont ihre feste Verknüpfung mit der Abendmahlstradition sowie ihre Selbständigkeit gegenüber Jes 53 und schließt mit der Frage, »ob eine solche

Da nun freilich auch beide Varianten der Abendmahlsüberlieferung (1 Kor 11,24–25 / Lk 22,19–20 und Mk 14,22–24 / Mt 26,26–28) ältere und jüngere Überlieferungselemente enthalten und bereits so stark von nachösterlicher Reflexion geprägt sind, daß sie – jedenfalls nach Auffassung der meisten Exegeten – keine Rekonstruktion der Abendmahlsworte Jesu mehr erlauben[77], haben zu Recht die Überlegungen *Heinz Schürmanns* besondere Beachtung gefunden, die bezüg-

Interpretation geschehen konnte, ohne daß die interpretierende Jüngerschaft einen wesentlichen Anstoß erhielt durch den Eindruck des Wirkens und Sterbens des vorösterlichen Jesus« (49). *M. Hengel* (Sühnetod) vertritt die Auffassung, daß die paulinische Paradosis »aus dem Kreis der Jerusalemer Hellenisten« stammt (14), weil ihre Form »bis in die frühe Zeit der antiochenischen Wirksamkeit des Paulus, ja vielleicht sogar bis nach Damaskus zurückreicht«, ihr Inhalt aber »in nahezu allen [...] Aussagen nach Jerusalem verweist. Die vielumstrittene Frage, ob es eine aramäische Urform gegeben habe, verliert dagegen ihre Bedeutung. Denn die griechischsprechende judenchristliche Gemeinde hatte ihre Wurzeln in Jerusalem selbst« (13). Diese These wird von Hengel mit der Annahme gestützt, daß die zur Deutung des Todes Jesu (bei Paulus wie in den Deuteropaulinen, 1 Petr, 1 Joh, der Johannesapokalypse und vor allem im Hebräerbrief) ebenfalls verwendete vielfältige Kultterminologie nicht »am Rande der christologischen Lehrentwicklung entstanden ist, sondern – zusammen mit der Sterbens- und Dahingabeformel – eine gemeinsame Wurzel hat«, die nur dort gesucht werden kann, »wo man grundsätzlich mit der sühnenden Heilswirkung der Opfer im Jerusalemer Tempelkult gebrochen hatte und diesen Bruch [...] theologisch zu verarbeiten hatte« (19). Durch die Formel »Christus starb für...« wurde »die Einzigartigkeit des Todes Jesu und seiner soteriologischen Bedeutung gegenüber den ständigen Sühnopfern im Tempel zum Ausdruck gebracht« (22). Als Hinweis dafür, daß der Ursprung dieser Glaubensaussage jedoch noch weiter zurückliege und im »gemeindegründenden Urgeschehen selbst« zu suchen sei, wertet Hengel die zentrale Bedeutung des Sühnetodes Jesu im petrinischen Kerygma (24f.). Die traditionsgeschichtlichen Einwände »gegen eine Herkunft der soteriologischen Deutung des Todes Jesu aus der ältesten aramäischsprechenden Gemeinde« seien jedenfalls nicht überzeugend (141). Vielmehr konnte, so Hengel, da durch die Passion Jesu »die Schuldfrage ostentativ in den Mittelpunkt gestellt« worden war und »die Frage der gewißmachenden Begründung der Vergebung für das Selbstverständnis der Jünger wie auch für ihre missionarische Botschaft gegenüber ihrem eigenen Volk von entscheidender Bedeutung« sein mußte, »die Kreuzigung Jesu auf Grund ihrer Begegnung mit dem Auferstandenen als endzeitliches Heilsereignis im Sinne des stellvertretenden Sühnetodes des Messias« unmittelbar verstanden werden (144f.). Dies freilich nur, wenn sie damit auf Jesu eigene und ausdrückliche Deutung seines Todes zurückgreifen konnten, was Hengel mit Verweis auf J. Jeremias und R. Pesch (s. dazu Anm. 77) für gegeben ansieht (146).

[77] Vgl. *H. Kessler,* Sucht den Lebenden, 101 (Lit.); *H. Schürmann,* Gottes Reich, 213–223. Allerdings hat *R. Pesch* (Das Abendmahl) die vorherrschende historische Skepsis und das Fehlen einer »überzeugenden Sekundärerklärung« zum Anlaß genommen, »die Abendmahlstexte von Grund auf neu zu prüfen und zu fragen, ob sie sich nach kritischer Prüfung [...] nicht doch als die Quelle erweisen, aus der ein Todesverständnis Jesu erhoben werden kann« (144). Zu seinem Ergebnis, das Mk

lich des Abendmahlsgeschehens bewußt auf ipsissima verba Jesu (ausgenommen den unumstrittenen eschatologischen Ausblick Mk 14,25) verzichten, statt dessen ipsissima facta eruieren und zunächst die Frage nach Jesu Todesverständnis vom Gesamtrahmen seiner Verkündigung und seines Verhaltens her angehen, der dann in sorgfältig berechneten Schritten auf das gewünschte Frageziel hin eingeengt wird[78]. Daß Jesus »mit der Möglichkeit seines gewaltsamen Todes ernstlich rechnen konnte und eigentlich rechnen mußte«, kann Schürmann dabei zum heute weithin zugestandenen Ausgangspunkt nehmen. Denn dieser Tod lag »in der Konsequenz seines Wirkens« und wurde herbeigeführt durch das »Zusammenspiel mehrerer Faktoren«, die »als Gefahrenmomente einzeln schon immer bedrohlich waren« (32f.). Da nun die hohen sittlichen Forderungen Jesu, die von seinen Jüngern Martyriumsbereitschaft, radikalen Gehorsam gegenüber Gottes Willen und ebenso entschiedenes Vertrauen verlangten, nach Ostern gewiß nicht weiterverkündet worden wären, wenn sie Jesus nicht an sich selber gerichtet und ihnen entsprochen hätte, ist auch seine *Bereitschaft* für ein mögliches Todesgeschick wahrscheinlich. Daß er sie in sein tatsächliches Verhalten aufnahm, auch wenn er seinen Tod keineswegs »sozusagen als sein eigentliches Lebensziel« intendierte (41), zeigen seine letzte Verkündigung in Jerusalem, sein provozierendes Tempelwort und die Veranstaltung eines Abschiedsmahles mit den Jüngern. Für die damit aber unumgängliche Frage, ob Jesus das auf ihn zukommende Todesgeschick auch *mit seiner Sendung zusammenzudenken* vermochte, kann Schürmann zunächst auf die in Mk 14,25 enthaltene doppelte Todesprophetie Jesu verweisen: »Sein Tod wird das Heil nicht aufhalten, und er selbst wird nicht im Tod gelassen« (43). Nimmt man hinzu, daß die überlieferten und für Jesu Verkündigung zentralen Weisungen der Dienstbereitschaft und Feindesliebe wiederum sein eigenes Verhalten bestimmten und er die »proexistente Grundhaltung« wie sein Engagement für die Sünder bis in die Stunde des Martyriums durchhielt, kann man sich kaum noch der Annahme verschließen, daß er seinem Sterben *heilsbedeutsamen* Sinn gab: »Jesu Dienstwille und Liebesforderung, vor allem seine Forderung der Feindesliebe und

14,22–25 als Jesu authentische Deutung seines Todes im Sinne des stellvertretenden Sühnetodes beansprucht, s. Exkurs 4.

[78] Ich halte mich zunächst an den Gedankengang der älteren Arbeiten *Schürmanns* (Jesu Tod, 7–96; Seitenangaben im Text), wobei ich spätere Korrekturen berücksichtige und die mir besonders einleuchtenden Argumente akzentuiere. Zu den neuen Tendenzen in Schürmanns jüngeren Arbeiten zum Thema (Gottes Reich, 11–64.185–251) s. Exkurs 4.

speziell seine Sünderliebe, verbunden mit seinem Heilsangebot bis in die letzte Stunde [...] konvergieren zu der Vermutung, daß Jesus seinen eigenen Tod liebend, fürbittend, segnend und heilseffizient durchgestanden und verstanden hat« (50). Bleibt allerdings noch die Frage, ob er ein solches Verständnis – wie »eigentlich fast zu erwarten« – »im Angesicht des unentrinnbaren Todes« den Jüngern auch zum Ausdruck gebracht hat (56). Schürmann versucht eine Antwort, indem er die nachösterliche eucharistische Doppelhandlung auf individuelle Mahlgesten Jesu am Abschiedsabend zurückführt (78) und diese – mit Bezug auf Jesu eschatologischen Ausblick einerseits und auf der Linie seiner »eschatologischen Erfüllungszeichen« andererseits – als Gebegesten versteht, durch die »noch im Angesicht des nahenden Todes den Seinen das eschatologische Heil mit emphatischer Geste zugesprochen« wurde (85) und zugleich dieses Heil »eigentlich nur als proexistentes Heil des zur Todeshingabe Bereiten verstehbar« sein konnte (59). »Wie die eschatologische Heilsverheißung und Heilsdarbietung des Scheidenden diesen Heilswert des Todes gedanklich dabei näherhin ins Wort gehoben hat und wie weit der Heilssinn des Todes – als ›Gebärdensprache‹ – den proexistenten Darbietungsgesten implizit blieb, ist letztlich nicht so wichtig« (89).

Daß Schürmanns »Konvergenzbeweis« neue Wege beschritten hat und zu beachtlichen Resultaten gelangt[79], wird auch von denen zugestan-

[79] So *J. Gnilka,* Wie urteilte Jesus, 15. Doch bleibt für Gnilka eine »halbdunkle Stelle« (40): »Sprach der Segensbecher im Abendmahlssaal die Sprache, die Schürmann ihm zuspricht?« (41) »Wir haben am Ende«, schließt er deshalb, »in jeder Hand das Endglied einer Kette«, ohne eine »ununterbrochene Kette« vorzeigen zu können, weil das »Sterben für«, so sehr es dem »Wirken und Wollen Jesu« entspricht und in der »Denkrichtung« seines Gesamtbildes liegt, für uns greifbar doch nur in Aussagen ist, »die vom Glauben der Gemeinde geformt sind« (49f.). Aber werden – so kann man wohl fragen – mit solcher Beurteilung die Bedingungen einer »historischen« Argumentation nicht doch wieder einseitig fixiert? Jedenfalls hat Schürmann nicht nur betont, daß »die deutenden Gebegesten als solche im Halbdunkel bleiben« und »begleitende Deuteworte« deshalb »direkt zu postulieren« seien, sondern auch, ohne die kritische Ausgangsposition zu verlassen, »generelle Aussagen« über ihre »Aussageintentionen« gewagt (Gottes Reich, 214–218; vgl. Jesu Tod, 56–59.82–90). Weiter zielt die Kritik *A. Vögtles* (Todesankündigungen, 90ff.), sofern sie auch die Applikationsproblematik sowie prinzipielle Erwägungen einbezieht und eine weitere Prüfung der Schürmannschen Thesen an der noch erkennbaren Entwicklung der nachösterlichen Verkündigung fordert, zumal – wie Vögtle hervorhebt – die Proexistenz Jesu als Grunddimension seines Wirkens sich als »entscheidender Faktor« auch einer erst nachösterlichen Erkenntnis des Heilssinnes seines Todes beanspruchen ließe: »Die Endfrage kann nur lauten, ob sich der Gesamtbefund leichter aus der jesuanischen oder aus der erst nachösterlichen Herkunft dieser Erkenntnis erklären läßt« (106).

den, die mit uneingeschränkter Zustimmung zögern. Für unseren Zusammenhang ist er vor allem bedeutsam, weil er die bei Jesus selbst zu suchende Voraussetzung einer soteriologischen Deutung seines Sterbens für den Zeitpunkt seiner Todesgewißheit bestätigt: »Jesus hat sein Leben dienend in Gottes Heilsangebot hineingestellt und diesen Selbsteinsatz für das Kommen der Herrschaft Gottes zu den Verlorenen bis in den Tod hinein durchgehalten«[80]. Und eben diese im Tod nicht zerbrochene, sondern vollendete Bereitschaft verbürgt die Kontinuität des Heilshandelns Gottes in Leben *und* Geschick Jesu: »Gott ist nämlich in seinem Leben gegenwärtig nicht nur im Modus seines Glaubens, sondern im Modus der aktiven Liebe, die Jesu ureigenste Tat ist«; darum war er »in seinem Kreuz nicht der Anlaß für Gottes paradoxes Gnadengericht, sondern Christi aktive Proexistenz als seine Gott und Menschen verbindende Tat *›ist‹* der Erweis, daß ›Gott Liebe ist‹, weil sie darin Ereignis geworden ist«[81].

Bemerkenswert scheint mir überdies die Zurückhaltung, die Schürmanns Thesen sich auferlegen und damit die sonst unausweichlichen Folgeprobleme vermeiden. So zunächst mit dem nachdrücklichen Hinweis, daß Jesus, wenn er – wie es seiner Grundhaltung entsprach – Gottes Souveränität wahren und seinen Möglichkeiten nicht vorgreifen wollte, dem eigenen Tod »nur eine mögliche, eine erhoffte Heilsbedeutung zuerkennen« und ihn deshalb auch nur »impetratorisch als eine Bitte« um das Kommen des Reiches, als ein »existentielles Anerbieten« vollziehen konnte, das anzunehmen und zur Vollendung zu bringen allein Sache seines Vaters sein konnte[82]. Sodann mit der klärenden Bemerkung, daß Jesu Einstellung, solange er nur mit der Möglichkeit oder Wahrscheinlichkeit seines Todes rechnete, erst recht nur die einer Offenheit für den Willen des Vaters sein konnte, so wesentlich dies auch die Bereitschaft einschloß, für dessen Herrschaft der Liebe das eigene Leben zu geben[83]; denn je früher man für Jesu Wirken mit einem

80 *H. Kessler,* Sucht den Lebenden, 102f.

81 *W. Breuning,* Aktive Proexistenz, 212f. Wenn also *A. Vögtle* (Jesus »Christus«, 46) formuliert: »Die offenbarungs- und heilsmittlerische Funktion der Person Jesu ist das entscheidende Kontinuum zwischen dem verkündigenden und dem nachösterlich verkündigten Jesus«, und *H. Schürmann* (Gottes Reich, 222) erwidert: »Das proexistente Verhalten Jesu ist bei aller Diskontinuität das Kontinuum vom verkündigenden Jesus zum verkündigten Christus«, dann scheint mir die zweite These kein Widerspruch zur ersten, sondern eine notwendige weitere inhaltliche Bestimmung der noch formalen Feststellung Vögtles zu sein: eben weil Jesus ohne sein der Liebe Gottes entsprechendes Dasein-für-uns nicht Offenbarer und Heilsmittler wäre.

82 *H. Schürmann,* Gottes Reich, 191 (Anm. 28). 196.62.

83 Vgl. a.a.O. 53f. 207.

Wissen um die Heilsbedeutung oder gar Heilsnotwendigkeit seines Sterbens rechnet, desto unabweisbarer muß sich ja der Widerspruch zu seiner fortdauernden Verkündigung auftun, die auf die Annahme seines gegenwärtigen Heilsangebotes zielte[84]. Bemerkenswert endlich auch die Bedachtheit, mit der Schürmann »Jesu ureigenes Wissen um die Heilsbedeutung seines Todes« als »existentiell und vorkonzeptionell« und ebenso die seine Abendmahlsgesten begleitenden Deuteworte als zwar »unmittelbar-direkte«, doch »andeutend und dunkel bleibende« Thematisierung ihres Sinnes charakterisiert[85]: »Über Jesu Abendmahlsworte wissen wir also mit Sicherheit nicht mehr, als was die Abendmahlsgesten aussagten«[86]. Und in der Tat: »Hätte Jesus eine Deutung seines Todes in klarer Direktheit geäußert, so bliebe unverständlich, warum in der frühen nachösterlichen Zeit diese Sinndeutung nicht auf breiter Front aufgenommen wurde«[87].

Allerdings bleibt noch ein Punkt zu erörtern, der über die Weichenstellung für unsere weiteren Überlegungen entscheidet: die Tatsache nämlich, daß einige Exegeten – eher fragend *Heinz Schürmann*, entschiedener und von anderen Voraussetzungen her *Rudolf Pesch* und *Martin Hengel* – Jesu Todesverständnis im Sinne der stellvertretenden Sühne zu bestimmen versuchen und dafür den vermittelnden Gedanken des durch Israels Ablehnung der eschatologischen Botschaft erwirkten Gerichts und der Strafe heranziehen[88]. Denn spätestens hier meldet sich das von *Anton Vögtle* und *Peter Fiedler* eindringlich wiederholte Bedenken, ob ein solches Verständnis nicht einer Revision seiner Botschaft durch Jesus selbst gleichgekommen wäre: »Jesus hatte den *bedingungslos* vergebungswilligen Vater verkündet: War dieser nun doch in seiner Gnade nicht so großzügig oder gar souverän, daß er auf einer Sühne bestand?«[89] Kann man im Ernst den Gedanken vollziehen und es für wahrscheinlich ansehen, »daß Jesus, der den [...] absoluten Vergebungswillen und Triumph der Liebe Gottes pointiert proklamierte, auch nur angesichts seines Todes auf den Gedanken kam, hinter diese Gottesverkündigung zurückzugehen und seinen Tod als von eben

[84] Die hier aufbrechende Schwierigkeit ist namentlich von *A. Vögtle* in allen Variationen durchgespielt worden: s. dazu Exkurs 4.

[85] *H. Schürmann*, Gottes Reich, 221–223.

[86] A.a.O. 221.

[87] *H. Kessler*, Sucht den Lebenden, 103 Anm. 57. Zur vieldiskutierten Entwicklung der nachösterlichen Verkündigung s. die Hinweise in Exkurs 4.

[88] Dazu ausführlicher Exkurs 4; zum möglichen Verständnis der stellvertretenden Sühne als Übernahme des Gerichts auch Exkurs 6.

[89] *P. Fiedler*, Sünde und Vergebung, 569.

diesem Gott [. . .] verlangten Sühnetod zu verstehen?«[90] Ob der Einwand die genannten Autoren tatsächlich trifft, hängt natürlich vom jeweils vorausgesetzten Sühneverständnis ab und kann hier auf sich beruhen bleiben[91]. In der Sache aber ist – schon im Blick auf die Geschichte des Erlösungsglaubens – von jeder gegenwärtigen Theologie der Erlösung Klarheit verlangt: Ist das Kreuz die wegen der Sünde oder doch zuletzt wegen der Ablehnung Jesu erforderliche Bedingung für Gottes Vergebung? Oder ist es gerade umgekehrt die Gestalt, in der Gottes entschiedene und schon im Leben Jesu begegnende Liebe ihre Unbedingtheit bewährt – und also Jesu Hingabe des Lebens nur insofern Bedingung, als ohne sie Gottes Kommen ins Äußerste, seine Zuwendung noch zu den Feinden nicht wirklich und somit die Grund- und Maßlosigkeit seiner Liebe nicht offenbar geworden, d. h. ohne den geschichtlich vollendeten Ausdruck ihrer Unbedingtheit geblieben wäre?[92] Auch im zweiten Fall wären die »Heilsmittlerschaft« Jesu und die »Heilseffizienz« seines Sterbens unverkürzt denkbar. Zugleich aber wäre der Ansatz genannt, von dem aus der mögliche, d. h. der *diesem* Tod angemessene Sinn von Stellvertretung, Opfer, Sühne und Gericht überhaupt erst bestimmbar würde. Die Entscheidung, meine ich, erlaubt kein Zögern. Denn hat nicht schon Jesu Verkündigung »Gottes Liebe in einer letzten Tiefe erfaßt« und sein Wirken sie nahegebracht als »eine Liebe, die den Menschen immer schon voraus ist – eben auch in ihrer Sünde«? Die »also tatsächlich souverän, absolut, frei von jeder Bedingung ist?«[93] Und darf man, nachdem Gott so nahegekommen, fortan noch anders, geringer von ihm denken? Wird bei Mattäus nicht gerade die *Feindes*liebe als Entsprechung zur Vollkommenheit *Gottes* verstanden und nur als solche gefordert und für möglich gehalten? Ist das Wort des Johannes von Jesu Liebe »bis an das Ende« nicht der Schlüssel zur ganzen Leidensgeschichte? Und die von Lukas erwähnte

[90] *A. Vögtle,* Todesankündigungen, 113.

[91] Tatsächlich wird der Sühnegedanke von allen im Licht der Verkündigung Jesu modifiziert: vgl. Exkurs 4.

[92] Aus »höchster Perspektive«, schreibt *H. U. von Balthasar* (das alte Motiv der »felix culpa« aufnehmend), läßt sich die menschliche Schuld als »die Bedingung der Möglichkeit für die Offenbarung des letztmöglichen Einsatzes Gottes« verstehen. Ein so weitgehender Satz kann natürlich niemals menschliches Postulat, sondern allein Ausdruck des dankbaren Nachdenkens über die Tatsache sein, daß die Sünde Gott Veranlassung wurde, »uns eine tiefere und schmerzlichere Form seiner Liebe bekanntzugeben und damit allererst zu zeigen, bis in welche Abgründe diese Liebe – wenn sie sich einmal entschlossen hat, ihren in Freiheit und durchaus ohne jede Notwendigkeit ins Dasein gesetzten Geschöpfen an der absoluten Liebe und ihrer Seligkeit Anteil zu geben – hinabzusteigen gewillt ist« (Theodramatik III, 175f.).

[93] *P. Fiedler,* Jesus und die Sünder, 281.

Vergebungsbitte des Gekreuzigten für die verblendeten Täter nicht die bis ins Sterben verwirklichte Intention seines Lebens? Hat endlich Paulus Christi Sterben für uns nicht im zuvorkommenden Versöhnungswillen Gottes begründet und als *Erweis* seiner Liebe bezeichnet?[94]

»Der Tod am Kreuz gehört zu Jesu Sendung nicht deshalb, weil der Vater diesen Preis für die Sünden der Menschen verlangt hätte«, sondern weil er den Sündern »nicht anders heilsam nahekommen konnte«[95]. Nicht Gott ändert sich angesichts der Tötung seines letzten Boten, des eigenen Sohnes – alle Diskontinuität in der Geschichte des Heils rührt vielmehr von seiten der Menschen, die es verwerfen. Gott dagegen wird seine Treue erweisen und offenbar machen, wie unbedingt die Liebe gemeint war, die er ihnen schon auf dem irdischen Weg Jesu zuwandte. Denn er wird sich zu ihm, der ganz zu ihm gehörte und »lebend und sterbend das nahende Heil der Basileia verkündet« hatte, bekennen und ihren endgültigen Anbruch mit *diesem* Leben und Sterben *identifizieren*[96]. War also schon Jesu irdisches Wirken, seine von Gott für die Menschen bestimmte Existenz selber »die konkrete Daseinsform der Herrschaft der Liebe Gottes zu uns«, so wird es – weil in Treue zu seiner Sendung bestanden – in definitiver Weise sein Tod: er ist die »Verwirklichungsgestalt der Gottesherrschaft unter den Bedingungen dieses Äons«[97], in den tötenden Verhältnissen der Gottlosig-

[94] Vgl. Mt 5,43–48; Joh 13,1; Lk 23,34; Röm 5,6–10.

[95] *J. Werbick,* Schulderfahrung, 111.

[96] *H. Schürmann,* Gottes Reich, 55: »Die sich aktiv bis in den Tod hinein durchhaltende Pro-Existenz Jesu, die lebend und sterbend das nahende Heil der Basileia verkündet, repräsentiert die Basileia in all ihren Stadien«.

[97] *W. Kasper,* Jesus, 257 u. 140. Eine Christologie (und Soteriologie), welche die Sinneinheit von Jesu Leben, Tod und Auferweckung festhält und deshalb die inhaltliche Kontinuität dieses Geschehenszusammenhanges herausarbeiten muß, wird dem Basileia-Gedanken zentrales Gewicht geben müssen und das Verhältnis des verkündigenden Jesus zum verkündigten Christus nur so bestimmen können, daß sie den von Jesus proklamierten Anbruch der Gottesherrschaft endlich durch Gott selbst mit Jesu Geschichte und Person identifiziert sieht. So hat *W. Kaspers* »Christologie der gegenseitigen Entsprechung zwischen irdischem Jesus und erhöhtem Christus« (Jesus, 41) die »Botschaft von der kommenden Gottesherrschaft« als »Grundgedanken der Christologie« bezeichnet (85). Jesu Existenz für die Menschen erscheint als »konkrete Daseinsform der Herrschaft der Liebe Gottes zu uns« (257), sein Tod als ihre »Verwirklichungsgestalt [...] unter den Bedingungen dieses Äons« (140) und seine Auferweckung als vollendende »Offenbarung und Verwirklichung der von Jesus verkündigten Herrschaft Gottes« (169), so daß endlich Jesus Christus selbst (mit Origenes) als »Autobasileia«, als »die Gottesherrschaft in Person« erkannt (118) und diese Erkenntnis weiter bedacht werden kann. Möglich und überzeugend ist eine solche Anlage der Christologie vor allem, weil sie von vorneherein auf die inhaltliche

keit und daher gültig für immer. Denn im Gekreuzigten, der auferweckt wurde, »begegnen sich des Menschen äußerste Verwerfung von Gottes Heilsangebot und die bleibende Darreichung dieses Heils«[98], erscheint der Sieg der in Gott begründeten Liebe über das Äußerste, was Menschen ihr antun können und angetan haben. Das Wort, das zum Schweigen gebracht wurde, ist nicht verstummt. Der Weg, der verschlossen schien, aufs neue geöffnet: Gottes Herrschaft ist nun so nahegekommen, daß auch nicht Sünde und Tod von ihr mehr zu trennen vermögen.

In Jesu Tod und Auferweckung wird also bewährt und als endgültig sichtbar, was schon mit Jesu Verkündigung begann: Gottes Selbstoffenbarung als unbedingte Liebe zum Menschen. Und *diese Offenbarung ist unsere Erlösung* – vorausgesetzt nur, daß man Offenbarung als das Freiheitsgeschehen begreift, in dem Gottes Selbstbestimmung für den Menschen durch die ihr entsprechende Freiheit Jesu Wirklichkeit für uns wird. Diese Zuwendung, die bis zur Lebenshingabe geht, kommt ja »nicht zur Offenbarung noch dazu, sondern beide sind miteinander identisch«[99]. Offenbar wird die Wirklichkeit des Menschen vor Gott und Gottes Wahrheit unter den Menschen: das tatsächliche Ausmaß der Sünde und Gottes noch größere Liebe[100]. Denn Gott kündigt diese Liebe nicht auf, zieht die Einladung nicht zurück, sondern macht, was ihr widersprach und sie erledigen sollte, durch Jesu Auferweckung fruchtbar für alle Menschen: »Er macht diesen Tod von sich aus zur Offenbarung seines innersten Wesens. Am Tod Jesu darf sich zeigen, daß die Liebe um Gottes willen, der die Liebe ist, vom Tod nicht getötet werden kann«[101]. Etwas Größeres aber als eine Liebe, die auch ihre Feinde nicht aufgibt, sondern – ohne vernichtet zu werden – auf ihre tötende Negation eingehen kann, ist schlechterdings nicht denkbar: sie ist – wie *Schelling,* Anselms Gottesidee überbietend, formulierte – das Ereignis, »quo nil maius fieri potest«, das »Wunder der göttlichen Gesinnung«, von »dem wir nur sagen können: in Wahrheit, es ist so – das wir aber nach keinen menschlichen Begriffen hätten erwarten oder voraussehen können«[102]. Seit es jedoch geschehen ist und

Bestimmung der Basileia (Gottes Selbstoffenbarung als Liebe) achtet und diese in ihren Konsequenzen entfaltet.

98 *E. Schillebeeckx,* Jesus, 568f.

99 *W. Breuning,* Aktive Proexistenz, 212.

100 Vgl. dazu die in Exkurs 6 zitierten Bemerkungen *J. Ratzingers.*

101 *J. Werbick,* Schulderfahrung, 110.

102 *F. W. J. Schelling,* Philosophie der Offenbarung II, 169.197; vgl. dazu *W. Kasper,* Krise und Neuanfang, bes. 376ff.

Gottes Liebe als verläßlich und unwiderruflich erwies, ist sie für immer verkündbar geworden: gültiges Angebot für jeden Menschen.
Läßt sich Jesu Tod also – auf der Linie seiner Verkündigung und im Licht seiner Auferweckung – als das Ereignis verstehen, in dem Gottes Selbstoffenbarung sich ihre geschichtlich unüberbietbare und daher endgültige Gestalt gibt, dann ist zugleich schon – und damit kehren wir zum Hauptthema dieses Abschnittes zurück – die Heilsbedeutung der Geschichte Jesu Christi in ihrer Gesamtheit ausgesprochen. Ohne den Versuch, sie nach wesentlichen Bestimmungen zu benennen, kann ja ihre Vergegenwärtigung und erst recht ihre systematische Explikation nicht gelingen. Allerdings können solche Kennzeichnungen die ihnen zugedachte »Brückenfunktion« nur erfüllen, wenn sie den hermeneutisch unabdingbaren Erfordernissen genügen: sie müssen sich einerseits – der Vorgegebenheit des Heilshandelns Gottes entsprechend – dadurch bewähren, daß sie ein zusammenhängendes Verstehen der Ereignisse der Geschichte Jesu selber wie auch der neutestamentlichen Schriften und der späteren Tradition, die von ihr Zeugnis ablegen, eröffnen[103]; und sie müssen sich andererseits – im Blick auf das Ziel eines aneignenden Verstehens – für die Vermittlung mit dem gegenwärtigen Bewußtsein sowie die kritische Auseinandersetzung mit ihm als geeignet erweisen. Da nun die biblische Thematik hier nicht weiter mehr ausgeführt werden soll, kann die folgende und für alles weitere grundlegende These nur mit dem Vorbehalt gelten, daß sie exegetische Zustimmung findet:

(3) Das gesamte Neue Testament stimmt überein in dem Zeugnis, daß durch Jesus Christus, in dessen Geschichte Gott selber gehandelt und sich als Liebe geoffenbart hat, für alle Menschen das Heil endgültig eröffnet und unwiderruflich möglich ist.

Diese auf den ersten Blick noch sehr knappe Bestimmung enthält doch schon folgenreiche Implikationen:

(a) Das Heil wird geschenkt, ohne den Menschen zum unbeteiligten Empfänger zu machen. Seine Eröffnung hat die Form geschichtlicher Vermittlung, bei der der Mensch durch sein Angebot bestimmt wird und sich mit seiner Annahme oder Ablehnung selber bestimmt. In Jesus Christus unableitbar begründet, bleibt es auf ihn als seinen unüberholbaren Anfang bezogen und durch ihn in seinem Inhalt bestimmt.

(b) Gottes Liebe ist nicht nur der Ursprung, sondern auch der

[103] Zur Unentbehrlichkeit solcher »Wesensbestimmungen« für ein zusammenhängendes Glaubensverständnis und den Bedingungen ihrer Bewährung s. auch die Exkurse 2 und 8.

unüberbietbare Inhalt des Heils. So real es, wie Jesu Wirken verdeutlicht, alle Dimensionen des Menschen umfaßt (seine Leiblichkeit, Sozialität, sein Verhältnis zu Welt, Arbeit, Eigentum usw.), betrifft es darin doch immer das Verhältnis Gottes zum Menschen. Noch der Glaube an die mit Jesu Auferweckung schon angebrochene Vollendung verbindet die Hoffnung auf Gottes Treue und das Bekenntnis zu seiner alles neuschaffenden Macht.

(c) Der Mensch ist angewiesen auf dieses Heil, genauer: angewiesen darauf, daß es – wenn es nicht weniger als Gottes Liebe sein soll – ihm geschenkt wird und Geschenk bleibt: unverdienbare Gnade, die doch unerschöpflich zu tun gibt. Und unverdient um so mehr, als sie den Menschen sogar in seiner Sünde aufsucht und faktisch immer Vergebung bedeutet.

(d) Der Mensch ist fähig oder besser: ansprechbar für dieses Heil, auch wenn er nicht bewußt nach ihm fragt und das Evangelium allererst seine Verschlossenheit aufbricht.

(e) Dem Inhalt des Heils entspricht die Weise seiner Realisierung: Liebe achtet die Freiheit, der sie sich mitteilen will. Dies gilt ursprünglich für Gott selber, der bereit war, sich mit der Erwählung des Menschen an dessen Freiheit zu binden. Es bewährt sich im geschichtlichen Dasein des Sohnes: in Jesu Verkündigung bis in den Tod. Es muß ebenso für jede Verkündigung gelten, die dieses Geschehen angemessen bezeugen will.

b) Zur Interpretation der soteriologischen Begriffe und Interpretamente[104]

Ist der Ausdruck »Erlösung« als soteriologischer Grundbegriff nach allem Bisherigen nicht relativiert? Zumindest, meine ich, sollte eine Theologie, die sich an dem in Jesus Christus zugesagten und schon begonnenen Heil orientiert, ihn angesichts seiner geschichtlichen Bela-

[104] Daß (insbesondere seit den Thesen von *W. Marxsen* zur Auferweckung Jesu) der Terminus »Interpretament« zweideutig oder belastet erscheint, braucht doch, meine ich, seinen Gebrauch in einem ursprünglichen Sinne nicht hindern. Jedenfalls wird mit ihm weder hier noch im folgenden das Zeugnis eines (inhaltlich bestimmten) Geschehens (wie etwa der Begegnung des Auferstandenen) zum »bloßen« Interpretament einer anderen Erfahrung (wie etwa des Weitergeltens der Sache Jesu) relativiert, sondern lediglich dem Tatbestand Ausdruck gegeben, daß sich die Deutungen des Todes Jesu *aufgrund* seiner Auferweckung außer durch die Erinnerung an ihn selbst eben auch durch die situativ vorgegebenen Verstehensmöglichkeiten bestimmt zeigen.

stungen nicht verwenden, ohne ihn zuvor in der beschriebenen Weise zu interpretieren. Was er wohl unmittelbarer als ein noch unbestimmter Heilsbegriff auszudrücken vermöchte und in der Tat als unaufgebbar gelten muß, nämlich das Moment der Angewiesenheit auf das Heil als Geschenk und seine freie Herkunft von Gott, ist durch die Bestimmungen der These jedoch ebenso gut verdeutlicht und sichergestellt. Zugleich leuchtet ohne weiteres ein, inwiefern Jesu Leben und Sterben, wie die Schriften des Neuen Testamentes einhellig bezeugen und das große Glaubensbekenntnis der Kirche für die Menschwerdung des Sohnes und dann nochmals für seine Kreuzigung hervorhebt, *»für uns«* und *»für die vielen«*, »um unseres Heiles willen« geschah: *für* uns Menschen, weil ja Liebe nur durch sich selbst und Gottes Liebe unter uns nur offenbar werden konnte durch einen Menschen, der ihrer unmittelbar gewiß war, sich in Freiheit von ihr bestimmen ließ und ihr durch sein Dasein *für andere* entsprach; für *alle* Menschen, weil er seinem Zeugnis für Gottes freie und bedingungslose Liebe mit der Hingabe des eigenen Lebens die definitive Gestalt gab und Gott ihn, der vor dem Gesetz als gottlos erschien, gerechtfertigt hat, so daß das Heil ohne Vorbedingung allen zugänglich wurde, die es im Glauben an Jesus Christus annehmen wollen. Wird nun – wie schon früher angedeutet und soeben wiederholt – Offenbarung als das Ereignis begriffen, in dem geschieht, was gesagt wird, und zwar durch Vermittlung einer Freiheit geschieht, deren Hinwendung zu den Menschen Ausdruck ihrer unmittelbaren Herkunft von Gott, d. h. auszeitigende Darstellung ihrer ursprünglichen Bestimmtheit durch Gottes Liebe und ihrer Einstimmung in seine Menschenzuwendung ist, dann ist auch der (letztlich nur trinitarisch begründbare) Gedanke der *Heilsmittlerschaft* Jesu Christi erreicht: »Seine Transzendenz auf den Nebenmenschen hin ist Ausdruck der Transzendenz auf Gott hin [. . .] In dieser doppelten Transzendenz ist er Mittler zwischen Gott und den Menschen«; seine Mitmenschlichkeit ist die »Erscheinungsform [. . .] seiner göttlichen Sohnschaft«[105]. Da in diesem Vermittlungsgeschehen die menschliche

[105] *W. Kasper,* Jesus, 257f. Daß die Mittlerschaft Jesu Christi ihre Erscheinung in der Einheit seiner Person mit dem Inhalt seiner Verkündigung hat, stellt sehr klar *G. Ebeling* (Dogmatik II, 471) heraus: »Die Einheit von Wort und Person besteht darin, daß er selbst für die Wahrheit dessen, was er sagt, eintritt, daß er in seiner Person selber das ist, was er in seinem Wort ausspricht, daß er sich selbst darin darstellt: Er ist der Säemann, der den Samen ausstreut. Er ist der Hirte, der das Verlorene sucht. Er ist der Vater, der den Wiederheimkehrenden in die Arme schließt. In ihm, der die Nähe Gottes ansagt, kommt Gott nahe. Als ein solcher, der die Nähe Gottes selbst ist, versetzt er in die Nähe Gottes. Als der, der darin aufgeht, Gott vor den Menschen und die Menschen vor Gott zu vertreten, vereint er als

Freiheit Jesu keineswegs ausgeschaltet, sondern mit der Zustimmung zu ihrer Berufung und der Übernahme ihrer Sendung aufs höchste beteiligt ist, wird ferner, ohne daß die absolute Heilsinitiative Gottes Beeinträchtigung erführe, der Sinn der namentlich in der westlichen Tradition geläufigen Rede vom *Verdienst Jesu* bestimmbar: Nicht als hätte er – ein schon in sich widersprüchlicher Gedanke – Gottes Gnade verdient; wohl aber hat er – durch die freie und zur letzten Konsequenz bereite Verfügbarkeit seines Lebens[106] – ihrer Ankunft bei den Menschen gedient und *insofern* unsere Erlösung »verdient«. Sein *Gehorsam,* der ihn auf diesem Weg bis zum Erleiden des Fluches der Gottlosigkeit führte und den auch er, in allem uns solidarisch, lernen mußte, »unter lautem Geschrei und mit Tränen« (Hebr 5,7), ist gleichwohl ursprünglich nicht Unterwerfung unter den Befehl eines Fremden, sondern Ausdruck seiner Freude an Gott und seiner die eigene Identität konstituierenden Übereinstimmung mit dem Willen des Vaters, also ursprünglich eins mit seiner Vollmacht: aus diesem Gehorsam »ent-

Mittler Gott und Mensch«. *P. Hünermann* (»Erlöse uns von dem Bösen«, 325) reflektiert die Mittlerschaft Jesu Christi als Offenbarung Gottes und des Menschen, als gleichzeitigen Vollzug der Liebe Gottes und der bis zur Übernahme des Sündenfluchs gehenden Solidarität mit den Sündern: »In dieser Vermittlung, in der Offenbarung Gottes und der Menschen, ist Jesus Christus, was er ist: Sohn des Vaters und Bruder aller Menschen. Er besitzt seine Identität in diesen Vollzügen selbst«.

[106] Gott kann den Menschen nur erreichen, wenn dieser sich erreichen läßt; nur durch sein Ja gelangt die Gnade zum Ziel. Solche Zustimmung ist das Einzige, was der Mensch Gott als sein Eigenstes geben kann; alles Weitere ist ja schon Folge der Gnade, und selbst der Zustimmung geht schon die Einladung voraus. »Gott gehört alles, dem Menschen aber ist die Freiheit des Ja und des Nein, der Liebe und der Verweigerung, verliehen; das freie Ja der Liebe ist das Einzige, worauf Gott warten muß«, schreibt *J. Ratzinger* (Einführung, 235). Was so für jeden Gläubigen gilt, gilt in ursprünglicher Weise für Jesus Christus und ist daher in Christologie wie Soteriologie zu beachten. Vor allem *K. Rahner* hat immer wieder geltend gemacht, daß der Begriff der Offenbarung ohne das Moment ihrer Annahme unvollständig wäre, und deshalb die Besonderheit des »absoluten Heilbringers« dadurch bestimmt, daß er »als Zusage und Annahme die Selbstmitteilung Gottes absoluter Art an die Gesamtmenschheit« sei (Grundkurs, 202 u. ö.). So sehr also jeder Soteriologie am Gnadenprimat Gottes gelegen sein muß, darf sie doch die Beteiligung der menschlichen Freiheit Jesu (bis hin zur Freiwilligkeit seines Leidens) im Erlösungswerk nicht übergehen: das Motiv des »eigenen Antriebs« (»sponte«), das hervorgehoben zu haben *H. U. von Balthasar* unermüdlich an Anselms Satisfaktionslehre rühmt (Theodramatik III, 238f.459). Allerdings wird, da Balthasar zugleich Anselms Argument bekräftigt, »es wäre Gottes nicht würdig, ohne Mitwirkung der Freiheit des Menschen einfach von sich her zu verzeihen« (Crucifixus, 34), später noch zu fragen sein, welche Wendung er diesem Gedanken für sein Sühneverständnis gibt und ob er dabei das Moment der formalen Freiheit des schuldig gewordenen Menschen nicht vom zuvorkommenden Heilshandeln Gottes isoliert.

springt die Ermächtigung zu einer Hingabe, deren Opfercharakter nicht eine Selbstbeschränkung der Freiheit bedeutet, sondern ihr Vollzug als Freiheit zum Sünder«[107]. Wie endlich in derselben Perspektive die besondere *»Heilseffizienz« seines Todes* gedacht werden kann[108], bedarf wohl keiner langen Erläuterung mehr: Hat doch mit der Hingabe seines Lebens, die Gott zum Erweis der eigenen Liebe qualifizierte, die Offenbarkeit dieser Liebe eine auch noch der Verkündigung Jesu gegenüber neue Stufe erreicht – einen Grad der Sichtbarkeit ihrer Entschiedenheit für uns, wie er innerhalb der Geschichte nicht höher gedacht werden kann und durch den deshalb alle künftige Geschichte wirklich bestimmt und unser der Sünde und Todesangst unterworfenes Dasein tatsächlich verändert worden ist[109]. Vielleicht mag man es bemängeln, daß die ausdrückliche Erwähnung des Todes Jesu sowie der Bezug auf das Faktum der Sünde erst in den Erläuterungen der These erscheinen. Indessen soll damit nicht die Härte dieser Tatsache und die Bedeutung des Kreuzes überspielt, sondern nur der Vorgängigkeit der Gnadenwahl Gottes vor der Geschichte ihrer Realisierung entsprochen und von vorneherein klargestellt werden, daß der Tod Jesu, so sehr er die Konsequenz des unbedingten Heilswillens Gottes darstellt, doch insofern als kontingent gelten muß, als er von Menschen verfügt wurde und Tat ihrer faktischen Gottlosigkeit war. Bedenkt man zudem, daß Liebe sich nicht in Vergebung erschöpft, Gottes Heil also

[107] *G. Ebeling*, Dogmatik II, 535.

[108] Übrigens fand ich den Gedanken der Heilswirksamkeit des Todes Jesu, besonders in der angegebenen exegetischen Literatur, selten näher bestimmt – verständlicherweise, wie mir scheint, solange man ihn nicht formell und inhaltlich als Offenbarungsgeschehen betrachtet. Einerseits möchte niemand (auch von den Vertretern des Sühnetod-Verständnisses nicht) behaupten, daß Gott durch Jesu Lebensopfer »umgestimmt« werden mußte. Auf der anderen Seite bleiben die Wendungen, Jesu Tod sei »heilsbedeutsam«, »heilsmittlerisch«, »heilseffizient«, »heilswirksam«, »heilsnotwendig«, »heilsursächlich«, »heilskonstitutiv« usw., in ihrem positiven Sinn zumeist bemerkenswert unscharf. Für unglücklich, wenn auch wegen ihrer provozierenden Wirkung für verdienstvoll halte ich auch die gelegentlich begegnende Fixierung der Alternative, unsere Erlösung sei entweder »wegen« oder »trotz« des Todes Jesu geschehen. Allerdings sind wir nicht »wegen« seines Todes in dem Sinne erlöst, als sei er vorgängige Bedingung für Gottes Vergebung gewesen; aber wir sind auch keineswegs nur »trotz« dieses Todes erlöst: denn er wurde ja – obwohl zunächst durchaus »äußeres«, von den Gegnern bereitetes Schicksal Jesu – durch Jesus selbst und Gottes Bekenntnis zu ihm zur definitiven Gestalt der sich offenbarenden Liebe Gottes. Diesem Sinn dürfte noch am ehesten die Redeweise entsprechen, daß die Erlösung »in« oder »durch« den Tod Jesu (in Einheit mit seiner Verkündigung und Auferweckung) geschah.

[109] Deshalb ist auch der Kritik zu begegnen, die am Verständnis des Todes Jesu als »Realsymbol der gnädigen Liebe Gottes« geübt wird: s. dazu Exkurs 5.

mehr als Erlösung *von* der Sünde bedeutet und überdies die Offenbarung ein Bewußtsein von ihr nicht voraussetzt, sondern die Sünde als solche erst aufdeckt, könnte jener Mangel sich auch als theologischer Vorteil erweisen. Doch soll dies später noch deutlicher werden.
Wie aber steht es mit den übrigen soteriologischen Motiven und Interpretamenten? Und wie – denn auch daran kann eine Theologie der Erlösung ja nicht vorbeigehen – mit den Konnotationen, die sich herkömmlicherweise mit dem Erlösungsgedanken einstellen? Wie anfällig sich der *Opfergedanke,* sobald man vom Inhalt des Evangeliums absieht, für die magische Vorstellung eines allererst gnädig zu stimmenden Gottes erweist, bedarf wohl weder religionsgeschichtlich noch im Blick auf die Geschichte christlicher Frömmigkeit besonderer Belege – ganz abgesehen davon, daß er so leicht zu Ersatzhandlungen für die geforderte Umkehr verführt. Über sein theologisches Recht kann allein die ihn leitende Perspektive entscheiden: Denn nicht der Mensch und auch eigentlich nicht Jesus Christus versöhnt Gott mit den Menschen, sondern *in ihm versöhnt Gott uns mit sich* (2 Kor 5,18f.) und, wie man hinzufügen darf, mit uns selbst – bewegt einzig von seiner Liebe und »als wir noch Feinde waren«, wie Paulus erläutert (Röm 5,8.10). Deshalb kann – positiv – mit der Rede vom Opfertod Jesu nur gemeint sein, daß die Liebe, in der Gott seinen Sohn und dieser sich selbst für uns dahingab, »bis ans Ende« zu gehen bereit war, ja tatsächlich ging und dadurch – wie gerade der Hebräerbrief hervorhebt – jedes menschliche Opfer »ein für allemal« und so grundlegend überholt hat, daß es für die Gläubigen nurmehr Ausdruck ihrer dankbaren Bereitschaft sein kann, sich dieses Tun gefallen und das eigene Tun ihm gleichgestalten zu lassen[110]. Dies freilich mit dem ganzen Ernst,

[110] Von einer »Revolution«, die die neutestamentliche Kreuzes- und Opfertheologie innerhalb der Religionsgeschichte darstelle, spricht *J. Ratzinger* (Einführung, 231f.), wobei freilich nicht zu leugnen sei, daß sie im späteren christlichen Bewußtsein »weitgehend wieder neutralisiert und selten in ihrer ganzen Tragweite erkannt worden ist«: Im Neuen Testament »erscheint das Kreuz nicht als Vorgang in einem Mechanismus des beleidigten Rechts«, es steht »vielmehr ganz umgekehrt da als Ausdruck für die Radikalität der Liebe, die sich gänzlich gibt [...] Gott kommt zum Menschen, um ihm zu geben. Aus der Initiative seiner Liebesmacht heraus stellt er das gestörte Recht wieder her [...] Seine Gerechtigkeit ist Gnade; sie ist aktive Gerechtigkeit, die den verkrümmten Menschen richtet, das heißt zurechtbiegt, richtig macht [...] Gott wartet nicht, bis die Schuldigen kommen und sich versöhnen, er geht ihnen zuerst entgegen und versöhnt sie. Darin zeigt sich die wahre Bewegungsrichtung der Menschwerdung, des Kreuzes«. Mit dieser Wende »erhält im Christlichen auch der Kult, die ganze Existenz, eine neue Richtung. Anbetung erfolgt im Christlichen *zunächst* im dankenden Empfangen der göttlichen Heilstat. Die wesentliche Form des christlichen Kultes heißt daher mit Recht Eucharistia [...]

ohne den jeder Dank für Gottes überreiche Gnade verlogen wäre. Mit dem drängenden Wunsch nach realer Gestaltung, der gerade dort aufkommt, wo Liebe wirklich erfahren und angenommen wird. Unter derselben Bedingung steht der Gebrauch des *Sühnemotivs:* er kann theologisch nur legitim sein, wenn er jedes Vergeltungsdenken von Gott unbedingt fernhält[111]. Wohl gilt mit allem Ernst, was Paulus oft wiederholt: Der Sündlose ist für uns zur Sünde geworden und hat ihren Fluch auf sich geladen (Röm 8,3; 2 Kor 5,21; Gal 3,13). Doch kann es nicht der Zorn eines Strafe zuteilenden oder persönliche Genugtuung fordernden Gottes sein, der sich an dem schuldlos Verworfenen austobt, sondern allein die Macht der Sünde selbst, die Gottes Liebe ans Kreuz schlägt und darin ihr todbringendes Wesen enthüllt. In diesem Tod wurde Jesu Sendung erfüllt, geschah das Gericht über die Sünde – aber nicht im Namen einer abstrakten Gerechtigkeitsforderung, nicht im Erdulden einer willkürlich treffenden Strafe, sondern im Durchstehen der gerade wegen Jesu Hingabe an Gott offenbaren und unverstellt erlebten Verzweiflung, die im widersprüchlichen Wesen der Sünde, der Wahl des Selbst gegen die Wahrheit, angelegt ist. Und eben daher ein Gericht zugunsten der Sünder, aufrichtend und heilend. Denn indem er, obwohl und *weil* er der Sohn war, in der Not seiner

Das Handelnlassen Gottes an uns – das ist das christliche Opfer« (233). Für jedes »Opfer« des Christen aber, das daraus hervorgeht, muß gelten, daß das »Element des Schmerzhaften« an ihm niemals das Gesuchte, sondern nur »das Sekundäre« sein kann, »das sich aus einem vorausgehenden Primären ergibt und nur von ihm her seinen Sinn hat. Das konstitutive Prinzip des Opfers ist nicht die Zerstörung, sondern die Liebe. Und nur insofern sie aufbricht, öffnet, kreuzigt, zerreißt, gehört auch dieses mit zum Opfer: als die Form der Liebe in einer vom Tod und von der Selbstsucht gezeichneten Welt« (238). Wenn aber dies die angemessene Sicht ist – wie kommt es, daß die schärfsten Verdikte gegen das Christentum immer wieder seiner Opfertheologie gelten? Auf die Katastrophe des Kreuzes, schrieb *Nietzsche,* »fand die gestörte Vernunft der kleinen Gemeinschaft eine geradezu schrecklich absurde Antwort: Gott gab seinen Sohn zur Vergebung der Sünden, als *Opfer.* Wie war es mit einem Male zu Ende mit dem Evangelium! Das *Schuldopfer,* und zwar in seiner widerlichsten, barbarischsten Form, das Opfer des *Unschuldigen* für die Sünden der Schuldigen! Welches schauderhafte Heidentum!« (Der Antichrist: WW II, 1203) Noch *Ernst Bloch* sprach von der »dämonischen Jurisprudenz« der Opfertodlehre und ihrem Rückfall in ein »barbarisches Gottesbild« (Prinzip Hoffnung, 1494; Atheismus, 160). Wären solche »Mißverständnisse« historisch denkbar ohne Mißverständnisse der Christen?

[111] Dabei wäre – angesichts der Belastung des Sühneverständnisses durch die strafrechtliche Bedeutung von Sühne als ausgleichender Gerechtigkeit und ihr Mißverständnis als menschlicher Leistung – an die genuin alttestamentliche Sühneauffassung anzuknüpfen, wie sie besonders die Arbeiten von *H. Gese* und *B. Janowski* herausgestellt haben: s. dazu Exkurs 4.

Gottverlassenheit die Realität der Gottlosigkeit bis zu Ende durchlitt, wurde sie in ihre Wahrheit gebracht *und* verändert: konnte Gottes schöpferische Vergebung sich im Äußersten erweisen und für uns zum Grund einer Freiheit, die dem Leben dient, werden[112].

Wenn es also den Ernst jeder Vergebung ausmacht, daß sie – anders als das wohlfeile Entschuldigen, das der schlimmen Wirklichkeit ihren Lauf und die Zeit alles zudecken läßt – dem anderen die Schuld nicht einfach nachsieht oder sie gar verleugnet, sondern ihn selbst *in* seiner Wirklichkeit annimmt, also um seinetwillen auch deren Veränderung will und sie darum aushält und mitträgt, ja für ihn sogar eintritt und ihm damit zur Annahme seiner selbst hilft, ihn zur Trauer über das Vergangene wie zur Übernahme der Folgen bereit macht und zur notwendigen Versöhnungsarbeit befähigt, dann zeigt sich auch ein Zugang zu dem, was Jesu *Stellvertretung* bedeutet: nicht daß er für uns tut, was eigentlich wir zu tun hätten oder hätten tun können (denn der Verlorene bedarf der Befreiung, Befreiung aber ist nicht Ersatz), sondern daß er – weil er an unserer »Stelle«, dem Ort auswegloser Gottferne, Gottes Entgegenkommen selbst ist – uns *ermöglicht,* was wir tun sollen und nun selber tun können. Und zwar »ein für allemal« ermöglicht: weil ja Gottes Liebe, für die er bis zur Übernahme unserer Todeswirklichkeit einstand, nicht einmal durch den Tod widerlegt ist, also immer Angebot für uns bleibt – damit, wie Paulus aus der Auferweckung des Gekreuzigten folgert, »auch wir in dieser neuen Wirklichkeit leben« (Röm 6,4)[113].

[112] Zum möglichen Verständnis des »Zornes Gottes« und Jesu stellvertretender Übernahme des Gerichts über die Sünde s. Exkurs 6.

[113] Zu dieser Interpretation des Sühne- und Stellvertretungsgedankens vgl. auch *H. Kessler,* Art. Erlösung, sowie *J. Werbick,* Versöhnung. Zustimmen möchte ich auch *G. Greshakes* Darstellung des Sühnegedankens (Gottes Heil, 258–264), zumal sie davon ausgeht, daß Gott ohne Bedingung vergibt, doch seine vergebende Liebe erst an ihr Ziel kommt, wenn der Sünder sie annimmt und in einem ihr entsprechenden neuen Tun die eigene Schuldwirklichkeit übernimmt, sie aufarbeitet und sich um ihre Überwindung bemüht. Allerdings kann ich Greshakes Bedenken gegen das in seiner Sicht unzureichende Verständnis des Kreuzes Jesu als *Offenbarungs*ereignis wegen des dabei vorausgesetzten Offenbarungsverständnisses selbst nicht teilen. Begreift man die Offenbarung der unbedingten Liebe Gottes nämlich als das wesentlich durch die ihr entsprechende Freiheit Jesu vermittelte *Geschehen* des Geoffenbarten (und überhaupt nur so Offenbaren), dann läßt sich ebenso, ohne daß man einem »soteriologischen Monophysitismus« (264) verfällt, das Leiden und Sterben Jesu als Offenbarungsereignis, das als solches Vollzug der Erlösung ist, verstehen und gerade von hier aus auch als stellvertretende Sühne bestimmen (vgl. die Exkurse 5–7). *Sühne* ist es, weil Gottes bedingungslose und auch angesichts ihrer Ablehnung noch vergebungsbereite Liebe eben dadurch offenbar wurde, daß Jesus sie durch sein einstimmendes Ja am Ort der Sünde realisierte, sich also deren

Aber nicht nur, um alle Aussagen über den Tod Jesu von vorneherein in die Perspektive des Evangeliums zu rücken, sondern ebenso auch, um die Vieldimensionalität des Heils im Blick zu behalten, seinen Inhalt positiv zu bestimmen und seine Vergegenwärtigung vorzubereiten, ziehe ich den Heilsbegriff im erläuterten Sinn dem Begriff der Erlösung als soteriologischen Grundbegriff vor. Zum einen also, weil er alle biblischen Aspekte des Heils in sich versammelt: Denn angesichts der Schuld bedeutet Gottes Liebe Vergebung; angesichts der Feindschaft gegen Gott, der Verfeindung der Menschen und des Zwiespalts in uns selbst schafft sie Versöhnung und Frieden; angesichts der entfremdenden Mächte und der lähmenden Todesangst bringt sie Befreiung; angesichts auswegloser Not und Verlorenheit begründet sie Hoffnung; angesichts des vielfach beschädigten Lebens beginnt mit ihr Heilung und Rettung; angesichts ihrer eigenen Unwiderruflichkeit verheißt sie umfassende Vollendung; in ihrer Unerschöpflichkeit überbietet sie noch, was als Erlösung von den Gestalten des Negativen jeweils gedacht werden kann. Zum anderen (und in Korrelation zu dem eben Gesagten) wegen der zentralen anthropologischen Bedeutung dieses Verständnisses von Heil: Denn die Liebe, die Gott schenkt und unter uns ermöglicht, anerkennt die Unersetzlichkeit des einzelnen und bezieht ihn doch auf den anderen; sie betrifft sein Innerstes und seine äußere Realität; sie schließt Gerechtigkeit ein und vertieft sie; sie befreit von aller Gesetzlichkeit des Daseins und ermutigt zur Kreativität; sie ist die Erfüllung menschlicher Freiheit, die ihr entspricht und doch nur geschenkt werden kann[114]. Und endlich auch aus systematischen und fundamentaltheologischen Gründen: Denn vom Gedanken der Selbstoffenbarung Gottes als Liebe her lassen sich nicht nur Christologie, Trinitätslehre und andere theologische Themen entfalten, sondern er bietet, als unbedingte Anerkennung verstanden, auch Aussicht, sich

Widerspruch aussetzte, ihr Unheil und ihre tötende Gewalt bis zu Ende erlitt und so – da Gott sich zu ihm bekannte und ihn vom Tode erweckte – ihre definitive Macht überwand und den Schuldzusammenhang aufbrach. Und *stellvertretend* ist diese Sühne, da Gott sie nur durch die Selbsthingabe des Sündlosen zu wirken vermochte und dieser sie *für* die Sünder vollbrachte: nicht um deren eigenes Ja zu Gottes vergebender Liebe und ihr daraus folgendes Tun zu ersetzen, sondern um beides zu ermöglichen und diese Möglichkeit für jede geschichtliche Situation zu begründen. – Auf weitere Aspekte der Sühne- und Stellvertretungsproblematik soll noch im nächsten Kapitel eingegangen werden. Hier sei nurmehr auf das *trinitarische* Verständnis des Kreuzesgeschehens hingewiesen, wie es für theologisches Nachdenken letztlich unverzichtbar ist und sich in einer, wie ich meine, überzeugenden Weise in *H. U. von Balthasars* »Theodramatik« findet: s. Exkurs 7.

[114] Zur Aufgabe einer systematischen Soteriologie und zur Diskussion über ihre Grundbestimmungen s. auch Exkurs 8.

mit der neuzeitlichen Freiheitsthematik vermitteln zu lassen. Als Grundgedanke christlicher Theologie nennt er Form und Inhalt des Glaubens, umfaßt das Ganze der Geschichte Jesu in seiner ihm zukommenden Bedeutung für uns und liegt so jeder Entzweiung von Christologie und Soteriologie als ihre gemeinsame Wurzel voraus.
Zunächst aber möchte ich nur einen Aspekt der Hauptthese aufgreifen und als Maxime für eine »gegenwärtige« Theologie der Erlösung formulieren, was für die Soteriologie jeder Zeit gilt und wohl zu jeder Zeit auch gegolten hat:

> (4) Die Universalität des Heils, das die neutestamentlichen Schriften bezeugen, weist die Glaubenden an, dieses Zeugnis allen Menschen und jeder Zeit zu vermitteln, weil alle ohne Ausnahme für es bestimmt sind. Sein unüberbietbarer Inhalt berechtigt dazu, dabei die größten menschlichen Hoffnungen und Fragen aufzugreifen oder auch allererst zu wecken. Das Neue Testament schränkt die Wahl der Denkformen, in denen Jesu Bedeutung ausgedrückt, und die Bereiche, in denen sie realisiert und erfahrbar werden soll, von vorneherein so wenig ein, daß es vielmehr zum Eingehen auf alle Situationen ermutigt. Wohl aber bindet es die Theologie und Verkündigung daran, die Erwartungen und Vorstellungen, die sie aufnehmen, inhaltlich und formell dadurch zu bestimmen und kritisch zu korrigieren, daß das Heil, weil es Gottes Liebe ist, geschenkt ist und in der Geschichte Jesu Christi seinen begründenden und maßgeblichen Anfang hat.

Diese These rechtfertigt in theologischer Instanz, was der erste Grundsatz als ursprünglich menschliche Forderung beschrieb. Darüber hinaus ist nun das Wesentliche des christlichen Erlösungsglaubens festgehalten und näher bestimmt. Zu leisten aber ist seine gegenwärtige Vermittlung. Wenn dabei die Einsichten der Tradition nicht einfach vergessen und ihre Folgen aufgearbeitet werden sollen, ist ein Blick auf die Theologiegeschichte wohl unerläßlich. Er kann helfen, die auch von ihr bestimmte Situation zu verstehen und die anstehenden Aufgaben zu konkretisieren.

3. Vermittlungsversuche der theologischen Tradition

Die Anforderungen, unter die eine Theologie der Erlösung durch die Neuzeit gestellt ist, verdienen ein eigenes Kapitel. So können wir uns hier auf die beiden älteren Grundtypen des soteriologischen Denkens beschränken: die vorwiegend inkarnatorisch orientierte Soteriologie des griechischen Ostens und die staurozentrische des lateinischen Westens. Wie nachhaltig gerade die zweite das Bewußtsein und Verhalten namentlich der katholischen Christen geprägt hat, werden viele noch von den Katechismen und Gebeten ihrer Kinderzeit her wissen. Eine gegenwärtige Theologie der Erlösung, die ihren praktischen Situationsbezug reflektiert, wird diese Wirkungsgeschichte ebenso im Blick haben müssen, wie es ihre systematische Absicht erfordert, vor allem auf den Ansatz und die bestimmende Denkform der historisch besonders wirksam gewordenen soteriologischen Konzepte zu achten. Da es in diesem Kapitel nicht um einen Aufriß der Geschichte der Soteriologie, sondern nur um die Bestimmung ihrer von dieser Geschichte vermittelten vordringlichen Aufgaben gehen soll, dürfte die mit der thematischen Auswahl wie durch die Art der Betrachtung auferlegte Beschränkung wohl gerechtfertigt sein. Natürlich hat jede Typisierung den Mangel, die Vielfalt der soteriologischen Motive, Begriffe und Bilder, die nicht nur innerhalb einer Epoche, sondern in der Regel auch bei ein und demselben Theologen begegnen, zugunsten der leitenden Intentionen und Denkvoraussetzungen vernachlässigen zu müssen[115]. Hinzu kommt, daß die neueren Untersuchungen namentlich zur Satisfaktionstheorie dazu zwingen, zwischen der ursprünglichen oder klassischen Gestalt eines soteriologischen Modells und seiner späteren Ausprägung klarer, als die Kritik häufig geneigt war, zu unterscheiden. Aber trennen kann man sie, meine ich, auch nicht. Vielmehr gilt es, bei der unerläßlichen Auseinandersetzung mit der Tradition, die noch unsere jüngste Vergangenheit bestimmte, auf die Herkunft ihrer entscheidenden Gedanken zu achten. Dabei verspricht die typisierende Betrachtung den Vorteil, mit der epochalen Bedingtheit der ursprünglichen Konzeption sowohl ihre historische Leistung als auch die wesentlichen Grenzen hervortreten zu lassen, auf deren Konto ihre Schwächen und oft verhängnisvollen Nachwirkungen gehen. Zugleich kann sich die weiterführende theologische Aufgabe abzeichnen: die Entwicklung eines schon im Ansatz verschiedenen soteriologischen Entwurfs, der jene Grenzen zu überwinden, aber ebenso anzuerkennen und in sich aufzunehmen versucht, was die Tradition deutlich gesehen und in ihrer Situation zur Geltung gebracht hat. Mit diesem doppelten Interesse, das die traditionskritischen Akzente dieses Kapitels begründet und es dabei auf die Wahrheit der

[115] Auf Probleme der historischen Darstellung der Soteriologie und verschiedene Ansätze einer typologischen Betrachtung gehe ich ausführlicher in Exkurs 8 ein.

Überlieferung verpflichtet, möchte ich – im Anschluß an die neuere Literatur und besonders die Arbeiten von *Hans Kessler* und *Gisbert Greshake* – die genannten Grundtypen zunächst kennzeichnen und sodann diskutieren, um endlich theologische Konsequenzen zu nennen[116].

a) Die inkarnatorische Soteriologie des Ostens

Nicht zu Unrecht wird das östliche Konzept von Erlösung auch als ontologisch oder kosmologisch bezeichnet. Denn seine Voraussetzung bildete die Verschärfung des Gedankens der Transzendenz, wie sie im Zuge der spätantiken Tendenz zur Aufspaltung der Wirklichkeit sich beobachten läßt[117]. Unendlichkeit und Endlichkeit, Unvergänglichkeit und Vergänglichkeit, Unsterblichkeit und Sterblichkeit, Licht und Finsternis, Geist und Materie wurden zunehmend einander gegenübergestellt. Um so problematischer erschien die Stellung des Menschen, der sich durch sein geistiges Selbst zwar dem oberen Bereich verwandt und zugehörig wußte, sich zugleich aber in die Welt des Materiellen

[116] Zu den Darstellungen dieses Kapitels vgl. *H. Kessler,* Die theologische Bedeutung, 21–165; *ders.,* Erlösung als Befreiung, 11–17.43–60; *ders.,* Art. Erlösung; *G. Greshake,* Erlösungsvorstellungen; *ders.,* Erlösung und Freiheit; ferner *H. U. von Balthasar,* Theodramatik III, 224–294; *N. Brox,* Soteria und Salus; *W. Dettloff,* Art. Erlösung; *R. Schwager,* Der wunderbare Tausch (leider habe ich die Studien dieses Bandes für diese Arbeit nicht mehr auswerten können); *B. Studer,* Gott und unsere Erlösung; *D. Wiederkehr,* Glaube an Erlösung, 63–76; *B. A. Willems,* Erlösung in Kirche und Welt.

[117] Die Zeit der apostolischen Väter und der Apologeten des 2. Jahrhunderts lasse ich zunächst außer Betracht. Die Heilspredigt ist bei ihnen vorwiegend paränetisch ausgerichtet und erhält ihre Konturen durch die apologetisch-missionarische Akkomodation des überlieferten Formelschatzes: »Man kann dieser Entwicklung um die Mitte des zweiten Jahrhunderts zwar einen Zug neutestamentlicher Heilspredigt abgewinnen, nämlich die Entsprechung des Imperativs zum Indikativ des Heils, aber unter dem Aspekt der Heilstheologie muß man doch eher von Routine und Verflachung reden« (*N. Brox,* Soteria und Salus, 257; ähnlich *H. Kessler,* Die theologische Bedeutung, 22). Von diesem Urteil auszunehmen ist freilich die herausragende Gestalt des Ignatius von Antiochien, der in der Erwartung seines Märtyrerschicksals eine Soteriologie der Todes- und Lebensgemeinschaft mit Christus entwirft. Erst als die Propaganda des sich ausdrücklich als Heilslehre empfehlenden Gnostizismus das bis dahin Selbstverständliche zum Brennpunkt der Auseinandersetzung machte, veränderten sich von Grund auf die Proportionen innerhalb der Theologie. Wegweisend wird Irenäus, der die verschiedenen Elemente der Überlieferung streng auf die für ihn undiskutierbare Predigt vom Heil des Menschen durch Gott in Jesus Christus ausrichtet und umfassende soteriologische Denkformen entwickelt (vgl. *N. Brox,* a.a.O. 259f.).

verstrickt fand und an sie gefesselt erfuhr. Was besagt unter solchen Voraussetzungen Erlösung? Gegenüber der auch ins Christentum eindringenden gnostisch-manichäischen Geisteshaltung, deren vielfältige Vorstellungen vom Wesen und Weg der Erlösung stets auf die Lösung von der niederen Sphäre und die Verachtung des Irdischen hinausliefen, muß die Ausarbeitung des Gedankens der Menschwerdung Gottes zunächst einmal als ein Konzept gewürdigt werden, das den biblischen Glauben an Gottes gute Schöpfung durchzuhalten und die wirkliche Annahme des Geschaffenen durch Gott herauszustellen vermochte, eben indem es seine Erhebung zur Teilnahme an der Seinsfülle als Sinn der Inkarnation, der Bewegung Gottes zum Menschen begriff. Nicht als Korrektur oder gar Widerruf, sondern als Wiederherstellung und überbietende Vollendung des Schöpfungswerkes wird Erlösung geglaubt. Als Vergöttlichung aber wird sie gedacht. Für *Athanasius* etwa gilt beider Gleichung so selbstverständlich, daß er sie geradezu als Argument für die Wesenseinheit des Sohnes mit dem Vater verwendet – übrigens ein Beispiel dafür, wie entscheidend die christologischen Auseinandersetzungen der Väterzeit soteriologisch motiviert waren und wie unmittelbar sie dies erkennen ließen. Je einseitiger freilich die alexandrinische Theologie, die das östliche Denken dominierte, ihr soteriologisches Interesse auf den Gedanken fixierte, daß Gott selbst als Subjekt des Handelns Jesu fungiere, desto unverhüllter trat ihr latenter Monophysitismus zutage. Aber auch die antiochenische Richtung, auf das unversehrte Menschsein Jesu bedacht, argumentierte innerhalb des vorgegebenen Schemas, wenn sie gegen die monophysitische Verzeichnung des antiarianischen Glaubens ihr Axiom geltend machte, daß nicht erlöst sein könne, was der Logos nicht angenommen habe. In der Konzentration der theologischen Aufmerksamkeit auf die Wirklichkeit der Inkarnation und die gottmenschliche Konstitution des Seins Jesu Christi waren alle Seiten verbunden: Nur wenn es *Gott* ist, der Mensch wird, und nur, wenn er wahrhaft *Mensch* wird, sind wir wirklich erlöst.

Gisbert Greshake, der die geläufige Typologie von Inkarnations- und Kreuzessoteriologie zu grobmaschig findet, stellt vier Traditionsströme heraus, die trotz ihrer gegenseitigen Beeinflussung durchaus eigene Konturen aufweisen[118]. Einen ersten, der bereits mit den Apostolischen Vätern beginnt und Erlösung als neue Lehre, neues Beispiel und neue Weisung versteht, durch die Christus das Menschengeschlecht aus Finsternis und Lüge herausreißt und ihm den Weg der Nachahmung und

[118] Vgl. *G. Greshake,* Erlösungsvorstellungen, 72–83.

Gemeinschaft eröffnet. Zweitens die Interpretation des stellvertretenden Tuns Jesu Christi in der Weise der von *Irenäus* entworfenen Rekapitulationstheorie: Der Gottmensch, mit Paulus als zweiter Adam verstanden, führt sozusagen in einem neuen geschichtlichen Anlauf Gottes ursprünglichen Schöpfungsplan so siegreich zur Vollendung, daß durch ihn alle an ihr teilhaben können. Drittens die Vorstellung von Erlösung als Sieg im Kampf mit dem Teufel und den dämonischen Mächten, sehr volkstümlich sogar als Überlistung des Teufels, dessen Macht über den Menschen durch Gottes Menschwerdung gebrochen oder dessen Anrecht auf ihn, so die seit *Origenes* begegnende Loskauftheorie, durch Jesu Tod abgegolten wird. Viertens der schon bei *Ignatius* und *Irenäus* einsetzende und dann immer weiter vordringende Gedanke der Vergöttlichung des Menschen: Gott wird Mensch, damit der Mensch Gott werde.

Gibt es nun einen Schlüssel, der all diese Motive richtig zu interpretieren und ihre innere Einheit zu erfassen erlaubt? Greshake findet ihn, im Anschluß an *Werner Jägers* klassische Untersuchung[119], in der urgriechischen Idee der Paideia, die sich wie keine andere dem frühen Christentum bei der Selbsteinordnung in das vorgefundene Kultursystem anbot: Die Menschwerdung Gottes verwirklicht das göttlich-normative Urbild des Menschen und bewirkt so die neue dynamisch-ontologische Partizipation des Menschen mit Gott. Wie die Verbindung von Mimesis (Nachahmung) und Methexis (Teilhabe) dabei den Erziehungsgedanken über jeden Intellektualismus oder eine bloß äußere Moralpädagogik emporhob, so bildeten seine ethischen Aspekte ein Korrektiv gegen die ständig lauernde Versuchung, Erlösung als naturhafte Vergöttlichung zu denken und damit den Unterschied von Schöpfer und Geschöpf zu verwischen[120]. Gleichwohl sieht auch Greshake

[119] *W. Jäger,* Paideia; *ders.*, Das frühe Christentum.

[120] Vgl. *D. Wiederkehr,* Glaube an Erlösung, 65f. Die genannte Versuchung lag durchaus in der Logik eines namentlich bei Athanasius hervortretenden und letztlich platonisch vermittelten Denkens, das »aufgrund einer realen Existenz der Universalien die Menschheit, das Geschlecht aller Individuen, ganz massiv als real Eines denkbar macht. Dieses Eine, die Menschheit, konnte also vom Logos angenommen und mit Göttlichkeit ›infiziert‹ werden. Hier liegt die Heilsfunktion der Menschwerdung. Die biblische Idee einer Solidarität aller Menschen in Heil und Unheil ist hier in die Kategorie zeitgenössischen Denkens übersetzt: Die Menschennatur als ein Ganzes stellt so etwas wie ein einzelnes lebendes Wesen dar« (*N. Brox,* a.a.O. 270). *A. von Harnack* hat im Blick auf Gregor von Nyssa sogar von einer (durch die gleichzeitige Betonung des Sittlichen freilich relativierten) »physikalischen Auffassung« gesprochen (Der »Sauerteig der Gottheit hat den ganzen Teig der Menschheit durchdrungen durch und in Christus«) und im Erlösungsdenken der Mysterien eine »Combination der nie aufgegebenen natürlichen Theologie mit der Mystik, dem

deutlich, wie wesentlich das Paideia-Denken auf einer bestimmten Ontologie, sei sie nun mehr platonischen oder stoischen Ursprungs[121], aufruhte und insofern das Heilsgeschehen, so sehr es durch die Sünde und den Kampf gegen sie an geschichtlicher Dramatik gewann, doch im Grunde nur eine ontologisch-kosmologische Möglichkeit realisierte. In der Tat muß man fragen, ob dieses wie überhaupt jedes Denken, das in seiner Vorstellung von Heil nur ein ontologisches Muster abbildet und ein naturhaftes Streben erfüllt sieht, nicht die einzigartige Stellung Jesu Christi gefährdet, der Gottes freie Zuwendung zu uns ist. Je drängender jedenfalls der biblische Sinn für Geschichte sowie das Bewußtsein der Freiheit und Personalität Gottes und des Menschen die ihnen gebührende Geltung verlangten, desto deutlicher mußten die Grenzen des griechischen Denkmodells empfunden und es selbst schließlich aufgesprengt werden[122].

b) Die staurozentrische Soteriologie des Westens

Mag die generelle Qualifizierung der westlichen Soteriologie als »juridisch« auch nicht das letzte Wort über sie sein, so fällt doch schon beim ersten Zusehen die Affinität auf, die ihre ethisch-rechtlichen Katego-

Magischen und Sacramentalen« gesehen (Dogmengeschichte II, 166f.441). Angemessen dürfte wohl das Urteil *Greshakes* sein, der gegen die Vertreter der Hellenisierungsthese die »Verchristlichung der hellenischen Paideia-Konzeption« durch die christliche Erlösungslehre und zugleich die prinzipiellen Grenzen des »kosmologischen« Denkrahmens hervorhebt (Erlösungsvorstellungen, 82f.).

[121] Angesichts der aristotelischen Kritik der platonischen Überzeugung von einem jenseitig-urbildlichen Reich der Ideen orientierte sich die Paideia-Konzeption der Stoa am Logos, der die ganze Physis durchdringt und an dem auch der Mensch als »logoshaltiger« Mikrokosmos teilhat. Der Grundvorgang aber bleibt derselbe: ist der Mensch durch Fremdeinflüsse seinem wahren Wesen entfremdet, kann er durch den in der Physis (als Nomos) aufleuchtenden oder in beispielhaften Menschen Gestalt annehmenden Logos doch zu sich selbst erweckt und erzogen werden (vgl. *Greshake,* Erlösungsvorstellungen, 79f.).

[122] Gegenüber dieser Feststellung scheint mir die Frage, ob der Paideia-Gedanke oder – worauf *Balthasar* (Theodramatik III, 229 Anm. 11) gegenüber Greshake insistiert – das Platztausch-Motiv oder auch der Vergöttlichungsgedanke als das zentrale Motiv gelten darf, von untergeordneter Bedeutung. Denn ersichtlich sind alle auf die Inkarnationsthematik bezogen. Und in jedem Fall rühren die Probleme der altkirchlichen Soteriologie (wie der Christologie) aus den für ihre Artikulation übernommenen Denkmöglichkeiten her, auch wenn diese Übernahme keineswegs unkritisch geschah und durchaus – wofür die zur Überwindung des Arianismus entwickelten Unterscheidungen nur das bekannteste Beispiel darstellen – mit schöpferischen Korrekturen einherging.

rien und ihre Thematik von Leistung und Lohn, Sünde und Sühne zu moralisch-legalistischen Tendenzen im späten Judentum aufweisen. Gerade an denjenigen Stellen der Schrift, die das Opfer-, Sühne- und Stellvertretungsdenken aufnehmen, um einen Zugang zu Jesu Tod zu vermitteln, findet sie ihren entscheidenden Anhalt, nur daß sie die überlieferten Motive bereits als feststehende dogmatische Aussagen und als Basis ihrer Bemühungen verwendet, den Erlösungsglauben im Kontext der lateinischen Lebenswelt zu entfalten. Mit ihrer Aufmerksamkeit für den Einzelnen und sein Handeln und ihrem ausgeprägten Sinn für rechtliche Ordnung kam sie nicht nur der römischen Rechtsmentalität und praktischen Lebenseinstellung, sondern auch dem Interesse an der Gestaltung des Gemeinwesens entgegen und empfahl sich für die Funktionen, die ihr mit der zunehmend öffentlichen Rolle des Christentums für die Garantie der »salus publica« zufielen[123]. Schon im Ansatz bringt sie, stärker als das griechische Denken, die menschliche Freiheit zur Geltung, weil sie Erlösung weniger aufgrund der natürlichen Endlichkeit und schicksalhaften Gottferne des Menschen als vielmehr wegen der schuldhaften Störung des Welt-Ordo für notwendig ansieht – einer Störung, die er selbst durch seine willentliche Abkehr von Gott verursacht und folglich zu verantworten hat. »Aut satisfactio aut poena« lautet deshalb der Grundsatz, auf dem seit dem juristisch geübten *Tertullian* und seinem Schüler *Cyprian,* die dieses Axiom innerhalb der Bußtheologie explizierten, die lateinische Soteriologie (mehr oder weniger ausdrücklich) aufbaut. Ihre Grundidee findet sie darin, daß Jesus Christus, indem er sich selbst dem Vater als Sühnopfer für uns anbot, die aus dem Rechtsbruch der Sünde folgende Strafe von uns abgewandt und das gestörte Verhältnis von Gott und Mensch wiederhergestellt hat.

Eine strengere systematische Fassung hat dieses Erlösungsverständnis freilich erst durch *Anselm von Canterbury* erhalten. In seiner Schrift »Cur Deus homo« stellen die Sünde und die rechtmäßig erforderliche Genugtuung den Ausgangspunkt für den Versuch des Gläubigen dar, die Notwendigkeit der Menschwerdung des Sohnes Gottes und seines Todes einsichtig zu machen und damit Antwort auf eine Frage zu

123 Zum (relativ unzureichend erforschten) Verhältnis von christlicher Soteriologie und römisch-imperialer Heilsideologie s. die Beobachtungen und Hinweise bei *N. Brox,* Soteria und Salus, 273–279. »Das Auseinanderhalten von sog. religiösem und sog. profanem oder politischem Heil wird für die nichtchristliche Spätantike unmöglich, und [...] ist es auch ein beträchtliches Stück weit für die christliche, wo diese nämlich die Vermittlung der Soteriologie mit der römischen Salutologie sucht oder faktisch vollzieht« (273).

finden, die nicht nur das Staunen des Gläubigen über das Unerhörte des Heilsgeschehens ausdrückt, sondern in den mittelalterlichen Disputen zwischen Juden, Mohammedanern und Christen auch höchst aktuell war und die Gemüter heftig bewegte. Die Antwort aber soll, da Anselm nicht nur den Gläubigen Einsicht in das Geglaubte vermitteln, sondern auch die Ungläubigen überzeugen oder doch wenigstens die Spötter zum Schweigen bringen möchte, allein aus Vernunftgründen (»remoto Christo«) einleuchten[124]. Durch die Sünde, so nun die Argumentation Anselms, hat der Mensch Gott die geschuldete Anerkennung entzogen, ihn an seiner Ehre beraubt und die gerechte Weltordnung gestört. Soll

[124] Vgl. *Anselm von Canterbury,* Cur Deus homo (= CDH), 3 (Vorrede). Es scheint mir für eine angemessene Beurteilung der Soteriologie Anselms entscheidend, die genannte Fragestellung und doppelte Intention seiner Schrift im Blick zu behalten. Denn es ist ja – wie *H. Kesslers* Untersuchungen zu Anselms Denkmodell und Programm herausgearbeitet haben (Die theologische Bedeutung, 117–153) – gerade das über den Wunsch eines aneignenden Verstehens des Geglaubten (»fides quaerens intellectum«) noch hinausgehende *apologetische* Interesse, das Anselm zwingt, sich nicht mehr wie die Väter mit der Einsicht in die Angemessenheit des tatsächlich erfolgten Weges der Erlösung zu begnügen, sondern die *Notwendigkeit* der Menschwerdung und des Todes des Gottessohnes zu erweisen und deshalb ein Verfahren zu wählen, das die (aposteriorische) Wahrheit des Glaubens (und mit ihr das Zeugnis der Tradition) methodisch suspendiert, um sie allein auf dem Weg der Vernunft (apriori) zu rekonstruieren und damit auch für Nichtgläubige unbestreitbar zu machen. Daß gleichwohl Glaubensinhalte (insbesondere das Wissen um die Sünde) dabei vorausgesetzt bleiben, läßt uns heute leicht die historische Bedingtheit dieses Verfahrens erkennen. Gnoseologisch beruht es auf zwei wesentlichen Prämissen: zum einen auf der Intelligibilität der im »ordo universi« herrschenden »rectitudo« und – da dieser ordo seinen urbildlichen Ursprung in Gott hat und Ausdruck seiner voluntas ist – der für menschliche Vernunft gleichfalls zugänglichen Vernünftigkeit des göttlichen Willens; zum anderen auf der Regel, daß von Gott als dem, quo maius cogitari nequit, immer das jeweils Vollkommenere und Höhere angenommen werden muß, so daß Konvenienzgründe notwendige Geltung gewinnen und von Gott das ihm »Geziemende« apodiktisch ausgesagt werden kann. Hinzu kommt freilich noch, daß Anselm Gottes recta ordinatio aller Dinge als iustitia interpretiert. So konnte die Ordnung der göttlichen iustitia zum umfassenden und intelligiblen Prinzip seiner Erlösungstheorie werden. Zugleich war die Möglichkeit gegeben, juristische Kategorien in das Konzept einzuführen. Verständlich wird ferner, da Gerechtigkeit im Sinne der iustitia commutativa gefaßt wird, das zwar vieldiskutierte, aber kaum bestreitbare Äquivalenzdenken in Anselms Entwurf. Und erklärbar vor allem die systematische Schlüsselstellung des Genugtuungsgedankens, der im Rahmen solcher Voraussetzungen die entscheidenden Argumentationsschritte zum angestrebten Beweisziel (der Notwendigkeit eines Gottmenschen und seines stellvertretenden Todes) erlaubte. Stellt man diese Zusammenhänge in Rechnung, werden die Einseitigkeiten der durchgeführten Soteriologie Anselms verstehbar. Schon der Ansatz müßte daher Gegenstand der Kritik sein. Und ebenso die Tradition, soweit sie – auch wenn sie Anselms Programm nicht übernahm – sich doch die von ihm geprägten Gedanken als soteriologische Grundbegriffe vorgeben ließ.

er nicht der verdienten Strafe verfallen, muß er – so verlangt es die Gerechtigkeit Gottes als des Herrn und Erhalters seiner Schöpfung – eine freiwillige und angemessene Wiedergutmachung leisten[125]. Er selbst, der Mensch, muß sie leisten, da er der Schuldige ist und ohne sie im Zustand der Sünde verbliebe. Allerdings muß er, der »zugefügten Entehrung« wegen, mehr erstatten, als er genommen: Es muß eine überpflichtige Leistung, ein Verdienst sein, das er Gott darbringt[126]. Nun aber kann der Mensch Gott gar nichts geben, was er ihm nicht ohnehin schuldig wäre – sogar des Todes ist er als Sünder ja schuldig. Genugtuung gegenüber *Gott* kann im eigentlichen Sinn überhaupt niemals stattfinden, es sei denn, es fände sich jemand, »der Gott für die Sünde des Menschen etwas Größeres gibt als alles, was außerhalb Gottes existiert [. . .] Also kann diese Genugtuung nur Gott leisten [. . .]Es darf sie aber niemand leisten außer dem Menschen«[127]. Deshalb also wird, ja es mußte – da der Mensch nicht vergebens erschaffen sein konnte, sondern Gottes Güte vollenden mußte, was sie begonnen[128] – Gott selber Mensch werden und der Sündlose in den Tod gehen, damit er als Mensch durch die freiwillige und ungeschuldete Hingabe des wegen seiner Gottheit unendlich wertvollen Lebens die der Sünde allein angemessene Genugtuung erbrachte, die Ehre Gottes in seiner Schöpfung wiederherstellte und der Lohn seiner Verdienste, dessen er als der Sohn nicht bedarf, den Sündern zugewandt werden konnte.

Muß eine solche Logik der Sühne und Genugtuung nicht erschrecken? Oder verbirgt sie uns vielleicht nur das eigentliche Anliegen Anselms? *Greshake* hat interpretiert[129], daß die leitende und zukunftsweisende Intention dieser Lehre gerade darin bestehe, Gottes Achtung vor der Freiheit des Menschen zum Ausdruck zu bringen, insofern nämlich Gott die Verantwortung des Menschen für die Ordnung der Welt, die er ihm anvertraut habe, konsequent respektiere. Daß es näherhin zunächst einmal Gottes Barmherzigkeit sei, welche die Möglichkeit einer ge-

[125] »Denn die freiwillige Genugtuung für die Verkehrtheit oder zum wenigsten die Eintreibung der Strafe von dem, der nicht Genugtuung leistet, haben [. . .] in diesem All ihren Platz und der Ordnung Schönheit. Wenn die göttliche Weisheit sie, wo die Verkehrtheit die rechte Ordnung zu stören trachtet, nicht einfügte, entstünde in diesem All, das Gott ordnen muß, eine gewisse Verunstaltung, die aus der verletzten Schönheit der Ordnung käme, und es schiene, als ob Gott in seiner Leitung versagte. Da beides ebenso unmöglich wie ungeziemend ist, ist es notwendig, daß jeder Sünde Genugtuung oder Strafe folge« (CDH 51; I,15).

[126] CDH 41 (I,11).

[127] CDH 97 (II,6).

[128] Vgl. CDH 93–97 (II,4.5).

[129] Vgl. *G. Greshake*, Erlösung und Freiheit.

rechten Versöhnung überhaupt erst eröffne. Daß Anselm sodann zwischen der Gott für sich selbst zukommenden unzerstörbaren Ehre und seiner in der Schöpfung gleichsam vergegenständlichten Ehre sehr wohl unterscheide und es deshalb – dem germanischen Lehnsrecht, das Anselms Vorstellungen prägte, entsprechend[130] – bei der notwendigen Genugtuung vor allem, wenn nicht allein um die Wiederherstellung der verunstalteten *Welt* gehe und auf die Rückgewinnung *ihrer* Ehre, Ordnung und Schönheit ankomme. Daß es somit geradezu als Erweis der durchaus biblisch verstandenen Bundestreue Gottes gelten müsse, wenn er seine Barmherzigkeit so unbedingt an die Gerechtigkeit binde: weil auf diese Weise die Freiheit des Menschen eben nicht von Gottes souveräner und allmächtiger Gnade übergangen, sondern ins Erlösungswerk einbezogen werde. Daß ganz entsprechend die Genugtuungstat Jesu ja auch keineswegs als Strafe, sondern als Verdienst freiwillig-persönlicher Hingabe gedacht sei. Und daß Anselm im übrigen durchaus auch von Jesu Offenbarung der Liebe Gottes zu sprechen wisse und wiederholt auf die erlösende Funktion seines Beispiels und seiner Lehre hinweise.

Trotz dieser begründeten Korrektur an den Klischees mancher Interpreten[131] läßt sich, meine ich, nun doch eine gewisse Verselbständigung des Sühnemotivs in Anselms Gedankengang nicht übersehen. Denn warum sonst eigentlich, wenn nicht aus dem schwer vollziehbaren Grund, daß es Gottes eigene Ehre verlangte, bedarf die Wiederanerken-

[130] »Gottes Weltregiment ist von Anselm konzipiert nach Analogie eines germanischen Königs oder obersten Lehnsherrn, dessen Ehre den allgemeinen Rechts-, Ordnungs- und Friedstand begründet und garantiert. Die Sünde des Menschen ist ein Anschlag auf diesen *honor dignitatis,* sie ist Treubruch, Entzug der Unterwerfung, die Gott gebührt, und damit ist sie gleichzeitig auch Zerstörung der Weltordnung, Bruch des universalen Friedstandes« (*G. Greshake,* Erlösung und Freiheit, 333). Allerdings, so Greshake, korrigiere Anselm das ihm vorgegebene Modell des germanischen Verfassungsrechts noch insofern, als die Sünde gegen Gott allein die Ordnung der Welt, nicht die persönliche Ehre Gottes betreffe. Dementsprechend sei der Zweck der geforderten Genugtuung »nicht die Versöhnung eines erzürnten Herrn, sondern die Versöhnung der Welt« (334). Übrigens scheint mir der Rekurs Greshakes auf das germanische Lehnsrecht, der u. a. Thesen von *A. Noffke* (Ehre und Genugtuung) wiederaufnimmt, eine Ergänzung, kein Widerspruch zur Darstellung H. Kesslers zu sein, der den theonomen ordo universi als epochalen Bezugsrahmen der Satisfaktionslehre herausstellt. Der entscheidende Punkt, nämlich die Verknüpfung der Ehre Gottes mit der Ordnung seiner Schöpfung und die Bindung seiner Barmherzigkeit an die Gerechtigkeit, wird jedenfalls von beiden Denkmodellen her verständlich.

[131] *G. Greshake* (Erlösung und Freiheit, 323.334 u. ö.) bezieht sich vor allem auf die Vertreter der Liberalen Theologie und die ihnen folgenden Kritiker Anselms. Eine Zusammenfassung und Auseinandersetzung mit der Anselm-Kritik des *H. S. Reimarus* bietet *J. Werbick,* Schulderfahrung, 103–106.

nung Gottes, die allerdings in die Verantwortung des Menschen fällt und seine Würde ausmacht, zuvor nicht etwa nur der die Sünde des Menschen richtenden und seine Freiheit aufrichtenden Offenbarung, sondern eben auch eines die frühere Schuld begleichenden Sühneaktes durch das Opfer des Lebens? Eines Sühneaktes zudem, der als solcher dann doch nicht vom schuldigen Menschen, sondern einzig vom sündlosen Gottmenschen hinreichend geleistet werden konnte?[132] Wohl ist es allein die Initiative des barmherzigen Gottes, welche die Möglichkeit der »gerechten« Versöhnung eröffnet – aber Jesu Tod selbst wird nicht als wirksame Gestalt der Vergebung, sondern als Genugtuung: als Bedingung des Sündennachlasses gedacht. »Wer nicht bezahlt, spricht vergebens: ›vergib‹«, heißt es bei Anselm[133]. Und ferner: Wenn die Sühne der Schuld gegen Gott nur um der Heilung der gestörten Ordnung willen erforderlich war – ist es denn nicht, auch innerhalb dieser Verbindung, allein die Unendlichkeit des in seiner (äußeren) Ehre beraubten Gottes, die der Sünde ihr unendliches Gewicht gibt und das Maß der Genugtuung bestimmt? Schließlich und vor allem: Auf welche Weise eigentlich macht die Sühne, wie sie doch soll, »wieder gut«, was die Sünde zerstörte? Wie stellt sie den Frieden der Schöpfung und das verfehlte Leben der Menschen wieder her? In der Tat scheint es, daß derselbe Ansatz, der Anselm die Ehre des Schöpfers mit dem Heil seiner Schöpfung unmittelbar zu verknüpfen erlaubte, zugleich seine Aufmerksamkeit so sehr auf des Menschen Schuld vor Gott und die schuldtilgende Bedeutung des Kreuzes einengte, daß der sachliche und biblisch deutlich erkennbare Zusammenhang zwischen Sünde und Sündenfolge einerseits und heilender Sühne andererseits nur nachträglich und indirekt hergestellt wurde[134]. Und was endlich die menschliche

[132] Eine Soteriologie, welche die Freiheit des zu erlösenden Menschen wirklich in das Erlösungsgeschehen einbezogen sehen möchte, kann sich nicht damit begnügen, die Beteiligung der Freiheit *Jesu* an ihm zu betonen. Denn er tat und durch ihn tat der sich offenbarende Gott ja, was Menschen niemals (hätten) tun können. Vielmehr kommt alles darauf an, sein offenbarendes, erlösendes Tun *selbst* noch als das die Sünder freisetzende und in den Dienst für Gottes Kommen zu den Menschen einbeziehende Geschehen zu begreifen. Damit wäre der Heilsinitiative Gottes und der bleibenden Differenz zwischen Jesus Christus und allen, die ihm glauben und folgen, entsprochen, also jeder Synergismus vermieden und zugleich die Würde des Menschen aufs höchste gewahrt.

[133] CDH 71 (I,19); ebenso 85 (I,24): »Daß die[se] Seligkeit niemandem gegeben werden darf, außer wem die Sünden vollständig erlassen sind, und daß dieser Nachlaß nicht erfolgen darf, außer die Schuld ist bezahlt, die für die Sünde nach der Größe der Sünde geschuldet wird: das glaube ich [. . .] zur Genüge gezeigt zu haben«.

[134] Im Unterschied zu einem Ansatz, der Jesu Tod (in Einheit mit seiner Verkündigung und Auferweckung) als Offenbarung und Wirklichkeit der Liebe Gottes zum

Freiheit betrifft: Jesus selbst jedenfalls hat keinen Gott verkündet, der im Verlangen nach Genugtuung seinen Respekt vor unserer Freiheit bekundet, sondern er hat Gottes entgegenkommende Vergebung realisiert und *durch sie* eine Freiheit ermöglicht, die ihren Sinn darin findet, daß sie einstimmt in Gottes Liebe. *Indem* er als *Gottes Dasein für uns* ein für allemal tat, was Menschen nur annehmen und sich geschehen lassen können, eröffnete er den Weg, auf dem wir zu ihm gehören und ihm nachfolgen können.
Aber denkt, wer so bestimmt mit Gottes bedingungsloser Vergebung rechnet und Jesu Tod als Erweis dieser Liebe versteht, nicht doch zu harmlos vom Verhältnis Gottes zum Menschen? Und nicht zu leichtfertig vom Gewicht menschlicher Freiheit? Hat Anselm beides nicht ernster genommen, wenn er die Barmherzigkeit Gottes so streng an die Wahrung der Rechtsordnung band? Wenn es ihm eine »Verhöhnung«

Menschen versteht, liegt die Bedeutung dieses Todes für Anselm durch die Rechtsordnung fest, die das Verhältnis Gottes zum Menschen vermittelt. Durch sie ist nicht nur die Konditionierung der Vergebung bedingt, sondern auch die tatsächliche Verengung und Formalisierung der Bedeutung des Kreuzes begründet, wie sie sich besonders an der Differenz von Genugtuung und Erlösung sowie an der nur indirekten Beziehung zwischen der Strafe bzw. Sühne und der Wirklichkeit der Sünde zeigt. »Was durch Jesu Tod geschah, genügte [. . .] vielleicht zur formalen Wiederherstellung einer abstrakten Ehre Gottes, nicht aber der konkreten Ehre Gottes, nicht zur konkreten Erlösung«, stellt *H. Kessler* (Die theologische Bedeutung, 105) fest. »Nur im Rahmen einer formalisierenden Äquivalenzschematik kann man auf den Gedanken kommen, daß an sich auch eine von außen auferlegte Strafe die Ordnung und Ehre Gottes restaurieren könnte [. . .] Der Schaden ist nicht wirklich behoben, weil der Schädiger nicht wiederhergestellt ist« (162). »Die Frage ist berechtigt: war denn nun Jesu Tod wirklich eine Genugtuung in dem Sinn, wie Anselm sie gefaßt hatte, nämlich als Grund zur völligen Wiederherstellung der universalen Ordnung?« (105) Anselms »*apologetische* Intention hatte ihn zum Satisfaktionsbegriff greifen lassen, weil er mit ihm ›beweisen‹ konnte, daß Jesu Tod als Faktum notwendig war. Aber in welchem Sinne dieses Faktum der Geschichte auch ein Faktor künftigen Geschehens ist, konnte der Satisfaktionsbegriff nicht erhellen. Um also das erlösende Wirken Christi einigermaßen *theologisch* verstehen zu können, muß Anselm andere Vorstellungen zu Hilfe nehmen« (106), nämlich die Begriffe »des Verdienstes und des Beispiels Christi. Glaubend bekommt man Anteil an diesem Verdienst [. . .], das einen dann befähigt, seinem Beispiel gehorsamer Gerechtigkeit zu folgen; durch solches Tun aber gewinnt man erst als bleibende Frucht die Seligkeit. Erlösung ist demnach etwas Nachträgliches zur Genugtuungsleistung und zum Verdienst Christi« (110). Daß bei Anselm die von Jesus vollbrachte Sühne zu dem durch die Sünde angerichteten Unheil in keinem anderen sachlichen Verhältnis als dem der quantitativen Äquivalenz steht und damit gerade nicht als Übernahme und konkrete Überwindung der Sündenwirklichkeit gedacht wird, ist auch Zielpunkt der Kritik von *J. Werbick*, Schulderfahrung, 136–138. Auf *H. U. von Balthasar,* der ebenfalls diesen Punkt kritisiert, werde ich noch eingehen.

schien, Gott Barmherzigkeit ohne Gerechtigkeit zuschreiben zu wollen – ohne die »Gerechtigkeit, welche nur zuläßt, daß wegen der Sünde Strafe gebüßt wird« und »Nachlaß nicht erfolgen darf, außer die Schuld ist bezahlt«[135]? Eine Theologie der Erlösung, die Theologie der Freiheit sein will, wird diese häufig geäußerten Bedenken nicht leicht nehmen können. Auch *Hans Urs von Balthasar* erhebt gegenüber Anselm in diesem Punkt keinen Einwand, obwohl er sonst mit Kritik nicht zurückhält. Kritisierbar sei vor allem, »daß Schuld und Sühneleistung einander äußerlich bleiben«, gleichsam »in zwei getrennten Waagschalen« liegen: »die der Sühne sinkt, weil sie ob des Wertes der Person und des Einsatzes Christi mehr wiegt als alle Schuld der Welt«[136]. Zu bemängeln sei ferner, daß Anselm »die durch die Erlösung erwirkte Einführung des Menschen ins trinitarische Leben« nicht thematisiere (236) und sich durch seine »methodische Reduktion« überhaupt die Synthese der soteriologischen Motive erschwere (235); daß ferner die »organische Verbindung zwischen Christus und allen übrigen Menschen« nicht bedacht, die »Verfügbarkeit seiner Erlösungsgnade für seine Brüder« kaum begründet, der Begriff des »Verdienstes« noch ungeklärt sei und anderes mehr (241). Anselms Auffassung von Genugtuung dagegen problematisiert Balthasar nicht. Vielmehr habe Anselm »eine äußerste Denkanstrengung« nicht gescheut, um zu zeigen, daß in Gott die Freiheit nur identisch mit der »Richtigkeit« sein könne, in der »Gerechtigkeit und Barmherzigkeit gleichursprünglich entspringen und geborgen sind« (237). Sofern er allerdings die Heilsgeschichte methodisch ausgeklammert und einzig das Verhältnis Gott-Schöpfung zugrundegelegt habe, sei »abstrakter und weniger einsichtig« geworden, was bei einem Ausgehen vom historischen Bund Gottes mit Israel selbstverständlich erscheinen würde: »die Doppelseitigkeit des Gott-Volk-Verhältnisses und die auch in einem durch Gnade zustande gekommenen Bund notwendig darin implizierten Rechtsmomente« (235). Damit bringt Balthasar, Anselm ergänzend, den Horizont ins Spiel, der für seine eigene Soteriologie konstitutiv ist (296). Betont wird, daß die im Alten Bund so oft bezeugte Gnädigkeit Gottes nicht getrennt werden dürfe von seinem Zorn über die Sünde und den gebrochenen Bund (189). So unbestreitbar den Weisungen Jahwes für den erwählten Partner Heilscharakter zukomme, trügen sie doch »nicht

[135] CDH 85 (I,24).

[136] *H. U. von Balthasar,* Crucifixus, 33; vgl. Theodramatik III, 240. Im folgenden zitiere ich aus diesem Band mit Seitenangaben im Text. Auf die von Balthasar hervorgehobenen Vorzüge der Satisfaktionslehre gehe ich nicht nochmals ein, da sie in ähnlicher Weise schon Greshake herausgestellt hat.

erst nachträglich, sondern von vornherein auch den Charakter von Bedingungen, deren Nichteinhaltung den Fluch Gottes nach sich zieht«. Verstärkt wird das biblische Argument durch das prinzipielle: Besäße der Bund diese Zweiseitigkeit nicht, »so wäre in ihm die menschliche Freiheit nicht ernstgenommen« (195). Eben darin zeige sich das »Unbedingte« des frei geschlossenen Bundes, daß im Falle seiner Verletzung »nicht Auflösung des Vertrags, sondern Ahndung seines Bruchs« vorgesehen sei: »Gerade weil die freie Gnade von Gottes Seite bedingungslos geschenkt wird, entsteht daraus auf seiten des Menschen, da die Erwählung ihn theologisch qualifiziert und ethisch verpflichtet, die Auflage, entsprechend antworten zu müssen [...] Erwählung einer endlichen Freiheit durch die unendliche und absolute muß wesensgemäß die erste gemäß den Qualitäten der zweiten kennzeichnen. Bundesschluß Gottes mit [dem] Menschen berücksichtigt innerlich, auch wenn er reine Gnade ist, dessen Würde als freies Geschöpf, enthält deshalb analytisch ein forderndes Moment der Bundesgerechtigkeit [...] Hierin wurzelt die Einsicht Anselms, daß eine Versöhnung von Gott allein her [...] innerlich unmöglich ist« (210f.).

Ist mit diesen Überlegungen der Satisfaktionsbegriff Anselms bestätigt? Balthasar hält fest, daß Anselms Problem, »wie sich Gottes Liebe zu seiner Gerechtigkeit verhält«, angesichts des Kreuzes gestellt sei (291) – und scheint doch selber eine bestimmte Grenze nicht überschreiten zu wollen: »Gottes versöhnte Liebe, deren Eifer und Zorn dennoch versöhnt werden müssen« (211), will und weiß dies ja nicht anders zu tun, als daß sie auf die Seite des Gegners tritt, seine Sündenwirklichkeit übernimmt und ihm von innen her zur Freiheit verhilft (186). Zu eindeutig ist die Soteriologie der »Theodramatik« vom Blick auf die Initiative dieser Liebe geleitet, um im Kreuz die Bedingung der Vergebung zu sehen. Und doch geht Balthasar über *dieses* Problem der Satisfaktionslehre hinweg. Aber wie dem auch sei – Anselms Theorie ließe sich schwerlich vom Alten Testament her begründen. Vielmehr wäre daran zu erinnern, daß sich Jahwes Gerechtigkeit weniger an der iustitia commutativa als an Rettung und Heil orientiert[137]; daß »die Anerkenntnis der Geschichtsmächtigkeit und Heiligkeit Jahwes, die zum Eingeständnis der Abhängigkeit und Gehorsamspflicht, aber zugleich der Schuldverfallenheit und Strafwürdigkeit führt, in Israel vom Wissen um den dem Menschen bedingungslos zugetanen Gott getragen« ist, ja daß nach alttestamentlichem Glaubens-

[137] Vgl. *E. Wiesnet,* Die verratene Versöhnung, 33ff.

verständnis Gott bei der Vergebung »über die Ansprüche und Forderungen seiner Gerechtigkeit hinweg[sieht]« und tatsächlich das »für die Mißachtung angedrohte Unheil [...] wiederholt nicht verwirklicht«[138]; daß namentlich die Bundestheologie das stets neue, »unverbrauchte« Erbarmen Jahwes voraussetzt; daß endlich die Ankündigung des neuen Bundes bei Jeremia (31,31–34) als »reine, apodiktische Verheißung« geschieht und einen »Akt der vergebenden Liebe« zum Gegenstand hat, so wie dieser Bund auch bei Ezechiel (36,16–28) als die an keine Vorbedingung geknüpfte »freie Gabe des sich selber treuen Gottes« erscheint[139]. Jesu Verkündigung und Auferweckung – so meine ich

[138] *P. Fiedler,* Jesus und die Sünder, 86f.281.92. Am Ende des alttestamentlichen Teils seiner Untersuchung faßt Fiedler zusammen: »Das durch menschliches (Sich-) Versagen stets bedrohte ›personale‹ Verhältnis zu Gott kann nur erhalten bzw. wiederhergestellt werden durch Gottes stets neu erwiesene Vergebung. Wenn auch ›Sündenvergebung‹ als Thema nicht im Zentrum der religiösen Vorstellungen Alt-Israels stand, bezeugt diesen Glauben die jahwistische ›Urgeschichte‹, ist er in der prophetischen Verkündigung [...] impliziert. In einer letzten Vertiefung begegnet er bei Hosea, der das absolute göttliche Erbarmen gerade in der durch Israel verletzten Heiligkeit Jahwes begründet sieht, so von aller anderen ›Voraussetzung‹ frei und über jede menschliche Vorstellung – eben auch vom Göttlichen – erhaben [...] Seine als Erweise des Erbarmens aufgefaßten Heilstaten verpflichten die Beschenkten zu entsprechendem Verhalten [...] Das für die Mißachtung angedrohte Unheil wird wiederholt nicht verwirklicht – sichtbarer Ausdruck göttlicher Vergebungsbereitschaft. Selbst in der Katastrophe der politischen Vernichtung und des Exils geht das erwählte Volk nicht zugrunde [...] Von der erlebten Begnadigung her wurde das Vertrauen in Jahwes fortbestehende Vergebungsbereitschaft genährt [...] Wenn Gott vergibt, tut er es aus der Fülle seines Erbarmens, um seines Namens, seiner Ehre willen. Daß der Umkehrende der Vergebung gewiß sein kann, liegt so nicht an seinem Tun, sondern daran, daß er weiß, zu wem er umkehrt« (92–94).

[139] *C. Levin,* Verheißung des neuen Bundes, 140f.213. Die Pointe der Arbeit Levins liegt in der Einsicht, daß der Gottesbund, wo die Vorstellung aufkommt, immer schon neuer, erneuerter Bund ist: bewußter Wiedervollzug dessen, was seine Selbstverständlichkeit verloren hatte und zerbrochen war und daher allein in Gott seinen Bestand haben kann. Zu Jer 31,31ff., einem Schlüsseltext für das Verhältnis von Altem und Neuem Testament und zugleich Umschreibung der Mitte des Alten Testaments, schreibt Levin: Die Bundesformel »steht als futurischer Indikativ außerhalb jedes Konditionalverhältnisses. Der Bund als neuer Bund ist zum erstenmal reine, apodiktische Verheißung Jahwes ohne jede Bedingung oder gar Forderung [...] Nachdem der Bund gebrochen war, hätte das Verhältnis zwischen Jahwe und Israel sich auf die Forderung der Treue und des Gehorsams nicht mehr gründen lassen. Ein neuer Bund konnte nur ein Akt der vergebenden Liebe sein, der seinen Grund und seinen Bestand allein auf Jahwes Seite hatte [...] Der Bund, als Verheißung verstanden, verleiht sowohl der Bundestheologie als auch der Heilsprophetie eine neue Qualität. Beide lassen sich erst jetzt eigentlich begründen. Denn beide haben ja von Anfang an den Bruch schon hinter sich [...] Wie aber soll man nach dem Bruch von Heil sprechen, wenn nicht auch von Sünde und Vergebung?

nach den Ausführungen des zweiten Kapitels – berechtigen dazu, in seinem Tod *diese* Perspektive sich vollenden zu sehen: daß nämlich »das umgreifende Ja Gottes, seine freiheitliche Zuwendung zum Menschen die je radikaler zutage tretende Abwendung des Menschen von Gott in unbegreiflicher Weise unterfängt und so einen Fortgang der Heilsgeschichte ermöglicht bis hin zum Geheimnis von Kreuz und Auferstehung Jesu Christi«[140]. »Er ist das Ja zu allem, was Gott verheißen hat« (2 Kor 1,20).

Wäre Gottes Barmherzigkeit, sein bedingungsloses Vergeben, nun allerdings ein Geschehen, das »über den Menschen hinweg« sich vollzöge, die »Sünde ungeschehen« machte oder sonstwie die Freiheit des Geschöpfs durch einen souveränen Akt der erlösenden Allmacht »ersetzte«, dann wäre tatsächlich der Mensch nur in seiner Ohnmacht bestätigt und zum Objekt des Handelns Gottes erniedrigt[141]. Indessen ist schon unter Menschen das Gegenteil wahr: Vergebung ist im höchsten Grad Freiheitsgeschehen. So wie der, der sie gewährt, seine »freieste« Möglichkeit realisiert, so gewinnt der, der sie empfängt, die Möglichkeit wirklicher Identität. Auch *seine* Freiheit wird in jeder Weise beteiligt, formell und konkret. Bereits mit seiner Zustimmung, die ihm als das unvertretbar Eigene zukommt, findet er sich in die Realität eingewiesen, von der er Freispruch erfährt. Und schon dieser Anfang ist alles andere als harmlos: Wer bereit ist, sich vergeben zu lassen, gesteht ja, daß er dessen bedarf. Die Übernahme eindeutiger Schuld und schwer zu ertragender Grenzen, der Zusammenbruch langgehegter, verstellender Lügen, der Schmerz der Beschämung – dies »Gericht« wahrer Vergebung wird dennoch bestehbar, weil es als Gericht der *Vergebung* begegnet. Zugleich gewinnt der Schuldiggewordene, durch die erfahrene Liebe von seiner anklagenden Wirklichkeit unterschieden und mit ihr nicht mehr behaftet, die Freiheit, sich dieser Wirklichkeit als der eigenen zu stellen und an ihrer Veränderung zu wirken. Es gibt nichts, was Verantwortung mehr zu bestärken vermöchte als solche Gewißheit gewährter, verläßlicher Liebe (Und wer meint, durch die Ankündigung von Bestrafung der Freiheit gerechter zu werden, plädiert damit keineswegs für die Würde des Menschen, sondern verrät nur ein ungenügendes Verständnis von Liebe und

Und wie kann nach dem Bruch von Gottes Bund die Rede sein, wenn nicht er, und er allein, den neuen Anfang macht?« (141f.).

[140] *P. Hünermann,* Erlöste Freiheit, 9f.

[141] *G. Greshake* (Erlösung und Freiheit, 337) hat recht, wenn er mit Anselm ein derartiges Verständnis von Erlösung zurückweist. Nur ist damit kaum Gottes offenbare Barmherzigkeit beschrieben.

vielleicht auch ein Mißtrauen gegen die Möglichkeiten, die menschliche Freiheit in ihr gewinnt). Es bestätigt sich somit, was Balthasar am Bundesverhältnis hervorhebt: daß Gottes erwählende Freiheit die erwählte des Menschen »theologisch qualifiziert und ethisch verpflichtet«. Gleichwohl wäre es eine abstrakte Betrachtung, das Moment formeller Verantwortung zu isolieren und so die Freiheit aus dem Zusammenhang der zuvorkommenden Liebe Gottes zu lösen, der ihr konkretes Seinkönnen trägt und begründet. So als ob sie zu irgendeinem Zeitpunkt dieser Zuvorkommenheit nicht bedürfte, sich im Rechtsverhältnis zu Gott betrachten ließe und dabei vor ihm bestehen könnte. Dürfte sie von seiner Vergebungsbereitschaft nicht zu jeder Zeit ausgehen, müßte ihr Handeln unter die Zwänge der Furcht und der Selbstsicherung geraten und endlich vom unabweisbaren Gedanken, Gottes Liebe nie zu genügen, in erdrückende Verzweiflung getrieben werden. *Die Freiheit des Glaubens lebt aus Gottes Vergebung.* Aber dies heißt auch: Sie lebt von dem Glauben, daß Gott *bedingungslos* liebt. Daß also auch in Jesu Tod nicht eine Bedingung für den Nachlaß der Sünden erfüllt werden mußte, sondern umgekehrt Gottes unbedingt für den Menschen entschiedene Liebe endgültige Wahrheit für ihn wurde.

Gott vergibt ohne Bedingung. Insofern muß sich, meine ich, die Theologie der Erlösung von der Satisfaktionslehre trennen. Sie muß deshalb keineswegs behaupten, daß sich Anselms soteriologische Intentionen in der kritisierten These erschöpfen. Ja, diese These läßt sich, sofern er ohne sie in »Cur Deus homo« nicht zu seinem Beweisziel gelangt wäre, in ihrer davon unabhängigen Bedeutung sogar relativieren. Gleichwohl ist gerade sie historisch zu wirksam geworden, um bei ihrer Kritik undeutlich bleiben zu dürfen. Nur dann wird auch die resultierende Aufgabe deutlich: eine Theologie der Erlösung, die schon im Ansatz von der Zusage des Evangeliums ausgeht.

So schnell die Genugtuungslehre auch an Einfluß gewann, blieb sie doch schon im Mittelalter nicht unwidersprochen. Wurde für ihre frühe Rezeption entscheidend, daß *Hugo von St. Viktor* sie (allerdings ohne die These von der absoluten Notwendigkeit der Inkarnation) akzeptierte und auch *Petrus Lombardus* (obwohl ebenfalls zögernd) sie aufnahm, so fand sie in *Abälard* einen Kritiker, dessen eigene Auffassung von Erlösung sich weniger an Jesu Stellvertretung der Menschen vor Gott als an dem augustinischen Gedanken orientierte, daß Christus, in dem Gottes Liebe sich darstellt und die Sünder gewinnt, das Werk Gottes unter den Menschen betreibt. Auf die entschiedenste und wohl auch scharfsinnigste Weise wurde Anselms Begründung der Notwendigkeit einer unendlichen Sühne von *Duns Scotus* als unhaltbar verworfen. *Thomas von Aquin* hat die satisfactio zwar als Motiv der Inkarnation übernommen, sie zugleich aber durch die Beiordnung weiterer Gründe relativiert und eine Sicht der Erlösung entfaltet, die das ganze Werk der mit Gott geeinten Menschheit Jesu Christi von der Inkarnation über sein Leben, seine Passion und Auferweckung bis zu seinem gegenwärtigen Wirken als Erhöhter umfaßt[142]. So wie alles durch ihn vermittelte Heil von Gott ausgeht, hat es in Gott selbst seinen eigentlichen Inhalt. Aber nicht nur die (gegenüber Anselm) breitere Aufnahme der traditionellen Motive und die Überwindung der anselmianischen Einengung des Erlösungswerkes auf den Kreuzestod Jesu verdienen an dieser Sicht der Erlösung hervorgehoben zu werden, sondern auch die enge Verbindung der Lehren von Person und Werk Christi sowie die nähere Kennzeichnung seines Wirkens, die das Problem einer Applikation gar nicht erst aufkommen läßt. Denn Jesus Christus erscheint bei Thomas als der geschichtliche Ort, »an dem Gottes Schöpferliebe sich in der Menschheitsgeschichte definitiv und effektiv durchsetzt. Gott erwirkt sich den Menschen Jesus Christus, der – zu radikaler Freiheit ermächtigt – den Weg der Liebe geht, der uns auf diese Weise den Weg des Glaubens und der Liebe eröffnet, in welchem die Trennung von Gott und von den Mitmenschen überwunden wird«[143]. Geradezu singulär und für ein Freiheitsdenken besonders relevant ist die Weise, wie Thomas bei der Interpretation der Erlöserschaft Jesu Christi für alle Menschen die Geschichte des Glaubensvollzugs als Stätte der Heils- und Gnadenvermittlung in den Blick rückt und damit sowohl die Geschichtslosigkeit der alten Inklusions- und Assumptionstheologie hinter sich läßt wie zugleich gegenüber den Ansprüchen der Institution merkliche Distanz wahrt. Denn Jesus Christus ist das »Haupt aller Menschen« weder infolge der conformitas naturae noch mit den Mitteln äußerer Herrschaft, sondern »in der Weise des schöpferischen Ursprungs und der kommunikablen Erstgestalt« des neuen, erlösten Seins, das er verdient hat, in seiner Existenzform darstellt und eben als »Haupt« allen darbietet; so ist er der für alle eröffnete Weg, über den »die geschichtlich-konkrete Bestimmung der geschöpflichen Freiheit zur unio ad

[142] Vgl. *H. Kessler,* Die theologische Bedeutung, 167–226; *H. U. von Balthasar,* Theodramatik III, 241–245.

[143] Dies arbeitet *H. Kessler* (Die theologische Bedeutung, 223) als soteriologische Grundaussage des Thomas heraus. Dabei sieht Kessler durchaus die Grenzen, die für ihre Darstellung mit den verwendeten Kategorien, vor allem dem Begriff der Instrumentalursächlichkeit, gegeben waren.

Deum« erfolgt[144]. Realisiert ist darum sein (reales) Haupt-Sein auch erst und nur dort, »wo endliche Freiheit sich von ihm her und auf ihn hin operativ und geschichtlich bestimmen läßt«. Durch die Gleichgestaltung »in die Existenzform der Sohnschaft (filiatio) hinein, die glaubend und liebend geschieht, wird man zum Bruder Christi und zum Glied seines Leibes« – durch eine »Bewegung der Freiheit, in welcher Gottesebenbildlichkeit und Selbstfindung zugleich sich ereignen«[145].
Historisch weitaus wirksamer als diese vorausweisenden Gedanken ist freilich die Satisfaktionstheorie Anselms geworden. Sie hat, gerade auch durch die Vermittlung des Thomas, wie keine andere Konzeption der Erlösung Einfluß auf die Folgezeit gewonnen, hat die übrigen Motive der Überlieferung verdrängt oder doch überdeckt und als eines ihrer klassischen Theologoumena namentlich die katholische Tradition durch die Neuzeit bis in unser Jahrhundert beherrscht[146]. Aber auch in

144 *M. Seckler,* Das Haupt aller Menschen, 112f.

145 A.a.O. 113f. Angesichts der Tatsache, daß Thomas – wie *Seckler* hervorhebt – mit seinem »durchaus singulären und solitären Vorstoß« wirkungsgeschichtlich kaum Nachfolge gefunden hat (108), scheint es mir wichtig, die für eine Theologie der Erlösung als Theologie der Freiheit festzuhaltenden Einsichten, die Secklers Interpretation herausstellt, noch zu nennen. Es sind dies (außer den im Text schon genannten) vor allem: die Herabstufung der Naturkonformität zur »Grundlage möglicher Gemeinsamkeiten« (110), die erst auf der Ebene geschichtlichen Handelns verwirklicht und bestimmt werden; die Unterscheidung von realem und doch erst durch die Zustimmung der (dies Angebot annehmenden) Freiheit realisiertem Haupt-Sein Jesu Christi (112f.); die Unterscheidung Christi von allen Menschen »durch den Vorrang der schöpferischen Freiheit« (111); die Herausstellung personalen Handelns als Medium und Stätte der Gnadenwirklichkeit und -vermittlung (113); die Überwindung des Gegensatzes von Heteronomie und Autonomismus im Verständnis der Gleichgestaltung (in die Existenzform der Sohnschaft) als »Selbstfindung« (114); aber auch die Bestimmung des Glaubens als Wahrnehmung dessen, »worauf die Liebe sich richten darf«, sowie der Liebe als der den Glauben vollendenden »operativen Existenzform« (118). Das siebte Kapitel wird versuchen, diese Hinweise im Rahmen der Freiheitsanalyse zu reformulieren (was mir angesichts der Thomas gegenüber verschärften Freiheitsproblematik in der Neuzeit mit ihrem Prinzip der formell-unbedingten Freiheit allerdings auch erforderlich scheint). Dabei sollen auch die Einsichten und Probleme der Auffassung des Thomas entwickelt werden, daß die Liebe den Glauben notwendig voraussetzt, »wie im zwischenmenschlichen Bereich, so in bezug auf Gott, weil man niemand lieben kann, wenn man nicht zuvor glaubt, daß solche Liebe möglich ist« (125 Anm. 63).

146 Dies gilt in verstärktem Maß für die nachtridentinische Zeit. Namentlich die schon erwähnte, von Augustinus zu Abälard und Bonaventura (und z. T. auch Luther) führende Linie, nach der Christus die Liebe Gottes unter den Menschen demonstriert, welche die Sünder erfaßt und sie zur Gegenliebe erweckt, gewann keinen nachhaltigen Einfluß im katholischen Raum (vgl. *H. Kessler,* Erlösung als Befreiung, 52f.). Um so mehr aber die von Augustinus angebahnte Verinnerlichung des Gnadenverständnisses. Charakteristisch für die westliche Erlösungsauffassung ist

der altprotestantischen Dogmatik des siebzehnten sowie der evangelisch-konfessionellen Theologie des neunzehnten Jahrhunderts hat sie eine erhebliche Rolle gespielt[147]. Das Tridentinum hat Anselms Lehre nebenbei mit aller Selbstverständlichkeit vertreten, ohne sie jedoch definieren zu wollen. Dem vorzeitig abgebrochenen I. Vatikanischen Konzil allerdings lag ein Entwurf vor, dessen Annahme ihre Dogmatisierung bedeutet hätte. Obwohl die Schultheologie Anselms Programm und seiner Notwendigkeitsdialektik durchweg nicht folgte, übernahm sie doch die von ihm geprägten Gedanken als Kernstück ihrer soteriologischen Traktate und überließ sich der ihnen innewohnenden Logik[148]. Auf den tiefgreifenden Einfluß, den sie auf das Bewußtsein der Christen und ihren praktischen Glaubensvollzug hatten, kann und braucht hier wohl nicht eingegangen zu werden. Doch läßt sich redlicherweise kaum leugnen, daß es sehr häufig gerade die abwegigen Implikationen der Satisfaktionstheorie waren, die das Denken der Gläubigen beschäftigt und ihr Gottesverhältnis belastet und verzerrt haben[149].

c) Der vergessene Weg Jesu

Ohne Zeitbedingtheit keine Zeitgemäßheit. Jede Kritik hat anzuerkennen, daß Anselms Genugtuungslehre die Heilsbedeutung des Todes Jesu seinen Zeitgenossen verständlich zu machen wußte – verständlicher jedenfalls als die von ihm überwundene und in der Tat theologisch unhaltbare Loskauftheorie[150]. Und ebenso, daß sie mit ihren rechtlichen Kategorien doch die Bedeutung der menschlichen Freiheit im Erlösungsgeschehen wahrnahm und sich damit ebenso vor dem zum Naturhaften neigenden griechischen Erlösungsverständnis auszeichnet wie Motive der Neuzeit vorwegnimmt. Auch der in der Frage »Cur Deus

gerade, wie noch deutlicher werden soll, der nur indirekte Zusammenhang von Erlösungswerk Christi und innerer Begnadung. Erlösung wird verstanden »als innere Begnadung des einzelnen unter der Voraussetzung einer rechtlichen Wiederherstellung des ›ordo‹ zwischen Gott und Mensch« (*G. Greshake,* Erlösungsvorstellungen, 71).

147 Vgl. *W. Pannenberg,* Christologie, 37.287f.

148 Vgl. dazu die von *H. Kessler* (Die theologische Bedeutung, 11–18) präsentierte Durchsicht der dogmatischen Lehrbücher dieses Jahrhunderts (bis etwa zur Zeit des Konzils).

149 Zu der bis in jüngste Zeit vorherrschenden Erlösungsauffassung in der kirchlichen Verkündigung und Praxis vgl. etwa *A. Exeler,* Zur Katechese über die Erlösung; zur religionspädagogischen Problematik der Erlösungsthematik auch *G. Bitter,* Erlösung.

150 Vgl. CDH 21ff.149ff. (I,7; II,19).

homo« sich bekundenden Intention, die Anselm mit einer zu seiner Zeit neuartigen Entschiedenheit und methodischen Reflektiertheit verfolgte, wird man nicht jede Berechtigung absprechen können: Anselm »entpositiviert« die überlieferten Glaubensvorstellungen ja um der geistigen Aneignung willen[151]. Wenn sein aus apologetischen Interessen darüber noch hinauszielendes Unternehmen dann auch faktisch voraussetzungsreicher war, als es ein ausschließlich auf Vernunftgründe rekurrierender Beweisgang erlaubte, und man grundsätzlich gegen es einwenden muß, daß die Wahrheit des Glaubens bei jedem konsequenten Versuch, sie »remoto Christo« zu rekonstruieren, ihre wesentliche Bestimmtheit und damit zuletzt auch ihre für den Menschen heilsam-befreiende Bedeutung einbüßen müßte, so bliebe von solcher Kritik doch die Intention unberührt, die Menschwerdung des Sohnes Gottes und die Ereignisse seines Lebens und Sterbens »post factum« als die der Wahrheit der Offenbarung angemessene Gestalt ihrer Verwirklichung zu begreifen und mit diesem Bemühen dem Bedürfnis des Gläubigen nach einem inneren Verstehen des Geglaubten wie auch seiner Verpflichtung zu entsprechen, von seiner Wahrheit *als* Offenbarungswahrheit überzeugende Rechenschaft zu geben. Besondere Beachtung aber verdient es, daß Anselm und die ihm folgende Tradition mit der Stellvertretungsthematik einen Gedanken herausgestellt und in Erinnerung gehalten haben, den in freilich angemesseneren Kategorien, als sie Anselm zur Verfügung standen, zu reformulieren theologisch wie anthropologisch unverzichtbar sein dürfte. Wenn Anselm auch mit der Fassung, die er ihm gab, die in ihm liegenden abwegigen Tendenzen eher begünstigt als ausgeschlossen hat und der seit dem Nominalismus geläufige Begriff der Imputation den Mangel einer zureichenden Vermittlung zwischen stellvertretender Sühne und deren heilsamer Wirkung vollends hervortreten ließ, so war andererseits die vom Denken der Aufklärung und namentlich den Sozinianern erhobene, aber auch in der liberalen Theologie begegnende Kritik an der Stellvertretungsidee[152] von einem Individualismus geleitet, der seinerseits über die Bedingungen wirklicher Freiheit hinwegsah und deren Sinnbestimmung verfehlte. Eine Konstitutionsanalyse menschlicher Freiheit hätte demgegenüber zu zeigen, daß Stellvertretung »ein Wesensmoment der konkreten Freiheit« darstellt[153]. Und dies nicht nur im Sinne der alltäglichen Angewiesenheit und gegenseitigen Mitteilung

[151] Vgl. *H. Kessler,* Die theologische Bedeutung, 150–154.

[152] Weitere Hinweise bei *W. Pannenberg,* Christologie, 271–277; *W. Kasper,* Jesus, 262f.

[153] *W. Kasper,* Jesus, 264.

der Menschen, sondern auch – und erst hier gewinnt Stellvertretung ja ihre spezifische Bedeutung – in der Weise des zuvorkommenden, verantwortlich eintretenden oder auch einseitig Treue bewahrenden Handelns, das nicht entmündigen will, sondern auf die Selbstbestimmung des »Vertretenen« zielt und deren Möglichkeit offenhält und herbeiführt: eines Handelns freisetzender Anerkennung also – auch noch den schuldig Gewordenen gegenüber und den in Schuldsituationen Verstrickten. Daß es sich bei moralischer Schuld nicht um eine »transmissible Verbindlichkeit« handle, die »wie eine Geldschuld« auch von einem anderen bezahlt werden könnte, sondern um die »allerpersönlichste« Schuld, »die nur der Strafbare, nicht der Unschuldige, er mag auch noch so großmütig sein, sie für jenen übernehmen zu wollen, tragen kann«[154] – dieser von *Kant* formulierte und oft nachgesprochene Einwand verfehlt doch den Gedanken der Stellvertretung insofern, als es bei ihr im Falle der Schuld weder um deren Übertragung vom Schuldigen auf einen Vertreter noch um die Ersetzbarkeit oder Aufhebung der formellen Verantwortung geht, sondern um einen Akt wirksamer Vergebung, die den Schuldigen selbst freispricht *und* ihn zugleich nicht seiner Situation überläßt. Was dies zum Verständnis des Wirkens und des Todes Jesu beitragen kann, kam schon zur Sprache. Es ist ebenso in seiner humanen Relevanz geltend zu machen. Und zwar im Widerspruch gegen das individualistische Ideal eines selbstgenügsamen Daseins, das in seiner Scheinhaftigkeit nur die Wirksamkeit der Verhältnisse abbildet und befestigt, die schon von *Hegel* und *Marx* als solche der alles vermittelnden und ersetzenden Tauschgesellschaft analysiert worden sind[155].

Aber auch die östliche Konzeption der Erlösung enthält Intentionen, die unaufgebbar oder doch bedenkenswert bleiben. Daß unser Heil begründet ist in Gott selber – das war ja der Angelpunkt der altkirchlichen christologischen Kämpfe und die Feststellung des »theosoterischen Prinzips« ihr definitiver Ertrag[156]. Und daß es auch eine »natürliche« Erlösungsbedürftigkeit gibt – dieser Gedanke bewahrt nicht nur, deutli-

[154] *I. Kant,* Die Religion innerhalb der Grenzen der bloßen Vernunft: WW 7, 726f. (A88; B95).

[155] Aus der wahren, aber abstrakten idealistischen These, der Mensch sei unersetzlich, kann angesichts einer Realität, in der alles austauschbar wurde, nur die Konsequenz resultieren: »Ein Mensch ist unersetzlich, *aber* vertretbar«: so *D. Sölle,* Stellvertretung, 19–64,64. Zur weiteren Vertiefung des Stellvertretungsgedankens s. *H. U. von Balthasar,* Theodramatik III, 467 (mit Hinweisen auf Zeugnisse der Dichtung); *K. Lehmann,* »Er wurde für uns gekreuzigt«, 311–317 (mit Hinweisen auf die Ethik der Stellvertretung bei *E. Levinas*).

[156] Vgl. Anm. 47.

cher als der Westen, das Wissen, daß Erlösung mehr ist als die Wiederherstellung eines schuldhaft verlorenen Zustands: nämlich vollendende Herausführung des Menschen aus der Verschlossenheit und Todverfallenheit seines Daseins in die Lebendigkeit Gottes, sondern er kann auch, seiner metaphysisch-kosmologischen Fassung entkleidet, eine Problematik ansprechen, die gerade als nicht zugelassene sehr virulent und wirksam sein kann: daß jede Freiheit der Zuwendung anderer Freiheit bedarf und im Endlichen unerfüllt bleibt. Daß die Wesensverheißung des Menschen ihn Gottes bedürftig macht, hat noch die mittelalterliche Theologie als Auszeichnung empfunden. Überdies hat schon die alte Kirche das christologisch-soteriologische Axiom nicht nur in der naturhaften Form der Vergöttlichung gekannt, sondern es auch im relationalen Sinn der befreiten Sohnschaft und Gotteskindschaft interpretiert[157]. Der aus manchen Gründen verständliche, aber vorschnelle Einwand, wie dem Menschen denn an »Vergöttlichung« liegen könne, wenn er schon um seine Menschwerdung bangen müsse, übersieht wohl die letztlich humane Intention dieses Motivs und das ebenso kritische wie hoffnungs- und identitätsstiftende Potential, das die offengehaltene Frage nach Gott und die bewußte Unterscheidung von Gott und Mensch in sich birgt: kritisch, weil gerade die Annahme der vom Menschen selbst unlösbaren Antinomie des eigenen Wesens die Offenheit seiner Freiheit gegenüber allen »gesellschaftlich-kollektiven oder innergeschichtlichen Abschließungsgefahren und -versuchen« gewährleisten kann[158]; identitäts- und hoffnungsstiftend jedoch, weil das gläubige Bewußtsein, von Gott selber, dessen schlechthin schöpferische Liebe auch noch die essentielle Not des Menschen zu versöhnen vermag, schon angenommen zu sein, zum angstlosen geschichtlichen Einsatz befähigen und selbst »in der historischen, nicht mehr einzuordnenden Niederlage der endlichen menschlichen Autonomie« unzerstört bleiben kann[159].

Dies alles vorausgeschickt und der Erinnerung empfohlen, sind nun auch klar die wesentlichen Schwächen der beiden skizzierten Konzeptionen der Erlösung zu nennen. Und ebenso die durch sie angebahnten, in ihrer Wirkungsgeschichte tatsächlich hervorgetretenen

[157] Vgl. *D. Wiederkehr,* Die ganze Erlösung, 335.
[158] Vgl. a.a.O. 336.
[159] *E. Schillebeeckx,* Jesus, 566. Ähnlich 554: »Endgültige Versöhnung der Gespaltenheit unseres Daseins kann [...] nur die Folge einer wirksamen Realität sein, die Person und Gesellschaft, d. h. die Gesamtwirklichkeit umfaßt, ohne ihr Gewalt anzutun«. Vgl. *W. Kasper,* Einführung, 110.

Folgen. Diese verlangen, meine ich, eine Kritik, die zur Revision der Ansätze selbst zwingt.

Ihr struktureller Hauptmangel ist, daß sie die Vorstellung der Heilsbedeutung Jesu Christi auf zwei fast schon punktuelle Ereignisse fixieren[160]. Nach dem *ersten* Modell scheint mit der Menschwerdung bereits alles Wesentliche geschehen; auf dem bestimmten Lebensweg Jesu entscheidet sich nichts mehr, und auch sein Tod unterstreicht nur, daß die Menschwerdung ernst gemeint war, d. h. die Erlösung unserer Sterblichkeit einschloß, so wie die Auferstehung nur noch als die Bestätigung seiner göttlichen Natur gilt[161]. Indessen muß man sich klarmachen, daß die Wahrheit der Inkarnation selbst erst infolge der gläubigen Erfahrung einsichtig wurde und auch heute nur als die (innerhalb des damals erreichten Problemstandes notwendige) Deutung der Tatsache zugänglich bleibt, daß in Jesu Geschichte Gott selbst sich offenbarte. Abgelöst von dieser Geschichte, deren Wahrheit und letzte Begründung sie aussprechen will, muß sie ihre Bestimmtheit verlieren

[160] Vgl. das Urteil von *D. Wiederkehr* (Glaube an Erlösung): »Nachdem in der altkirchlichen Christologie durch die Seinskategorien für die Person Christi und in der mittelalterlichen Soteriologie durch die stark rechtliche Satisfaktionstheologie die Dimension der Lebensgeschichte ohnehin abgeschwächt wurde, verdichtete sich das Erlösungsgeschehen vollends auf die zwei punktuellen Ereignisse: entweder die Inkarnation in der östlichen Christologie oder den Tod in der westlichen Soteriologie« (45). »Das Leben Jesu faltete entweder die bereits in der Inkarnation geschehene Erlösung noch aus oder lief zielstrebig auf die in sich selber ausreichende Opfertat des Kreuzestodes hin; eine eigene Heilsbedeutung verlor das Leben Jesu endgültig, nachdem die noch von der scholastischen Theologie bewahrte Lehre von den ›Mysterien des Lebens Jesu‹ der dogmatischen Systematisierung zum Opfer fiel. Es kam höchstens noch als beispielhaftes Handeln oder als belehrende, nicht aber zeichenhafte Veranschaulichung des religiösen Heils in Frage« (35).

[161] Daß eine Christologie, »die sich als Auslegung des Bekenntnisses ›Jesus ist der Christus‹ versteht« und sich dementsprechend an der »Identität zwischen irdischem Jesus und erhöhtem Christus« orientiert, ihre »Mitte« (wie das Neue Testament) im Geschehen von Kreuz und Auferweckung hat und von ihr aus »nach vorn [...] nach der Parusie und nach rückwärts zur Präexistenz und zur Inkarnation« ausgreift, hebt *W. Kasper* (Jesus, 43f.) hervor. Das aber führt zur Korrektur einer einseitig an der Inkarnation orientierten Christologie: »Läßt man nämlich die gott-menschliche Person Jesu durch die Inkarnation ein für allemal konstituiert sein, dann haben Geschichte und Geschick Jesu, vor allem Kreuz und Auferstehung keine konstitutive Bedeutung mehr. Der Tod Jesu ist dann nur noch die Vollendung der Menschwerdung; die Auferstehung nur noch die Bestätigung der göttlichen Natur«. Die Inkarnationsaussage wird damit »keineswegs aufgegeben«, sondern in ihrer auf eine bestimmte Geschichte bezogenen Bedeutung überhaupt erst zugänglich: sie wird »zur Gesamtdeutung von Geschichte und Geschick Jesu und sagt, daß Gott nicht nur eine menschliche Natur, sondern eine menschliche Geschichte angenommen hat und daß er dadurch die Vollendung der Geschichte überhaupt eingeleitet hat« (44).

und schutzlos gegen beliebige Deutungen werden. Daß der Inkarnationsgedanke schon früh zum fraglosen Ausgangspunkt des theologischen Nachdenkens wurde, hat nicht nur die Christologie in Aporien geführt, die uns – innerhalb des traditionellen Schemas kaum lösbar – noch heute belasten[162], sondern es ließ in der Soteriologie auch den Sinn dafür schwinden, daß unsere Erlösung durch Jesu *bestimmtes* Menschsein geschah, daß Gott in *diesem* Menschen uns nahekam und sein Wesen enthüllte, daß er in ihm wirklich, aber auch *verändernd* in unsere Geschichte eintrat. Inkarnationstheologie neigt dazu, ohne weitere Unterscheidung alles Menschliche als von Gott angenommen zu betrachten, und erlag dieser Neigung tatsächlich, wo immer sie Gottes Einigung mit der Menschheit nicht zuerst auf Jesu individuelles Menschsein, sondern sogleich auf das *allgemeine* Menschenwesen bezog. Die auffällige Tendenz des ostkirchlichen Kultes, das Leben in dieser unveränderten Welt durch die Feier einer mystischen Wirklichkeit zu überhöhen, mag hier wohl ihre theologische Ursache haben. Die Anfälligkeit solcher Frömmigkeit für ideologischen Mißbrauch liegt auf der Hand.

Im *zweiten* Modell erscheint die Inkarnation primär als Voraussetzung für die Konstitution eines Subjekts, das die angemessene Sühne leisten kann[163]. Und was das eigentlich Verhängnisvolle wurde: Das Leben Jesu interessiert nurmehr als Weg an das Kreuz, ohne daß die tatsächlichen Gründe, die zum Tod Jesu führten, und mit ihnen sein wirklicher Sinnzusammenhang noch einsichtig würden. Zu unvermittelt wird Jesu Sendung auf seine Selbstdarbringung als stellvertretendes Opfer bezogen. »Denn dazu war er Mensch, daß er stürbe«, sagt *Anselm* wie schon *Tertullian*[164]. So konnte dieser Tod eine isolierte Bedeutung und in der Konsequenz eine Notwendigkeit gewinnen, die ihm in Wahrheit nicht zukommt, d. h. aus historischen, theologischen und menschlichen Gründen nicht zukommen darf.

Denn erstens trägt die Verselbständigung des Sühnegedankens, der jene Isolierung bewirkte und dann als einziges Interpretament blieb, die

162 Dies hat *W. Pannenberg* (Christologie, 291–334) in seiner von Chalcedon bis zur Christologie dieses Jahrhunderts reichenden Skizze der »Aporetik der Zweinaturenlehre« m. E. überzeugend gezeigt: s. dazu Exkurs 9.

163 Vgl. *D. Wiederkehr,* Glaube an Erlösung, 45ff.; *E. Schillebeeckx,* Christus, 776f.; *H. Kessler,* Die theologische Bedeutung, 158f. (Kessler hebt auch hervor, daß die Auferstehung Jesu von Anselm als »soteriologisch völlig irrelevant« überhaupt nicht genannt wird und eine »wirklich dynamische Eschatologie« fehlt); *W. Pannenberg* (Christologie, 285f.) kritisiert vor allem, daß Anselm »den Geschickcharakter des Kreuzestodes Jesu verkannt« hat.

164 CDH 131 (II,16). Vgl. *H. Kessler,* Erlösung als Befreiung, 52.

Tendenz zur Dämonisierung des Gottesbildes in sich. »Man wendet sich mit Schrecken von einer Gerechtigkeit ab, deren finsterer Zorn die Botschaft von der Liebe unglaubwürdig macht«, hat *Joseph Ratzinger* geschrieben[165]. Und in der Tat: Wie will man sich, wenn man andere Verständniszugänge als den des Genugtuungsopfers nicht mehr beachtet, noch des Gedankens erwehren, daß Gott Gefallen fand an diesem Opfer? Muß ein Akt der Gerechtigkeit, der seinen Zusammenhang mit dem Tun der Liebe nicht mehr erkennen läßt, nicht Willkürzüge annehmen und die Gerechtigkeit selbst diskreditieren? Und könnte nicht gerade hier einer der Gründe dafür liegen, daß sich im Spätmittelalter die Spaltung von Gottes Barmherzigkeit und Gerechtigkeit auftat? Daß man sich vor der absoluten, unberechenbaren Freiheit Gottes, vor der »hinter seiner Liebe lauernden Willkür«, wie *Feuerbach* später sagte[166], zu ängstigen begann? Ein Anlaß vielleicht auch dafür, daß sich endlich das neuzeitliche Subjekt seiner selbst auch ohne Gott oder gar gegen ihn zu vergewissern versuchte?

Zweitens wurde die Isolierung des Kreuzes als Heilsereignis zum Anlaß, zunächst das Leiden Jesu und schließlich alles Leid zu verklären. »Die *singuläre* Sinngebung des Leidens Jesu wurde zur *generellen* Sinnhaftigkeit des Leidens überhaupt«[167]. Zwar haben Leidende bis heute im Blick auf den Gekreuzigten Hoffnung schöpfen und sich eine letzte Selbstachtung bewahren können, doch wurde und wird auch noch heute zu oft der Unterschied von anzunehmendem und beendbarem Leid unterschlagen, die Anklage gegen die Leidmacher niedergehalten, ja das Leiden als gottgewollt hingestellt und nicht selten, sobald sich der Strafgedanke einmischt, zur realen Not noch die Qual des Gewissens gefügt. Kreuzesverklärung als »Versöhnung Gottes mit dem Elend« – geeignetes Mittel der Vertröstung[168].

[165] *J. Ratzinger,* Einführung, 231.

[166] Vgl. *L. Feuerbach,* Das Wesen des Christentums: WW 5, 59: »Gott ist die Liebe; was heißt aber das? Ist Gott noch etwas *außer der Liebe*? [. . .] Die Liebe wird so zurück- und herabgesetzt, verfinstert durch den dunklen Hintergrund: *Gott* [. . .] Gott erscheint mir auch noch in andrer Gestalt als in der der Liebe, auch in der Gestalt der Allmacht, einer finstern, nicht durch die Liebe gebundnen Macht«. Also müssen wir, so Feuerbachs Konsequenz, Gott der Liebe aufopfern, »denn opfern wir nicht Gott der Liebe auf, so opfern wir die Liebe Gott auf, und wir haben trotz des Prädikats der Liebe den Gott, das böse Wesen des religiösen Fanatismus« (61). Nicht zuletzt angesichts dieses zentralen Arguments der anthropologischen Auflösung des christlichen Glaubens hat die Theologie allen Grund, Gottes Wesen entschieden von seiner Selbstoffenbarung als Liebe her zu denken. Vgl. dazu auch *E. Jüngel,* Gott als Geheimnis der Welt, 430–470.

[167] *D. Wiederkehr,* Glaube an Erlösung, 56. Vgl. *E. Schillebeeckx,* Christus, 680f.

[168] Vgl. *U. Hedinger,* Wider die Versöhnung; zur Würdigung der positiven Aspekte der

Drittens wird, je stärker der Sühnegedanke dominiert, die Verständlichkeit der Erlösungsbotschaft (und mit ihr vielleicht sogar des christlichen Glaubens selbst) von der Tatsache des Sündenbewußtseins abhängig. Daß dessen Schwinden heute konstatiert werden muß, wurde schon im ersten Kapitel verdeutlicht. Doch möchte ich, deutlicher als bisher, noch den theologischen Grund dafür nennen, daß auch die Logik solcher Verkündigung nicht stimmt: weil nämlich Sünde als solche nur erkannt, ja im eigentlichen Sinn erst geschehen kann, wo ein Mensch sich zum Ereignis der Offenbarung verhält[169]. Das zeigt nicht nur etwa der eigentümliche Zusammenhang von Evangelium und Umkehrruf[170], von Heilungen und Sündenvergebung in der Verkündigung Jesu, sondern es wird schon im Neuen Testament auch reflektiert: »Wenn ich nicht gekommen wäre und nicht zu ihnen gesprochen hätte, dann wären sie ohne Sünde; aber jetzt haben sie keine Entschuldigung für ihre Sünde [. . .] Wenn ich vor ihnen nicht die Werke getan hätte, die kein anderer getan hat, dann wären sie ohne Sünde. Aber jetzt haben sie gesehen, und sie haben mich und meinen Vater gehaßt« (Joh 15,22.24). Auch die paulinische Einsicht von der Verschlossenheit aller in der Sünde war erst aufgrund der Erfahrung der Gnade des auferweckten Gekreuzigten möglich. Wie wesentlich dieser Sachverhalt ist, bestätigt unsere Erfahrung: Wohl jeder wird die Kritik eines anderen nur akzeptieren und akzeptieren können, wenn dieser ihm zugleich mitzuteilen versteht, daß er ihn annehmen will und zu ihm steht. Gelingt dies aber, wird durch solche Kritik die Beziehung wahrer und die Liebe real. Verurteilung verhärtet eher, als daß sie aufschließt und ändert, so wie das Gesetz zur Selbstrechtfertigung reizt. Noch sein Unglück bannt den Schuldigen oft nur an sich selbst. »Umkehr gibt es nur auf dem Wege der Erkenntnis der Schuld an Christus«, schreibt *Bonhoeffer,* und diese »erwächst nicht aus den Erfahrungen der Auflösung und des Verfalls,

Kreuzesmystik *J. Moltmann,* Der gekreuzigte Gott, 47–52; zur Kritik des »christlichen Masochismus« *D. Sölle,* Leiden, 17–44; zum Gesamtthema *Th. Pröpper,* Sinn von Leiden (Lit.); *ders.,* Gottes Ja, 87–93.

[169] Zur Begründung und Ausführung dieser These vgl. auch Exkurs 10.

[170] »An der Gnade entsteht die Umkehr. Gottes Güte ist die einzige Macht, die einen Menschen wirklich zur Umkehr führen kann [. . .] Buße ist nicht ein Akt menschlicher Demut oder menschlicher Selbstüberwindung, sondern Buße ist Überwundenwerden durch die Gnade Gottes. Bei den Propheten ist es die verheißene Gnade, bei Jesus die gegenwärtige, schon jetzt dargebotene Gnade. Umkehr geschieht vom Evangelium her; erst die Öffnung der Augen für Gottes Güte läßt den Menschen seine Schuld und Gottesferne erkennen« (*J. Jeremias,* Neutestamentliche Theologie I, 155f.).

sondern [...] allein an der Gestalt Christi«[171]. Sie ist wirklich und heilsam nur im Umkreis des Evangeliums der Vergebung.

Viertens ein Argument aus dem Verständnis der Offenbarung selbst: Gottes Menschwerdung wäre auch dann sinnvoll und, wenn seine Liebe uns erreichen wollte, sogar notwendig gewesen, wenn die Sünde der Menschen nicht stattgefunden hätte. Mag man den alten Schulstreit über diese Frage auch abwegig finden, so kann er doch aufmerksam darauf machen, daß der Sinn der Offenbarung sich nicht in der Befreiung von der Sünde erschöpft. Insofern, meine ich, sind die Skotisten mit ihrer »christozentrischen« Auffassung gegen die »hamartiozentrische« These der Thomisten im Recht[172]. Und im Blick auf

[171] *D. Bonhoeffer,* Ethik, 117. »Die Sünde geht uns auf in dem Augenblick, wo wir aus ihr befreit werden«, schreibt auch *O. H. Pesch* (Frei sein aus Gnade), das Luther-Wort »Christus bringt das alles mit sich« aufnehmend: »Die Interpretation der Widerspruchs- und Absurditätserfahrungen des menschlichen Daseins als zurechenbare Sünde und Sündenfolge vor dem personal mich beanspruchenden Gott ist ein Interpretationsrahmen, ein ›Theoriemodell‹, das erst auf dem Boden jenes Glaubens möglich wird, der zugleich zwar nicht vom Tatbestand der Not als solchem, wohl aber von ihrer Hoffnungslosigkeit befreit – und zugleich die Hoffnung auf ein eschatologisches Entnommenwerden aus der Noterfahrung zumutet und eröffnet« (173f.). »Kommt der Mensch so, vom Evangelium im Herzen getroffen, zum Glauben, dann allerdings wird er zwangsläufig auch sein Unheil mit anderen Augen anschauen. Wie ihm überhaupt jetzt die Augen über die Wahrheit der Wirklichkeit aufgehen, so auch über den wahren Charakter seiner Unheilserfahrung. Jetzt erst kann er Schuld überhaupt anerkennen, kann er vollends zugeben, daß er nicht der Mensch nach dem Willen Gottes ist, kann er sich selbst verantwortlich machen für das Unheil, weil er es ohne Verzweiflung tun kann«. Der Glaube an die Rechtfertigungsbotschaft »ist präzis die Gestalt des Heilsglaubens, der die Sünde aufdeckt« (216f.).

[172] Vgl. *W. Dettloff,* Art. Erlösung, 317f. – So entschieden die theologische Anthropologie von *O. H. Pesch* (Frei sein aus Gnade) bei der faktischen Situation des Menschen als Sünder einsetzt, so klar arbeitet sie doch den umfassenden Sinn von Erlösung und Gnade heraus: »Der Mensch ist angewiesen auf *Erfüllung,* weil er *Mensch* ist; und er ist angewiesen auf *Rettung,* weil er sich *verfehlt* hat« (72). »Der Mensch hat, aus Gründen seines Wesens wie seiner faktischen Situation, ein *Geschenk – notwendig*« (282). Einen »skotistischen« Standpunkt vertritt wohl auch *K. Rahner:* »Heilsgeschichte als Geschichte der Vergebung und Versöhnung dem schuldigen Menschen gegenüber wird umfaßt und integriert durch ein Verhältnis Gottes zur Welt, das im voraus zu Schuld auf inkarnatorische Geschichte Gottes selbst in seiner Welt angelegt ist und Schuld in der Welt nur zuläßt als Möglichkeit der Radikalisierung dieses immer und überall schon tragenden Verhältnisses Gottes zur Welt, der Liebe, in der sich Gott selbst verschwendet« (Die zwei Grundtypen der Christologie: Schriften X, 233). Zurückhaltender über die »klassische Kontroverse« urteilt *W. Kasper* (Jesus, 229f.): »Wir müssen jeder Possibilientheologie über die Möglichkeiten Gottes den Abschied geben. Wir können, darin der thomistischen Position recht gebend, nur von der konkreten wirklichen Offenbarung Gottes in

den neuzeitlichen Verlauf der Freiheitsgeschichte kann man nur noch bedauern, wenn es theologisch nicht wirksamer wurde, daß *Duns Scotus* den adäquaten Beweggrund für Schöpfung und Inkarnation im Willen Gottes zur Teilgabe an der Freiheit seiner Liebe erkannte: »vult habere alios condiligentes«[173].

Und damit sind wir beim fünften und – nochmals – dem wichtigsten Punkt: daß nämlich der fromme Vers »Denn durch dein heil'ges Kreuz hast du die Welt erlöst« die Wahrheit nur halb sagt. Wohl starb Jesus, wie deutlich geworden, »für uns«, so wie er für uns lebte. Sein Tod ist Vollendung seiner Sendung, aber zugleich auch Folge des Widerspruchs zu ihr, und ebenso sein Leiden Folge seines Kampfes gegen das Leiden, so wie er selber das Leiden ja auch keineswegs gesucht, wohl aber nichts getan hat, um ihm auszuweichen, als es näherkam und ihn traf, sondern bewußt und in Freiheit es annahm[174]. Seine Bereitschaft, es auf sich zu nehmen, ist nichts anderes als die Entschlossenheit, seine Botschaft der Liebe und also auch den Weg der Liebe nicht zu verraten, und in dieser unsere Freiheit suchenden Treue zu uns Ausdruck der Treue, mit der er sich einzig an seinen Gott hielt, dessen er als Liebe gewiß war und dessen Kommen er diente »bis an das Ende«. An sich aber bedurfte Jesu Liebe »des Kreuzesmordes nicht, um sie selbst zu sein«[175], es war die Verschlossenheit und Ablehnung von Menschen, die sie *faktisch* ans Kreuz gebracht haben, mit religiösen und politischen Gründen. In diesem Sterben freilich und den Konfrontationen,

Jesus Christus ausgehen, in der Gott die Welt in ihrer Sünde erlöst, indem er sie in Jesus Christus neu zusammengefaßt hat, und wir können dann in der Wirklichkeit die Möglichkeit Gottes erkennen: Jesus Christus als die Wirklichkeit der Offenbarung ist von Ewigkeit her deren Möglichkeit«. Mit der von Kasper genannten Konditionierung ist freilich auch meine (im Text genannte) weitergehende These versehen: Nur *post factum,* aus der Erfahrung dessen, was Gott geoffenbart hat, läßt sich die Gestalt der Offenbarung als angemessen, ja notwendig verstehen und sagen: *Weil* Gott sich als Liebe mitteilen wollte, mußte er Mensch werden. Vorausgesetzt ist dabei zum einen, daß der Inhalt der Offenbarung über die Erlösung von der Sünde hinausreicht, und zum anderen, entschiedener als bei Rahner, daß Gottes Wahrheit nur durch die Vermittlung eines Menschen für Menschen wirklich und endgültig gewiß werden konnte. Cur Deus homo? Weil Gottes Liebe bei den Menschen sein wollte.

173 *Duns Scotus,* Opus Oxoniense III d.32 q.1 n.6. Vgl. dazu den Diskussionsbeitrag von *H. Peukert: W. Oelmüller* (Hg.), Normenbegründung, 225 (mit Zitat); ferner das Urteil *J. Möllers,* daß erst Duns Scotus die mittelalterliche »intellektuelle Ausrichtung des Aristotelismus« durchbrach, »nicht einfach von seiner Lehre des Primats des Willens, sondern durch ein ausdrücklich negatives Denken Gottes: Der sich uns entziehende Gott ist als Un-endlichkeit Freiheit« (Freiheit und Erlösung, 277).

174 Zum folgenden vgl. *Th. Pröpper,* Sinn von Leiden, 268f.

175 *U. Hedinger,* Wider die Versöhnung, 154.

die zu ihm führten, hat sie sich eindeutig als Liebe *erwiesen:* Denn nicht die Vermeidung eigener Leiden, sondern die Förderung und Heilung menschlichen Lebens ist ja ihr Interesse. »Es gibt keine größere Liebe als die, wenn einer sein Leben gibt für seine Freunde« (Joh 15,13), genauer noch: für seine Feinde, damit sie Freunde sein können (vgl. Röm 5,10). Gleichwohl: für sich betrachtet war dieser Tod nur eine Bestätigung mehr für die Ohnmacht der Liebe und überdies Widerlegung ihrer von Jesus in Gott begründeten Vollmacht. Und insofern darf, ja muß man wohl sagen, daß wir nicht eigentlich durch und dank des Todes Jesu, »sondern *trotz* seines Todes erlöst sind«[176]. Trotz dieses Todes auch insofern, als er das faktisch Negative bleibt, der nicht seinsollende Widerspruch zur Liebe, der auch nachträglich ebensowenig gerechtfertigt oder dialektisch versöhnt werden kann wie alle anderen Verbrechen und unschuldigen Leiden der Welt. Erlöst *dank* seines Todes aber dennoch insofern, als Gott selbst – und nur er allein in seiner schöpferischen Treue – das vollendete Unheil zum Heil zu wenden vermochte und, indem er den Getöteten auferweckte und die Wahrheit seines Lebens für endgültig erklärte, noch seinen Tod als Gestalt der eigenen Liebe offenbarte. *Erlöst* also hat uns die *Liebe,* die Jesus unter uns lebte und die sich, nachdem sie den Tod nicht scheute, als *Gottes* Liebe *erwies*. Und erlöst *sind* wir bereits in dem Glauben, daß Gott die Liebe selbst ist, daß sie verläßlich und noch den Sündern treu ist und ihre Möglichkeiten mit dem Tod nicht erschöpft sind. Denn dieser Glaube, in Jesu Auferweckung begründet, ist ja nicht bloß so eine Meinung über die Zukunft, hinhaltend und vage, sondern Hoffnung, die – soll sie ihren Namen verdienen – schon die Gegenwart verändert: indem sie uns nämlich die Angst um uns selbst nimmt und mit ihr die Furcht vor der Liebe.

Wie aber steht es dann mit der »Notwendigkeit« des Todes Jesu? Heißt es denn nicht, daß Christus alles leiden *mußte,* was ihm tatsächlich widerfuhr? Vielleicht ist es angemessen, wenn man auf die Kategorie der Notwendigkeit nicht überhaupt lieber verzichtet, von einer »bedingten Notwendigkeit« zu sprechen. Indessen kann der Modus der Notwendigkeit, auch schon ohne den Zusatz »bedingt«, nicht ohne Bezug auf den Grund, aus dem sie sich herleitet, ausgesagt werden. Dieser Grund aber kann allein Gottes für den Menschen entschiedene Liebe selbst sein: *Weil* Gott, frei und sich selber entsprechend, den Menschen von Ewigkeit her erwählt und zur Gemeinschaft mit sich bestimmt hat, *mußte* er in der Mitteilung seiner Liebe bis zum Äußer-

[176] *E. Schillebeeckx,* Christus, 710.

sten gehen. »Notwendig« war die Dahingabe seines Sohnes dann im Sinne der Konsequenz seiner Liebe, die in diesem Geschehen ihre Treue zu sich selbst und zum Menschen erwies. Bedingt aber blieb sie insofern, als Jesu Tod die faktische Tat von Menschen darstellt, die ihrerseits nur um den Preis der Voraussetzung einer Prädestination zum Bösen notwendig genannt werden könnte. Will man diese Voraussetzung nicht machen, sondern mit einer wirklichen, von Gott selber eröffneten und gehaltenen Freiheitsgeschichte zwischen ihm und den Menschen rechnen, läßt sich der Tod seines Sohnes als Gegenstand seines Willens nur im Sinne eines Implikats seiner Erwählung des Menschen verstehen: als Bereitschaft Gottes von Ewigkeit her, mit dem Einsatz seiner selbst und der unerschöpflichen Möglichkeiten seiner Liebe sein Ja zum Menschen zu realisieren. Es ist dieselbe Bereitschaft, die allein, wie schon früher bemerkt[177], das Risiko der Erschaffung endlicher Freiheit und ihrer Geschichte überhaupt zu »rechtfertigen« vermochte. Doch muß sogleich hinzugefügt werden, daß derart weitgehende Aussagen nur als Nach-denken über die wirklich erfolgte Selbstoffenbarung Gottes möglich sein können und sich, weil bleibend an dieses Geschehen göttlicher Freiheit gebunden, niemals zu einem Begreifen göttlicher Notwendigkeit abrunden, sondern nur immer neu in die Wahrnehmung der Liebe Gottes einweisen und in den Dank dafür einmünden können, *daß* Gott so ist, wie er sich zugänglich machte. Zwar läßt sich, um mit *Schelling* zu sprechen, *nach* der Ausführung von Gottes Heilswillen sagen, daß er »den ihm gemäßen Entschluß schon vor der Grundlegung der Welt gefaßt habe. Noch mehr: dieser Gedanke, dieser Entschluß mußte angemessen seyn dem außerordentlichen Ereignis [...], daß der Schöpfer einem Geschöpf die Macht gegeben, ihm sein eigenes Werk wieder in Zweifel zu stellen«. Aber: »Dieser göttliche Wille [...] als wirklich ist im eminentesten Sinn das – *ohne* Offenbarung – schlechterdings nicht zu Wissende, [...] und die Offenbarung im höchsten Sinn [...] ist die Offenbarung dieses Willens. Kein Wille aber offenbart sich anders als durch die That«[178]. Diese Tat ist so weit über alle Vernunft, daß diese vielmehr stets von neuem die Frage aufwirft, warum Gott den Umsturz der Sünde nicht verhindert, statt »das Schicksal des göttlichen Werks in die Freiheit eines Geschöpfes« zu stellen: »Aber Gott ist größer, als wir denken, und hat nichts zu fürchten, er weiß auch dem Aeußersten, das geschehen kann, durch ein anderes Aeußerstes zu begegnen [...] Man kann schon darin

[177] Vgl. die Exkurse 3 und 7.
[178] *F. W. J. Schelling,* Philosophie der Offenbarung II, 10.

eine göttliche Thorheit sehen, daß Gott überhaupt mit einer Welt sich eingelassen, da er in ewiger Selbstgenügsamkeit an der bloßen Beschauung der durch ihn möglichen Welt sich erfreuen konnte. Aber die Schwäche Gottes [...] kann man insbesondere in seiner Schwäche für den Menschen erkennen. Aber in dieser Schwäche ist er stärker als der Mensch. Sein Herz ist groß genug, um *alles* fähig zu seyn. In der Schöpfung zeigt er vorzüglich nur die Macht seines *Geistes,* in der Erlösung die Größe seines *Herzens* [...] Denn gleichwie wir einen Menschen nicht seinem eigentlichen Selbst nach zu kennen meinen, wenn wir etwa nur seinen Geist kennen [...], wie wir erst den Menschen *selbst* zu kennen glauben, wenn wir die Aeußerungen seines Herzens kennen gelernt, so ist Gott dem Menschen eigentlich erst in der Offenbarung wahrhaft persönlich geworden«[179].

Jesu Tod ist also Ernstfall und geschichtliche Vollendung der Offenbarung der Liebe, ihre konsequente Verwirklichung gegenüber dem faktischen Widerspruch und in den Verhältnissen der Sünde und gleichwohl unsere Erlösung doch nur insofern, als ihn dieselbe Liebe, aus der Jesus lebte und sein Leben dahingab, überwand und sich darin als *Macht* über Sünde und Tod: als Liebe *Gottes* manifestierte. Also ist das Kreuz die Wirklichkeit des von Ewigkeit her für den Menschen entschiedenen göttlichen Willens. Aber es ist weder das primäre Ziel des Willens Gottes noch gar der Grund seiner Liebe, denn diese – darauf kommt alles an – hat keinen Grund als sich selbst und kein Ziel als sich selbst und den anderen, den Menschen, dessen Leben sie will und dessen Gemeinschaft sie sucht. *Sie ist wirklich ganz umsonst.*

Mit dem Letzten habe ich das tragende Motiv meiner Auffassung von Erlösung genannt. Doch kehren wir noch einmal zu den beiden soteriologischen Konzepten zurück.

d) Die Trennung von objektiver und subjektiver Erlösung

Denn eine zweite Folge insbesondere der westlichen Soteriologie ist wenigstens noch zu nennen. Zwar ging auch in der griechischen Theologie, je mehr sie sich auf die Vergöttlichung des Menschen und die Inkarnation konzentrierte, der bestimmte Bezug der Erlösung zur realen Geschichte verloren, doch behielt diese Tendenz noch ein Korrektiv in dem Gedanken, daß Christus die Menschen in ihrer Wirklichkeit aufsucht und sie durch sein Beispiel, seine Gemeinschaft

[179] A.a.O. 14.26.

und Lehre auf den Weg der Nachahmung führt. Anders in der westlichen Theologie. Indem sie weit stärker den Stellvertretungsgedanken hervorhob und das »ein für allemal« akzentuierte, kam es zur Trennung von objektiver und subjektiver, d. h. von vollbrachter und anzueignender Erlösung[180]. Als Sühne unserer Schuld gehört Christi Werk der Vergangenheit an – was bleibt, ist die Zuteilung seiner Verdienste. So konnte der »Gnadenschatz«, aus dem die Kirche durch ihre Sakramente »austeilt«, zur geläufigen Vorstellung werden. Hinzu kam der Einfluß der weiter vordringenden Rechtsmentalität: Sie fixierte die Sakramentenpraxis so sehr auf die Gültigkeitsfrage, daß für die Entsprechung von Gestalt und Inhalt der Gnade nur wenig Interesse verblieb. Daß Sakramente nicht bloß als amtliche Vermittlung einer von ihnen verschiedenen Wirklichkeit fungieren, sondern wirksame Zeichen der Gnade, ja sogar schon die Realität der Liebe Gottes selbst sind, die durch sie uns erreicht und verändert, wurde kaum noch sichtbar und immer weniger empfunden. Dem Mangel einer sakramentalen Sicht des gläubigen Handelns überhaupt aber entsprach die Moralisierung des christlichen Lebens, das gerade in seinem Bemühen, »der Gnade würdig« zu werden, an Gebote verhaftet blieb und sich im Gehorsam erschöpfte.

Natürlich machte der Gedanke einer schon vollbrachten Erlösung auch die westliche Soteriologie ideologisch mißbrauchbar: Er konnte der Entlastung des eigenen Handelns dienen oder doch die Aufmerksamkeit von den wirklichen Aufgaben ablenken. Völlig verständlich wird der Realitätsverlust des Erlösungsglaubens freilich erst dadurch, daß man Gnade seit *Augustinus* und seinem Sieg über den Pelagianismus immer ausschließlicher als »innere Gnade« auffaßte[181]: als eine Wirk-

[180] Den theologisch vertretbaren Sinn der Rede von der objektiven Erlösung stellt *W. Kasper* (Jesus, 244) heraus: Sie meint »die Vorgegebenheit des Heils vor dem subjektiven Akt unserer Heilsaneignung; und zwar ist das Heil so vorgegeben, daß es uns schon vorgängig zu unserer Entscheidung qualifiziert und diese Entscheidung erst möglich macht«. Korrigiert aber ist damit die Auffassung, »als würde durch Jesus Christus die Welt auf irgendeine mirakulöse Weise verändert und als würden uns das Heil und die Erlösung ohne persönliche Entscheidung und ohne Glaube [. . .] übergestülpt«; und ebenso das Mißverständnis, als sei Erlösung vorgegeben »nach Art von Objekten«, als »Gnadenbehälter und Gnadenschatz«. Vielmehr – und darin liegt der weiterführende Hinweis – ist die Vorgegebenheit und Vermittlung des Heils »intersubjektiver Art«: »Wie die Erbsünde durch die alte Menschheit vermittelt wird, so die Erlösung durch die neue Menschheit, durch die an Jesus Christus Glaubenden und glaubend von ihm Betroffenen«.

[181] Diesen Aspekt der Entwicklung heben namentlich die Arbeiten von *G. Greshake* hervor; zugleich liegt ihnen an einem neuen und vertieften Verstehen dessen, was traditionell »äußere Gnade« hieß. Vgl. *G. Greshake*, Gnade als konkrete Freiheit;

lichkeit, die zwar von Christus verdient ist, aber unmittelbar von Gott selbst dem Menschen geschenkt wird – ein intimes Geschehen zwischen Gott und dem Einzelnen, ohne äußere Vermittlung außer der, daß es sich »anläßlich« der Sakramente ereignet, und für ungezählte Christen schließlich nur noch eine kaum mehr erfahrbare Qualität der menschlichen Seele, so unbestimmt und wirklichkeitslos, daß es über ihr Dasein besonderer Belehrung bedurfte.

Theologisch führte beides, die Verinnerlichung der Gnade und die Theorie der objektiven Versöhnung, zu einer Entzweiung von Christologie und Soteriologie, welche die erste um ihre Relevanz und die zweite um ihre christologische Bestimmtheit brachte: Christologie wird zur Lehre vom Sein und den Eigenschaften Jesu Christi und Soteriologie zur Lehre vom (objektiven) Erlösungswerk Christi einerseits und vor allem zur Lehre von den verschiedenen »Sorten« der Gnade andererseits[182]. Und wiederum muß angemerkt werden, daß es nicht zuletzt diese Tendenzen der Theologie selbst waren: ihre Subjektivierung der Gnade, ihre Bezugslosigkeit zur geschichtlichen Realität und der Relevanzverlust der Christologie, welche die neuzeitliche Säkularisierung der Soteriologie sowohl vorbereitet als auch provoziert haben – ihre immer eindeutigere Anthropologisierung und (als Antwort auf die Herausforderung der Wirklichkeit und zugleich als Kompensat für die kritisch verabschiedete theologische Begründung) ihre entschlossene Moralisierung. Was wir im zweiten Kapitel als Wesen des Erlösungsglaubens festgestellt haben, geht dabei in genau dem Maße verloren, als Jesus Christus zwar immer noch als Chiffre für ein bestimmtes Menschsein, aber nicht mehr als dessen Ermöglichung gilt.

Wie man sieht, konvergieren die Hauptpunkte der Kritik auf denselben Gedanken. Denn in beiden Modellen entspricht dem Vergessen des Weges Jesu der Realitäts- und Geschichtsverlust des Glaubens, und beides ist schon im jeweiligen Ansatz und seinem leitenden

ders., Erlösungsvorstellungen, 89–94; *ders.*, Geschenkte Freiheit, 95–104. Zur Geschichte der Gnadenlehre s. auch *O. H. Pesch / A. Peters*, Einführung in die Lehre von Gnade und Rechtfertigung.

182 Zur Entzweiung von Christologie und Soteriologie seit der Scholastik, aber auch zur entgegengesetzten Gefahr der »Reduktion der Christologie auf die Soteriologie« (von Melanchthons Anwendung des von Luther betonten Prinzips des »pro me« über die »Rückschlußchristologie« Schleiermachers und den Neuprotestantismus bis hin zu Bultmanns Aufhebung der christologischen Aussagen in ihre Bedeutsamkeit und H. Brauns Auffassung der Christologie als Variable der Anthropologie) vgl. *W. Kasper*, Jesus, 23–26. Auf das Verhältnis von Christologie und Soteriologie komme ich im 7. Kapitel zurück.

Verständnis von Erlösung begründet. Deshalb möchte ich als Schlußfolgerung formulieren:

(5) Die Theologie der Erlösung hat, um die Engführungen und Folgen ihrer Tradition zu überwinden, schon im Ansatz der Tatsache Rechnung zu tragen, daß das Heil, Gottes Liebe zum Menschen, in der Geschichte Jesu Christi begann, die Geschichte der Menschen betrifft und in ihr seine Entsprechung sucht in einem Glauben, der sich an Weg und Verkündigung Jesu orientiert und der in seinem Tod und seiner Auferweckung bewährten Zusage Gottes vertraut. Das aber setzt Kategorien der Freiheit voraus, die Intersubjektivität und Geschichte als Stätte eines von Gott kommenden Heils und als Ort seiner Darstellung zu denken erlauben.

4. Soteriologie unter den Bedingungen der Neuzeit

Was heißt: »unter den Bedingungen der Neuzeit«? Kann denn die Neuzeit der Theologie ihre Bedingungen diktieren? So gestellt, muß man die Frage verneinen. Denn eine Theologie, die der Neuzeit und der von ihr geschaffenen Situation nichts anderes mehr auszurichten wüßte, als diese sich, unabhängig vom Glauben, schließlich auch selbst sagen könnte, würde ebenso am Evangelium wie an ihrer Gegenwart schuldig: eben weil sie ihr das Evangelium, sein Angebot und seinen Widerspruch schuldig bliebe.

Andererseits aber: Was wäre ein Angebot, was eine Kritik, die nicht verstanden, nicht frei akzeptiert werden könnte? Auch wenn die Botschaft ihren Adressaten zum Hörenwollen bekehren und sein Hörenkönnen erst aufdecken muß, setzt sie dieses Können doch schon voraus. Also muß die Ansprechbarkeit für die Wahrheit des Glaubens einer philosophischen Besinnung wohl auch zugänglich sein. Mag solche Reflexion tatsächlich erst nachträglich geschehen, d. h. in ihrer historischen Möglichkeit von der bereits ergangenen Offenbarung bedingt sein, so impliziert sie dennoch einen Anspruch auf Wahrheit, der zum Argumentieren verpflichtet. Und insofern gibt es nun doch Bedingungen, die der Theologie von der Neuzeit auferlegt sind. Sie muß erstens ein bestimmtes Verhältnis zum Prinzip der Freiheit und Selbstbestimmung finden und sich klar werden, inwiefern sie es anerkennen will und inwiefern nicht. Dem Anspruch, daß kein Wissen gelten und kein Handeln verbindlich sein solle, das nicht mit der Freiheit verträglich und durch sie bestimmt sei, könnte sie sich jedenfalls nur um den Preis

eines heteronomen Doktrinalismus entziehen, der ihren Inhalt, Gottes Liebe zum Menschen, diskreditiert. Und die zweite Bedingung: sie muß die Auseinandersetzungen, die allerdings unausweichlich sein dürften, auf einer Ebene führen, die den einmal erreichten Reflexionsstand nicht unterbietet.
Unter welche Anforderungen ist also eine Theologie der Erlösung durch die Neuzeit gestellt? Wir wollen uns zunächst auf den theoretischen Gesichtspunkt beschränken und auf zwei Probleme eingehen, um ihre Reichweite sichtbar zu machen[183].

a) Ambivalenz des Gottesgedankens

Erstens ist in der Neuzeit die fundamentalste Voraussetzung weggefallen, von der jedes traditionelle Erlösungsverständnis noch ausging und ausgehen konnte: eine mehr oder weniger fraglose theonome Interpretation des Menschen, seiner Welterfahrung und seiner Geschichte. Die Intentionen der Emanzipation, des Vorgangs also, daß sich das menschliche Subjekt zum Prinzip, Kriterium und Ziel seines Erkennens und Handelns einsetzte, erwiesen sich als wirksamer und universaler, als sie zuweilen eingeschätzt werden. Für *Marx* war Emanzipation ja die »Zurückführung der menschlichen Welt, der Verhältnisse, auf den Menschen selbst« und die Kritik der Religion »die Voraussetzung aller Kritik«[184]. Und seit *Kants* Kritik der Metaphysik, die dem Gedanken Gottes nur noch die Bedeutung einer Idee zuerkannte und die Frage seiner Existenz an die praktische Vernunft delegierte, läßt sich eine wachsende Entschlossenheit konstatieren, die unendliche Offenheit, die allerdings zum Menschen gehört, im Menschen selbst zu begründen und ihm als sein ursprüngliches Eigentum zurückzuerstatten: Das Unendliche sei nicht länger als transzendentes Gegenüber zu hyposta-

[183] Bei den perspektivischen Durchgängen durch das Denken und die Geschichte der Neuzeit in diesem und im nächsten Kapitel sowie den entsprechend knappen Charakterisierungen einzelner Positionen (die ausführlicher zu entwickeln vom Hauptgedankengang ablenken würde) geht es allein darum, die für eine Theologie der Erlösung m. E. wesentlichen Probleme (Aufgaben und Chancen) hervortreten zu lassen. Angegeben werden nur die Schriften einzelner Denker, aus denen ich wörtlich zitiere. Desgleichen begnüge ich mich, statt eine mehr oder weniger zufällige Auswahl aus der »Hintergrund«-Literatur dieser beiden Kapitel zu präsentieren, mit dem Hinweis auf solche Titel der Sekundärliteratur, die mir für einzelne angesprochene Problemaspekte besonders relevant scheinen.

[184] *K. Marx,* Zur Judenfrage: WW I, 479; *ders.,* Zur Kritik der Hegelschen Rechtsphilosophie: WW I, 488.

sieren, sondern als Ausdruck und Horizont der menschlichen Fähigkeit zu verstehen, alles Gegebene transzendieren zu können[185], oder gar, so *Feuerbach*, als das *Wesen* des Menschen, das in der Gattung realisiert wird. Läßt sich angesichts solcher Entschiedenheit noch eine Theologie der Erlösung vertreten?

Allerdings verdient es Beachtung, daß die Ablehnung Gottes, wo sie ausdrücklich geschah, zumeist und im Entscheidenden praktisch motiviert war. Daß überdies auch der Atheismus inzwischen seine Faszination eingebüßt hat und nur noch selten mit derselben Militanz und Selbstsicherheit auftritt, wie es im 19. Jahrhundert zu beobachten war. Daß die ermüdenden Argumentationen für und wider die Existenz Gottes schließlich nur eine generelle Resignation gegenüber jeder rationalen Beschäftigung mit den sogenannten Letztfragen bewirkten[186]. Daß aus diesen und noch anderen Gründen, wie *Heinz Robert*

[185] Zur Mehrdeutigkeit des Unendlichkeitsbegriffs und zur Transzendenz als Problem der Vernunft s. ausführlicher Exkurs 11.

[186] Das bedenklichste Ergebnis dieser Entwicklung liegt wohl darin, daß mit der allgemein rezipierten (und sachlich berechtigten) Kritik der Gottesbeweise die in ihnen festgehaltene Problematik sehr oft auch seitens der Theologen als erledigt betrachtet und damit das Desinteresse am rationalen Aspekt der Gottesfrage theologisch noch sanktioniert wird. »Die Geschichte der philosophischen Gottesfrage ist einerseits der Aufweis eines steten Bemühens denkender Vernunft um den Urgrund menschlichen Lebens. Sie ist andererseits der fragwürdige Versuch, nicht nur das Göttliche, sondern auch Gott rational zu erfassen und von dem, quo maius cogitari non potest, vom actus purus, dem esse ipsum, der prima causa, dem ens realissimum zu sprechen, ohne die denkerische Reduktion, die hier vollzogen wird, zu bedenken [...] So stehen die Gottesbeweise in der Ambivalenz, auf Gott hinzuweisen und den im 19. Jahrhundert ausgesprochenen Tod Gottes vorzubereiten. Zu beachten ist, daß die Geheimfront gegen die Gottesbeweise nicht in erster Linie von Pascal und Kant angeführt wird, sondern von all den Theologen und praktischen Seelsorgern, die nicht müde werden, zu verkünden, daß man mit diesen Beweisen nichts, aber auch gar nichts anfangen könne. Dieses Nichts-mit-diesen-Beweisen-anfangen-Können hat sich weithin zum Indiz nicht nur wahrer Praxis, sondern auch echter Frömmigkeit erklärt [...], wobei unklar bleibt und bleiben muß, mit welcher Vernunft solches statuiert wird, wie auch völlig offenbleibt, mit welcher Vernunft der Prediger das Kerygma deutet bzw. von Gott spricht, ist doch auch die Wiederholung notwendig Interpretation. Ist das appellative Sprechen keine Weise der Vernunft, so ist alles klar. Nur das eine nicht, wie solches Denken überhaupt vernünftig sein kann. Ist es unvernünftig, warum sollte man sich dann darauf einlassen [...]; ist es aber vernünftig, dann vermittelt die Vernunft, treu und brav, wie bei Aristoteles und Kant. Jedenfalls liegt hier das Problem. Es geht darum, ob, wie und warum eine existentielle Haltung überhaupt von Gott sprechen kann oder ob sie notwendig nur ins Nichts hinein geht [...] Es wäre also zu fragen, ob sich Reflexionsbestimmungen finden lassen, die zugleich den Horizont einer existentiellen Haltung darstellen, in der wir Gott begegnen« (*J. Möller*, Sein – Freiheit – Gott, 37f.).

Schlette gezeigt hat, der Atheismus immer mehr von einem Agnostizismus abgelöst wurde, der sich entweder mit einer emotionsfreien Registrierung der Erkenntnisgrenzen begnügt und alle weitergehenden Aussagen als irrational abtut oder sich auch mit einer eher »aporetischen« Einstellung verbindet, die solidarisch die »Tradition des bewußten und leidvollen Existierens« übernimmt und jene geschichtlichen Erfahrungen auszuhalten versucht, »die man als Leiden an Gott, Leiden an der Welt, Leiden am Problem des Bösen bezeichnen kann, jedoch auch als das Verlangen, daß dieses Leiden enden, Klarheit und Versöhnung wirklich werden, Hoffnungen und Sehnsüchte nicht unerfüllt bleiben mögen«[187]. Gegenüber der beiden Haltungen gemeinsamen Maxime, »das Gebiet sicheren Wissens nicht mit Behauptungen zu überschreiten«[188], wirkt der Glaube unbescheiden, wenn nicht verdächtig. Aber schließt er nicht wesentlich das Bekenntnis und dieses Bekenntnis Behauptungen über die Wirklichkeit ein – Behauptungen, die verantwortet werden müssen?

Übereilt wäre jedenfalls das Urteil, die Gottesfrage sei durch das Denken der Neuzeit erledigt[189]. Weiterführen kann es dagegen, auf die *Ambivalenz* des Gottesgedankens zu achten, der dieses Denken in allen Wandlungen wie sein Schatten begleitet. Denn in ihr spiegelt sich die Problematik, die als wesentliche, aber niemals endgültig gelöste die Philosophie der Neuzeit vorantreibt und auf die Zweideutigkeit ihres Prinzips weist: auf die Unbedingtheit und gleichzeitige Bedingtheit des Menschen in seiner Subjektivität und Freiheit. Sofern das eigentlich Seiende nicht länger als substantiell-dingliches Etwas, sondern als geistig-ich-hafter Selbstvollzug bestimmt wird und sich die menschliche Subjektivität in ihrer Macht gegenüber dem welthaft Seienden immer bewußter ergreift und behauptet, scheint Gott in die Ferne des Unerkennbaren, ja Bedeutungslosen zu rücken. Indem zugleich aber diese Subjektivität selber durchdacht und ihre unabweisbare Endlichkeit erkannt wird, erweisen sich Gott und Mensch unlösbar aufeinander bezogen[190]. Mag dieser Bezug nun als Gegensatz oder als Einheit bestimmt sein – daß beides gilt und gedacht werden will, läßt die Logik

[187] *H. R. Schlette,* Vom Atheismus zum Agnostizismus, 218.

[188] *G. Patzig,* Art. Agnostizismus, 175.

[189] »Keineswegs repräsentiert sich in der philosophischen Gottesfrage nur eine philosophisch-theologische Grenzfrage einer überholten Metaphysik. Die Frage nach dem Gott der Philosophen ist vielmehr ein ganz entscheidendes Indiz auf dem Denkweg einer sich selbst begreifenden und an dem Anspruch dieses Begreifens scheiternden Vernunft« (*J. Möller,* Einleitung, 8).

[190] Alle hier angesprochenen Aspekte und Etappen der Problematik lassen sich wohl nirgends so exemplarisch wie am Denkweg *Fichtes* verfolgen: s. dazu Exkurs 11.

des Weges verstehen, auf dem sich die Philosophie der Neuzeit entwickelt. *Walter Schulz* hat gezeigt[191], daß sie in einer eigentümlichen Pendelbewegung fortschreitet, bei der sich die gegensätzlichen Motive in einem Maße verschärfen, daß ihre zuvor erreichte Vermittlung stets von neuem aufgesprengt wird. Den Anfang bilden jeweils die Denker, welche die Subjektivität des Menschen ins Zentrum stellen, ihr zugleich aber eine höhere Subjektivität, die sie Gott nennen, als Grund voraussetzen und begrenzend überordnen. Ihnen folgen Systematiker, die beide Subjekte in einem sich schließenden Zusammenhang vermitteln, bis diese Vermittlung kritisch zersetzt wird und sich der Vorgang auf einer neuen Ebene der Reflexion wiederholt.

Um das Gesagte zu konkretisieren, sollen die entscheidenden Etappen dieses Weges wenigstens genannt sein. Auf *Cusanus,* der Gott nicht mehr in Analogie zum welthaft Seienden versteht, sondern ihn als reines Können und ersehendes Sehen dem Seinszusammenhang vorausdenkt, den Menschen aber als zweiten Gott und geschaffenen Schöpfer begreift und mit beidem als erster Metaphysiker der Neuzeit gelten kann, folgt zunächst der Pantheist *Giordano Bruno,* der den Unterschied in der Bezogenheit von Gott und Mensch aufhebt: Gott wird zum immanenten Prinzip des Universums. *Descartes* wiederum findet in der Gewißheit des um sein Denken wissenden Ich, das er *res cogitans* nennt, das Fundament der neu zu erbauenden Philosophie; doch muß diesem in der Macht seines Zweifels dennoch ohnmächtigen Ich eine göttliche Substanz vorausgesetzt werden, die seinen Bestand über den gegenwärtigen Augenblick hinaus sichert und die Wahrheit seines klaren und deutlichen Wissens verbürgt; ein solcher Gott aber *darf* vorausgesetzt werden, weil allein er der reale Urheber der Idee des Unendlichen sein kann, die der endliche Mensch in sich findet. Bei *Spinoza,* der nur noch eine, nämlich die unendliche Substanz gelten läßt, werden Gott und Mensch wie Substanz und Attribut wieder miteinander verbunden und die Spannung ihres Bezuges in einem System ausgeglichen, das Ausdruck des in ihm begriffenen Gottes selbst ist. *Kant* reißt erneut die Kluft zwischen der vom Subjekt konstituierten Erscheinungswelt und dem nunmehr unerkennbaren Gott, dem eigentlichen *ens metaphysicum* auf; die Selbstkritik der Vernunft sichert ihre Macht, indem sie ihre Zuständigkeit einschränkt: Gott wird zum Grenzgedanken der Philosophie und durch Kant jedem theoretischen Zugriff entzogen. *Hegel* dagegen, der an der Erschlos-

[191] *W. Schulz,* Der Gott der neuzeitlichen Metaphysik. Hingewiesen sei auch auf die anregenden Durchblicke bei *J. Möller,* Freiheit und Erlösung, 276–284; Einleitung, 7–14.

senheit des Absoluten für die Vernunft festhält und seine bloße Entgegensetzung zum Endlichen ablehnt, sucht das Endliche systematisch als Moment des Unendlichen zu begreifen, das sich selbst durch seine von ihm gesetzten Gegensätze vermittelt. Nochmals in andere Richtung gehen Fichte und Schelling mit ihrer Spätphilosophie: *Fichte,* indem er das Wissen als Erscheinung des Absoluten vom Absoluten selbst unterscheidet und erklärt, daß nur Eines schlechthin durch sich sei, nämlich Gott, von dem alles Wissen abhänge; und *Schelling,* indem er mit äußerster Radikalität auf die Faktizität alles Seienden und des endlichen Geistes selbst reflektiert und ihm noch einmal einen unvordenklichen Gott als Ursprung voraussetzt.

Wir sehen also: Das neuzeitliche Denken ist vom Willen des Subjekts geleitet, sich seiner selbst zu vergewissern, als Prinzip zu behaupten und alles, auch Gott als das dialektisch Andere zu ihm, in sein Begreifen einzubeziehen. Und in der Tat: Gott wird ja *gedacht.* Noch als Grenze des Denkens ist er *für* dieses Denken, von ihm selber gesetzt. Eben deshalb aber droht ihm das Schicksal, zum Moment innerhalb der Selbstkonstitution des Subjekts herunterzusinken, als bloßer Horizont des menschlichen Selbstvollzugs zu fungieren und seine Verschiedenheit zu verlieren. Doch je mehr sich das Denken dieser Tendenz überläßt, desto radikaler wird ihm die eigene Faktizität zur abgründigen Frage. »Weit entfernt also«, schreibt endlich Schelling, »daß der Mensch und sein Thun die Welt begreiflich mache, ist er selbst das Unbegreiflichste [. . .] Gerade er, der Mensch, treibt mich zur letzten verzweiflungsvollen Frage: warum ist überhaupt etwas? warum ist nicht nichts?«[192] Es ist die Frage nach *absoluter* Begründung, die damit gestellt war, die Sinnfrage in ihrer schärfsten, philosophisch durchgeführten Gestalt, denn auch das Faktum der alles vermittelnden Vernunft ist von ihr noch betroffen. Zugleich hat Schelling, in deutlicher Wendung gegen Hegel, den Gottesgedanken formuliert, der dieser Frage korrespondiert und durch sie bestimmt ist: »Gott aber, was man wirklich Gott nennt [. . .], ist nur der, welcher Urheber seyn, der etwas anfangen kann, der also vor allem existirt, der nicht bloße Vernunft-Idee ist«. Er ist »das, was *über* dem Seyn ist«, nicht das bloße Seiende, »sondern mehr als dieses, der *Herr* des Seyns«[193].

Liegt hier der »Anknüpfungspunkt« für die Theologie? Sicher nicht in der Weise, als sei in ihm schon die Erkenntnis Gottes beschlossen. Dieselbe Frage, die Schelling zum Anlaß wurde, von seiner »negativen

[192] *F. W. J. Schelling,* Philosophie der Offenbarung I, 7; vgl. I, 242.

[193] A. a. O. 172.93; zur Spätphilosophie Schellings vgl. *W. Schulz,* Die Vollendung des Deutschen Idealismus; *W. Kasper,* Das Absolute in der Geschichte.

Philosophie«, der reinen Vernunftwissenschaft, zum Gottdenken der »positiven« überzugehen, sah *Heidegger* durch das Nichts erzwungen und forderte das Freiwerden von den Götzen, zu denen wir uns fortzuschleichen pflegen, und das Sichloslassen ins Nichts[194]. So scheint jede Antwort von Voraussetzungen getragen, die von der Vernunft allein nicht mehr garantiert werden können. Die Auskunft etwa der Philosophie des Absurden, der Mensch sei eine unabschließbare Frage und finde seine wirkliche Identität, wenn er sich für seine verfügbaren Möglichkeiten entscheide und sein zufälliges Schicksal bewußt übernehme[195], ist theoretisch ebenso möglich wie das Bekenntnis des Glaubens, der Grund aller Wirklichkeit habe sich selbst für uns erschlossen und als Liebe zum Menschen geoffenbart. Wohl aber wäre, durch die Ausarbeitung jener Frage, die Rede von Gott als nicht sinnlos erwiesen und wenigstens insofern gedanklich bestimmt, als das Problem absoluter Sinngebung und -begründung von der Vernunft selbst noch erreicht würde[196].

Bleibt allerdings zu bemerken, daß nicht nur die Antwort, sondern auch schon jene Frage, in der die Reflexion sich vollendet, einen Akt der Freiheit darstellt, also von ihrem Vollzug und dessen Bedingungen abhängt. Und daß sie tatsächlich nur selten ausdrücklich gestellt, sondern inzwischen eher als nutzlos, ja als störend desavouiert wird. Schon *Feuerbach* hat ja, unbekümmert um Schellings Probleme, eine ganz andere Konsequenz aus Hegels Denken gezogen. »Wenn das Unendliche«, so argumentiert er, »nur ist, nur *Wahrheit* und *Wirklichkeit* hat, wenn es *bestimmt*, d. h. wenn es nicht als Unendliches, sondern *Endliches* gesetzt wird, so ist ja in Wahrheit das *Endliche* das *Unendliche*«[197]. Also hat er das umstrittene Unendliche als Eigentum des Menschen reklamiert, als sein durch die Gattung zu realisierendes Wesen begriffen und damit der Folgezeit ihr Thema gegeben. Die Ambivalenz des neuzeitlichen Gottesgedankens nun endlich durch seine anthropologische Auflösung entschieden – eine vielleicht beeindruckende, aber bestreitbare Lösung. Sie beweist eigentlich nur, daß von einem eindeutigen Ergebnis der Diskussionen, welche die Neuzeit um das Subjektivitäts- und Gottesproblem führte, nicht die Rede sein kann. Also wird sich die Theologie auf sie

194 *M. Heidegger*, Was ist Metaphysik?, 42.

195 So nicht nur der französische Existentialismus, sondern auch die von ihm beeinflußten Vertreter des »offenen Marxismus«. Vgl. etwa *L. Kolakowski*, Der Mensch ohne Alternative; *V. Gardavsky*, Gott ist nicht ganz tot.

196 Vgl. *Th. Pröpper*, Jesus der Philosophen, 135–143.

197 *L. Feuerbach*, Vorläufige Thesen zur Reformation der Philosophie: WW 3, 229.

einlassen müssen, um ihre Rede von Gott philosophisch verantworten zu können[198].

Und sie wird dies um so mehr, als man, auch seitens der Theologen, an jener angeblich erledigten Thematik vorbeigeht oder gar die »näherliegenden« Probleme gegen sie ausspielt. Wollte sie den Glauben *nur* dadurch bewähren, daß sie seine praktische Bedeutung herausstellt, müßte sie jederzeit auf den Einwand gefaßt sein, ihre Behauptungen seien unausgewiesen positionell, ja unverständlich, weil nicht gedanklich bestimmt und vermittelt. Nicht allein ihre traditionelle Rede von Gott, Offenbarung und Erlösung, sondern auch die inzwischen geläufige von Subjektwerdung, Selbstsein, Identität, Befreiung zur Freiheit usw. bedarf der begrifflichen Klärung, wenn sie nicht nur durch Emphase gewinnen, sondern – gerade in ihrem theologischen Sinn – auch einleuchten will. Erst recht verdient die neuzeitliche (und bis heute wiederholte) bewußte Bestreitung des Glaubens eine Erwiderung, die auf ihrem Niveau argumentiert. Hinzu kommt, daß eine Beachtung der neuzeitlichen Subjektivitätsreflexion nicht nur durch die Problementwicklung innerhalb der (für die Theologie relevanten) Sprach-, Handlungs- und Interaktionstheorie nahegelegt wird, sondern für die gründliche Auseinandersetzung mit den funktionalistischen und strukturalistischen Tendenzen des gegenwärtigen Denkens, an der gerade der Theologie gelegen sein sollte, auch erforderlich scheint. Doch mögen diese Hinweise genügen, um die Aktualität der Aufgabe, die mit der folgenden These genannt werden soll, zu unterstreichen:

(6) Eine Theologie der Erlösung, die ihre theoretische Verantwortung übernimmt, ist durch das Denken der Neuzeit vor die Aufgabe gestellt, ihre Rede von Erlösung und d. h. zunächst: ihre Rede von Gott in ihrem Anspruch auf Wahrheit zu vertreten und in ihrer Bedeutung zugänglich zu machen. Soll dies in einer dem Evangelium wie der neuzeitlichen Subjektivitätsproblematik angemessenen Weise geschehen, ergibt sich die fundamentaltheologische Aufgabe einer Anthropologie, die den Menschen als das Wesen versteht, das in seiner Freiheit von Gott unterschieden und doch für ihn ansprechbar ist, d. h. in Gottes Offenbarung seinen Sinn finden würde. Nicht um Gottes Selbsterweis zu ersetzen, sondern den durch ihn begründeten Glauben als möglich und sinnvoll zu zeigen und sein Verständnis von Gott zu bewähren, läßt sie sich auf die philosophische Auseinandersetzung um die Bestimmung des Menschen ein.

[198] Zur Unumgänglichkeit dieser Aufgabe gerade auch dort, wo das herrschende Denken hinter den historisch erreichten Reflexionsstand wieder zurückgefallen ist, s. auch Exkurs 11.

b) Idee und Geschichte oder: Die Säkularisierung der Soteriologie

Mit dieser These ist nur der erste Aspekt der Aufgabenstellung verdeutlicht, die einer Theologie der Erlösung durch das Denken der Neuzeit auferlegt ist, doch deutet sie den zweiten schon an. Daß nämlich Gottes Heil geschichtlich gegeben, daß also ein geschichtliches Ereignis von absoluter Bedeutung sein solle – auch das ist ja für den christlichen Glauben ebenso wesentlich wie seit *Lessings* Bemerkung über den »garstig breiten Graben« problematisch, denn: »Zufällige Geschichtswahrheiten können der Beweis von notwendigen Vernunftwahrheiten nie werden«[199]. Der neuzeitliche Primat der Vernunft über alle Wirklichkeit machte nicht nur den Gottesgedanken ambivalent, sondern mußte ebenso die Geschichte um ihre entscheidende Bedeutung für die Bestimmung des Menschen bringen. Daß des Menschen Heil geschichtlich geschenkt werden könne und müsse – eben das lehnte die autonome Vernunft als heteronome Zumutung ab. Deshalb ihr Interesse an der »inneren« Wahrheit, »die keiner Beglaubigung von außen bedarf«[200]. Dabei spürte man durchaus das Bedürfnis, in der Geschichte Vernunft zu erkennen, und ebenso die Forderung, die Ideen der Vernunft zu realisieren, aber was da realisiert war oder realisiert werden sollte, konnte Interesse doch nur finden und Anspruch auf Geltung nur erheben, wenn die Vernunft, und allein sie, es zu rechtfertigen vermochte – gleichgültig, ob man das Verhältnis von Idee und Geschichte dabei wie die Aufklärung eher moralisch auffaßte oder wie Romantik und Idealismus am liebsten spekulativ interpretierte. Und natürlich ist es vor allem das Verständnis der Offenbarung und der Bedeutung Jesu Christi, an dem sich die Problematik kristallisiert.

Für die *Aufklärung* mögen ein paar Lessing- und Kantzitate sprechen. Mit der »historischen Wahrheit in eine ganz andre Klasse von Wahrheiten herüberspringen und von mir verlangen, daß ich alle meine metaphysischen und moralischen Begriffe darnach umbilden soll, mir zumuten [...], alle meine Grundideen von dem Wesen der Gottheit darnach abzuändern«, das lehnt *Lessing* als unerlaubte »Metabasis« ab[201]. Genau das Umgekehrte muß gelten: Die »Ausbildung geoffenbarter Wahrheiten in Vernunftswahrheiten ist schlechterdings notwendig, wenn dem menschlichen Geschlechte damit geholfen sein soll. Als sie geoffenbaret wurden, waren sie freilich noch keine Vernunftswahr-

[199] *G. E. Lessing,* Über den Beweis des Geistes und der Kraft: WW 3, 311.309.
[200] *G. E. Lessing,* Axiomata: WW 3, 437.
[201] *G. E. Lessing,* Über den Beweis, 311.

heiten; aber sie wurden geoffenbaret, um es zu werden«[202]. Lessing weiß um die Angewiesenheit der Vernunft auf ihre göttliche Erziehung, doch im Prinzip gibt »die Offenbarung dem Menschengeschlechte nichts, worauf die menschliche Vernunft, sich selbst überlassen, nicht auch kommen würde: sondern sie gab und gibt ihm die wichtigsten dieser Dinge nur früher«[203].

Noch entschiedener klingt es bei *Kant*: »Es bedarf [...] keines Beispiels der Erfahrung, um die Idee eines Gott moralisch wohlgefälligen Menschen für uns zum Vorbilde zu machen; sie liegt als solches schon in unsrer Vernunft«[204]. Deshalb ist in der Beziehung auf die »Erscheinung des Gottmenschen« nicht das, was »durch Erfahrung erkannt werden kann, sondern das in unsrer Vernunft liegende Urbild, welches wir dem letztern unterlegen [...], eigentlich das Objekt des seligmachenden Glaubens«[205]. Das unbedingte Sollen aber impliziert auch das Können. Noch für das »Wiederaufstehen aus dem Bösen zum Guten« darf nur derjenige göttliche »Beihülfe« annehmen, der sich ihrer »vorher würdig« gemacht hat[206]. Gnade also nicht als Anfang, sondern als der Lohn freien moralischen Handelns!

Die Konsequenz der *romantisch-idealistischen Spekulationen* spricht *Schelling* ebenso enthusiastisch wie unmißverständlich in seinen Vorlesungen über das »Akademische Studium« aus: »Der Geist der neueren Welt hat in der Schonungslosigkeit, womit er auch die schönsten aber endlichen Formen, nach Zurückziehung ihres Lebensprincips, in sich zerfallen ließ, hinlänglich seine Absicht offenbart, das Unendliche in ewig neuen Formen zu gebären. Daß er das Christenthum nicht als einzelne empirische Erscheinung, sondern als jene ewige Idee selbst wolle, hat er ebenso klar bezeugt«. Jetzt ist es die Philosophie, welche »die Wiedergeburt des esoterischen Christenthums wie die Verkündigung des absoluten Evangeliums in sich vorbereitet« hat[207]. Und

[202] *G. E. Lessing,* Die Erziehung des Menschengeschlechts: WW 3, 559f.

[203] A. a. O. 545.

[204] *I. Kant,* Die Religion innerhalb der Grenzen der bloßen Vernunft: WW 7, 715 (B77, A71).

[205] A. a. O. 782 (B175, A165f.).

[206] A. a. O. 695 (B49, A45f.).

[207] *F. W. J. Schelling,* Vorlesungen über die Methode des akademischen Studiums: Schriften von 1801–1804, 539. Allerdings hat gerade Schelling später den Unterschied zwischen Offenbarungs- und Vernunftwahrheit mit aller Deutlichkeit hervorgehoben und dies mit einer Kritik verbunden, die unausgesprochen sich gegen Lessing richtet, zugleich aber eine Revision der eigenen früheren Auffassung über das Verhältnis von Vernunft und Offenbarung bedeutet: »Wozu gäbe es eine Offenbarung, oder zu welchem Ende würde der Begriff einer solchen nur noch

Novalis, in seiner Abhandlung »Die Christenheit oder Europa« von der »unermeßlichen Kapazität« des Menschengeschlechts ebenfalls überzeugt, verheißt »eine universelle Individualität, eine neue Geschichte, eine neue Menschheit, die süßeste Umarmung einer jungen überraschten Kirche und eines liebenden Gottes, und das innige Empfängnis eines neuen Messias in ihren tausend Gliedern zugleich [...], eine große Versöhnungszeit, ein Heiland, der wie ein echter Genius unter den Menschen einheimisch wird [...], das Mittlertum überhaupt als Glaube an die Allfähigkeit alles Irdischen, Wein und Brot des ewigen Lebens zu sein [...], denn das Wesen der Kirche wird echte Freiheit sein«[208].

Den umfassendsten und bis ins Detail konsequenten Versuch, die Vernunft der Wirklichkeit und Geschichte zu begreifen, bietet bekanntlich das *dialektische System Hegels*. Ausdrücklich versteht sich seine Religionsphilosophie als »die Rechtfertigung der Religion, insbesondere der christlichen, der wahrhaften Religion«. Aber dann die bezeichnende Begründung: Sie erkennt nämlich »den Inhalt nach seiner Notwendigkeit, nach seiner Vernunft«, ebenso »die Formen in der Entwicklung dieses Inhalts«, aber »eben damit auch die Schranken der

überhaupt beibehalten, wenn wir durch eine solche am Ende nichts weiter erführen oder inne würden, als was wir auch ohne sie und von selbst wissen oder doch wissen könnten? Diejenigen selbst, welche die Offenbarung gern auf bloße Vernunftwahrheiten zurückführen, also [...] als den *wesentlichen* und *bleibenden* Inhalt der Offenbarung bloße Vernunftwahrheiten gelten lassen, diese selbst, wenn sie etwa noch Ursache finden, das *Wort* Offenbarung beizubehalten, und z. B. den Stifter des Christenthums wenigstens als einen von der Vorsehung besonders ausersehenen und mit ungewöhnlichen Gaben ausgestatteten Lehrer zu beschreiben, – auch diese, die im Christenthum doch ein Werk der Vorsehung zugeben, würden auf die Frage: wozu es einer solchen besonderen Veranstaltung der Vorsehung bedurft habe, doch nur antworten können, die Menschheit sey auf diese Weise *früher* zum Besitz gewisser reinerer oder besserer Vorstellungen gelangt. Da nun aber dieselben Personen hiemit die Behauptung verbinden, diese Vorstellungen seyen bei der ersten oder früheren Mittheilung noch in unwesentliche und verdunkelnde Hüllen eingewickelt worden, welche abzustreifen es nach ihrer Meinung Jahrhunderte bedurft hatte, so geben sie ja eben damit den einzigen Vortheil jener besonderen Veranstaltung, nämlich das *frühere* Bekanntwerden gewisser Wahrheiten, wieder auf, und consequenter Weise müßten sie vielmehr eben diese Veranstaltung ansehen als eine *der* Ursachen, durch welche die reine Vernunftentwicklung in der Menschheit aufgehalten worden [...] Es ist also leicht einzusehen, daß der Begriff einer Offenbarung entweder gar keinen Sinn hat und völlig aufgegeben werden muß, oder daß man genöthigt ist, einzuräumen, der Inhalt der Offenbarung müsse ein solcher seyn, der *ohne* sie nicht nur nicht gewußt würde, sondern nicht einmal gewußt werden *könnte*« (Philosophie der Offenbarung II, 4f.).

[208] *Novalis,* Die Christenheit oder Europa, 403. 407f.

Formen«[209]. Diesen absoluten Inhalt von der zufällig-heteronomen Form der Vorstellung zu befreien und ihn mit der allgemeinen Freiheit der Aufklärung, die ohne ihn abstrakt und willkürlich bleiben würde, zu vermitteln, war Hegels erklärtes Programm. Entschieden wehrt er sich gegen den Vorwurf, seine Philosophie »stelle sich über die Religion, [...] sie stellt sich so nur über die Form des Glaubens, der Inhalt ist derselbe«[210]. In der Tat hat Hegel – tiefer als die flachen Konzeptionen der Aufklärer, die in die Idee des Christentums nur ihre gängigen bürgerlichen Leitbilder projizierten, ernster auch als die ebenso »eitlen«, schwärmenden Romantiker und entschiedener vor allem als die zeitgenössischen Theologen – die Versöhnung von Gott und Mensch als zentralen christlichen Gedanken begriffen. Nur eben: Er hat ihn *begriffen,* erkannt in seiner Notwendigkeit. So wurde notwendig aber auch der Inhalt verändert: Versöhnung wird nicht mehr angenommen als das von Gott frei und geschichtlich begründete Verhältnis der Liebe zum Menschen, sondern die dialektische Bewegung von Entzweiung und Versöhnung als das Gesetz der Wirklichkeit und Geschichte durchschaut: als die Form der Realisierung des Absoluten, die alles Endliche als seine Momente umfaßt[211].

Wenn Kierkegaard und Marx gegen dieses Konzept protestierten, Kierkegaard im Namen des Einzelnen und seiner aporetischen, unvertretbaren Existenz und Marx mit dem Hinweis auf die unversöhnte

209 *G. W. F. Hegel,* Vorlesungen über die Philosophie der Religion II: WW 17, 339.

210 A. a. O. 341.

211 Vgl. a. a. O. 342f.: Die Philosophie »stellt dar die Versöhnung Gottes mit sich selbst und mit der Natur, daß die Natur, das Anderssein an sich göttlich ist und daß der endliche Geist teils an ihm selbst dies ist, sich zur Versöhnung zu erheben, teils in der Weltgeschichte zu dieser Versöhnung kommt [...] Wenn die Zeit erfüllt ist, daß die Rechtfertigung durch den Begriff Bedürfnis ist, dann ist im unmittelbaren Bewußtsein, in der Wirklichkeit die Einheit des Inneren und Äußeren nicht mehr vorhanden und ist im Glauben nichts gerechtfertigt«. Zur Problematik der Hegelschen Verhältnisbestimmung von Religion und Philosophie vgl. *M. Theunissen,* Hegels Lehre vom absoluten Geist, 77–100. 301–322. Theunissens Analysen gelangen zum Ergebnis: »Die Offenbarung Gottes in seinem Sohn erweist sich als die methodische Grundlage eben der Philosophie des absoluten Geistes, die Hegel am Ende seiner encyclopädischen Systemdarstellung im Zurücksehen zusammenfaßt [...] Denn sie muß den absoluten Geist so voraussetzen, daß sie das geschichtliche Faktum voraussetzt, welches ihr den Zugang zu ihrem wahren Inhalt allererst eröffnet« (321f.). »Die Aufhebung des nichtwissenden Glaubens in das glaubende Wissen entspringt der Sorge um die Freiheit des Menschen, den keine undurchschaubare Macht erniedrigen darf. Indessen verwickelt sie sich in eine ungewollte Dialektik. Indem der Mensch um seiner Freiheit willen dem Gott das Gesetz logischer Notwendigkeit auferlegt, stößt er den, der ihn allererst zur Freiheit befreien soll, in die Unfreiheit« (59).

Realität, dann brachten sie genuin Christliches in Erinnerung: Denn Gottes Liebe meint jeden Einzelnen, und zwar unbedingt und unwiderruflich, und ebenso will sie nicht begriffen, sondern für alle, und zwar gerade auch in den äußeren Verhältnissen, zur Darstellung kommen[212]. *Kierkegaard* hat nicht nur unermüdlich (und in seiner Schärfe wohl ungerecht) gegen Hegels »mediierende« Dialektik polemisiert, sondern auch deutlich wie keiner die theologische Tragweite der Frage Lessings erkannt, wie »man auf ein historisches Wissen eine ewige Seligkeit gründen« könne – mag im übrigen auch seine Antwort (in ihrer eigenen »Geschichtslosigkeit«) nicht ganz befriedigend erscheinen[213]. *Marx* aber enthüllte die Totalität, mit der Hegel den existierenden Menschen

[212] Wie die Einsichten von Marx und Kierkegaard miteinander verbunden, d. h. die realen Verhältnisse in einer an dem unbedingten, irreduziblen Sinn jedes (einzelnen) Menschen orientierten Weise als Bedingungen seiner Freiheit verstanden (gewürdigt und kritisiert) werden können, scheint mir auch theologisch eine Aufgabe von größter Bedeutung. Ich werde versuchen, ihr mit den Freiheitsanalysen des 7. Kapitels und insbesondere der Symbolkategorie zu entsprechen.

[213] *S. Kierkegaard,* Philosophische Brosamen, Motto. Mit der angedeuteten Kritik an der »Geschichtslosigkeit« der Lösung Kierkegaards meine ich zum einen und vor allem die fast ausschließliche Bestimmung der Offenbarungsgestalt als »Inkognito«, die dem Leben Jesu als einladendem Zeichen der Liebe Gottes kaum noch Beachtung schenkt: »Und nun der Gott-Mensch! Er ist Gott, wählt es jedoch, der einzelne Mensch zu sein. Das ist [...] das tiefste Inkognito oder die undurchdringlichste Unkenntlichkeit, die möglich sind; denn der Widerspruch zwischen Gott Sein und ein einzelner Mensch Sein ist der größtmögliche, der unendlich qualitative [...] Er ist ein Zeichen, das Zeichen des Widerspruchs, er steht in Unkenntlichkeit, also ist jede unmittelbare Mitteilung unmöglich [...] Vermöge des Mitteilenden enthält die Mitteilung einen Widerspruch, sie wird mittelbare Mitteilung, sie setzt dir eine Wahl: ob du ihm glauben willst oder nicht« (Einübung, 134. 137). Zum anderen meine ich die Bedeutungslosigkeit (bzw. die zur bloß behauptenden Erinnerung herabgesetzte Bedeutung) der geschichtlichen Vermittlung des Glaubens im Gedanken der »Gleichzeitigkeit« und »ewigen Geschichte«: »Denn im Verhältnis zum Unbedingten ist nur eine Zeit: die Gegenwart; wer nicht gleichzeitig ist mit dem Unbedingten, für den ist es nicht da. Und da Christus das Unbedingte ist«, ist er »als das Paradox eine überaus ungeschichtliche Person [...] Ein historisches Christentum ist Gallimathias und unchristliche Verwirrtheit; denn was es an wahren Christen gibt in jeder Generation, die sind gleichzeitig mit Christus, haben nichts zu schaffen mit den Christen der Generation vorher, und alles mit dem gleichzeitigen Christus. Sein Leben auf Erden geht mit dem menschlichen Geschlecht, geht mit jedem der menschlichen Geschlechter im Besonderen, als die ewige Geschichte, sein Leben auf Erden hat eine ewige Gleichzeitigkeit« (71 f.). Es wäre zu zeigen, daß der Gedanke der »Wahl«, der den eigentlichen Skopus in Kierkegaards »gedanklicher Bestimmung des Ärgernisses« bildet (125–148), auch bei einem Verständnis der Geschichte Jesu als Offenbarungswirklichkeit der Liebe Gottes keineswegs unterschlagen wird: sofern nämlich das Angebot dieser Liebe faktisch immer die Aufforderung zur Umkehr einschließt und damit zur Entscheidung auffordert.

vermittelt, als Zwangszusammenhang der bestehenden Klassengesellschaft und sein Freiheitsdenken als Ideologie, die das bürgerliche Interesse als allgemeines ausgibt und das Elend der Opfer verschleiert. Daß die philosophische Versöhnung »selbst nur eine partielle, ohne äußere Allgemeinheit« sei, hatte Hegel noch selbst eingestanden, es zuletzt aber bei der Auskunft belassen, daß es Sache der »empirischen Gegenwart« sei, wie sie »aus ihrem Zwiespalt herausfinde« und sich gestalte[214]. Die Neigung seiner Geschichtsphilosophie zur passiv-meditativen und im Effekt sanktionierenden Einstellung gegenüber dem faktischen Lauf der Geschichte wurde jedenfalls zu einem Hauptpunkt der Hegelkritik. Wenn Theologen darüber hinaus darauf insistieren, daß sich Gottes Liebe niemals spekulativ aneignen lasse, dann vor allem deshalb, um den Menschen und sein Handeln nicht ohne die Verheißung zu lassen, die weiter reicht als die Verfügungsmacht seiner Vernunft. Es ist deshalb auch mehr als theologischer Eigensinn, an die Sünde und an das Kreuz zu erinnern, die dem Denken der Neuzeit zu Fremdworten wurden. Oder auch, so im idealistischen Begreifen, zu Momenten der Realisierung des Geistes. Mit dem noch größten Ernst hat *Kant* vom »radikalen Bösen« in uns gesprochen, sich aber dennoch mit der Hoffnung begnügt, zu der unbegreiflichen und niemals gewissen »Revolution in der Gesinnung« durch »eigene Kraftanwendung zu gelangen«[215]: An die Stelle des Wunders freier Vergebung tritt das Wunder der transzendentalen »Wiedergeburt«. Für *Hegel* gilt die Sünde – verstanden als »Vereinzelung« des Fürsichseins, das »sich abtrennt vom Allgemeinen« – als der notwendige Anfang des Wissens. So wird der Baum der Erkenntnis zum Baume des Lebens, denn die »Möglichkeit der Versöhnung ist nur darin, daß gewußt wird die an sich seiende Einheit der göttlichen und menschlichen Natur«. In Christus wird diese »an und für sich seiende Wahrheit in ihrem Verlauf angeschaut«, damit »der endliche Geist das Bewußtsein Gottes im Endlichen selbst habe«, und noch sein Tod bewahrheitet, »was ewig geschieht«: daß »die Negation selbst in Gott ist« und Gott sich »im Tod des Todes« erhält[216]. Die Offenbarung der Liebe Gottes, die zur Hingabe des Sohnes bereit war, nun begriffen als Realität der Idee – man wird *Karl Barths* Urteil zustimmen müssen: »Wenn der Erkenntnisgrund der Theologie«, so schreibt er, »die Offenbarung, die Offenbarung aber die Offenbarung Gottes an den in seiner Sünde verlorenen Menschen und die Offenbarung von Gottes unbegreiflichem Versöhnen sein sollte, dann liegt

[214] *G. W. F. Hegel*, Philosophie der Religion II, 343f.
[215] *I. Kant*, Die Religion, 698 (B54, A50). 702f. (B61, A56f.).
[216] *G. W. F. Hegel*, Philosophie der Religion II, 257.273.287.276.291.293.

hier, wo es erlaubt scheint, über das Geheimnis des Bösen und des Heils hinauszudenken, [. . .] ein anderer Erkenntnisgrund, ein für die Theologie unannehmbarer Wahrheitsbegriff vor«[217].

Aber noch einen weiteren Hinweis möchte ich geben, der den »Primat der Vernunft über alle Wirklichkeit« unter einem anderen Gesichtspunkt beleuchtet und noch verständlicher macht, warum die Neuzeit so wenig geneigt war, sich Gottes Heil aus der Geschichte zukommen zu lassen: weil nämlich das menschliche Subjekt und seine Freiheit vor allem in seiner Bezogenheit auf die *Welt* bedacht wurde. Es ist der Bezug oder die Dialektik von Subjekt und Objekt, die im Mittelpunkt steht. Daher der berechtigte Eindruck, dieses Subjekt sei »monologisch«, d. h. stets darauf aus, »im anderen«, das es erkennt und gestaltet, nur »bei sich selber« zu sein – sei dieses andere nun ein Ding oder der andere Mensch. Und darum die Tendenz, den Einzelnen als bloßes Individuum, als Teil der Gattung zu betrachten, den Mitmenschen aber als Negation und Grenze der eigenen Freiheit. Die durchaus vorhandenen Ansätze, die wirkliche und erfüllte Freiheit als wesentlich *intersubjektiv* zu verstehen, sind doch niemals soweit geklärt und tragend geworden, daß das Bewußtsein von dem *ursprünglich positiven* Verhältnis verschiedener Freiheiten und das Wissen um die Angewiesenheit des »Selbstseins« auf die freie Zuwendung des anderen entscheidende Bedeutung gewonnen hätten[218]. Wie sollte man unter sol-

[217] *K. Barth,* Die protestantische Theologie im 19. Jahrhundert, 375. Zur Problematik der Sündenlehre in der um Anpassung an das bürgerliche Bewußtsein bemühten evangelischen Theologie des 19. Jahrhunderts s. *D. Schellong,* Bürgertum und christliche Religion.

[218] Hier wäre zu untersuchen, warum die frühen Ansätze *Fichtes* in dieser Richtung (auf die ich im 7. Kapitel noch hinweisen werde) von seiner Spätphilosophie kaum weiterentwickelt wurden; und desgleichen auf die vielverhandelte Tatsache einzugehen, daß *Hegel* später Geist nannte, was zunächst bei ihm Liebe hieß. Vgl. *J. Habermas,* Arbeit und Interaktion; *M. Theunissen,* Hegels Lehre vom absoluten Geist, 57–59; *J. Heinrichs,* Fichte, Hegel und der Dialog, 114f. 128–131. Für *J. Möller* bildet der angesprochene Sachverhalt den Angelpunkt seiner Hegelkritik: »Die philosophische Theologie gerät als theologische Philosophie mit Hegel in einen Anspruch hinein, der jeden bisherigen übertrifft [. . .] Mitte dieses Anspruchs ist eine absolute Logik als Darstellung Gottes, gerechtfertigt durch eine Phänomenologie, die von der sinnlichen Erfahrung zum absoluten Wissen aufsteigt und sich dann in endgültiger Fassung neu interpretiert. Damit wird nicht Glaube in menschliche Vernunft aufgehoben, wohl aber [. . .] in das absolute Denken Gottes selbst [. . .] Die Tragik des Hegelschen Denkens ruht darin, daß die zweifellos mitgegebenen anthropologischen Ansätze in der fortschreitenden Reflexion ausgeklammert werden und so ›Liebe‹ auf ›Begriff‹ und ›Idee‹ reduziert ist [. . .] Nichts war naheliegender, als Hegels großartiges System als Produktion des Menschen zu erklären, der in transzendierender Bewegung seines Selbst seinen und somit den Gott produziere«

chen Voraussetzungen mit einem Sinn dafür rechnen, daß Gottes Heil uns menschlich begegnet, daß es durch einen Mitmenschen uns zugesagt wurde?

Der neuzeitliche Verlust der Geschichte als der Stätte eines von Gott kommenden Heils mußte folgerichtig zur *Säkularisierung* der Soteriologie führen. *Säkularisierte Soteriologie aber bedeutet Moral.* Weil wir, *ohne* die Vorgabe des Evangeliums, ja alles, was wir erwarten dürfen, erst selber hervorbringen müssen. Allerdings hat sich die Neuzeit weiterhin auf Jesus berufen, aber das beweist nur, wie wirksam die gesellschaftliche Macht des Christentums noch war. Im Prinzip war die Christologie bereits die Variable der Anthropologie. Denn wo Jesus zwar als Beispiel, Ideal oder Symbol wahren Menschseins, aber nicht mehr als »causa salutis« anerkannt wird, da ist die fordernde Maßgeblichkeit seines Bildes entweder durch die Vernunft begründet und von ihrer Autorität nur geliehen, oder aber sie lebt von einer konventionellen Plausibilität, die im Zweifelsfall nicht mehr begründbar und, wenn's zur Entscheidung kommt, wohl auch kaum noch tragfähig sein dürfte.

Erstaunlich bleibt freilich der Optimismus, der die moralisierende Neuzeit beflügelt. Aber erklärt er sich nicht ebenfalls dadurch, daß die christlichen Hoffnungsimpulse sie weiterhin trugen? Er wäre dann, wie *Bloch* einmal sagte, ein »Zechen auf fremde Kreide«[219]. Und er fiel um so leichter, als die Vorstellungen vom Heil, seit die christliche Verhei-

(Einleitung, 12). Und die Schlußfolgerung: »Rückblickend gesehen, ist die heutige Situation der europäischen Gottesfrage ein Indiz für die Krisis der Vernunft, die sich als Vernunft zum Menschen zurückfinden und sich in ihm und von ihm her verstehen muß, um so den Menschen zu verstehen [. . .] Die stets wiederholte Anklage Pascals gegen den Gott der Philosophen (Heidegger: der Gott, zu dem man nicht beten kann) richtet sich [. . .] mit Recht gegen den ungöttlichen Gott, der nur Vernunft ohne Liebe und darum kein Gott ist. Dieser Vorwurf wird denkerisch nur in dem Maße aufgehoben, wie der absolute Geist bzw. der actus purus gerade als Geist Liebe und somit Gott-für-uns ist« (14f.).

219 *E. Bloch,* Prinzip Hoffnung, 1360f.: »Oberflächlichkeit allein ist keine Befreiung, und Verdrängung allein gibt nicht das Gefühl eines Siegs. Es wird wahrscheinlich, daß das heutige Geschlecht, indem es ohne Todesfurcht lebt, vergangenen Glauben beleiht [. . .] Das dürftige Bekenntnis zum Nichts würde schwerlich ausreichen, um den Kopf oben zu behalten und zu wirken, als gäbe es kein Ende. Deutliche Zeichen weisen vielmehr darauf hin, daß im Unterbewußtsein noch frühere, sattere Wunschbilder fortdauern und stützen. Durch den Rest, der von ihnen blieb, fühlt der sogenannte moderne Mensch den Schlund nicht, der unaufhörlich um ihn ist und der ihn zuletzt so sicher verschlingt. Durch sie rettet er ganz unversehens sein Ichgefühl, durch sie entsteht der Eindruck, als ginge nicht der Mensch unter, sondern als habe nur die Welt eines Tages die Laune, ihm nicht mehr zu erscheinen. Wahrscheinlich also zecht dieser ganze flache Mut, wie er imstande ist, die Angst aller früheren

ßung »zur Vernunft gebracht« war, sich schon ganz von selbst auf das »Menschenmögliche« einspielten und dabei, wie ausführlich illustriert werden könnte, sich getreu an den Wandel des Zeitgeschmacks hielten[220]. Nur zögernd jedenfalls deutet sich der Nihilismus an, von *Jacobi*, der dieses Wort prägte, als Abgrund der Reflexionsphilosophie geahnt und in *Jean Pauls* »Rede des toten Christus« als Alptraum beschworen[221]. Voll bricht er erst nach Hegel auf, als man auch der Vernunft und ihren Systemen, die ihn zu bannen gesucht hatten, nicht mehr traute[222]. Daß die alte Hoffnung und Frage nach unbedingtem Heil, die das Christentum geweckt *und* beantwortet hatte, schwerer zu vergessen waren als die verlorene Antwort auf sie – und was sonst wäre, historisch gesehen, Nihilismus? –, darf man wohl als Bestätigung dafür nehmen, wie empfänglich der Mensch für den Zuspruch des Evangeliums ist. Nur: qua Vernunft läßt sich, wenn die Zumutung des Glaubens einmal abgetan ist, keine Antwort mehr geben. Denn eher wird die Reflexion, sich selbst überlassen und auf die Spitze getrieben, sich ins Unbestimmte verlieren und ins Bodenlose abgleiten, als daß sie aus sich heraustreten könnte. Aus sich selbst bliebe ihr nur, die Absurdität der menschlichen Lage zu akzeptieren, die Gewißheit des Augenblicks zu mystifizieren, sich mit der Notwendigkeit zu identifizieren oder aber sich selbst abzuschaffen und ihre Frage nach Sinn zu vergessen[223].

Deutlich dürfte jedenfalls sein, wie viel von der Bestimmung des

Zeiten zu verdrängen, auf fremde Kreide. Er lebt von früheren Hoffnungen und dem Halt, den sie einmal verliehen hatten«.

220 Dies zeigte am Beispiel der Frage nach dem historischen Jesus exemplarisch *A. Schweitzer,* Geschichte der Leben-Jesu-Forschung.

221 Vgl. *Th. Süß,* Der Nihilismus bei F. H. Jacobi; *W. Rehm,* Jean Paul – Dostojewski.

222 Zur nachweislichen Bedeutung, die Jacobis Nihilismus-Verdikt für die Ausbildung der Spätphilosophie Fichtes gewann, s. *W. Schulz,* J. G. Fichte; *W. Janke,* Fichte, 26–36. 210–215. Zur Virulenz der Nihilismusproblematik für Romantik und Idealismus überhaupt *W. Kohlschmidt,* Nihilismus der Romantik; *O. Pöggeler,* Hegel und die Anfänge der Nihilismusdiskussion.

223 Das oben angedeutete historische Verständnis des Nihilismus findet durchaus Anhalt bei *Nietzsche,* der den Nihilismus als »die zu Ende gedachte Logik unsrer großen Werte und Ideale« erfuhr (WW III, 635) und deshalb seine Überwindung nur durch ihre Umwertung für möglich hielt: »*Eine* Interpretation ging zugrunde: weil sie aber als *die* Interpretation galt, erscheint es, als ob es gar keinen Sinn im Dasein gebe, als ob alles *umsonst* sei« (WW III, 853). Desgleichen sind schon in Nietzsches Werk selber verschiedene nachnihilistische Sinnmöglichkeiten durchgespielt (vgl. *K. Löwith,* Nietzsches Versuch zur Wiedergewinnung der Welt; *ders.,* Nietzsches Philosophie der ewigen Wiederkehr des Gleichen). Hinzuweisen wäre ferner auf *A. Camus,* Der Mythos von Sisyphos; *ders.,* Hochzeit des Lichts; *L. Kolakowski,* Der Mensch ohne Alternative.

Verhältnisses von Vernunft und Geschichte abhängt. Daß ich mit dem dazu Gesagten keineswegs abgestandene Probleme aufgerührt habe, können noch zwei Hinweise zeigen. Gerade einige unserer sympathischsten Zeitgenossen, so etwa die Vertreter des »Sozialismus mit menschlichem Antlitz« oder auch der Existenzphilosophie, machen den Christen ja immer wieder den Vorschlag, auf ihre theologische Interpretation Jesu zu verzichten und seinen Gott als Chiffre für einen »maximalen menschlichen Selbstanspruch« *(Machovec)* oder auch die in uns noch schlummernde »riesige Schöpfungsregion« *(Bloch)* zu verstehen[224]. Aber wird für den, der sich darauf einläßt, das Evangelium nicht zum Gesetz?
Die inzwischen zwar abgeklungene, aber die Einstellung vieler und gerade engagierter Christen wohl noch immer bestimmende »Gott ist tot-Theologie« ist diesen Weg gegangen. Sie hat den neuzeitlichen Atheismus akzeptiert und um so emphatischer Christus in den Mittelpunkt gerückt. Doch stellten sich gerade angesichts ihrer Ethik die schon erledigt geglaubten Fragen wieder ein. Denn kann ein Vorbild wirklich verpflichten? Kann man schuldig an ihm werden, und wenn ja, kann es vergeben? Kann es wirklich Kraft schenken, und wenn ja, wie weit und wie lange? Und wie, wenn es uns nur überfordert und diese Überforderung dann alles lähmt? Kann es Menschen die Angst nehmen, sich auf die unversöhnten Verhältnisse einzulassen und sich selbst in solcher Entäußerung zu verlieren? Schon *Kierkegaard* hatte ja jede Wahrheit unter das Kriterium gestellt, ob man bereit sein könne, sich für sie totschlagen zu lassen[225]. Und bei *Adorno* heißt es: Liebe, Brüderlichkeit, Frieden nur zum Postulat des Sollens erheben, ist »selber Bestandstück der Ideologie, welche die Kälte verewigt«[226].
Der zweite Hinweis ist bereits eine Schlußfolgerung. Denn die Konsequenz, die *David Friedrich Strauss,* sorgloser als Schelling und Hegel, aus dem neuzeitlichen und namentlich idealistischen Denkansatz zog, läuft zu geradlinig auf Feuerbach zu, um Theologen nicht zur Warnung dienen zu müssen. »Wenn der Idee«, so schreibt er, »keine Wirklichkeit zukommt, so ist sie leeres Sollen und Ideal. Aber«, so fährt er fort, »heben wir denn alle Wirklichkeit der Idee auf? Keineswegs, sondern nur diejenige, welche aus den Prämissen nicht folgt [...] Das ist ja gar nicht die Art, wie die Idee sich realisirt, in Ein Exemplar ihre ganze Fülle auszuschütten, und gegen alle andern zu geizen, sondern in einer Manchfaltigkeit von Exemplaren, die sich gegenseitig ergänzen, im

224 Vgl. *Th. Pröpper,* Jesus der Philosophen, 29–57.
225 Vgl. *S. Kierkegaard,* Hat ein Mensch das Recht, sich für die Wahrheit totschlagen zu lassen?: Kleine Schriften 1848/49, 77–114.
226 *Th. W. Adorno,* Stichworte, 99.

Wechsel sich setzender und wiederaufhebender Individuen, liebt sie ihren Reichthum auszubreiten [...] Das ist der Schlüssel der ganzen Christologie [...] Die Menschheit ist die Vereinigung der beiden Naturen, der menschgewordene Gott«[227]. Aber selbst die Theologen des 19. Jahrhunderts, die sich bedachter auf die Vermittlungsarbeit einließen, hatten erkennbare Mühe, das Bekenntnis zu Jesus Christus nicht in ein spekulatives Christusprinzip aufzuheben und den Glauben an Erlösung nicht einfach nur einem allgemeinen Religionsbegriff zu subsumieren. Worauf es, gerade wenn man die Aufgabe anthropologischer Vermittlung ernst nimmt, theologisch ankommt, hat wohl keiner so klar und rechtzeitig gesehen wie der Tübinger *Johann Evangelist Kuhn,* der »die Vernunft als von der Offenbarung vorausgesetzt und ihre Wahrheit als das Allgemeine der Offenbarungswahrheit« und andererseits »die Offenbarung als die Vollendung der Vernunft und ihre Wahrheit als das Concretum der Vernunftwahrheit« bestimmte und damit ebenso der Bezogenheit von Vernunft und Offenbarung gerecht wurde wie »der Selbständigkeit beider Gebiete der Wahrheit und ihrer Erkenntnis«[228]. In der Tat dürfte es lohnen, eingehender zu verfolgen, wie alle Versuche, die Bestimmungen der *theologischen* Anthropologie im Rahmen des neuzeitlichen Denkens *sicherzustellen,* entweder an dessen Zweideutigkeit partizipieren oder aber philosophisch nicht zu überzeugen vermögen. Denn die Aufgabe, eine historisch vermittelte Gewißheit als »natürliche« Wesensbestimmung zu erweisen, *kann* nicht gelingen oder doch nur scheinbar solange gelingen, als jene Gewißheit noch gesellschaftlich gestützt wird. Wie virulent diese Problematik ist, ließe sich etwa nicht nur am großen *Schleiermacher,* sondern auch an *Karl Rahners* Philosophie und Theologie zeigen[229].

227 *D.F. Strauss,* Das Leben Jesu, 2. Bd., 734f.

228 *J.E. Kuhn,* Katholische Dogmatik I, 268. Von einer »inhaltliche[n] Determination der als solche offenbleibenden Anthropologie« durch die Christologie spricht, die Bestimmungen Kuhns für die gegenwärtige Diskussion aktualisierend, *W. Kasper,* Jesus, 61.

229 Je weitergehend die Aussagen sind, die man der Philosophie über die Wirklichkeit und das Wesen Gottes und sein Verhältnis zum Menschen zutraut, desto schwieriger muß es werden, die inhaltliche Besonderheit seiner geschichtlichen Offenbarung zu bestimmen und ihre bleibende Bedeutung für das Gottesverhältnis des Menschen begreifen und festhalten zu können. Um so sorgfältiger ist allerdings auch jeweils zu prüfen, ob die philosophische Argumentation nicht Prämissen enthält, für die menschliche Vernunft als solche nicht aufkommen kann. So etwa wäre an die für *Schleiermachers* Glaubenslehre grundlegenden Analysen der »Frömmigkeit« als »Bestimmtheit des unmittelbaren Selbstbewußtseins« die Frage zu richten, ob die Interpretation des von ihnen thematisierten Kontingenzbewußtseins als »schlechthinniges Abhängigkeitsgefühl« oder doch spätestens die Setzung des »Woher«

Und damit die auch innertheologische Aktualität der These, die nun als letzte Schlußfolgerung formuliert und begründet werden soll:

(7) Eine Theologie, die um des Geschenks und der Verheißung des Evangeliums willen daran festhält, daß Gott allen Menschen in Jesus Christus das Heil eröffnet hat, muß gegenüber allen Tendenzen zur Säkularisierung und Moralisierung der Soteriologie die Einsicht zur Geltung bringen, daß der Inhalt dieses Heils von der Form seiner Vermittlung nicht ablösbar ist. Daß Gott jeden Menschen annimmt und liebt, ist eine Wahrheit, die – auch wenn der Mensch für sie ansprechbar sein muß – sich durch menschliche Vernunft weder ableiten noch sicherstellen läßt. Denn Liebe, da sie frei ist, kann wahr nur sein, indem sie geschieht, und Gottes Liebe Wahrheit für die Menschen nur werden, indem sie in unsere Wirklichkeit eintritt und weiterhin durch Menschen mitgeteilt wird. Daß ihr Anfang in Jesus erinnert und ihrer in Jesu Auferweckung erwiesenen Treue vertraut werden darf, begründet die christliche Rede von Erlösung und zugleich die Praxis, die sie relevant und glaubwürdig machen kann.

(unseres empfänglichen und selbsttätigen Daseins) und seine Benennung durch das Wort Gott (als den Ausdruck, in dem die unmittelbarste Reflexion über das schlechthinnige Abhängigkeitsgefühl sich aussprechen und dieses klares Selbstbewußtsein werden soll) nicht voraussetzungsreicher sind, als es der transzendentalphilosophische Duktus der Ausführungen vermuten läßt. Und an Schleiermachers Christologie dementsprechend die Frage, ob die in den allgemeinen Religionsbegriff sich einfügende Kennzeichnung der erlösenden Tätigkeit Christi als Mitteilung der (durch die Sünde) ungehemmten »Kräftigkeit« seines ursprünglichen Gottesbewußtseins dann noch mehr als die Bekräftigung und Wiederherstellung einer allgemeinen anthropologischen Möglichkeit besagen kann, d. h. inhaltlich ausreicht, um die Notwendigkeit der geschichtlichen Vermittlung des Gottesverhältnisses und seine *wesentliche* Bezogenheit auf seinen Ursprung in Jesus Christus verstehen zu lassen. Vgl. *F. Schleiermacher,* Der christliche Glaube, bes. §§ 3f. 86–94. 100f. Für die Theologie aber ergibt sich aus solchen Beobachtungen die Aufgabe, ihre Beziehung zur Philosophie und das Verhältnis von Vernunft und Offenbarung in einer der Einsicht in die wesentliche Entsprechung von Gestalt und Inhalt der Offenbarung ihrerseits entsprechenden Weise zu bestimmen. Ob diese Bestimmung in philosophischer Instanz verifiziert werden kann, muß dann die Auseinandersetzung mit dem philosophischen Denken selber erweisen. – Auf *K. Rahner* soll im nächsten Abschnitt besonders eingegangen werden.

c) Zu Karl Rahners Philosophie und Theologie der Offenbarung

Ein Kapitel zur »Soteriologie unter den Bedingungen der Neuzeit« läßt sich kaum schließen, ohne auf das philosophische und theologische Denken *Karl Rahners* einzugehen[230], der die Theologie auf die Aufgabe ihrer anthropologischen Vermittlung nicht nur verpflichtet, sondern sie selber mit seltener Konsequenz und in einem fast alle Gebiete der Theologie berührenden Umfang geleistet und damit wie kein anderer dazu beigetragen hat, daß die katholische Theologie (und mit ihr die Verkündigung und Pastoral) aus der neuscholastischen Erstarrung herausfand und die gegenwärtige Situation als Aufgabe annahm. Daß – so Rahners programmatische These – »die dogmatische Theologie heute theologische Anthropologie« sein müsse, stehe keineswegs im Gegensatz zu ihrer strengen Theozentrik, wohl aber zu der Meinung, »man könne über Gott theologisch etwas aussagen, ohne damit auch schon über den Menschen etwas zu sagen [...], oder diese zwei Aussagen hingen nur in der Sache, nicht aber in der Erkenntnis selbst miteinander zusammen«. Desgleichen widerspreche es ihrer christologischen Zentrierung so wenig, daß vielmehr christliche Anthropologie ihren Sinn nur erreiche, wenn sie den Menschen »als potentia oboedientialis für die unio hypostatica« begreife, so wie sich umgekehrt Christologie nur »von einer solchen transzendentalen Anthropologie her« betreiben lasse. Transzendental müsse die geforderte Anthropologie sein, weil »bei jedem dogmatischen Gegenstand nach den notwendigen Bedingungen seiner Erkenntnis im theologischen Subjekt« zu fragen sei (VIII 43f.). Dies sei erstens vom Wesen der Sache her gefordert. Denn wie schon jede Einzelwissenschaft ein philosophisches Bewußtsein von sich selbst erst erlange, wenn sie die Konstitution ihres spezifischen Gegenstandes durch das fragende Subjekt reflektiere, so könne Gott, »der ursprüngliche Grund und die absolute Zukunft aller

[230] In diesem Abschnitt zitiere ich aus »Hörer des Wortes« mit einfacher Seitenangabe im Text; aus den »Schriften zur Theologie« mit Angabe der Band- und Seitenzahl; aus weiteren Schriften Rahners mit folgenden Siglen: Bemerkungen zum Begriff der Offenbarung (= B); Art. Offenbarung (= O); Grundkurs (= G). Da in der von *J.B. Metz* bearbeiteten 2. Auflage von »Hörer des Wortes« die mit Rahners Konzeption der transzendentalen Offenbarung einhergehenden Veränderungen nur durch Hinweise in den Anmerkungen verdeutlicht werden, blieb der Text und der in ihm explizierte frühe »fundamentaltheologische« Ansatz Rahners davon unberührt. – Vgl. zu diesem Abschnitt *H. U. von Balthasar,* Karl Barth, 278–335; *ders.*, Theodramatik III, 253–262; *P. Eicher,* Die anthropologische Wende; *ders.*, Offenbarung, 345–421; *K. P. Fischer,* Der Mensch als Geheimnis; *B. van der Heijden,* Karl Rahner; *E. Simons,* Philosophie der Offenbarung.

Wirklichkeit«, überhaupt nicht als Gegenstand neben anderen, sondern allein »als das absolute Woraufhin der Transzendentalität des Menschen erfaßt werden«. Insofern schließe auch Offenbarungstheologie eine »natürlich-philosophische« Theologie als inneres Moment ein (VIII 50f.). Wenn sie überdies den Anspruch erhebe, daß ihr Inhalt das *Heil* des Menschen, dieses Heil aber dessen Wesen betreffe, dann sei die Heilsbedeutsamkeit des jeweiligen theologischen Gegenstandes wiederum nur bestimmbar, indem »auch nach der Heils*empfänglichkeit* des Menschen *für* diesen Gegenstand gefragt« werde. Vor allem das zentrale Mysterium des christlichen Glaubens, daß nämlich Gott selber (als »ungeschaffene Gnade«) sich dem Menschen mitteile, besage eine solche »Unmittelbarkeit des geistigen Subjekts zu Gott durch Gott selbst«, daß von ihm »außer in einer transzendental-anthropologischen Fragestellung« gar nicht sinnvoll gesprochen werden könne (VIII 52f.). Zweitens, so Rahner, sei der Mitvollzug der anthropologischen Wende von der epochalen Situation her geboten: nicht nur weil die Theologie ohne ihn das ihr heute zumutbare Reflexionsniveau nicht erreiche, sondern weil das Denken der Neuzeit, trotz seiner »Zwiespältigkeit«, mit seiner Wahrnehmung »subjekthafter Freiheit« doch auch so viel Christliches aufweise, daß es als »nicht mehr aufgebbares Moment« rezipiert zu werden verdiene. Auch noch um der Zeit »nach der Neuzeit« gerecht werden zu können, müßten die mit der neuzeitlichen Philosophie gestellten, aber von der Theologie »zum guten Teil verschlafen[en]« Aufgaben nachgeholt werden (VIII 56f.). Drittens sei auf fundamentaltheologisch-apologetische Gründe und besonders auf den Mythologieverdacht hinzuweisen, den der heutige Mensch gegenüber »abertausend Aussagen in der Theologie«, gerade auch so zentralen wie der Menschwerdung Gottes, der Trinität usw. hege. In seiner Neigung, angesichts der Unglaubwürdigkeit des Inhalts der Offenbarung auch ihre Tatsache zu bezweifeln, könne er sich jedenfalls solange nur bestärkt und gerechtfertigt fühlen, als die Theologie ihre Aussagen nicht so formuliere, »daß der Mensch merken kann, wie das in ihnen Gemeinte mit seinem Selbstverständnis zusammenhängt, das sich in seiner Erfahrung bezeugt« (VIII 58. 60).
Es ist hier nun nicht zu verfolgen, wie Rahner die mit solchen programmatischen Äußerungen angesprochenen Aufgaben in seinem weitverzweigten Werk realisiert hat. Ebensowenig soll die Entwicklung seines Denkens rekonstruiert oder gar so etwas wie eine Gesamtwürdigung unternommen werden. Daß sich die katholische Theologie der mit der Verurteilung des Modernismus verdrängten Herausforderung durch das neuzeitliche Bewußtsein doch noch gestellt hat, daß sie

die Anliegen der »nouvelle théologie« nach »Humani generis« weiter bedachte, daß sie Anschluß an die hermeneutische Diskussion der Gegenwart fand, daß sie sich auf die »Selbstmitteilung Gottes« als ihr zentrales Thema besann – dies alles ist ja so wesentlich und unbestritten mit dem Namen Karl Rahners verbunden, daß es nicht nochmals herausgestellt werden muß. Seine Bedeutung, scheint mir, zeigt sich nicht zuletzt darin, daß viele seiner Gedanken und der von ihm zur Lösung traditioneller Probleme bereitgestellten Denkmittel auch bei denen in selbstverständlichem Gebrauch sind, die um ihre Herkunft nicht mehr wissen oder sich Rahners Theologie sonst nicht besonders verbunden fühlen[231].

Im Blick auf die Thematik dieses Kapitels und die beiden in ihm formulierten Thesen will ich mich im folgenden auf einige Hinweise zu Einzelproblemen beschränken, die sich angesichts der von Rahner geleisteten anthropologischen Vermittlung des christlichen Offenbarungsglaubens einstellen. Sie betreffen seinen Aufweis der impliziten Gotteserkenntnis, sein Freiheitsverständnis sowie seine Theorie der »transzendentalen Offenbarung«. Dabei gehe ich davon aus, daß mit der Konzeption des »übernatürlichen Existentials« und endlich der »transzendentalen Offenbarung« eine Veränderung im Gesamtgefüge seines Denkens und namentlich in der Verhältnisbestimmung von Theologie und Philosophie einherging, die jede Rahner-Interpretation zu berücksichtigen hat. Gleichwohl blieben entscheidende Intentionen, Prämissen und Thesen sowie besonders charakteristische Denk- und Argumentationsmuster in dieser Entwicklung konstant. Daß ich mich aber überhaupt auf *Problem*punkte dieses Denkens konzentriere, geschieht allein in der Absicht, die philosophischen und theologischen Gründe für den Versuch des 7. Kapitels hervortreten zu lassen, die wesentlichen Intentionen Rahners auf einem von ihm abweichenden Weg und mit Bezug auf einen anderen Typ transzendentaler Reflexion als den von ihm entwickelten zu verfolgen.

Rahners Ansatz in »Hörer des Wortes«, der kurz skizziert werden muß, verfolgt noch die eindeutige Absicht, Philosophie und Theologie als selbständige Wissenschaften zu unterscheiden und doch eine Zuordnung in der Weise zu versuchen, daß von der nur mit eigenen Mitteln arbeitenden Philosophie her die Möglichkeit der Theologie begründet wird. Eine solche Vermittlung ist aber nur denkbar, wenn die »Reli-

[231] Erinnert sei nur an Rahners »Dogmatische Erwägungen über das Wissen und Selbstbewußtsein Christi« (V 222–245) und das Aufatmen der Theologen über diese Denkhilfe nicht zuletzt für die unbefangene Rezeption der Resultate der historisch-kritischen Exegese.

gionsphilosophie«, der ihre Durchführung zufällt, sich in einer Ontologie (bzw. Metaphysik) des Menschen als »potentia oboedientialis« für eine freie und geschichtliche Offenbarung Gottes erfüllt (37). Da ihre Aufgabe nämlich in dem »vom Menschen her erreichbare[n] Wissen um das rechte Verhältnis des Menschen zu Gott« liegt (20), solches Wissen aber nur im Zusammenhang der allgemeinen Ontologie zu gewinnen ist, fällt die Frage nach ihrer Konstitution mit der Frage nach der Möglichkeit der Metaphysik und ihrer Gotteserkenntnis zusammen. Wenn zugleich aber die Theologie, ihrem Selbstverständnis entsprechend, in einem geschichtlichen Reden Gottes gründet und es als unableitbar und frei anerkennt, dann kann und darf die metaphysische Konstitution der Theologie sich nur auf »die apriorische Möglichkeit des Hörenkönnens« als des Wesens des Menschen erstrecken (22). Nicht auf mehr, weil sonst Offenbarung nicht frei bleiben oder überflüssig sein würde, nicht auf weniger, weil sie sonst unverständlich und sinnlos sein müßte. Die so projektierte Religionsphilosophie und nach Rahner »einzig vortheologisch mögliche Begründung der Theologie« (29) müßte also auf jede geschichtsunabhängige »Konstruktion einer natürlichen Religion« verzichten und Gott selbst die Eröffnung seines endgültigen Verhältnisses zum Menschen überlassen (27). Sie wäre gerade darin Voraussetzung der Theologie, daß sie die eigene »Aufhebung« in sie aus philosophischen Gründen vollzieht. Ihre Leistung muß deshalb darin bestehen, daß sie 1. den Menschen als »Geist«, d. h. in seiner wesenhaften Verwiesenheit auf Gott, den sie zugleich als »freien Unbekannten« erkennt, expliziert und 2. diese Geistigkeit in ihrer geschichtlichen Verfassung und damit die Pflicht des Menschen darlegt, sich zur endgültigen Bestimmung seiner Offenheit für Gott auf die Geschichte als den Ort einer möglicherweise ergehenden (oder ergangenen) Offenbarung hin zu öffnen (27–30). Damit würde sie nicht nur den Extrinsezismus der Schultheologie überwinden, die (von *Lessing* problematisierte) Bedeutung geschichtlicher Ereignisse für die Bestimmung des Menschen aufweisen und sich mit beidem als unerläßlicher Teil einer »idealen« Fundamentaltheologie empfehlen (31–37), sondern auch die Tendenzen »protestantischer Religionsphilosophie« vermeiden, die Offenbarung entweder als bloße Objektivation und bestätigende Affirmation oder umgekehrt als radikale Krise und gänzliche Negation der menschlichen Wesenszuständlichkeit aufzufassen (41–44).

Transzendental ist der von Rahner zur Lösung beschrittene Weg nun insofern, als das Sein, das Thema der Ontologie, für die Reflexion nur im Modus der Frage nach ihm gegeben und nur im Ausgang von ihr

thematisiert werden kann. Doch geschieht diese Frage im Dasein des Menschen unausweichlich, da der Geltungsanspruch, mit dem jedes Urteil auftritt, die Eröffnetheit von Sein überhaupt impliziert. Denn im Urteil wird ja nicht nur eine mentale Synthesis gebildet, sondern auch die Objektivität eines Sachverhalts behauptet, d. h. die Gesamtheit des wirklichen und möglichen Seienden bestimmt und darin um Sein überhaupt schon gewußt. Dieser Tatbestand enthält drei Aspekte: Sein ist 1. fragbar, also schon erschlossen und insofern grundsätzlich erkennbar, es ist 2. fraglich, also auch unerkannt und verborgen, und es ist 3. eröffnet als Sein überhaupt, das sich als solches vom Seienden unterscheidet (53). Auf diese aus dem Faktum der Seinsfrage erschlossenen Aussagen greift Rahner zurück, wo immer der weitere Gedankengang es verlangt. So wird aus der ersten Erkennbarkeit als transzendentale Bestimmung alles Seienden und »Beisichsein« (Einheit von Sein und Erkennen) als Wesen des Seins, aus der zweiten die »Analogie der Seinshabe« abgeleitet (55–70). Doch soll uns hier nur das zentrale 5. Kapitel interessieren (71–88), in dem Rahner, um die Transzendenz auf das Sein als anthropologische Grundbestimmung und subjektive Offenbarungsbedingung zu sichern, nochmals die Verankerung der Seinsfrage im Dasein des Menschen aufzeigt und zugleich das implizite Wissen um die Existenz Gottes thematisiert, das ja nach seinem Konzept (jedenfalls logisch und sachlich) unabhängig vom Ereignis der Offenbarung möglich und tatsächlich schon vollzogen sein muß, wenn der Mensch sich als Hörer einer möglicherweise ergehenden Mitteilung Gottes verstehen können soll.
Ausgangspunkt dieses Aufweises ist die wissende »In-sich-selber-Ständigkeit des Menschen«, die sich in den faktisch unausweichlichen Vollzügen des urteilenden Erkennens und Handelns, durch die der Mensch seine gegenständliche Welt aufbaut und sich in eins von ihr unterscheidet, »bezeugt« (73) und durch deren Analyse – wie Rahner im weiteren und mit zunehmender Eindeutigkeit entscheidet (76ff.) – ihrerseits aufklärbar ist. Urteilen nun geschieht in Begriffen, setzt also Abstraktion (die Ablösung der allgemeinen Washeit vom einzelnen Träger), Abstraktion wiederum die Erfassung sowohl der Ungegrenztheit der Washeit als auch der Gegrenztheit des einzelnen, von dem sie ausgesagt wird, voraus. Das Bewußtsein einer Grenze aber ist nur im Ausgriff über sie hinaus möglich, in einem Ausgriff, der – so nun Rahner – als »Vorgriff« verstanden (78) und auch für sich selber betrachtet werden muß, aber dieses nur kann, wenn sein »Woraufhin« thematisiert wird. Dieses kann nun, will man nicht in den unendlichen Regress getrieben werden, kein Gegenstand nach Art des überschritte-

nen sein. Ebensowenig kann es das Nichts sein, wenn anders das wirkliche Erkennen erklärt werden soll, durch das Nichts aber nichts erklärt werden kann. Also muß seine Ungegrenztheit »positiv« (81) sein, ohne jedoch als bloß relative verstanden und als solche gesetzt werden zu können, weil auch noch die so objektivierte Totalität (aller Gegenstände) endlich und das Bewußtsein dieser »inneren Endlichkeit« wiederum unerklärt bleiben würde. Dennoch muß das Woraufhin als das Ziel des transzendierenden Vorgriffs, da schon einmal nach ihm gefragt ist, auch thematisiert werden können und zwar (nach Abweisung aller anderen Möglichkeiten) als das »Sein schlechthin in seiner ihm an ihm selber zukommenden Unendlichkeit«, mit dem zugleich – da es als real affirmiert werden mußte – Gott als das Seiende absoluter Seinshabe, ja als »Grund jeder Seinszukunft«, der auch den Vorgriff ermöglicht, ohne doch jemals sein Gegenstand zu werden, »mitbejaht« ist (83). Was die traditionellen Gottesbeweise in realontologischer Wendung ausdrückten, scheint Rahner damit auf der Ebene transzendentaler Reflexion reformuliert, d. h. die Bejahung der Existenz Gottes als Implikat der Bejahung der realen Endlichkeit eines Seienden erwiesen (84).

Was Rahner hier entwickelt, ist Bestandteil seines Denkens geblieben. Gleichwohl scheint mir ein Grundbedenken unabweisbar: Ist es eigentlich notwendig oder auch nur ohne Widerspruch möglich, den Vorgriff, der als Möglichkeitsbedingung und »Moment« der konkreten Erkenntnis eingeführt war, dann doch wie eine »Erkenntnis für sich« zu behandeln (79f.)? Würde es nicht genügen, seine Funktion für das Erkennen als Leistung des Subjekts (nämlich als dessen apriorischen Begriff vom Gegenstand überhaupt und als Leitidee der Welt im Sinn der Totalität möglicher Gegenstände) zu erklären, so wie es *Kant* getan hat und auch Rahners Ausdrücke (Horizont, Eröffnung der absoluten Weite möglicher Gegenständlichkeit, Vermögen der dynamischen Selbstbewegung, Raum alles Erkennbaren, Erkenntnisideal: 78f.) es zunächst nahezulegen scheinen? Dann würde sich ja erübrigen, was allerdings zu Schwierigkeiten führen muß: nämlich das Ausgreifen als Vorgriff und den Vorgriff aus seinem Woraufhin zu erklären und dieses dann – was Rahner zunächst eingesteht (80), im letzten Schritt aber zu vermeiden fordert (83) – wie einen Gegenstand zu behandeln. Das Mehr des Woraufhin, zunächst in relativer Weise am Erfassen der Grenze erläutert und schon hier als »positiv« (d. h. wohl als real) affirmiert, kann als positive Ungegrenztheit allerdings nicht erkannt werden, indem es als Totalität aller Gegenstände gesetzt wird, denn dann wäre der Widerspruch zum Wissen um deren »innere Endlichkeit«

in der Tat unvermeidbar. Indessen nimmt Rahner mit diesem Bedenken nur auf, was Kant als die Antinomie der reinen Vernunft vorgeführt hatte, sich die Welt weder als unendlich noch als endlich vorstellen zu können. Nur daß Rahner nun (so sehr er im übrigen die Gebundenheit der Erkenntnis an die »conversio ad phantasma« betont) den Konsequenzen Kants ausweicht und den Gedanken eines positiv Unendlichen und den Aufweis seiner Existenz auf dem eingeschlagenen Weg weiterverfolgt[232]. Was aber ist eigentlich dieses »Sein schlechthin in seiner ihm an ihm selbst zukommenden Unendlichkeit«, das als Woraufhin und schließlich sogar als Grund des Vorgriffs gelten und Gott sein bzw. Gott als »Seiendes von absoluter Seinshabe« und »Grund jeder Seinszukunft«, dessen Existenz »mitbejaht« ist, »zeigen« soll (83)? Entweder schlägt das Verfahren hier (und der Hinweis auf Gott als Grund jeder Seinszukunft spräche dafür) nun doch einen anderen Weg als den mit der Analyse der Grenzerfassung begonnenen ein, was dann jedoch ausdrücklicher geschehen und auf den Sinn der verwendeten Begriffe sowie auf Art und Geltungsanspruch des Resultats durchschlagen müßte[233]; oder aber es wird die thematisierte Bejahung Gottes tatsächlich als Erkenntnis der Existenz eines Seienden verstanden, obwohl dabei alle Gegenständlichkeit ausgeschlossen sein soll.

Wenn nun – wie gleich zu zeigen ist – auch Rahners Erörterungen zur *Freiheits*thematik Bedenken wecken, dann scheint mir dies eben darin

[232] Zwar verwahrt sich Rahner (84) insofern zu Recht gegen die (kantische) Kritik, sein Aufweis der Existenz Gottes stelle einen apriorischen Gottesbeweis (etwa nach Art des ontologischen) dar, als er den Vorgriff tatsächlich als Moment an der wirklichen Erkenntnis einführt. Aber das hindert ihn nicht, ihn im weiteren wie eine »Erkenntnis für sich« zu betrachten.

[233] Die Mehrdeutigkeit des Begriffs »endlich«, der gewöhnlich sowohl im Sinn der Gegrenztheit wie auch mit der Bedeutung der Kontingenz (Faktizität, Nichtnotwendigkeit) gebraucht wird, zeigt sich auch bei Rahner. An entscheidenden Weichenstellungen des 5. Kapitels wird aber von »Gegrenztheit« geredet, also die (relative) Differenz von Unendlichkeit und Endlichkeit verfolgt. Trotzdem schließen einige Wendungen des Gedankens und des Ausdrucks nicht eindeutig aus, daß auch die Kontingenzproblematik hereinspielt. Sollte ihr tatsächlich (gegen Ende des Gedankengangs) eine Schlüsselfunktion zufallen, wäre jedenfalls der mit der Analyse des Urteils und der Grenzerfassung beschrittene Weg verlassen und eine radikalere Ebene transzendentaler Reflexion erreicht: die Frage absoluter Begründung. Auf diese aber ist keine Antwort möglich, die »Erkenntnis« genannt werden oder doch mit dem zwingenden Anspruch auftreten könnte, den Rahners Überlegungen erheben. Denn in jedem Fall wäre an ihr die zu sich selbst und ihrer Sinnintention sich entschließende Freiheit beteiligt. (Wenn im übrigen mit »positiver Unendlichkeit« Gott als Freiheit gemeint sein sollte, dann wäre der Gedanke zwar inhaltlich bestimmt, die Wirklichkeit dieser Freiheit aber auf dem von Rahner verfolgten Weg nicht zu erreichen.)

begründet, daß sie Freiheit im wesentlichen nur als weiteren Aspekt der Transzendenz des Menschen betrachten und gegenüber der Erkenntnis- und Urteilsanalyse nachträglich sowie von deren (problematischen) Resultaten abhängig bleiben. In »Hörer des Wortes« wird Freiheit überhaupt erst thematisch, weil die Freiheit der Offenbarung mit dem Hinweis auf die Verborgenheit und Fraglichkeit des Seins und das faktische (Noch-)Nichtwissen des Menschen noch nicht genügend gesichert und deshalb der (nachträgliche) Aufweis der Freiheit *Gottes* verlangt ist (105–116)[234]. Zugleich kommt erstmals, jedenfalls ausdrücklich, die Kontingenzproblematik ins Spiel. Denn dieser Aufweis rekurriert auf die mit dem Vollzug des faktischen menschlichen Daseins unausweichliche Bejahung seiner Wesensimplikationen. *Diese* Unausweichlichkeit mag man, wie Rahner es tut, notwendig nennen und ihre Übernahme durchaus als willentlich charakterisieren. Nun soll aber wegen des *mit* dem Dasein notwendig übernommenen Wesens auch die Bejahung des Daseins selber notwendig sein und doch in einer Weise geschehen, die mit Prädikaten der Freiheit (wie »unbedingt« und »absolut«) beschrieben wird. Ist nun schon die Begründung der These, daß das Dasein mit seinem Vollzug unbedingt bejaht werde, problematisch, so erst recht, meine ich, die der Bejahung. Denn weil deren Grund nicht im Kontingenten selbst liegen könne, setzt Rahner ihn in die schöpferische und von der menschlichen Freiheit »nachvollzogene« Bejahung des Kontingenten durch Gott, der somit nicht nur als das

[234] Die Besorgnis, jedes Identitätsdenken, jeden Ontologismus oder auch Immanentismus zu vermeiden, durchzieht den ganzen Gedankengang Rahners. Er sieht klar die Probleme, die durch die Notwendigkeit der aufgewiesenen Bejahung Gottes hinsichtlich der Freiheit und Unableitbarkeit der Offenbarung sowie endlich auch der Gott-Mensch-Differenz selber entstehen. (Immerhin glaubte *Hegel* ja aufgrund der ursprünglichen Erschlossenheit Gottes für die Vernunft die Geschichte des menschlichen Geistes als die Geschichte Gottes begreifen und den Inhalt der Offenbarung in das Wissen der Philosophie aufheben zu können. Und *Feuerbach,* der dann den Inhalt der Gottesidee als ursprüngliches Eigentum des mit sich entzweiten Menschen reklamierte, meinte mit dieser Forderung nur zu vollstrecken, was der Sache nach in Hegels Gedanken der wesentlichen Einheit von Gott und Mensch bereits geschehen sei. Jedenfalls verdient es Beachtung, daß ein Denken, das nicht mit der Freiheit, sondern mit der Einheit von Sein und Erkennen, der Idee des Unendlichen oder auch der »unendlichen Offenheit« des Menschen einsetzt, sehr leicht dazu neigt, die oben beschriebene Ambivalenz des Gottesgedankens dahingehend zu entscheiden, daß die Unterschiedenheit von Gott und Mensch, die im Ausgang von der Kontingenzproblematik bzw. der Einsicht in die Faktizität der Vernunft sowie als Freiheitsdifferenz zu bedenken wäre, in eine – wenn auch in sich differenzierte – Einheit aufgehoben wird.) Rahner indessen löst die selbstgestellten Bedenken, indem er der bereits aufgewiesenen Wirklichkeit Gottes die Bestimmung der Freiheit in einem neuen Argumentationsgang lediglich hinzufügt.

Seiende absoluter Seinshabe, sondern auch als selbstmächtige Person zu denken sei, deren Freiheit sich in der Tat der Schöpfung noch nicht erschöpft haben könne (110–113). Der Einwand drängt sich auf: Läßt das Bewußtsein der Freiheit es zu, sie in ihrer Wahl so begründet zu sehen? Ist menschliche Freiheit nicht, zumindest im formellen Sinn des Sichverhaltens zum Dasein, selber das unbedingte Vermögen und die Unbedingtheit zunächst nicht Auszeichnung des bejahten oder zu bejahenden Gehalts, sondern des *Aktes* der Freiheit, Kennzeichen ihrer Ursprünglichkeit und ihres Nicht-festgelegt-Seins? Das Recht solcher Fragen erweist sich vollends angesichts des Versuchs (117–134), die Freiheit des *Menschen* (und seines tatsächlichen Hörens auf eine mögliche Offenbarung) mit dem Hinweis zu klären, daß der Mensch trotz der im Vollzug seines Daseins gleichsam immer schon erzwungenen Selbstannahme und Ausrichtung seines Willens auf Gutes überhaupt (entsprechend der seines Erkennens auf das Sein als das Wahre und in beidem implizit auf Gott selbst) die Möglichkeit behalte, Ziel und Inhalt dieser Offenheit urteilend selbst zu bestimmen. Weil seine Geistigkeit sinnlich verfaßt sei und seine Erkenntnis, insbesondere die Besinnung auf das eigene Wesensgesetz, vom Willen abhänge, bleibe der Mensch frei, sich entweder als Hörer des Wortes zu verstehen oder aber seinen Bestand im Endlichen zu suchen und eine Ordnung seiner Freiheit zu errichten, die seiner wahren Natur und im Grunde der Freiheit selbst widerspricht. Schränkt aber solche Erklärung den Anteil der Freiheit bei der Erkenntnis und Anerkenntnis Gottes nicht auf die Zustimmung zum bereits als notwendig Erkannten oder doch Erkennbaren ein? Zwar spricht Rahner oft und eindringlich von der »ursprünglichen Freiheit« (127) und ihrem »freien Verhalten« (129)[235], doch scheint deren Möglichkeit mit der ontologischen Betrachtung und der Rede von notwendiger Bejahung und notwendiger Liebe (128f.) kaum vermittelt. Und ebenso betont er die »reale Möglichkeit« des Widerspruchs gegen Gott; aber denkbar ist sie ihm nur als die eines »absoluten Widerspruchs in der Freiheit« selbst: daß sie nämlich »die Bedingung ihrer eigenen Möglichkeit selbst verneinen kann in einem Akt, der diese Bedingung notwendig noch einmal bejaht« (VI 218f.)[236].

Blickt man von hier auf den Anfang der Rahnerschen Analysen zurück,

[235] Vgl. G 39ff. 101ff.

[236] Aufschlußreich ist die im folgenden gezogene Parallele: »Die Liebe zu Gott, die im Grunde des menschlichen Daseins notwendig geschieht, kann durch das freie Verhalten urteilend bejaht werden, oder das freie Verhalten des Menschen kann logisch dieser Grundliebe widersprechen, so wie ein einzelnes Urteil den ersten Seins- und Denkgesetzen entsprechen oder ihnen widersprechen kann« (129).

läßt sich schon dort die Wurzel der angesprochenen Schwierigkeiten entdecken. Zweimal und an entscheidender Stelle wird das »Bei-sich-Sein« Thema. Zum einen dort, wo Rahner aus dem Faktum der Seinsfrage (in einer äußeren Reflexion) Gewußtheit und Erkennbarkeit als transzendentale Bestimmung des Seienden und Beisichsein als Wesen des »Seins an sich« eruiert und – objektiviert[237]. Und zum anderen, indem er die »wissende In-sich-selber-Ständigkeit des Menschen« zum Ausgangspunkt seiner Urteilsanalyse wählt. Aber statt dieses Beisichsein in einer inneren Reflexion aufzuhellen und es als Erklärungsgrund der Urteilsfunktion anzusetzen, erklärt Rahner umgekehrt das Beisichsein aus dem Urteilen- und Transzendierenkönnen und dieses wiederum aus dem Vorgriff auf Sein überhaupt und zuletzt aus dem Woraufhin des menschlichen Transzendierens. Auch wenn man von den schon geäußerten Bedenken absieht, bleibt noch der Einwand, daß auf diesem Weg jedenfalls nicht erklärt wird, was erklärt werden sollte. Und nicht erklärt werden kann: weil nämlich das Konstitutivum allen menschlichen Wissens, das jedes Bewußtsein bedingende Selbstbewußtsein (das »cogitans sum« des *Descartes,* das alle Vorstellungen begleitende »ich denke« bei *Kant,* das »Ich« der reflexiblen Tathandlung bei *Fichte* und eben auch das von Rahner beschriebene »Beisichsein« des Menschen) *sich in seiner Ursprünglichkeit und reflexiven Struktur jeder äußeren, objektivierenden Erklärung entzieht.* Indessen bedarf es auch keiner Begründung, weil es in jeder menschlichen Handlung schon vollzogen ist, in freier Reflexion zur Evidenz gebracht

Vgl. G 106; zur Problematik auch *E. Simons,* Philosophie der Offenbarung, 50. 99. 130 u. ö.

[237] Der Gedankengang (im 3. Kap.) läßt sich wie folgt zusammenfassen: Ist nach dem Sein des Seienden gefragt, dann ist es (und jedes Seiende, eben insofern es ist oder sein kann) grundsätzlich gewußt, wenn auch noch nicht erkannt (d. h. bestimmt). Nur eine Bestimmung (im Sinn der scholastischen »transzendentalen Bestimmung«) liegt offen, die – weil sie dem Sein selber und somit jedem Seienden zukommt – zwar keine Unterscheidung der Seienden voneinander ermöglicht, wohl aber den ursprünglichen Sinn von Sein anzeigt: eben Gewußtsein. Soll das Gewußtsein nun aber dem Sein als solchem, d. h. wesentlich (an ihm selbst) und nicht nur zufällig (d. h. von Außen, was beim Sein ein Widerspruch wäre) zukommen, dann muß es selbst die ursprüngliche Differenz und Einheit von Wissen und Gewußtem, d. h. Sichwissen oder Beisichsein (Selbstbewußtsein, Subjektivität) sein. Mit dieser Ableitung hat Rahner (materialiter) das Prinzip neuzeitlichen Denkens erreicht, aber dies freilich nicht so, daß er (wie etwa *Descartes* oder *Fichte*) seine Evidenz ursprünglich erzeugt, es als Fundament des Wissens oder Prinzip aller weiteren Erklärung gewählt hätte, sondern so, daß er vom Faktum der Frage und des in ihr enthaltenen Wissens aus zu ihm gelangt und es – in die Bahn der traditionellen Metaphysik einlenkend – als Bestimmung des Seins selbst objektiviert: »Sein ist *an sich* Erkennen« (59).

werden kann und zudem als vergewisserte Freiheit jede Begründung zurückweist. Eben damit aber bietet sich die Möglichkeit an, die (formale) Freiheit als das Formprinzip des menschlichen Geistes und seiner wesentlichen Handlungen (einschließlich des Transzendierenkönnens) anzusetzen, es in seiner Struktur aufzuhellen und an ihm alle weiteren Analysen zu orientieren. Ein solches Denken wäre »radikaler« als Rahners Transzendentalphilosophie, da es sich auf das Unbedingte menschlicher Freiheit bezöge, die Kritik der traditionellen Metaphysik akzeptierte und sich entschiedener auf die neuzeitliche Problemstellung einließ. Zugleich könnte es, schon vom Ansatz her, die intersubjektive Konstitution wirklicher Freiheit zur Geltung bringen. Vor das Gottesproblem aber gelangt es, wenn ihm das Warum des Seienden überhaupt und die der formellen Unbedingtheit menschlicher Freiheit entsprechende Realität zum Thema werden und es sich selber als transzendentale Reflexion in der Frage nach absoluter Begründung und Sinngebung vollendet. Es bliebe dabei insofern »bescheidener« als Rahners philosophische Grundlegung der Offenbarungstheologie, als es – statt ein (vorgängiges) Hörenmüssen auf Gottes mögliche Offenbarung begründen zu wollen – sich (im Sinne der oben formulierten 6. These) mit dem Aufweis der menschlichen Ansprechbarkeit für sie begnügte. Es würde den Sinn des Glaubens an Gott und seine Offenbarung explizieren, ohne (als Reflexion) über die Wirklichkeit beider entscheiden zu wollen. Dafür aber könnte es Freiheit als primäres Gottesprädikat und Offenbarung als ursprüngliche Möglichkeit Gottes denken. Ob noch weitere theologische Gründe dafür sprechen, es als theologische Denkform in Betracht zu ziehen, wird im 7. Kapitel zu überlegen sein.

Der eingehende Bezug auf »Hörer des Wortes« schien mir nötig, weil hier Rahner die Probleme einer sich philosophisch vermittelnden Theologie am ausführlichsten erörtert und zudem Grundprägungen seines Denkens besonders klar faßbar sind. Doch sei auf die eingangs erwähnte Veränderung dieses Denkens, die nicht etwa aus philosophischen, sondern theologischen Gründen erfolgte, wenigstens noch soweit hingewiesen, als es die Thematik dieses Kapitels verlangt. Im Rückblick mochte Rahner das frühere Resultat, seinen Aufweis des als Wesen des Menschen begriffenen Hörenmüssens auf eine mögliche Offenbarung, wohl als sehr weitgehend empfinden[238]. Jedenfalls war es gerade der Gedanke der mit einer unbedingten »natürlichen« Hinordnung des Menschen unvereinbaren Ungeschuldetheit der Gnade, der

[238] Vgl. das zurückhaltende Urteil G 174.

zur Konzeption des »übernatürlichen Existentials« führte[239]. Daß diese ursprünglich als Hinordnung auf die Gnade gemeinte übernatürliche Bestimmung der menschlichen Transzendenz schon bald als Mitteilung der Gnade selber verstanden und zur transzendentalen Offenbarung weitergedacht wurde, hatte freilich noch andere Gründe. Zunächst lag Rahner daran, das »lumen fidei« in einer Weise zu denken, daß Gottes Wahrheit und Selbsterschließung nicht »depotenziert [würde] zu einem Moment des Selbstverständnisses und der Selbstverständlichkeit der bloßen Kreatur« (IV 22) – ein Argument, das bald auch in der Fassung begegnet, daß »die Selbstmitteilung Gottes als angebotene auch die notwendige Bedingung der Möglichkeit ihrer Annahme« (G 134) und also »im Ereignis der Offenbarung und des Glaubens Gott selbst in seiner eigenen Selbstmitteilung das Geglaubte und das apriorische Prinzip des Glaubens« sein müsse (B 23). Sodann konnte, worauf Rahners Aufnahme der Lehre von der »ungeschaffenen Gnade« ja zielte, von Selbstmitteilung Gottes nur ernsthaft die Rede sein, wenn sie unmittelbar das innerste Selbst des Menschen betraf und deshalb – wie es Rahner mit Hilfe der (modifizierten) Kategorie der Formalursächlichkeit unternahm – als »transzendentale Vergöttlichung [. . .] des letzten Erkenntnis- und Freiheitshorizontes des Menschen« begriffen wurde (B 17). Als solche aber mußte sie auch »bewußt« sein und schon »an sich [. . .] Offenbarung genannt werden« können (B 14). Damit wiederum wurde – ein besonders drängendes Motiv – der allgemeine und wirksame Heilswille Gottes auch unter der für Rahner unabdingbaren Voraussetzung denkbar, daß »Heil [. . .] ohne Glaube und Glaube ohne eigentliche Offenbarung nicht sein kann« (B 17)[240]. Und endlich die gesamte Geschichte als Heils- und Offenbarungsgeschichte begreifbar: als »die Geschichte desjenigen transzendentalen Verhältnisses zwischen Mensch und Gott, das durch die allem Geist gnadenhaft, aber unausweichlich und immer eingestiftete Selbstmitteilung Gottes übernatürlicher Art gegeben ist« (B 14).

Weiterhin aber ist es die menschliche Transzendenz, nun »als das Ereignis der freien, vergebenden Selbstmitteilung Gottes« bestimmt (G 122), die das thematische und methodische Zentrum dieser transzendental-anthropologischen Theologie bildet. Desgleichen bleibt in der Unterscheidung von Transzendentalität und Kategorialität als Momenten der Offenbarungsgeschichte der Gedanke der Vermittlung der »reditio completa« durch die »conversio ad phantasma« bestimmend.

[239] Zu dieser Problematik s. Exkurs 14.

[240] »Ein Heilswirken ohne Glaube ist [. . .] nicht möglich, und ein Glaube ohne eine Begegnung mit dem sich persönlich offenbarenden Gott ist ein Unbegriff« (G 156).

Die Unterscheidung von Philosophie und Theologie dagegen, obwohl formal aufrechterhalten, verliert in eben dem Maß an methodischer Bedeutung, als Rahner mit einer durch die christliche Verkündigung anrufbaren übernatürlichen Bestimmtheit der menschlichen Transzendenz rechnet[241]. Wird so die Vermittlungsproblematik von Philosophie und Theologie gewissermaßen sistiert[242], gewinnt nun jedoch das Offenbarungskonzept selbst eine Spannung, die mir trotz zahlreicher Modifikationen zumindest insofern nicht gelöst scheint, als das Verhältnis von menschlicher Transzendentalität und Geschichte nicht in einer dem Inhalt der Offenbarung entsprechenden Weise geklärt, sondern das Gewicht des transzendentalen und kategorialen Moments der Offenbarung – den jeweiligen Intentionen entsprechend – nur abwechselnd akzentuiert wird. Denn einerseits legt Rahner Wert darauf, die transzendentale Selbstmitteilung Gottes so aufzufassen, daß sie – schon unabhängig von ihrer Thematisierung – »bewußt« ist und insofern »eigentliche Offenbarung« genannt werden kann (G 154). Nur so ist ja das Anliegen zu wahren, bei allen Menschen mit der Möglichkeit des heilsnotwendigen Glaubens zu rechnen und die Heils- und Offenbarungsgeschichte als mit der Geschichte der Menschheit »koexistent und koextensiv« zu verstehen (G 157). Auf der anderen Seite aber soll die Geschichte der kategorialen Vermittlung ihre für den Selbstvollzug des Menschen und seine volle Glaubensentscheidung bedeutsame Rolle behalten, unter der Provenienz Gottes einen irreversiblen Richtungssinn aufweisen und in Jesus Christus ihren maßgeblichen Höhepunkt finden (O 267 f.). Gleichwohl erscheint sie nicht mehr (wie in »Hörer des Wortes«) als der Ort, an dem der offenen Transzendenz des Menschen ihre entscheidende Bestimmung allererst widerfährt, sondern umgekehrt die schon bestimmte Transzendenz (nur) ihr angemessenes Bewußtsein, ihre »objektivierende Selbstauslegung« findet (G 157). Der Begriff eines »absoluten Heil*bringers*« (G 194) jedenfalls dürfte, wenn der spezifische Inhalt der christlichen Offenbarung erst einmal – und sei es auch unter (gnaden-)theologischem Vorzeichen –

241 »Wo der Mensch [...] von der Glaubensbotschaft der sichtbaren Kirche angerufen wird, trifft dieser Anruf nicht einen Menschen, der dadurch [...] zum erstenmal mit der verkündeten Wirklichkeit in eine geistige Berührung kommt, sondern ist ein Anruf, der dasjenige zur reflexen [...] Gegebenheit bringt, was schon in der Unausdrücklichkeit, aber wirklichen Gegebenheit der ihn als Element seiner geistigen Existenz umfassenden Gnade da war. Die Predigt ist die ausdrückliche Erwekkung dessen, was schon in der Tiefe des Menschenwesens da ist, nicht von Natur, sondern von Gnade. Aber als eine Gnade, die den Menschen, auch den Sünder und Ungläubigen, immer als unentrinnbarer Raum seines Daseins umfängt« (IV 228 f.).

242 Dazu ausführlicher Exkurs 12.

transzendentalisiert ist, sich kaum noch erreichen lassen[243], es sei denn, man würde die »Erscheinung« der »Irreversibilität« und »Sieghaftigkeit« der Liebe Gottes (G 195) in Leben und Geschick Jesu eben doch als seine eigentliche Selbstoffenbarung verstehen. Dann aber wäre konsequenterweise auch die Voraussetzung aufzugeben, daß die Selbstmitteilung Gottes als Liebe und »vergebende Nähe« (O 266) schon transzendental geschehen und bewußt werden könne – eine Voraussetzung, die schon deshalb schwer vollziehbar erscheint, weil *bestimmte* Transzendentalität bestimmte Inhaltlichkeit des Bewußtseins besagt und insofern von dessen Gegenständlichkeit nicht unabhängig sein kann[244]. Soll sie dennoch gelten, dürfte die Unterscheidung von transzendental und kategorial, da sie als anthropologische nur die Momente der Selbstvermittlung menschlichen Geistes betrifft, kaum noch ausreichend sein, dieses Offenbarungskonzept vor der Zweideutigkeit idealistischer Religionsphilosophie zu schützen[245] und die

243 Angesichts der häufig wiederkehrenden Aussage Rahners, die »ausdrückliche Wortoffenbarung in Christus« sei »nur die Ausdrücklichkeit dessen, was wir immer schon aus Gnade sind und wenigstens unthematisch in der Unendlichkeit unserer Transzendenz erfahren«, sie werde also »zur reflexen Aussage der gnadenhaften Offenbarung, die der Mensch in der Tiefe seines Wesens schon immer unreflex erfährt« (VI 549), konnte *B. van der Heijden* (Karl Rahner, 452) zu dem Urteil gelangen, daß in Rahners Theologie »noch kein adäquater Grund des Sinnes der expliziten Erkenntnis Christi ausgesagt« sei. Weiterführend scheinen mir auch die sich anschließenden Hinweise van der Heijdens zu sein: »Denn Christus soll letztlich nicht gekannt und geliebt werden, damit wir (besser) zu dem von ihm verschiedenen Gott hinfinden, sondern weil er die Erkennbarkeit und persönliche Gegebenheit Gottes *ist*. Erst [...] in Jesu Sohnesverhältnis zu Gott erscheint und kann erscheinen, wer Gott uns gegenüber ist [...] Der Offenbarungsgehalt unserer Transzendenzerfahrung und unserer Thematisierungsversuche, die Wahrheit unserer Gotteskonzeption bleibt im Dunklen, solange wir aus der Erkenntnis Christi nicht wissen, inwiefern unsere transzendentale Erfahrung Gott selbst in Wahrheit entspricht. Der Geist wirkt zwar die (bewußte) *configuratio Christo* in jedem Menschen, der sich Gott übergibt [...] Solange sie aber nicht als solche erkannt wird, ist in dieser *imago* Gott noch nicht menschlich erkannt«. Vgl. dazu auch unten Kap. 7, Abschn. c/1 sowie *Th. Pröpper*, Jesus der Philosophen, 120–123.

244 Durch Gottes endgültige Selbstbestimmung (als Liebe und sogar als vergebende Liebe) für den Menschen wird die Offenheit menschlicher Freiheit bestimmt, gewinnt diese ihren sie absolut erfüllenden Inhalt. Aber es ist kaum begreifbar, wie dieses bestimmte Verhältnis der göttlichen zur menschlichen Freiheit ohne angemessene realsymbolische Gestalt für den Menschen gewiß oder auch nur »bewußt« werden oder dafür »jedwede kategoriale Wirklichkeit« (G 155) geeignet sein könnte. Rahners Kategorie des »Realsymbols« verdiente es wohl, entschlossen weiterbedacht zu werden. Vgl. dazu Exkurs 5.

245 Sehr pointiert, aber die wesentliche Problematik wohl treffend formuliert *P. Eicher* (Offenbarung, 420f.): »Wenn die Offenbarung durch dieses übernatürliche Existen-

Heilsbedeutung Jesu Christi angemessen zu denken. Dies scheint mir – und damit kehre ich zur oben formulierten 7. These zurück – vielmehr erst geleistet, wenn die wesentliche Entsprechung von Gestalt und Inhalt der Offenbarung reflektiert und einsichtig wird, daß Gottes freie und immer schon für den Menschen entschiedene Liebe doch Wahrheit für uns nur werden konnte, indem sie, vermittelt durch die ihr entsprechende Freiheit Jesu Christi, in unserer Geschichte sich menschlich realisierte[246].

tial den Menschen immer schon erleuchtet, wenn seine Vernunft immer schon übernatürlich aufgelichtet ist, sein Wesen vergöttlicht – was trennt dann dieses Denken Gottes noch von Ludwig Feuerbachs Denken des Menschen anderes als der Glaube allein, daß der gottgewordene Mensch der menschgewordene Gott selber sei? In der Tat trägt dieser Glaube Karl Rahners Denken, und es macht die Größe und die Fraglichkeit dieses Gott-Denkens aus, daß das Licht des Glaubens hier *de facto* und *für die Theorie* mit dem Licht der Vernunft zu solcher Einheit gekommen ist, daß Glaube und Denken letztlich gleichermaßen von der Christusoffenbarung bestimmt sind. Sosehr es Rahner gelungen ist, [...] den faktischen Glauben in einen universalen onto-logischen Begründungszusammenhang zu stellen, so sehr muß hier die rasante Reduktion der *faktischen* Geschichte auf die gnadenhaft bestimmte *Geschichtlichkeit* und deren Objektivierung kritisch in Frage gestellt bleiben. Die Vermittlung von Offenbarung und Geschichte durch das Begriffspaar ›transzendental-kategorial‹ bleibt am Subjekt, welches Geschichte erfährt, orientiert, was zur Folge hat, daß der Gott der Geschichte selber zum Gott der Geschichtlichkeit wird und die Geschichte sich in ihrer onto-logischen Explikation aufzulösen droht: die Offenbarungstheologie resorbiert sich in transzendentaltheologischer Anthropologie«.

[246] Daß ich mich auf das Offenbarungsverständnis als Leitfaden der Auseinandersetzung mit dem Denken Karl Rahners beschränkt habe, lag vom Thema dieses Kapitels wie der ganzen Arbeit her nahe. Gleichwohl ließe sich die zuletzt benannte Problematik ebenso an Rahners Christologie festmachen. Dazu und zu weiteren Diskussionspunkten der Theologie Rahners, insbesondere auch zu der von ihr verwendeten philosophischen Begrifflichkeit, s. Exkurs 12.

II. Ansatz und Relevanz einer Theologie der Erlösung

5. Zur Dialektik der Freiheitsgeschichte

Was sind die Aufgaben einer gegenwärtigen Theologie der Erlösung? Und welche Wege stehen ihr offen? Mit diesen Fragen setzten unsere Überlegungen ein. Behandelt wurde die erste, vorbereitet die zweite. Doch ist mit allen Kriterien, Bestimmungen und Perspektiven, die wir dabei gewonnen haben, weder ein bestimmter Weg schon beschritten noch sein Ausgangspunkt benannt. Weiterführen kann uns die Einsicht, daß es bei der Vergegenwärtigung des Glaubens an Erlösung, die uns in diesem zweiten Teil beschäftigen soll, nicht allein um das Verständnis des Glaubens, sondern auch der Gegenwart geht. Bleibt diese aber dem Verstehen verschlossen, wenn man ihren historischen Charakter mißachtet und nicht die Weichenstellungen aufspürt, die sie heraufgeführt haben und um so wirksamer sind, je selbstverständlicher sie gelten, dann müssen wir nochmals auf die Neuzeit eingehen und nun die schon genannte, aber bisher liegengelassene Frage nach dem Verhältnis des Erlösungsglaubens zur neuzeitlichen Freiheitsgeschichte selber aufnehmen: Wie will sich die Theologie zu ihr stellen, wie zu ihrem Anspruch und Verlauf sich verhalten und wie, vor allem, auf ihr Prinzip sich beziehen? Je mehr Klarheit in diesen Fragen gelingt, desto deutlicher, denke ich, werden sich Ansatz und Relevanz einer Theologie der Erlösung abzeichnen.

Mit dem neuen Verhältnis zu sich selbst und seinem Handeln, das der »neuzeitliche« Mensch unter dem Namen der Freiheit entwickelt, ging ihm tatsächlich etwas Ursprüngliches auf: seine Fähigkeit nämlich, nicht nur überhaupt und nicht nur gut oder böse handeln, sondern *unbedingt* handeln zu können, d. h. selbst der in seinem Tun sich Bestimmende zu sein[1]. Daß das Bewußtsein dieser Möglichkeit historisch bedingt war, widerspricht ihrer Ursprünglichkeit ebensowenig wie die Tatsache, daß sich seine Realisierung durch den Gegensatz zu den historischen Gegebenheiten bestimmte. Denn gegen die überliefer-

[1] Vgl. *H. Krings*, System und Freiheit, 209ff.

ten Autoritäten, gegen die sozialen und politischen Verhältnisse mußte sein Recht behauptet, ja erkämpft werden – in der Wendung gegen sie hat sich die neue Freiheit verwirklicht. In der Emanzipation namentlich von der kirchlichen Autorität, die in ihrer Gestalt und Begründung schon dem Spätmittelalter fragwürdig wurde, dann durch Glaubensspaltung und Konfessionskriege vollends ihre Glaubwürdigkeit einbüßte und sich endlich für Jahrhunderte in einer defensiv-apologetischen Haltung verschanzte, welche die Gestaltung der Freiheitsidee den Nichtchristen überließ. Wohl aber legen es die unleugbaren historischen Zusammenhänge nahe, trotz des »Epochenbruchs« zwischen Mittelalter und Neuzeit mit einer geschichtlichen Kontinuität, und sei es nur in der »Hypothek der Probleme« und den »übernommenen Funktionen«[2], zu rechnen. Zugleich nötigen sie Kirche und Theologie, zu ihrer Verantwortung am faktischen Verlauf der Freiheitsgeschichte zu stehen und aus dieser Verantwortung ihr Verhältnis zu ihr zu bestimmen.

a) Christliche Legitimität der Neuzeit?

Schon im ersten Teil habe ich mehrfach darauf verwiesen, daß sich die Freiheitsgeschichte der Neuzeit in manchen Zügen geradezu als Antithese zu bestimmten Ausprägungen des christlichen Erlösungsglaubens verstehen läßt. Doch wie immer man darüber urteilen mag – unbestreitbar dürfte jedenfalls sein, daß an ihrem Anfang eine Relativierung der festen kosmischen Ordnung und eine verschärfte Erfahrung der Kontingenz alles Seienden stehen, verbunden mit einem radikalisierten Bewußtsein der Freiheit[3]. Zunächst der »absoluten« Freiheit Gottes, die nun als das Begründende der Ordnung gedacht wird, innerhalb derer alles Denken und Handeln geschieht. Doch zugleich der Freiheit des Menschen, dessen Würde es ausmacht, daß er dem Bestehenden gegenüber an der Unbedingtheit der »potentia absoluta« teilhat. An sich war diese Erfahrung ambivalent, durchaus auch gläubig interpretierbar. Denn ist der Sinn der Freiheit nicht Liebe und die Unbedingtheit der Freiheit ihr inneres Moment? So hatte es *Duns Scotus* verstanden, indem er – wie schon erwähnt – den Grund und das Ziel der Schöpfung im Willen Gottes zur Teilgabe an der Freiheit seiner Liebe erkannte und mit diesem Gedanken ebenso der Unergründlichkeit Gottes in seiner

[2] *H. Blumenberg,* Die Legitimität der Neuzeit, 35.
[3] Vgl. *H. Peukert,* Kommunikative Freiheit, 276f.

Liebe wie der Ursprünglichkeit der menschlichen Freiheit entsprach, wenn sie diese Liebe erwidert und in ihr sich den Mitmenschen zuwendet. Gleichwohl zeigt sich das Spätmittelalter, je mehr es der Geborgenheit in der Schöpfung unsicher wurde und über die absolute Freiheit Gottes – eine Freiheit, die erwählt und verwerfen kann, wie sie will – nachzusinnen begann, von einer abgründigen Ungewißheit, ja einem tiefen Erschrecken erschüttert[4]. Zu Tode geängstigt hat sich *Luther* dem unbegreiflich gewordenen Gott mit festem Blick auf Jesus Christus noch einmal in die Arme geworfen, hat auf jeden Anspruch der Selbständigkeit ihm gegenüber verzichtet und allein in seiner Zusage die Freiheit gefunden, die von den Ansprüchen der Welt unabhängig und zum Dienst an ihr bereit macht. *Descartes* jedoch hat seine Selbstgewißheit auch jeglichem Gott gegenüber behauptet. Vielleicht, so meditiert er und treibt damit seinen methodischen Zweifel auf die Spitze, vielleicht gibt es aber einen »allmächtigen und höchst verschlagenen Betrüger«, der es »geflissentlich« darauf anlegt, mich in meinen sichersten Gewißheiten zu täuschen. Nun denn – er »täusche mich, soviel er kann, niemals wird er doch fertigbringen, daß ich nichts bin, solange ich denke, daß ich etwas sei. Und [. . .] daß dieser Satz: ›Ich bin, ich existiere‹, sooft ich ihn ausspreche oder in Gedanken fasse, notwendig wahr ist«[5].

Wo liegen die Gründe und wie soll man es bewerten, daß der neuzeitliche Mensch, der die Ursprünglichkeit seiner Freiheit entdeckte, seine Identität auf dem Weg der Selbstvergewisserung und Selbstbehauptung suchte? Die sogenannte Säkularisierungsdebatte betrifft genau diese Frage, und ihre Klärung ist für das Verhältnis der Theologie zur Neuzeit von wesentlicher Bedeutung. Ist sie, wie es *Hans Blumenberg* vertritt, die legitime oder besser: die keiner Legitimation bedürftige Gegenposition zum unerträglich gewordenen theologischen Absolutismus des Spätmittelalters, herausgefordert durch die Übermacht eines Gottes, gegen dessen immer mögliche Willkür es keine Sicherheit gab? »Indem die Theologie«, so Blumenbergs These, »das absolute Interesse Gottes zu vertreten meinte, ließ sie das Interesse des Menschen an sich selbst

[4] »Für den Umbruch vom Mittelalter zur Neuzeit ist das mit Anfechtung und Zweifel gepaarte Thema der Gewißheit schlechterdings konstitutives Symptom. Und nicht zufällig wird dieses Thema in zwiefacher Gestalt sozusagen als Doppelfuge durchgeführt, deren markanteste Einsätze [. . .] durch ein Jahrhundert voneinander getrennt sind: als Gewißheit des Gewissens und der Wissenschaft« (*G. Ebeling*, Gewißheit und Zweifel. Die Situation des Glaubens im Zeitalter nach Luther und Descartes: Wort und Glaube II, 165).

[5] *Descartes,* Meditationes, 43. 45.

und seine Sorge um sich absolut werden, das aber heißt: die Stelle seiner theologischen Ansprechbarkeit besetzen«[6]. Also hätten die Etablierung des Menschen zum Herrschaftssubjekt, der methodische Atheismus der aufkommenden Naturwissenschaft und schließlich die Ersetzung der Theodizee durch die Fortschrittsidee als Ausdruck humaner Selbstbehauptung zu gelten. Oder stellt, so etwa *Wolfhart Pannenberg,* das neue Selbst- und Weltverhältnis des Menschen eher die Folge des Schöpfungs- und Inkarnationsglaubens und die Folge der vom Gedanken der Gottebenbildlichkeit und Sohnschaft unendlich bestärkten menschlichen Selbstachtung dar[7]?

Es fehlte und fehlt keineswegs an Versuchen, die Neuzeit als Wirkung, ja als vollendende Phase der Geschichte des Christentums zu deuten[8]. Denn hatte es nicht von jeher die Welt als Schöpfung verstanden, die Geschichte unter Gottes Verheißung gestellt und durch seine Verkündigung und die Zumutung des Glaubens den Menschen in der Unbedingtheit seiner Freiheit angesprochen und beansprucht? Mußte ihm also ein Denken, das sich auf diese Freiheit besann, sich an ihr orientierte und die Gestaltung der Welt und Geschichte als Aufgabe übernahm, nicht weit angemessener als jedes frühere sein? Und war, um mit *Hegel* zu sprechen, mit dem Christentum nicht das Wissen in die Welt gekommen, daß jeder Mensch als Gegenstand der Liebe Gottes von unendlichem Wert und somit unabhängig von Geburt, Stand und Bildung zur höchsten Freiheit bestimmt sei – ein Wissen, dessen entschlossene Realisierung einmal zu den besten Intentionen der Neuzeit gehörte? Wäre die Konsequenz aus alledem dann aber nicht, von einer *christlichen* Legitimität der Neuzeit zu sprechen?

Im Blick auf ihren tatsächlichen Verlauf wird das sicherlich niemand ohne Einschränkung wagen. Um so wichtiger ist es, diesen Weg, wenigstens kurz, ins Auge zu fassen – und zwar im Hinblick darauf, wie die neuentdeckte Freiheit sich faktisch bestimmte. Allerdings wäre es zu seinem vollen Verständnis notwendig, den Einfluß der politischen, sozialen und ökonomischen Faktoren in die Betrachtung einzubeziehen. Doch müssen wir uns damit begnügen, einige Etap-

[6] *H. Blumenberg,* Die Legitimität der Neuzeit, 165.

[7] *W. Pannenberg,* Gottesgedanke und menschliche Freiheit, 114–128. Vgl. zum Thema außerdem *F. Gogarten,* Verhängnis und Hoffnung der Neuzeit; *K. Löwith,* Weltgeschichte und Heilsgeschehen; *O. Marquard,* Schwierigkeiten mit der Geschichtsphilosophie; *W. Hübener,* Carl Schmitt und Hans Blumenberg oder über Kette und Schuß in der historischen Textur der Moderne.

[8] Vgl. *R. Rothe,* Theologische Ethik; *T. Rendtorff,* Theorie des Christentums.

pen zu markieren, an denen der eingeschlagene Weg reflektiert wird und das Selbstverständnis der Freiheit sich exemplarisch artikuliert.

b) Die faktische Selbstbestimmung der Freiheit

Das Nächstliegende war die Verabschiedung jeder verbindlichen Tradition, insbesondere dort, wo sie keine Sicherheit mehr gewährte und mit einem inakzeptablen göttlichen Anspruch auftrat. In einem grundlegenden Abstraktionsakt von aller Herkunft konstituiert sich der freie Mensch der Neuzeit. Um in seinen Handlungen »klar zu sehen und in diesem Leben sicher zu gehen«, faßt *Descartes* den Entschluß, »nichts allzu fest zu glauben, wovon man mich nur durch Beispiel und Herkommen überzeugt hatte«. Wie »manch einer sein eigenes Haus abreißen läßt, um es wieder aufzubauen«, so erzählt er, unternahm auch ich »den Versuch, meine eigenen Gedanken zu reformieren und auf einem Boden zu bauen, der ganz mir gehört«[9]. Der theoretischen Isolierung des autonomen Subjekts entspricht der praktische Wille, seine Bedürfnisse aus sich selbst zu bestimmen. Jedes Andere wird seinem Selbstbezug eingeordnet, unter die Hinsicht des Nutzens gerückt, der Gedanke an den Tod aber – gerade er hatte ja in Abhängigkeit und Fremdbestimmung gehalten – entschlossen beiseite geschoben: »Der freie Mensch«, schreibt *Spinoza,* »das heißt der Mensch, der allein nach der Leitung der Vernunft lebt, wird nicht von der Furcht vor dem Tode geleitet, sondern begehrt unmittelbar das Gute, das heißt er begehrt zu handeln, zu leben und sein Sein zu erhalten auf der Grundlage des Suchens nach dem eigenen Nutzen. Und somit denkt er an nichts weniger als an den Tod, vielmehr ist seine Weisheit ein Nachsinnen über das Leben«[10].

Von *Hobbes* wird Freiheit auf die Freiheit von äußerem Zwang restringiert und die natürliche Selbstbehauptung zu ihrem Inhalt erklärt – ob nun in normativer oder bloß deskriptiver Absicht, scheint fast belanglos angesichts des Versuchs, auf die Einsicht in den gegenseitigen Vernichtungswillen die Stabilität der gesellschaftlichen Ordnung zu gründen. Das natürliche Recht, so die Prämisse, ist »die Freiheit jedes Menschen, seine Kräfte nach seinem eigenen Ermessen zu gebrauchen, um für seine Selbsterhaltung, d.h. für die Sicherung seines Lebens zu sorgen – und folglich auch die Freiheit, alles zu tun, was ihn seinem

[9] *Descartes,* Von der Methode, 8.11f.

[10] *Spinoza,* Die Ethik, 247. Vgl. zur Stelle und zum folgenden *J. Baur,* Freiheit und Emanzipation, 7–30.

Urteil und seinen Überlegungen zufolge dieses Ziel am besten erreichen läßt«[11]. Das Glück der Selbstbehauptung aber gehorcht dem Gesetz der »Begierde«, deren Dialektik folgenreich ist: da sie stets »ein weiteres Ziel zur Voraussetzung hat, so kann es nur Befriedigung im Fortschreiten geben«[12]. Zu diesem Fortschritt, nun als solcher Ziel der ziellos gewordenen Geschichte, gehört und treibt der Wiederholungszwang des Erfolgs, denn die Glückseligkeit, »die wir als ein dauerndes Lustgefühl verstehen, besteht nicht darin, daß man Erfolg gehabt hat, sondern daß man Erfolg hat«. Und ebenso »natürlich« das Prinzip der Leistung und Konkurrenz: »Stets den nächsten vor uns zu besiegen ist Glück«[13]. Bleibt allein noch die Todesfurcht, der Sicherungstrieb des Besitzers, um zur Konstituierung einer regulativen Herrschaft zu motivieren, die stark genug sein muß, aber sich auch darin erschöpft, den inneren Frieden der Leistungsgesellschaft zu garantieren. Wohl nirgends sonst wurde der Wille zur Macht und zum Mächtigerwerden so illusionslos als wesentliche Triebkraft des expansiven Bürgertums der Neuzeit durchschaut und – legitimiert. Die Beziehungen der Menschen aber geraten unter die Disposition des Vertrags, der ihre Interessen vermittelt und ihr Verhältnis versachlicht. Selbst *Kant* hat ja noch die Ehe als Vertrag »zweier Personen verschiedenen Geschlechts zum lebenswierigen wechselseitigen Besitz ihrer Geschlechtseigenschaften« beschrieben[14].

Verändert zeigt sich das Verhältnis zur Welt – einer Welt, die als Objekt aneignender Gestaltung und Materie des Rechts zur freien Verfügung gestellt ist. »Jeder Mensch«, proklamiert der junge *Fichte,* »hat ursprünglich ein Zueignungsrecht auf den ganzen Erdboden«, und lakonisch fügt er hinzu: »Wer den Tag verschlafen hat, wird nichts besitzen, und das von Rechts wegen«[15]. Auch *Hegel* erläutert, wie die Welt zur Sache und zum Eigentum wird: »Nur der Wille«, so erklärt er, »ist das Unendliche, gegen alles andere *Absolute*, während das Andere seinerseits nur *relativ* ist. Sich zueignen heißt [. . .] somit nur die Hoheit meines Willens gegen die Sache manifestieren und aufweisen, daß diese nicht an und für sich, nicht Selbstzweck ist. Diese Manifestation geschieht dadurch, daß ich in die Sache einen anderen Zweck lege, als

[11] *Th. Hobbes,* Leviathan, 102. In meiner Hobbes-Deutung folge ich *P. Eicher,* Bürgerliche Religion, 76–95.

[12] *Th. Hobbes,* Naturrecht und allgemeines Staatsrecht, 59f.

[13] A. a. O. 61. 77.

[14] *I. Kant,* Metaphysik der Sitten: WW 7, 390 (AB107).

[15] *J. G. Fichte,* Beiträge zur Berichtigung der Urtheile des Publicums über die französische Revolution: WW VI, 121.

sie unmittelbar hatte; ich gebe [...] meinem Eigentum eine andere Seele, als es hatte; ich gebe ihm meine Seele«[16].
Allerdings schaut mit Hegel die Freiheitsgeschichte der Neuzeit bereits auf sich selber zurück. Unter dem Schrecken des Terrors der französischen Revolution brandmarkt er das Verbrechen des individuellen Subjekts, das seine Vereinzelung festhält und sich gegen alles Bestehende realisiert. Der sittliche Atheismus der bürgerlichen Gesellschaft, der Zwiespalt von Glaube und Wissen, die Entzweiung von Gesetz und Gesinnung werden Thema seines übergreifenden Denkens, das den emanzipatorischen Ansatz beim abstrakten Subjekt zu korrigieren, es mit seiner Herkunftsgeschichte zu vermitteln und diese selbst als Geschichte zur Freiheit und Versöhnung nachzuzeichnen versucht. Aber kann man denn Ziel und Prämisse, kann man Versöhnung qua Vernunft postulieren? *Marx* jedenfalls machte die kritische Nachrechnung auf: Das Subjekt, das sich da im Rechtsstaat etabliere und im Namen der Menschheit auftrete, sei in Wahrheit nur der Bürger, der seine Eigentumsverhältnisse stabilisiere. Im Namen der Opfer nahm er deshalb den revolutionären Faden der Emanzipationsbewegung wieder auf und sprach in aller Deutlichkeit aus, mit der vollendeten Entfremdung des Menschen in der bürgerlich-kapitalistischen Phase werde der Klassenkampf zum bewegenden Prinzip der Geschichte, bis mit der klassenlosen Gesellschaft die eigentliche Geschichte, das »wahre Reich der Freiheit« anbreche. Im übrigen aber blieb auch Marx den längst entschiedenen Voraussetzungen verbunden: Das Ziel der »universellen Aneignung der Natur« teilt er mit dem Kapitalismus und für das Freiheitsverständnis, das sich inzwischen – jedenfalls praktisch – durchgesetzt hatte, findet gerade er die klassische Formel: »Ein Wesen gibt sich erst als selbständiges, sobald es auf eigenen Füßen steht, und es steht erst auf eigenen Füßen, sobald es sein Dasein sich selber verdankt«[17].
Ich denke, dieser kurze Rückblick kann zeigen, daß die gegenwärtige *Krise* der Freiheit zusammenhängt mit der Art, wie sie sich im Verlauf der Neuzeit bestimmte. Davon können wir reden, ohne schon ihren Wunsch nach Freiheit überhaupt zu diskreditieren oder gar denen Recht geben zu müssen, die – wie es namentlich die katholische Restauration immer wieder versuchte – auf die Festigung der angeblich natürlichen Ordnung aus sind und sie als gottgewollt legitimieren (Religion, Vaterland, Eigentum – sagen die südamerikanischen Militärs). Als

[16] *G. W. F. Hegel,* Grundlinien der Philosophie des Rechts: WW 7, 107.
[17] *K. Marx,* Zur Kritik der Nationalökonomie – Ökonomisch-philosophische Manuskripte: WW I, 605.

seien die herkömmlichen Verhältnisse nicht ebenfalls historischen Ursprungs gewesen und als habe sich in ihnen nicht erst recht der Wille zur Macht – oder sagen wir ruhig auch: die Sünde – objektiviert. Etwas anderes aber ist es, wenn wir – nicht aus Rechthaberei, sondern Verantwortung für die gemeinsame Geschichte – die in der neuzeitlichen Selbstbestimmung der Freiheit beschlossenen Aporien beleuchten, durch die ihr die eigene Geschichte zum Schicksal geworden ist.

c) Krise der Emanzipation

Freilich muß eines von vorneherein klar sein: Nicht schon, daß sich die Neuzeit auf die Ursprünglichkeit menschlicher Freiheit besann, geschweige denn, daß sie gegen die Mächte realer Unterdrückung und autoritärer Vormundschaft das Recht freier Selbstbestimmung erkämpfte, verdient theologische Kritik. Wohl aber, daß (und soweit) sie die zum Bewußtsein gelangte Unbedingtheit der Freiheit als Absolutheit auslegte, d. h. diese Unbedingtheit als *reale* intendierte und die Freiheit mit solchem Anspruch dem Gesetz der Selbstbehauptung und Angst unterwarf. Eine Kritik an denjenigen Tendenzen der Emanzipationsbewegung also, die – wenn nicht bewußt, so doch praktisch – von der Idee *totaler* Selbstbestimmung, d. h. der Unabhängigkeit von jeglicher Vorgegebenheit geleitet waren oder noch sind. Eine Kritik jedoch *zugunsten* der Freiheit, da sie den Blick auf eine *Aporie* lenkt, die der Freiheit ebenso wesentlich ist, wie sie – wenn sie geleugnet oder überspielt wird – für ihr Schicksal verhängnisvoll werden muß. *Wesentlich* zum einen, weil menschliche Freiheit die Kontingenz ihres Daseins niemals einholt oder hinwegschafft und an der gegenständlichen Welt den ihr entsprechenden Inhalt nicht findet. Wesentlich zum anderen, weil ihr einzig erfüllender Inhalt, die Freiheit des anderen (und erst recht die Zuwendung Gottes), sich von vorneherein jeder Verfügung entzieht. *Verhängnisvoll* aber, weil die nur abstrakt vergewisserte, aber real intendierte Unbedingtheit der Freiheit stets als noch unabgegoltener Anspruch erscheinen und somit das latente Wissen um die Externität ihres Sinnes wie ihrer realen Bedingtheit zum Grund eines permanenten Selbstverwirklichungsstrebens werden muß: zum Stimulans eines »verzweifelten Selbst-sein-Wollens« *(Kierkegaard)*, bei dem die Freiheit, je mehr sie an der gegenständlichen Welt ihren angemessenen Inhalt und Halt sucht, durch ihren ins Unbedingte gesteigerten und deshalb ins Unendliche treibenden Aneignungswillen nicht nur die endlichen Dinge, sondern auch sich selbst überfordert und sich von den

Systemen ihrer Herrschaft abhängig macht. Und zugleich, da sie auch den Mitmenschen zum Mittel der Selbststeigerung erniedrigt, die Verhältnisse von Herrschaft und Knechtschaft etabliert.

Theologisch ist solche Kritik, weil sie von einer Möglichkeit der Selbstbestimmung herkommt, die Menschen niemals verfügbar, doch ein für allemal zugesagt ist. *Verantwortlich* zeigt sie sich dadurch, daß sie die vom Christentum historisch ermöglichte *und* in der Richtung ihres Verlaufs provozierte Freiheitsgeschichte nicht sich selbst überläßt. *Solidarisch* bleibt sie insofern, als sie die Intention der Freiheit nicht diffamiert, sondern sich gegen den aporetischen, das Leben zerstörenden Versuch ihrer Verwirklichung richtet. *Glaubwürdig* jedoch ist sie und ihre Alternative erst dann, wenn ihr eine Praxis entspricht, die fähig und bereit ist, ohne Angst um die eigene Identität auf die unversöhnte Wirklichkeit einzugehen und sie als Aufgabe zu übernehmen.

Was damit grundsätzlich gesagt ist, soll später noch begründet und deutlicher werden. Zunächst ging es nur darum, eine Perspektive zu nennen, die der neuzeitlichen Freiheitsgeschichte angemessen und für die Betrachtung ihrer »Dialektik« leitend sein kann.

Ihre *Aporien* sind heute unter vier Gesichtspunkten bewußt, die eng zusammengehören. Da ist zunächst das Stichwort vom *Tod des Subjekts* in der technologisch konstruierten und verwalteten Welt und Gesellschaft. Die Welt des Eigentums und des Systems technischer Gesetze ist ihm *nicht* zum Garant seines Bestandes, geschweige denn zur »beseelten« Heimat geworden. Einander bekannt nach unserer Leistung, beinahe gleichgesetzt mit Funktionen, sprachlos im Genießen, fragmentiert unser Bewußtsein, austauschbar jederzeit – war es das, was wir wünschten? Die Einsamkeit des possessiven Subjekts und seiner monologischen Existenz – schon in der antiken Sage vom König Midas als tödlich erkannt:

> Midas hatte gewünscht, daß alles, was er berührte, zu Gold werden möchte. Alle Wünsche schienen erfüllbar. Aber dann hungerte ihn, er griff nach einem Apfel und einem Brot. Apfel und Brot aber wurden zu Gold. Er begrüßte den Freund, doch da war es schon nicht mehr sein Freund. Und Midas wäre zugrunde gegangen, wäre ihm nicht ein anderer begegnet, der ihn von seinem Gesetz, unter dem er nun stöhnte, wieder frei gemacht hätte.

Nicht beseelte Heimat des Menschen, nicht einmal Garant seines Bestehens. Im Gegenteil: Die Verwechslung der Steigerung der Mittel der Freiheit mit ihrem Ziel hat zu einer Eigengesetzlichkeit des Hergestellten geführt, die auf den Menschen zurückschlägt – in ihrer bürokratischen Form sein Subjektsein, in ihrer ökonomischen Form seine Lebensgrundlagen, in ihrer militärischen Form seine Existenz selbst auszulöschen droht. Das bedarf inzwischen wohl keiner Beschreibung mehr.

Das besonders Fatale aber ist, daß wir vom laufenden Prozeß auch dann noch bestimmt sind, wenn wir meinen, aus ihm aussteigen zu können. Zwar versuchen wir privat noch etwas spontanes Leben zu retten, können den Garten bebauen, uns sportlich verwirklichen, das Ästhetische pflegen, Erotik und Zärtlichkeit kultivieren – Freiräume, oft genug Surrogate, die an der Macht der Verhältnisse nichts ändern. Da und dort versucht sich wohl auch noch das alte »Ich denke« zu behaupten, als »große Weigerung« etwa oder als latenter Stoizismus der Intellektuellen, doch wie inhaltsleer ist es in Wahrheit und wie abhängig in der Regel, wenn es, bis in seine »persönlichen« Meinungen und Träume, nur die gesellschaftlichen Erwartungen spiegelt und seine anonyme Rolle erfüllt. »Mein Herr«, sagte schon *Nietzsche* zum alten Descartes, »es ist unwahrscheinlich, daß Sie sich nicht irren: aber warum auch durchaus Wahrheit?«[18]

Das Zweite ist die Schwierigkeit, überhaupt noch ein Subjekt der *Emanzipation* zu benennen. Und dies nicht allein, weil die Mechanismen der Entfremdung die Bewußtlosigkeit von ihr so erfolgreich betreiben, sondern auch, weil der Widerspruch zwischen den Programmen universaler Solidarität und den tatsächlich leitenden partikulären Interessen die Geschichte der Emanzipation von jeher belastet. Zwar hat die Neuzeit von Menschenwürde und emphatisch von »der Menschheit« geredet, sich tatsächlich aber bei der Organisation ihrer Verhältnisse, ja sogar ihren leitenden Zielen nach *Hobbes'* Maximen gerichtet. Daß dabei allenfalls ein Interessenausgleich, aber kaum ein Handeln herauskommen konnte, das die wirksame Anerkennung der Freiheit aller im Sinn hat, leuchtet wohl ein. Das ist wie in der Parabel vom gemeinsamen Turmbau, die *Kafka* erzählt hat:

»Der Gedanke, einmal in seiner Größe gefaßt, kann nicht mehr verschwinden [. . .] (Aber) mehr als um den Turmbau kümmerte man sich um den Bau der Arbeiterstadt. Jede Landsmannschaft wollte das schönste Quartier haben, dadurch ergaben sich Streitigkeiten, die sich bis zu blutigen Kämpfen steigerten [. . .] In den Pausen verschönerte man die Stadt, wodurch man allerdings neuen Neid und neue Kämpfe hervorrief. So verging die Zeit der ersten Generation, aber keine der folgenden war anders, nur die Kunstfertigkeit steigerte sich immerfort und damit die Kampfsucht. Dazu kam, daß schon die

[18] *F. Nietzsche,* Jenseits von Gut und Böse: WW II, 580.

zweite oder dritte Generation die Sinnlosigkeit des Himmelsturmbaus erkannte . . .«[19]

Und wiederum: Das beinahe Tragische ist, daß der einmal angebahnte Prozeß nach seinen Gesetzen verläuft, ein Subjekt der Emanzipation jedoch immer unauffindbarer wird – einer Emanzipation jedenfalls unter der verbindlichen Einsicht, daß eine Freiheit ohne die Freiheit aller nicht Freiheit sein kann. Daß vielmehr die Gesetze unseres Handelns, im Zuge des Kolonialismus und des ihn ablösenden Wirtschaftsimperialismus, inzwischen im Weltmaßstab wirken, mit dem wichtigen Unterschied freilich, daß sie die Völker der Dritten Welt mit der alten Brutalität treffen, während bei uns wenigstens ihre Milderung und für den Rest die Kaschierung gelang. »Daß es ›so weiter‹ geht, ist die Katastrophe«, schrieb *Walter Benjamin:* »Sie ist nicht das jeweils Bevorstehende, sondern das jeweils Gegebene«[20].
Das Dritte ist die große *Entmutigung*, die sich ausbreitet und auch noch die möglichen Veränderungen lähmt. Gerade die genauesten Analytiker der Situation lassen zuweilen Züge einer fast gnostischen Schwermut, eines metaphysischen Pessimismus erkennen[21]. Und wer von uns, wenn ihm die ganze Misere – Welthungersnot, Pershings, Waldsterben – richtig bewußt wird, kennt nicht den Wunsch, am liebsten den Blick abzuwenden und einfach zu vergessen. In *Hans M. Enzensbergers* Gedichtband »Die Furie des Verschwindens«, einem Nachruf auf die siebziger Jahre, heißt es:

»Sie sieht zu, wie es mehr wird,
verschwenderisch mehr,
einfach alles, wir auch;
wie es wächst, über den Kopf,
die Arbeit auch; wie der Mehrwert
mehr wird, der Hunger auch;
sieht einfach zu, mit ihrem Gesicht,
das nichts sieht; nichtssagend,
kein Sterbenswort;
denkt sich ihr Teil;
Hoffnung, denkt sie,
unendlich viel Hoffnung,
nur nicht für euch . . .«[22]

[19] *F. Kafka,* Erzählungen, 304f.
[20] *W. Benjamin,* Illuminationen, 260.
[21] Vgl. *W. Post,* Kritische Theorie und metaphysischer Pessimismus, 126ff.
[22] *H. M. Enzensberger*, Die Gedichte, 406.

Das Vierte ist, was man einmal die *Sinnkrise* genannt hat und vielleicht besser schon das Sichabfinden mit der Sinnlosigkeit nennen sollte: das Sicheinrichten im Klima des Zynismus, des unbekümmerten Pragmatismus und der Banalität. Wie zur Bestätigung der Vision *Nietzsches* von den »letzten Menschen«:

»›Was ist Liebe? Was ist Schöpfung? Was ist Sehnsucht? Was ist Stern?‹ – so fragt der letzte Mensch und blinzelt.

Die Erde ist dann klein geworden, und auf ihr hüpft der letzte Mensch, der alles klein macht [. . .]

Sie haben die Gegenden verlassen, wo es hart war zu leben: denn man braucht Wärme. Man liebt noch den Nachbar und reibt sich an ihm: denn man braucht Wärme.

Krankwerden und Mißtrauen-haben gilt ihnen sündhaft: man geht achtsam einher [. . .]

Ein wenig Gift ab und zu: das macht angenehme Träume. Und viel Gift zuletzt, zu einem angenehmen Sterben [. . .]

Kein Hirt und *eine* Herde! Jeder will das Gleiche, jeder ist gleich: wer anders fühlt, geht freiwillig ins Irrenhaus.

›Ehemals war alle Welt irre‹ – sagen die Feinsten und blinzeln.

Man ist klug und weiß alles, was geschehn ist: so hat man kein Ende zu spotten. Man zankt sich noch, aber man versöhnt sich bald – sonst verdirbt es den Magen.

Man hat sein Lüstchen für den Tag und sein Lüstchen für die Nacht: aber man ehrt die Gesundheit.

›Wir haben das Glück erfunden‹ – sagen die letzten Menschen und blinzeln [. . .] Es ist Eis in ihrem Lachen.«[23]

Bemerkenswert auch das eigentümliche »Gefühl von Zeitlosigkeit«, das der »existentiellen Desorientierung« entspricht,

»das hektisch ist und ratlos, unternehmerisch und entmutigt, in lauter Zwischendrin gefangen, der Geschichte entfremdet, der Zukunftsfreude entwöhnt. Das Morgen nimmt den Doppelcharakter von Belanglosigkeit und wahrscheinlicher Katastrophe an, dazwischen spielt eine kleine Hoffnung auf Durchkommen [. . .] Gegen das Prinzip Hoffnung steht das Prinzip des Lebens hier und jetzt auf. Auf dem Weg zur Arbeit trällert man ›Warte nicht auf beß're Zeiten‹ [. . .] Das späte und zynische Zeitgefühl ist das des Trips und des grauen Alltags, eingespannt zwischen verdrossenem Realismus und ungläubigen Tagträumen, präsent und abwesend, *cool* oder versponnen, *down to earth* oder *far out*, ganz nach Belieben. Manche haben Ehrgeiz, und andere hängen durch. Erst recht wartet man auf etwas, das dem Gefühl besserer Tage entspräche, daß

[23] *F. Nietzsche,* Also sprach Zarathustra: WW II, 284f.

etwas geschehen müßte. Und nicht wenige möchten hinzusetzen: egal was [...] Man lebt von Tag zu Tag, von Ferien zu Ferien, von Tagesschau zu Tagesschau, von Problem zu Problem, von Orgasmus zu Orgasmus, in privaten Turbulenzen und mittelfristigen Geschichten [...] Die Zeitungen schreiben, daß man sich darauf einzurichten habe, wieder mehr ums Überleben zu kämpfen, den Gürtel enger zu schnallen [...] und die Ökologen sagen es auch. Anspruchsgesellschaft, pfui Geier. Man spendet in schwachen Minuten für Eritrea [...], aber dahin fahren wir nicht. Man möchte ja noch viel von der Welt sehen und überhaupt: *›noch eine ganze Menge leben‹*. Man fragt sich, was man als nächstes macht und wie es so weitergeht. Im Feuilleton der *Zeit* streiten sich die Kulturkritiker um die richtige Art, pessimistisch zu sein«.

Soweit *Peter Sloterdijk* in seiner »Kritik der zynischen Vernunft«[24]. Allerdings scheint mir, daß der von ihm empfohlene vitale »Kynismus«, trotz seiner überlegenen Selbsteinschätzung als subversiv, sich im Effekt kaum von dem unterscheidet, was *Max Frisch* schon 1954, im Blick auf den Bürger, als »fidele Resignation« apostrophierte[25].

d) Zeugnisse der Verstrickung und Nicht-Identität

Es dürfte gut sein, noch einen Augenblick bei der Literatur zu verweilen, da in ihr immer wieder Texte begegnen, die das Bewußtsein der gekennzeichneten Aporien bezeugen und ihre Erfahrung zur Sprache bringen. Nicht um sie theologisch zu vereinnahmen, sondern mit ihnen unsere Situation wahrzunehmen, möchte ich auf einige von ihnen verweisen.
Da ist zunächst die Aporie des »guten Menschen«, durchgehendes Thema der Dichtung *Bert Brechts*. Es gibt Gestalten der Barmherzigkeit in ihr, wie die schon erwähnte Magd Grusche. Auf der anderen Seite jedoch erklärt Mutter Courage: »Ich gib nix, ich mag nicht, ich muß an mich selber denken«[26]. Das Problem aber ist, daß jeder in sich selbst *beides* findet:

»Ach, in meine arme Brust
Ist ein Zwiefaches gestoßen
Wie ein Messer bis zum Heft.
Denn es zieht mich zu den Großen
Selbst- und Nutz- und Vorteilslosen

[24] *P. Sloterdijk,* Kritik der zynischen Vernunft, 199f.
[25] *M. Frisch,* Stiller, 249.
[26] *B. Brecht,* Mutter Courage, 62.

Und es zieht mich zum Geschäft
Unbewußt!«[27]

Zum »an sich selber Denken« zwingt der Zustand der Welt:

»Ein guter Mensch sein! Ja, wer wär's nicht gern?
Sein Gut den Armen geben, warum nicht?
Wenn alle gut sind, ist *Sein* Reich nicht fern
Wer säße nicht sehr gern in Seinem Licht? [. . .]
Doch leider sind auf diesem Sterne eben
Die Mittel kärglich und die Menschen roh.
Wer möchte nicht in Fried und Eintracht leben?
Doch die Verhältnisse, sie sind nicht so!«[28]

In »Der gute Mensch von Sezuan« wird die Antinomie durchgespielt[29]: »Gut zu sein und doch zu leben/ Zerriß mich wie ein Blitz in zwei Hälften [. . .] Andern und mir zu helfen, war mir zu schwer« (139). Es ist durchaus *Kants* Antinomie von Glück und Moral, nur daß an die Stelle der Postulatenlehre die Forderung an das »Publikum« tritt, den »guten« Schluß sich selber zu suchen (144). Denn Kants Trennung von beiden, der Aufschub ihrer Versöhnung, kommt nicht mehr in Frage: »Keinen verderben zu lassen, auch nicht sich selber/ Jeden mit Glück zu erfüllen, auch sich, das ist gut« (81). Also gilt es, da das Ende des Guten ja das gute Ende nicht sein kann, einen »Zustand zu schaffen, der die Güte ermöglicht«[30]. Aber, hier schließt sich der Zirkel, bis in die Veränderung wirkt die Verstrickung sich aus:

»Auch der Haß gegen die Niedrigkeit
Verzerrt die Züge.
Auch der Zorn über das Unrecht
Macht die Stimme heiser. Ach, wir
Die wir den Boden bereiten wollten für Freundlichkeit
Konnten selber nicht freundlich sein«[31].

Auch bei *Enzensberger* das Thema der Verstrickung, einer Verstrikkung, die uns längst überholt:

27 *B. Brecht,* Die heilige Johanna der Schlachthöfe, 149.
28 *B. Brecht,* Die Dreigroschenoper, 42f.
29 *B. Brecht,* Der gute Mensch von Sezuan. Seitenangaben im Text.
30 *B. Brecht,* Ausgewählte Gedichte, 36.
31 *B. Brecht,* Gedichte und Lieder, 160.

»Über das Dickicht das der Iltis bewohnt
kann ich nur lachen. Selbst am Amazonas
das berühmte Dickicht
imponiert mir nicht. Was ist es
gegen das unsre? Unser Dickicht, das beste,
besteht aus einem Dickicht von Dickichten [. . .]
Ordentlich sitzen wir und bemerken vergnügt:
Über Nacht ist es dichter geworden.
Seine Feinde sind unsre Feinde.
Sie können uns leid tun. Mittel,
erfunden um das Dickicht zu lichten,
düngen es. Wer es zerreißen will
den zerreißt es [. . .]
Wer es verlassen will
schleppt es mit. So
überholt uns das Dickicht . . .«[32]

»Du kannst versuchen zu widersprechen«, heißt es in *Martin Walsers* Roman »Die Gallistl'sche Krankheit«, einer Anamnese mißlungener Identität,

»aber da du der einzige bist [. . .], glaubst du es nicht einmal selbst [. . .] Da herrscht eine Regel, von wenigen gemacht, von denen gemacht, die ihr genügen. Alle übrigen sind mehr oder weniger mißlungene Menschen, weil das, was sie machen, nach jener Regel (die nie als solche hervortritt [. . .]) mehr oder weniger mißlungen ist. Und wir alle lassen uns das gefallen, weil jeder für sich denkt: laß nur, das schaff ich schon noch, dann bin ich durch! Wir lassen es uns nicht nur gefallen, wir wenden die Regel sogar gegeneinander an, wir schikanieren einander im Namen der Regel, wir sorgen für ihre Herrschaft. So bleiben die meisten für sich auf der Strecke. Das einzige, was sie in ihrem Leben erreichen: sie ernähren das Prinzip, an dem sie scheitern«[33].

Bei *Max Frisch* wird das Problem der Identität, ausdrücklich im Anschluß an *Kierkegaard*, existenzdialektisch gefaßt. »Soweit ich dein Leben kenne«, sagt der Anwalt zu »Stiller«,

»immer wieder hast du alles hingeworfen, weil du unsicher gewesen bist. Du bist nicht die Wahrheit. Du bist ein Mensch und oft bereit gewesen, eine Unwahrheit aufzugeben, unsicher zu sein [. . .] Immer wieder hast du versucht, dich selbst anzunehmen, ohne so etwas wie Gott anzunehmen [. . .] Du klammerst dich an deine Ohnmacht, die du für deine Persönlichkeit hältst, und

[32] *H. M. Enzensberger,* Die Gedichte, 271f.
[33] *M. Walser,* Die Gallistl'sche Krankheit, 42f.

dabei kennst du deine Ohnmacht so genau – und all dies wie aus Trotz, nur weil du nicht die Kraft bist«[34].

Doch hat auch Frisch die Problematik des Selbst auf die Erfahrung der gesellschaftlichen Entfremdung bezogen und dadurch verschärft. Denn was die »Selbstwahl« nach Kierkegaard ausschließt, sich »umzudichten« in etwas anderes, erscheint in Frischs Romanen geradezu als Mittel für die Ausbildung einer nicht von außen aufgezwungenen Identität: um durch die Imagination der Möglichkeiten, die verwirklicht und nicht verwirklicht wurden, sich der eigenen Wirklichkeit zu vergewissern. Die »Instanz des Theaters gestattet, was die Wirklichkeit nicht gestattet: zu wiederholen, zu probieren, zu ändern. Es hat somit eine gewisse Güte«, heißt es in »Biografie. Ein Spiel«[35]. Mögliches Selbstsein also nur noch als ästhetische Existenz?
Erstaunlich aber das Andauern der Frage nach *moralischer* Identität, trotz und gegen die »Wurstelei unseres Jahrhunderts«, das – wie *Friedrich Dürrenmatt* einmal sagte – keine Verantwortlichen und Schuldigen mehr kennt: »Alle können nichts dafür und haben es nicht gewollt. Es geht wirklich ohne jeden«[36]. Unauslöschbar diese Frage auch dort, wo die Aporien des Ethischen ausweglos scheinen. Bei *Camus* schwindet die Gewißheit der ursprünglich in Anspruch genommenen natürlichen Unschuld. Was mit der Frage der »Pest« nach dem »Heiligen ohne Gott« anklang, problematisiert »Der Fall«: die abgeklärte, eisig-ironische Lebensbeichte eines ehemaligen Anwalts, dessen gepflegtes Selbstbildnis zerbricht, weil er in einer beiläufigen, aber entscheidenden Situation, da er »aufgerufen« war und vorbeiging, versagte[37]. Versagte in seiner Freiheit, die sich nicht ansprechen ließ: »An jenem Tag, da das Warnsignal mich aufschreckte, fiel es mir wie Schuppen von den Augen; ich [. . .] verlor meine Kräfte auf einen einzigen Schlag. Und das ganze Weltall um mich herum begann zu lachen« (68). Früher, das weiß er nun,

»führte ich ständig die Freiheit im Mund [. . .], ich lutschte den ganzen Tag an ihr herum und schenkte der Welt einen köstlich mit Freiheit erfrischten Atem. Mit diesem Schlagwort fiel ich über jeden her, der mir widersprach, ich hatte es in den Dienst meiner Wünsche und meiner Macht gestellt [. . .] Aber auf den

[34] *M. Frisch,* Stiller, 433.
[35] *M. Frisch*, Biografie, 110. Vgl. auch die Einleitung zu *M. Theunissen/W. Greve* (Hg.), Materialien zur Philosophie Sören Kierkegaards, 56f.
[36] *F. Dürrenmatt,* Theaterprobleme, 47f.
[37] *A. Camus,* Der Fall, 71. Die weiteren Seitenangaben im Text.

Brücken von Paris habe ich erfahren müssen, daß auch ich mich vor der Freiheit fürchtete« (109. 112).

Seitdem ist er »Bußrichter«, da er sein Wissen nur aushält, indem er auch die anderen, »Hurer und Zeitungsleser« wie er (15), ihrer Mediokrität überführt: »Nicht genug Zynismus und nicht genug Tugend. Wir haben weder die Kraft zum Bösen noch die zum Guten [. . .] Wir befinden uns in der Vorhölle, verehrter Freund« (70). Als Komplizen dieser spätbürgerlichen Gesellschaft, in der die subjektive Teilnahmslosigkeit aller gegen alle das Pendant zu ihren objektiven Verbrechen bildet[38]. Philosophisch wie politisch ein Anhänger jeder »Theorie, die dem Menschen die Unschuld abspricht, und einer jeden Praxis, die ihn als Schuldigen behandelt«, ein »aufgeklärter Befürworter der Knechtschaft« (109), waltet Clamans seines Amtes: »Ich aber bemitleide, ohne loszusprechen, verstehe, ohne zu vergeben« (118). Und doch auch er nicht ohne jeden Gedanken an Unschuld, sogar einen Gott, dessen »Nützlichkeit [. . .] darin bestünde, die Unschuld zu verbürgen; ich selbst würde die Religion eher als eine große Weißwäscherei betrachten – was sie übrigens einmal gewesen ist, doch nur kurze Zeit« (92). Kein Gott aber vonnöten, »um Schuldhaftigkeit zu schaffen [. . .] Unsere von uns selbst wacker unterstützten Mitmenschen besorgen das zur Genüge« (92). »Zum Richten sind wir heutzutage immer bereit [. . .] Nur spricht man niemand mehr frei« (65. 96).
Ist dies die Form, in der die unbedingte Intention der Freiheit überlebt und – pervertiert? Im Wissen um Schuld ohne Rechtfertigung, erträglich allein im Verurteilen aller? »Ja, so muß die Hölle sein«, sagt Clamans: »ein für allemal festgenagelt und eingereiht« (41), die »Gerechtigkeit [. . .] endgültig von der Unschuld getrennt« (108).
Zu erinnern endlich auch die Stimmen, die – im Unterschied zu den vielen, die nur eine unbestimmte Frustration stilisieren – ein genaues Wissen um das falsche Leben aussprechen. »Wir leben«, sagte *Kafka* in seinen Gesprächen mit *Janouch,* »als wären wir die einzigen Herren. Gerade das macht uns zu Bettlern«[39]. Oder der Wunsch der »Kassandra«, wie ihn *Christa Wolf* deutet: »Daß wir zu siegen aufhörn können«. Aber auch ihre Klage: »Ich weiß von keinem Sieger, der es konnte«[40]. Oder die Schilderung in einer Erzählung *Ingeborg Bach-*

[38] Vgl. *J. Blank,* Am Rande des Kontinents oder Die spätbürgerliche Hölle. Zur Interpretation von A. Camus »Der Fall«: *ders.* (Hg.), Der Mensch am Ende der Moral, 9–33.
[39] Zitat bei *Ch. Moeller,* Der Mensch vor dem Heil, 65.
[40] *Chr. Wolf,* Kassandra, 132.

manns, wie sich das Bewußtsein der Pflicht, leben zu müssen, in die Erfahrung, sein zu dürfen, verwandelt[41]. Und selbst die Texte *Nietzsches,* der nach *Heideggers* Deutung die europäische Geschichte auf ihren Begriff und zur Vollendung gebracht hat, indem er den Willen zur Macht als Wesen des Seins erkannte und affirmierte, immer wieder unterbrochen von Stellen, die wie ein Widerruf klingen:

»Ein Ungestilltes, Unstillbares ist in mir; das will laut werden. Eine Begierde nach Liebe ist in mir, die redet selber die Sprache der Liebe [. . .]

Aber ich lebe in meinem eignen Lichte, ich trinke die Flammen in mich zurück, die aus mir brechen.

Ich kenne das Glück des Nehmenden nicht«[42].

6. Soteriologie im Kontext der Leidensgeschichte

Für wen hätte die Theologie den Glauben an Erlösung zu vertreten und geltend zu machen, wenn nicht zuerst im Namen der Ungezählten und Namenlosen, die real und spürbar, ja tödlich getroffen sind vom Leiden? Daß sie am Ziel der Überwindung der Dialektik von Herr und Knecht festhält und christliches Handeln von Gottes Zusage ausgeht[43], schließt ja weder die bestimmte Kritik der Schuldigen noch die vorrangige Option für die Leidenden aus: für die Opfer eben des Selbstbehauptungswillens, der faktisch zum Gesetz der Freiheitsgeschichte und der von ihr geschaffenen Verhältnisse wurde. Wenigstens kurz möchte ich deshalb auf einige theologische Ansätze eingehen, die sich auf die Dialektik der Emanzipationsgeschichte beziehen und an denen jede Theologie der Erlösung nur noch um den Preis verantwortungsloser »Zeitlosigkeit« vorbeigehen könnte. Was ich kritisch zu ihnen anmerke, will weder ihre Bedeutung schmälern noch gar von ihren (weithin immer noch zu wenig rezipierten) Impulsen ablenken, sondern lediglich auf einige Aspekte hinweisen, die mir klärungs- oder ergänzungsbedürftig scheinen. Allerdings würde es unseren Rahmen sprengen, ausdrücklich die »Theologie der Befreiung« zu behandeln. Ob die Anfrage, die sie für die europäisch-amerikanische und namentlich die deutsche Theologie darstellt, überhört oder wahrgenommen wurde, müssen die Ausführungen der folgenden Kapitel selbst zeigen.

[41] *I. Bachmann,* Simultan: Sämtliche Erzählungen, 313f.

[42] *F. Nietzsche,* Also sprach Zarathustra: WW II, 362f. Vgl. *M. Heidegger,* Nietzsches Wort »Gott ist tot«: Holzwege, 193–247.

[43] Vgl. *J. C. Scannone,* Die Dialektik von Herr und Knecht.

a) Narrative Soteriologie

In seinem berühmten Vortrag »Erlösung und Emanzipation« (1972)[44] hat *Johann Baptist Metz* gefordert, die Theologie müsse – letztlich zugunsten der Befreiungsbewegung selbst, damit sie nicht zu einer irrational halbierten Freiheitsgeschichte entarte und in Banalität und Zynismus verende – sich redlich den Herausforderungen durch das Emanzipationsthema stellen und die Substanz christlicher Soteriologie dadurch zur Geltung bringen, daß sie die Geschichte als menschliche *Leidens*geschichte wahrnehme und im Blick auf sie den Erlösungsglauben artikuliere: eine Geschichte nicht nur politischer Gewalt und sozialer Unterdrückung, sondern auch – was der staurologischen und inkarnatorischen Soteriologie bewußt war, doch vom apathischen Bewußtsein der Gegenwart verdrängt wird – der Erfahrung der Schuld, der Endlichkeit und des Todes, die auch das vergangene Leid, das Leid der Toten umfasse. Solche Theologie stünde im Protest gegen die dialektischen Tendenzen der Emanzipation, zur abstrakten Erfolgs- und Siegergeschichte, ja zum Geschichtsdarwinismus zu pervertieren, im Protest gegen ihre Verfeindungszwänge und Entschuldigungsmechanismen, ihre – wie *Odo Marquard* es genannt und an ihrem Verlauf exemplifiziert hat – trickreiche »Kunst, es nicht gewesen zu sein«[45], im Protest gegen ihren stets wiederkehrenden Rekurs auf ein von aller persönlichen Verantwortung entlastendes »transzendentales« Subjekt oder auch eine subjektlose Teleologie der Geschichte und schließlich gegen den ihre ursprünglichen Intentionen endgültig verratenden Versuch, den Tod des einzelnen Subjekts auf dem Weg seiner totalen Funktionalisierung zu betreiben und dann zynisch zu konstatieren. Sehr scharf sieht *Metz* die Krise, in die jede argumentierende Soteriologie angesichts dieser Lage gerät. Denn ob sie sich nun existential- oder transzendentaltheologisch aus der Nicht-Identität geschichtlichen Lebens zurückzieht, sie durch ihre Aufhebung in die Dialektik der trinitarischen Gottesgeschichte theologisch begreift oder den Respekt vor ihr allein dadurch zu bewahren vermag, daß sie Heil und Erlösung futurisiert und sich so als »Konditionalsoteriologie« in praktische Geschichtsphilosophie auflöst – in jedem Fall erliege sie dem Dilemma, entweder die Realität des geschichtlichen Leidens zu ignorie-

[44] *J. B. Metz,* Erlösung und Emanzipation, zunächst in: *L. Scheffczyk* (Hg.), Erlösung und Emanzipation, 120–140; jetzt leicht verändert in: *J. B. Metz,* Glaube in Geschichte und Gesellschaft, 104–119. Die folgenden Ausführungen beziehen sich auf den genannten und weitere Beiträge dieses Bandes. Seitenangaben im Text.

[45] *O. Marquard,* Schwierigkeiten mit der Geschichtsphilosophie, 73.

ren, sie spekulativ nur zu überhöhen oder aber den Erlösungsglauben selber zu suspendieren. Und in jedem Fall werde der totale Anspruch neuzeitlicher Emanzipation und seine Selbstimmunisierung gegen externe Bestreitung nicht gebrochen, sondern unterschätzt und ungewollt bestätigt. Zu fordern sei deshalb eine andere als nur argumentative Gestalt der Vermittlung: eine »fundamental memorativ-narrative Soteriologie«, die in den Systemen unserer sogenannten emanzipatorischen Welt und im konkreten Widerspruch gegen die herrschenden Tendenzen »das christliche Erlösungsgedächtnis als gefährlich-befreiendes Gedächtnis erlöster Freiheit erzählend wachzuhalten und argumentativ zu schützen« suche (119).

Metz' »neue politische Theologie« versteht sich als »praktische Fundamentaltheologie«. Sie hat sich mit hermeneutischer Folgerichtigkeit entwickelt und Entscheidendes für die Aufklärung und Kritik der »eigentümliche[n] politische[n] Bewußtlosigkeit von Theologie und Christentum« geleistet (XI). Mit *Kant* hat sie die Wende zum Primat der praktischen Vernunft und mit *Marx* die Differenzierung zwischen sittlicher und gesellschaftlicher Praxis vollzogen und – entsprechend der Theorie-Praxis-Dialektik – die »intelligible Kraft der Praxis« (47) schon im Ansatz zur Geltung gebracht. Sie hat darüber hinaus »Erinnerung« und »Erzählung« nicht nur als »die fundamentalen Kategorien der Vergewisserung und Rettung« der Identität von Subjekten (63), sondern auch als jeder Theologie innewohnende, weil ihre Inhalte allererst vermittelnde Momente herausgestellt (190) und nicht zuletzt gegen alle Tendenzen der Entzeitlichung des eschatologischen Glaubens auf seiner »apokalyptischen Prägung« bestanden (71). Ihrer Grundthese, die Theologie könne die gegenwärtig vorherrschenden »Versuche zur entwicklungslogischen Rekonstruktion bzw. zur totalen gesellschaftlichen Konditionierung von Religion nur dadurch unterlaufen, daß sie sich auf eine diese Interpretationssysteme aufbrechende Praxis bezieht« (8), wird man jedenfalls insofern nur zustimmen können, als Theologie ohne die ihre Wahrheit bezeugende Praxis in der Tat gegenstandslos wäre. Aber ist sie mit diesem Hinweis allein schon Fundamentaltheologie? Was soll es heißen, daß sie das solidarische Subjektsein aller vor Gott »einklagt und beschreibt« (42), und worin bestehen der argumentative »Schutz« und die »argumentative Unterbrechung« der erzählenden Erinnerung des Heils (119. 190), die Metz ja durchaus fordert? Allein in der Aporetisierung der genannten und in der Tat voraussetzungsvollen Theorien (9) oder noch im religionsgeschichtlichen Nachweis der Interdependenz von Subjektwerdung und Gottesbeziehung (66)? Verdient die zentrale These von der »identitäts-

bildenden« Bedeutung des biblisch-christlichen Gottesgedankens (58) nicht selbst weitere Klärung – im Blick namentlich auch auf das Subjektdenken der Neuzeit? Wie viel daran hängt, das bürgerliche Subjekt und seine verdinglichende Vernunft nicht zu nachträglichen theologischen Ehren zu bringen (40), hat Metz überzeugend gezeigt. Doch deutet er selbst Differenzierungen an, wenn er seine Kritik am Subjekt der Aufklärung, dem Bürger, auf dessen »Absolutsetzung und elitäre[n] Selbstbehauptung« bezieht (31) und mit der Bestreitung der Annahme beschließt, daß die bürgerlichen Prinzipien und Werte »*allein* tauglich und stark genug« seien, »um das zu leisten, was der Religion aufgetragen ist: nämlich einzutreten für das solidarische Subjektsein aller« (43).
Festzuhalten, scheint mir, bleibt auf jeden Fall die von Metz herausgestellte fundierende Bedeutung der Praxis im Vermittlungsgeschehen des Glaubens. Und ebenso, daß die erinnernd-erzählende Vergegenwärtigung der schon begonnenen Verheißung ein konstitutives Moment an ihm darstellt. Und dies nicht allein, damit das wirkliche Leid wahrgenommen und beim Namen genannt werden könne, sondern auch um des Glaubens selbst willen, der »vom Hören kommt« (Röm 10,17) und seinerseits der steten Ermutigung und nicht zuletzt immer wieder der Vergebung bedarf. Ob das christliche Erlösungszeugnis aber wirklich zu überzeugen vermag, hängt primär von der es bewährenden Praxis selbst ab und nur mittelbar von der Theologie, sei sie nun mehr erzählend oder argumentierend. Diese Praxis lebt von der Verkündigung, die wesentlich ein Erzählen ist, und kann selbst, wenn auch wohl niemals ausschließlich, als Erzählen geschehen. Zugleich aber bedarf sie – wenn sie mehr als das schlechte Gewissen der Emanzipation und die faktische Alternative zu ihren inhumanen Tendenzen sein soll, sondern mit ihrem Widerspruch zu ihnen (der in gegebener Situation allerdings vordringlich sein kann) auch einleuchten will – der sie argumentierend begleitenden Reflexion, die (nicht zuletzt angesichts der theoretischen Ansprüche des neuzeitlichen Atheismus) den anthropologischen Sinn des Erlösungsglaubens expliziert. Solche Reflexion ist keineswegs, wie Metz mit Rekurs auf das Problem theoretischer Metaebenen gelegentlich insinuiert (8), dem Schicksal eines infiniten Regresses ausgeliefert, sondern durchaus zur einsichtigen Selbstbegrenzung und -öffnung für die geschichtliche Wirklichkeit imstande und im übrigen eine unverzichtbare Instanz bei der Unterbrechung des herrschenden Bewußtseins, sofern diese Unterbrechung auch Aufklärung sein soll. Noch weniger muß sie mit ihrem Versuch argumentierender Vermittlung zur »emphatische[n] Verdoppelung« der Emanzi-

pationsgeschichte geraten, sondern kann sie im Gegenteil gerade dadurch »als ganze zur Diskussion« stellen, daß sie den Streit um »die Wurzeln menschlichen Freiheitsverständnisses« aufnimmt (105–107)[46].

b) Trinitarische Kreuzestheologie

Als theologische Selbstbesinnung angesichts »einer Welt, wo Tote und Lebendige nach Gerechtigkeit schreien«, hat auch *Jürgen Moltmann* seinen Entwurf einer trinitarischen Kreuzestheologie verstanden[47]. In seinem Buch »Der gekreuzigte Gott« (1972) bindet er die antizipatorische Perspektive seiner »Theologie der Hoffnung« (1964) zurück in ein den Tod Jesu Christi erinnerndes Denken, dem es um die Inkarnation der Zukunft Gottes in die Leidensgeschichte der Welt geht: »Ging es damals um die Erinnerung Christi im modus der *Hoffnung* auf seine Zukunft, so geht es jetzt um Hoffnung im modus der *Erinnerung* seines Todes« (10). Der Relevanzkrise des Glaubens, die in Wahrheit eine Identitätskrise sei, könne die Theologie nur begegnen, wenn sie ihren Ort beim Gekreuzigten suche. In zweifacher Richtung entwickelt Moltmann deshalb die Tradition der Kreuzestheologie weiter: einmal durch die Entfaltung ihrer gesellschaftskritischen Implikationen und

[46] Ein überzeugendes Beispiel solcher Auseinandersetzung bieten die Studien von *O. Bayer,* Umstrittene Freiheit. – *E. Schillebeeckx* – als Kritiker sicher unverdächtig, da er sich selbst »äußerst empfindsam für die menschliche Leidensgeschichte« zeigt und sein Buch »Christus und die Christen« tatsächlich nie den Blick von ihr abwendet – würdigt es als »das große Verdienst der Theologie von Metz, daß er durch emanzipative Freiheitsbewegungen nicht-mitbedachte Zonen menschlichen Leidens in kritische Erinnerung gebracht hat«. Doch zugleich äußert er den Eindruck, »daß Metz die Reflexion auf das Verhältnis der Heilsgeschichte zur emanzipativen Freiheitsgeschichte zu brüsk mit einer Berufung auf die Vermittlung der Erzählung menschlicher Leidensgeschichten abbricht«. Zu wenig werde der »positive[n] Zusammenhang zwischen dem, was an Sinnerfahrung und vor allem an Sinnveränderung [. . .] durch die menschliche Freiheitsgeschichte zustande gebracht wird, und dem eschatologischen Heil thematisiert. Dann fragt es sich in der Tat jedoch, ob die Erzählung von Leidensgeschichten diese exklusive Vermittlungsfunktion hat«. Vor allem werde der »Begriff ›Gott‹, wie er von Jesus her als Gott reiner Positivität verstanden wird, als Urheber des Guten und Bekämpfer des Bösen, [. . .] von Metz nicht reflektiert«. »Gerade die menschliche Einsicht, daß ›die Menschheit‹ [. . .] kein universales Subjekt der allgemeinen Geschichte sein kann und daß eine totale Selbstbefreiung der Menschheit theoretisch unhaltbar ist«, sei doch »der menschliche Erfahrungskontext, in dem die *Frage nach* Gott [. . .] sinnvoll gestellt werden kann« (Christus, 736f.).

[47] *J. Moltmann,* Der gekreuzigte Gott, 165. Weitere Seitenangaben im Text.

zugleich durch die »fällige Revolution im Gottesbegriff« (9), die über die Alternative von Theismus und Atheismus hinausführen soll, indem sie das Kreuz als Geschehen in Gott selbst, d. h. als trinitarisches Geschehen begreift.
Es ist die Frage der Theodizee, die Moltmanns Kreuzestheologie aufnimmt. Im engagierten Streit um die Gerechtigkeit in der Welt soll sie ihre Bedeutung erweisen. Denn der traditionelle Theismus wie seine unausweichliche Antithese, der Atheismus, halten Gott und Leid auseinander: der Theismus, indem er das Leid übergeht oder ausgleicht durch eine andere, jenseitige Welt, und der Atheismus, indem er die keineswegs »gottfarbene« Welt zum Grund der Empörung und Anklage nimmt und endlich, wie *Stendhal* formulierte, Gottes »einzige Entschuldigung« darin findet, »daß er nicht existiert« (212). Des Reichtums seines eigenen Wesens bewußt, legt der Mensch die Prämisse eines von ihm unterschiedenen Gottes als entbehrlich und überflüssig, ja hinderlich beiseite – eines Gottes namentlich in der metaphysischen Gestalt des teilnahmslos-vollkommenen ersten Prinzips, des ewig »Lieblosen-Geliebten«: Deus incurvatus in se (208). Was aber, wenn das Erbe der göttlichen Prädikate ihn überfordert? Vielleicht schafft er den störenden Widerspruch weg, indem er seine Erwartungen zurückschraubt oder die Wahrnehmung allen Leidens, der Ohnmacht und des Irrtums, des Unrechts und der Bosheit verdrängt. Namentlich die »Kritische Theorie« aber bestreitet, daß Gottes Stelle ersetzt werden könne. Sie wendet den Blick nicht vom Leid, sondern hält seine Frage wach und läßt den einfachen Gegensatz von Theismus und Atheismus zurück. Denn es ist die Sehnsucht nach der ganz anderen Gerechtigkeit, die ihr das Leiden zum bewußten Schmerz macht und das Bewußtsein vom Schmerz zum Protest gegen das Leiden. »Erkenntnis hat kein Licht, als das von der Erlösung her auf die Welt scheint«, schrieb *Adorno* und war doch ebenso überzeugt, daß die Möglichkeit, für die der göttliche Name stehe, allein vom Nichtglaubenden festgehalten werde: »Hoffnung auch nur zu denken, frevelt an ihr und arbeitet ihr entgegen«[48]. Auch *Camus* kam dem Geheimnis des Glaubens, den er nicht teilte, sehr nahe, wenn ihm die »Nacht von Golgatha« gerade darum für die Geschichte der Menschen so bedeutend erschien, »weil in ihrem Dunkel die Gottheit, sichtbar auf alle hergebrachten Privilegien verzichtend, bis zu ihrem Ende, alle Verzweiflung eingeschlossen, die Todesangst durchlebt«. Er sah Gott im Kreuz Jesu verschwinden, doch seinen Tod nicht aufgehoben in Gott: »Die Agonie wäre leicht, wenn

[48] *Th. W. Adorno,* Minima moralia, 333; *ders.*, Negative Dialektik, 392.

sie getragen würde von der ewigen Hoffnung. Damit der Gott ein Mensch sei, muß er verzweifeln«[49]. Christlicher Glaube aber, so Moltmann, stellt sich dem Leiden *und* wagt doch die Hoffnung, denn: »Gottes Sein ist im Leiden, und das Leiden ist in Gottes Sein selbst, weil Gott Liebe ist« (214). Allein in der Gemeinschaft mit diesem, dem gekreuzigten Gott sei Theologie nach Auschwitz noch möglich (263–267).

Die Bedeutung dieser theologischen Selbstbesinnung und Problemstellung steht außer Frage. Und ebenso die Aktualität dessen, was Moltmann an gesellschafts-, kirchen- und theologiekritischen Einsichten vermittelt und sich hier nur andeuten läßt: seine Diagnose der gegenwärtigen Glaubenssituation (12ff.), seine Kritik der kirchlichen Vereinnahmung des Kreuzes (34ff.), seine differenzierten Aussagen zur Kreuzesmystik und Kreuzesnachfolge (47ff.), seine theologische Deutung des Weges Jesu (119ff.) und endlich die Ansätze einer psychologischen Hermeneutik des Lebens und einer politischen Hermeneutik der Gesellschaft, die im Blick auf die tödlichen Regelkreise der Realität die befreienden Perspektiven der Kreuzestheologie konkretisieren (268ff.). Bedenken stellen sich erst mit den theologischen Grundaussagen ein. *Zunächst:* Nach Moltmann verhalten sich Kreuzesgeschehen und Trinitätstheologie wie Anschauung und Begriff, Inhalt und Form (227f., 232f.): »Wer wirklich Trinität sagt, der spricht vom Kreuz Jesu und spekuliert nicht in himmlischen Rätseln« (192). Eine Theologie, die dieses Kreuz um die Gottheit entleerte, hätte angesichts der menschlichen Leidensgeschichte nichts mehr zu sagen. Allerdings sei die sinnlose »theopaschitische« Formel »Tod Gottes« (230) durch den Gedanken »Tod *in* Gott« zu überwinden: »Das Kreuz steht mitten *im* trinitarischen Sein Gottes, trennt und verbindet die Personen« (192); konkret: »Jesus erleidet das Sterben in Verlassenheit [...] Der Vater aber, der ihn verläßt und hingibt, erleidet den Tod des Sohnes im unendlichen Schmerz der Liebe« (230). Aber meint Moltmann wirklich, daß erst in diesem Geschehen die »Personen sich in ihrem Verhältnis zueinander konstituieren« (232)? Der von *Karl Rahner* übernommene Grundsatz »Die ›ökonomische‹ Trinität *ist* die immanente Trinität und umgekehrt«[50] wäre dann im Sinn einer unterschiedslosen Identität beider verstanden. Allerdings liegt Moltmann alles daran, die Zukunft Gottes nicht als Möglichkeit der Welt, sondern die neue Welt als Möglichkeit Gottes zu denken (204). »Trinitarisch

[49] *A. Camus,* Der Mensch in der Revolte, 29.

[50] *K. Rahner,* Bemerkungen zum dogmatischen Traktat »De Trinitate«: Schriften IV, 115.

verstanden«, sagt er deshalb mit der Prozeßtheologie, »ist Gott sowohl welttranszendierend wie geschichtsimmanent [. . .], als Vater transzendent, als Sohn immanent und als Geist der Geschichte zukunftsöffnend voran« (242). Aber auch dabei bleibt unklar, ob sich Gott *als* Liebe im Kreuz offenbart oder allererst konstituiert, d. h. die Verdikte gegen »die Dichotomie zwischen immanenter und ökonomischer Trinität« (232) nur als Korrektiv oder grundsätzlich gemeint sind[51].

Sodann: Moltmanns Kreuzestheologie, orientiert an der Aufnahme der menschlichen Leidensgeschichte in Gottes trinitarisches Leben, akzentuiert den Widerspruch Gottes zum Willen des Menschen, sich in allem, auch seiner Gotteserkenntnis, selbstbestätigend wiederzufinden: »Erst die dialektische Erkenntnis Gottes in seinem Gegenteil bringt den Himmel auf die Erde der Gottverlassenen und öffnet den Gottlosen den Himmel« (33). Denn erst am Kreuz des für uns erschlossenen Gottes kann der »homo in se incurvatus« sich als gottlos und doch nicht von Gott verlassen erkennen; und nur von außen, in der Wahl der Heimatlosigkeit, kann die Durchbrechung des gesellschaftlichen Verblendungszusammenhanges beginnen. Demgemäß erscheint Jesu Auferweckung, das Symbol »für den Anfang der neuen Welt der Gerechtigkeit Gottes« (156), als »Beginn des Endes der Geschichte mitten in der Geschichte« (149) und Jesu Kreuzestod als »die Bedeutung seiner Auferweckung für uns« (170): »Das Kreuz ist die Form des kommenden, erlösenden Reiches, und der Gekreuzigte ist die Inkarnation des Auferstandenen« (173). Doch welche Vermittlung zwischen Schöpfung und Neuschöpfung, Anthropologie und Soteriologie, Geschichte und Eschaton läßt solche Staurozentrik noch zu? Und wie überhaupt ist es möglich und zu denken, daß »Gottes Gottheit [. . .] im Paradox des Kreuzes offenbar« wird (32)? Zwar betont Moltmann, daß durch Gottes Offenbarung im Gegenteil »die Widersprechenden [. . .] zu Entsprechungen kommen« können (33). Aber werden diese durch die Auferweckung des Gekreuzigten erst geschaffen oder nicht auch, weil durch die Sünde entstellt, wiederhergestellt und zur Erfüllung gebracht? Und müssen sie, wenn und sofern sie freigesetzt werden, nicht auch vorausgesetzt werden?

[51] Eindeutiger und zutreffend scheint mir die These *E. Jüngels,* der im Blick auf Luther und in der Nähe zu Karl Barth formuliert: »Für Luther bedeutet [. . .] die unitio naturarum, daß mit der *Person* Jesu Christi auch die Gottheit Gottes in ihrem Sein von diesem Akte *bewegt* wird, daß die *Geschichte,* die die Person Jesu Christi secundum humanitatem macht, Gottes eigene, sein eigenes Sein angehende Geschichte *wird.* Ja, diese Geschichte geht Gott nicht nur an; sie geht als die ihn angehende Geschichte auch von ihm aus. Und das heißt, daß Gottes Sein sich von vorneherein auf diese Geschichte hin ontologisch entwirft« (Vom Tod des lebendigen Gottes: Unterwegs zur Sache, 115).

Dann aber lägen Begründungsverhältnisse vor, die noch expliziert werden müßten[52].

Und *endlich:* In welchem Sinn kann der Tod Jesu als Gottesbestimmung gelten? Moltmann interpretiert Jesu gottverlassenes Sterben als »stasis in Gott«: »Das Kreuz des Sohnes trennt Gott von Gott bis zur völligen Feindschaft und Differenz. Die Auferweckung des gottverlassenen Sohnes verbindet Gott mit Gott zur innigsten Gemeinschaft« (144f.). Und entsprechend 1 Joh 4,16: Gott »*ist* Liebe, d. h. er existiert in Liebe. Er konstituiert seine Existenz im Geschehen dieser Liebe. Er existiert als Liebe im Kreuzesgeschehen« (231). Wäre dieser Tod somit Bedingung für die Selbstkonstitution Gottes als Liebe? Und leidet Gott an sich selbst: »Nemo contra Deum nisi Deus ipse« (233)? Ich meine, es nimmt Jesu Tod und Gottes Entschiedenheit für uns nicht weniger ernst, wer das Kreuz als Offenbarungsgestalt der Liebe Gottes in den Verhältnissen der Sünde begreift. Denn allerdings ist die Bereitschaft zum Leid der Ernstfall der Liebe, doch scheint mir nicht wenig daran zu hängen, daß man Liebe ursprünglich als glückende denkt und den faktischen Widerspruch zu ihr als zwar entschieden zu übernehmenden, aber doch als nicht seinsollenden und zu überwindenden versteht. Und dies nicht zuletzt aus praktischen Gründen. Denn was eigentlich ist für christliches Handeln gewonnen, wenn man die menschliche Leidensgeschichte mit dem Prädikat göttlich versieht? Leistet ihre identifizierende Einbergung ins göttliche Leben nicht ungewollt der Leidensverklärung Vorschub? Christliche Soteriologie wird an Relevanz nicht verlieren, wenn sie Gottes Wesen von seiner Offenbarung klar unterscheidet und unter Erlösung den Vorgang versteht, daß Gott als die Liebe, die er in freier Selbstbestimmung von Ewigkeit ist, in einem Menschen geschichtlich gehandelt und eine Geschichte initiiert hat, die sich von der im Leben und der Auferweckung des Gekreuzigten schon begonnenen Verheißung getragen und gefordert weiß. Denn auch für sie würde gelten, woran Moltmann Theologie und Kirche erinnert: »Das Kreuz wird nicht geliebt und kann nicht geliebt werden. Und doch verschafft nur der Gekreuzigte jene Freiheit, die die Welt verändert, weil sie den Tod nicht mehr fürchtet« (7)[53].

[52] Auf den letztgenannten Fragen bestand schon *W. Kasper* in seiner Diskussion mit J. Moltmann von 1973, jetzt leicht zugänglich in: *M. Welker* (Hg.), Diskussion, 140–159.

[53] *E. Schillebeeckx* sieht die Schwierigkeit in der Auffassung, daß der Vater selbst den Sohn »ausgestoßen« habe, darin, »daß man dabei Gott zuschreibt, was allein die menschliche Unrechtsgeschichte Jesus angetan hat [. . .] Ich meine, daß wir damit in der Soteriologie [. . .] auf eine falsche Spur geraten, trotz des tiefen und richtigen

c) Theologie anamnetisch-solidarischen Handelns

Angesichts der gesellschaftlichen Macht eines Szientismus, der sich seines praktischen Ursprungs kaum mehr bewußt und noch seltener für seine Folgen einzustehen bereit ist, scheint mir besondere Beachtung der Ansatz einer »fundamentalen Theologie« zu verdienen, den *Helmut Peukert* in seinem Buch »Wissenschaftstheorie – Handlungstheorie – Fundamentale Theologie« (1976) entwickelt und interdisziplinär ausgewiesen hat[54]. Denn hier ist nicht nur die kritisch-befreiende Relevanz des christlichen Glaubens herausgestellt und die praktische Gestalt seiner Vermittlung bedacht, sondern auch durch den Bezug auf den gegenwärtigen Stand der wissenschaftstheoretischen Diskussion die Bedeutung dieser Praxis selbst theoretisch vermittelt und ihr zentrales Bekenntnis zu Gottes Treue und rettender Macht eindringlich zur Geltung gebracht. Zunächst wird der Prozeß der »unerbittlichen«

Gedankens darin, daß Gott der große Mit-Leidende ist, besorgt um unsere Geschichte« (Christus, 709). Überzeugend scheint mir auch *H. U. von Balthasars* Zurückweisung der Spekulationen Moltmanns über die Freiheit Gottes, welche jede Annahme einer Wahlfreiheit in Gott so entschieden als Nominalismus verwerfen, daß Gott Liebe nur noch sein kann »im Tun des Guten« und im »Überströmen der Güte«, d. h. ohne Schöpfung und Erlösung nur ein »abstraktes Sein für sich und bei sich« wäre (Theodramatik III, 300f. Anm. 22). Eben dies war ja die These Hegels. Was *K. Barths* Lehre von »Gottes Gnadenwahl« (KD II/2, 1–563) und vor allem seine spannungsvollen Bestimmungen von »Gottes Sein als des Liebenden in der Freiheit« zusammengedacht hatten (KD II/1, 288–361), scheint bei Moltmann tatsächlich »einseitig« entschieden. »Gottes Lieben«, so Barth, »ist zwar notwendig, so gewiß es das Sein, das Wesen, die Natur Gottes selbst ist, aber eben darum ist es auch *frei* von jedem *Bedürfnis* hinsichtlich seines *Gegenstandes*. Gott liebt uns, Gott liebt die Welt laut seiner Offenbarung. Er liebt aber uns und die Welt als der, der der Liebende wäre auch ohne uns, auch ohne die Welt, als der also, der keines Anderen bedarf, um erst aufgrund von dessen Existenz der Liebende und also Gott zu sein. Gewiß, er ist, der er ist ganz in seiner Offenbarung, in seiner Zuwendung und also in seiner Liebe zu uns. Er hat sich uns nicht vorenthalten, sondern geschenkt. Es ist also seine Liebe zu uns seine *ewige* Liebe, unser Geliebtwerden von ihm, unser Aufgenommensein in die Gemeinschaft seiner ewigen Liebe [...] Aber eben: es geht um ein Aufgenommensein. Es gehört nicht zu Gottes Tun und also Sein, daß er als Liebe einen Gegenstand in einem von ihm unterschiedenen Anderen haben müßte [...] Daß er sich selber dazu bestimmt, ein solches Anderes zu lieben, darin überströmt seine Liebe, darin erschöpft sie sich aber nicht, dadurch ist sie nicht begrenzt und bedingt, sondern gerade dies ihr Überströmen ist dadurch bedingt, daß sie sich selbst genügen *könnte* und nun doch kein Genügen *hat* an diesem Selbstgenügen, sondern als Liebe zu einem Anderen noch mehr sein kann und will als das, worin sie sich selbst genügen könnte« (KD II/1, 314f.).

[54] *H. Peukert*, Wissenschaftstheorie – Handlungstheorie – Fundamentale Theologie. Seitenangaben im Text.

wissenschaftlichen Selbstreflexion, wie er seit den Bemühungen des logischen Positivismus um eine exakte weltabbildende Einheitssprache in der Wissenschaftstheorie, der Linguistik und den Sozialwissenschaften stattfand, minutiös rekonstruiert und die Logik verdeutlicht, mit der er – ebenso wie vom entgegengesetzten Ausgangspunkt her die Entwicklung der theologischen Hermeneutik seit *Bultmann* – auf das Problem kommunikativer Praxis hinführte. Sodann wird – und darin liegt Peukerts weiterführender Beitrag – die als Basistheorie wissenschaftlicher Rationalität sich anbietende Theorie kommunikativen Handelns, wie sie in *Karl-Otto Apels* Transzendental- und *Jürgen Habermas'* Universalpragmatik vorliegt, auf die in solchem Handeln beschlossene Norm universaler Solidarität und die ihr entsprechende Aufgabe einer kritischen Gesellschafts- und Geschichtstheorie verpflichtet und endlich einer dialektischen Grenzreflexion unterzogen: das »Paradox anamnetischer Solidarität« (Wie ist die unbedingte Anerkennung aller, also auch Treue zu den Toten möglich?) zeigt die Aporie einer bloß normativ sich verstehenden kommunikativen Vernunft und mit ihr die handlungstheoretische Relevanz der jüdisch-christlichen Tradition, die Gott als rettende Wirklichkeit für die Toten behauptet.
Die genannte Aporie wird sichtbar, wenn man die Konzeption der unbegrenzten Kommunikationsgemeinschaft mit ihren elementaren Bestimmungen der Reziprozität und universalen Solidarität auf ihre geschichtliche Dimension hin entfaltet: Wie kann man, wenn doch die unbedingte Solidarität mit allen andern die Möglichkeit eigenen Menschseins konstituiert, »die endgültige, nicht revidierbare Verlorenheit der Opfer des geschichtlichen Vorgangs, dem man sich selbst verdankt, überhaupt in der Erinnerung behalten und dabei glücklich sein, seine Identität finden« (281)? *Max Horkheimer* hatte geschrieben: »Der Gedanke, daß die Gebete der Verfolgten in höchster Not, daß die der Unschuldigen, die ohne Aufklärung ihrer Sache sterben müssen, daß die letzten Hoffnungen auf eine übermenschliche Instanz kein Ziel erreichen und daß die Nacht, die kein menschliches Licht erhellt, auch von keinem göttlichen durchdrungen wird, ist ungeheuerlich [. . .] Aber ist Ungeheuerlichkeit je ein stichhaltiges Argument gegen die Behauptung oder Leugnung eines Sachverhalts gewesen, enthält die Logik das Gesetz, daß ein Urteil falsch ist, wenn seine Konsequenz Verzweiflung wäre?«[55] Für Peukert bleibt dennoch die Frage, ob die Praxis, die den anderen als Handelnden erinnert und bejaht und doch die Feststellung seiner endgültigen Vernichtung treffen müßte, an dieser Antinomie

[55] *M. Horkheimer, Kritische Theorie. Bd. I, 372.*

nicht selber zerbricht: »Die eigene Existenz wird von der Solidarität her, der sie sich verdankt, zum Selbstwiderspruch. Die Bedingung ihrer eigenen Möglichkeit wird zu ihrer Zerstörung« (282. 309). Das hier aufbrechende Problem ist nicht mehr von der Art, daß es von einer umfassenderen Theorie noch geklärt werden könnte – entspringt es doch gerade der Praxis, die für jede Klärung theoretischer und praktischer Fragen vorausgesetzt werden muß. Möglich bliebe allein der Hinweis auf eine Gestalt kommunikativer Praxis, die – bezogen auf dies äußerste Paradox – durch ihr Verhalten selbst die umstrittene Wirklichkeit Gottes bezeugte. An ihren Erfahrungen müßten alle Versuche scheitern, das Wesen von Religion handlungstheoretisch zu rekonstruieren und durch die metatheoretische Aufhebung der Theologie deren Möglichkeit zu bestreiten. Im Bezug auf das kommunikative Handeln, das in der Tradition Jesu Christi tatsächlich begegnet und eben die Situation realisiert, die der »Ursprung einer möglichen Rede von Gott« ist (311), kann sich Theologie also konstituieren: »Sie ist Explikation eines Existenzvollzugs, der als Vollzug über sich hinausreicht und eine Wirklichkeit behauptet, die als frei wirkende [. . .] von der eigenen Existenz unterschieden ist; sie wird behauptet als die Wirklichkeit, die den anderen im Tod rettet. Diese Wirklichkeit wird aber nur erschlossen in der Weise, daß intersubjektives Handeln auf sie zugeht. Sie kann also auch nur als die in dieser Praxis erfahrene Wirklichkeit zur Sprache gebracht werden [. . .] Fundamentale Theologie ist also eine Theorie kommunikativen Handelns und der in diesem Handeln erschlossenen Wirklichkeit« (315f.). Fundamental ist sie insofern, als sie erstens den Zugang zu dieser Wirklichkeit, zweitens ihre originäre Bestimmung, Identifikation und Benennbarkeit und drittens die mögliche Verständigung über sie klärt – fundamental also sachlich wie methodologisch: Die gemeinte Sache bestimmt die Weise ihrer intersubjektiven Mitteilung, wie sie umgekehrt aus dem Vorgang dieser Mitteilung bestimmt wird (318). Ihre fundierende Bedeutung für eine Theorie des Subjekts, der Gesellschaft und der Geschichte aber bewährt sie dadurch, daß sie auf deren Aporien eingeht und sich selbst in diesen Dimensionen entfaltet.

Daß Peukert zur argumentierenden Vermittlung bereit ist und sie im Blick auf die wissenschaftstheoretische Situation mit einer von Theologen sonst nicht erreichten Präzision leistet[56], macht die Bedeutung

[56] Allerdings geht *W. Pannenberg*, Wissenschaftstheorie und Theologie, in der thematischen Anlage über Peukerts Entwurf hinaus: einmal durch die weitere Einbeziehung der hermeneutischen und geisteswissenschaftlichen Grundlagenproblematik, sodann durch die Auseinandersetzung mit den Theologiekonzepten der Theologiegeschichte,

seines fundamentaltheologischen Entwurfs aus. Zugleich bietet er, indem er nicht etwa durch die Abkehr von der wissenschaftlichen Vernunft, sondern durch die Aufklärung ihrer Prämissen und die Benennung ihrer Aporien das Bewußtsein auf die von der herrschenden Rationalität verstellte Leidensgeschichte richtet, ein Beispiel argumentierender Kritik. Allerdings hängt mit der Anlage der Argumentation auch zusammen, daß Peukert zunächst nur am aporetischen, wenn auch signifikanten Grenzfall verdeutlicht, was die Eigenart gläubiger Praxis ausmacht und von der des Diskurses, dessen Bedingungen kontrafaktisch postuliert werden müssen, schon im Anfang unterscheidet: daß sie nämlich von der unbedingten Anerkennung jedes Menschen durch Gott bereits ausgehen darf, d. h. ermöglicht und orientiert ist. Daß eben dies gemeint war, hat Peukert inzwischen noch verdeutlicht: »Als anamnetische Solidarität mit Jesus, die durch sein Leben und das Handeln Gottes in ihm und an ihm ermöglicht ist, ist der Glaube an die Auferweckung Jesu zugleich Solidarität mit allen anderen«; er ist Begründung eines »Handelns, das auf die Vollendung des Heils für alle vorgreift« und vorgreifen kann, »weil es auch durch den Tod nicht widerlegt ist [. . .] Die Überwindung des Todes ist die Ermächtigung zur Liebe«[57]. Entsprechend die Bestimmung von Fundamentaltheologie: Sie ist »Theorie desjenigen kommunikativen Handelns, das, aus den Mechanismen der Selbstbehauptung und der konkurrierenden Machtsteigerung befreit, Gott in seinem Handeln hier und jetzt als zuvorkommende absolute Liebe für den andern und für sich selbst erinnernd und antizipierend in Anspruch nimmt«[58].

Mit der Disposition seiner Arbeit hing ferner zusammen, daß Peukert die Rede von Gott zwar im Blick auf die Grenze des Todes erläutert und damit die biblische Realdefinition Gottes, der die Toten lebendig macht und das Nichtseiende ins Dasein ruft (Röm 4,17), einholt und vermittelt, sie aber nicht im Blick auf die neuzeitliche Problematisierung des Gottesgedankens bestimmt. Dennoch betont er, obwohl er seine Zurückhaltung gegenüber dem idealistischen Denken auch mit dem Hinweis auf das Gewicht der Theodizeefrage begründet, daß »die Ent-

ferner durch die Bestimmung der Theologie als »Wissenschaft von Gott« bzw. »Theologie der Religionsgeschichte« und endlich durch den Aufriß einer theologischen Enzyklopädie. Seine Verbindung von historischer und transzendentaler Reflexion nimmt eine unerläßliche Aufgabe wahr, auch wenn mir die Möglichkeiten der Philosophie hinsichtlich der Gottesfrage dabei gelegentlich (305ff.) überschätzt zu sein scheinen.

[57] *H. Peukert,* Sprache und Freiheit, 66f.

[58] *H. Peukert,* Art. Fundamentaltheologie, 21f.

wicklung eines Begriffs von Gott [. . .] die Entwicklung von Kategorien der Freiheit« verlangt (305). Allerdings, meine ich, legt noch ein weiterer Grund die Aufnahme der neuzeitlichen Freiheitsreflexion nahe: weil es nämlich fraglich und tatsächlich umstritten ist, ob die von der Universal- und Transzendentalpragmatik geübte Methode der Rekonstruktion über den Aufweis pragmatisch nicht hintergehbarer Regelbedingungen und vielleicht noch die Feststellung ihrer faktischen Geltung hinauskommt und überhaupt die ethisch entscheidende Frage erreicht, wie *unbedingte* Geltung gedacht werden kann[59]. Indessen

[59] Dies hat gegenüber *K.-O. Apel* (Das Apriori der Kommunikationsgemeinschaft), der den Anspruch der Transzendentalpragmatik auf Letztbegründung ausdrücklich aufrecht erhält, *H. Krings* (Empirie und Apriori. Zum Verhältnis von Transzendentalphilosophie und Sprachpragmatik: System und Freiheit, 69–98) geltend gemacht. Die Methodenstrategie der Transzendentalpragmatik zielt nach Krings darauf ab, »das Empirische durch die Einführung des Begriffs der ›Idealität‹ zu apriorisieren und das Apriori durch die Methode der Rekonstruktion dessen, was tatsächlich als Geltungsansprüche anerkannt sein muß, zu empirisieren« (75). Um den Kontakt zu den nomologischen Wissenschaften nicht preiszugeben, wird Kants Begriff des »reinen« Apriori vermieden: »Das Apriori ist nicht empiriejenseitig, sondern selber quasi-empirisch. Das hat in praktischer Hinsicht zur Folge, daß einerseits Kants entschiedene Frage nach der Sittlichkeit nicht mehr gestellt wird bzw. gestellt werden kann, daß aber andererseits die Frage[n] nach materialen Regeln der Kommunikation und nach Handlungsnormen gestellt werden bzw. werden können« (77). Sprachpragmatik wäre also, mit einem Ausdruck Schellings, Apriorismus des Empirischen, »da sie zwar eine gewisse Anzahl von Priora, nicht aber ein reines erstes Prius ausmacht. Sie demonstriert quasi aposteriori ihr Apriori« (80). Metafragen wie die, was denn die Bedingung der Möglichkeit von Anerkennung und Geltung überhaupt sei und ob ohne eine transzendentallogisch vorausliegende Anerkennung des Anderen als möglichen Partners einer verständigungsorientierten Sprechsituation die Anerkennung eines bestimmten Geltungsanspruches nicht grundlos wäre, bleiben methodisch ausgeschlossen oder münden im Grenzfall in einen Zirkel ein: »Der Konsens als Ziel ist das Begründende der (zu rekonstruierenden) Bedingungen, und die (als erfüllt unterstellten) Bedingungen sind das Begründende des Konsenses« (86). Gleichwohl ist die Frage zu stellen und auf ihr zu beharren, wie Regeln auch für solche Situationen begründbar seien, die nicht durch die Anerkennung von Regeln schon definiert sind: »Wie kann von Regeln der verständigungsorientierten Argumentation übergegangen werden zu Regeln des guten Handelns?« (89) Denn zu dieser Frage zwingt das Problem der Unterscheidung von Gut und Böse, durch die sich ethisches Handeln allererst konstituiert. Zu konstruieren wäre also die fundamentale Regel, die bei der Forderung oder Annahme von Geltungsansprüchen schon vorausgesetzt ist: »Warum gilt überhaupt etwas und nicht vielmehr nichts?« (91) Durch diese Frage und den Versuch, sie durch Rückführung auf ein Unbedingtes zu lösen, d. h. die Konstitution von Geltung durch es zu denken, geht Transzendentalphilosophie über die Transzendentalpragmatik hinaus. Ihre Bedeutung aber, so möchte ich hinzufügen, für die Vermittlung des christlichen Glaubens liegt deshalb nicht nur darin, daß sie – als Freiheitsdenken – einen dem Problemstand der neuzeitlichen Philosophie entsprechenden Gottesgedanken ermöglicht, sondern zugleich auch darin, daß – gerade weil

scheint mir, daß Peukert selbst über die Grenzen jenes Verfahrens und besonders des evolutionstheoretischen Rahmens, auf den namentlich *Habermas* sich bezieht, hinausdrängt und sich unabhängig von ihnen macht. Und dies nicht allein durch den Weg, auf dem er die freie gegenseitige Anerkennung als normativen Kern jeder Interaktion, ja »als Bedingung der Möglichkeit des Menschseins« identifiziert (260), sondern mehr noch durch die Aufmerksamkeit, die er dem innovatorischen Handeln, das Sinn eröffnet, wirkliche Freiheit ermöglicht und gerade darin sich unbedingt zeigt, von Anfang an widmet (273). Was er im Programm einer »Ethik intersubjektiver Kreativität« intendiert, ist weit mehr als nur die Anerkennung der faktischen Existenz des jeweils anderen und seiner Rechte: »Eine normativ dimensionierte humane Interaktion zielt auf die Genese von Subjekten. Sie ist auch advokatorisch, stellvertretend notwendig, sie versucht denjenigen zum Wort zu verhelfen, die nicht mehr oder noch nicht reden können«[60]. Denkt man dabei nicht etwa nur an pädagogisches, therapeutisches oder gesellschaftskritisches Handeln, sondern auch – der Ernstfall innovatorischen Handelns – an Feindesliebe und Vergebung erlittener Schuld, verschärfen sich nochmals die Begründungsprobleme. Denn wie ist die Verbindlichkeit solchen Handelns, gerade in seiner vorläufigen und vielleicht sogar endgültigen Einseitigkeit, zu denken? Und zeigt sich hier nicht, daß die von *Kant* konstatierte Antinomie der praktischen Vernunft bereits die Grundlegungsfragen der Ethik berührt? »Man kann daran zugrundegehen, daß man das Gute tun will«, bemerkt Peukert einmal und weist darauf hin, daß der Glaube, indem er kommunikatives Handeln ermöglicht, seinen normativen Kern zugleich »bestätigt«[61]. Mir scheint, daß seine konsequenten interaktionslogischen Analysen dazu zwingen, von neuem die Frage nach dem Verhältnis des Glaubens zur Ethik zu bedenken. Nicht nur im Paradox der anamnetischen Solidarität, sondern auch im Ernst innovatorischen Handelns wird ja eine Grundaporie des Ethischen sichtbar: je unbedingter die Intention menschlicher Freiheit und ihre Entschiedenheit für den anderen, desto deutlicher ihre reale Ohnmacht und die Gefährdung der eigenen Existenz. Für eine Theologie der Erlösung, welche die Freiheitsop-

sie das Bewußtsein der unbedingten Verpflichtung ethischen Sollens erreicht und wachhält – auch die Antinomien der Ethik und des ethisch orientierten Daseins und mit ihnen die Frage nach dem *Sinn*grund moralischen Handelns in den Blick kommen müssen.

60 *H. Peukert,* Über die Zukunft von Bildung, 134.

61 *H. Peukert,* Sprache und Freiheit, 70f. 66f.

tion aufnimmt, sind Peukerts Analytik und Dialektik des kommunikativen Handelns von »fundamentaler« Bedeutung. –
Durch den Ernst, mit dem die hier skizzierten theologischen Entwürfe die Freiheitsgeschichte als Leidensgeschichte wahrnehmen, rufen sie jede Theologie der Erlösung zur historischen Realität. Was sie im einzelnen an relevanten Einsichten entwickeln, muß wohl nicht eigens zusammengefaßt werden. Aus dem kritisch zu ihnen Bemerkten aber ziehe ich, in Übereinstimmung mit den im ersten Teil gewonnenen Thesen, vor allem den Schluß, daß eine Theologie der Erlösung, die auch ihre theoretische Verantwortung unverkürzt wahrnehmen will, an der neuzeitlichen Freiheits- und Subjektivitätsproblematik nicht vorbeigehen kann. Daß solche Vermittlung kritisch sein müsse, wurde im vorhergehenden Kapitel ebenfalls hinreichend deutlich. Wie sie es sein könne, muß sich noch zeigen. Daß ihre Kritik aber nur bestimmt sein und einleuchten wird, wenn sie um die gemeinsame Basis bemüht ist, ergibt sich schon aus gesprächslogischen Gründen, die auch der Theologe nicht außer Kraft setzt. Und schon gar nicht eine Theologie, die Menschen erreichen und zum Glauben an das Evangelium einladen möchte.

7. Explikation des christlichen Glaubens an Erlösung im Rahmen einer Analytik der Freiheit (Systematische Skizze)

Der Vorschlag, den christlichen Glauben an Erlösung in bezug auf das Freiheitsthema zu explizieren, wird nach allen bisherigen Überlegungen nicht mehr überraschen. Nicht nur der prinzipielle Anspruch des Freiheitsdenkens der Neuzeit und das gegenwärtig kritische Stadium der Freiheitsgeschichte legen einen solchen Versuch nahe, sondern auch die Beobachtungen zur Tradition des christlichen Erlösungsglaubens, die – soweit sie kritisch ausfielen – schon den Ansatz und die bestimmende Denkform der betrachteten soteriologischen Grundkonzeptionen betrafen. Vor allem aber ist es der Inhalt des Heils selbst, Gottes offenbare Liebe zum Menschen, der – wie mir scheint – eine Auslegung in Freiheitsbestimmungen fordert. Welche theologischen Möglichkeiten der Freiheitsansatz bietet und wie weit er die im ersten Teil benannten »Aufgaben einer gegenwärtigen Theologie der Erlösung« im einzelnen einzulösen vermag, muß die Ausführung zeigen. Mehr als eine systematische Skizze, die sich auf die Grundbestimmungen und ihren Zusammenhang konzentriert, ist im Rahmen dieses Kapitels allerdings nicht zu leisten. Doch meine ich, daß ihre Bedeutung auch dort einleuchten dürfte, wo der Bezug zu den vorangegangenen historischen und sachlichen Erörterungen nicht ausdrücklich erinnert und eigens thematisiert wird. Sofern der mit ihr versuchte Aufriß der Soteriologie die Vergegenwärtigung einer Wahrheit zum Ziel hat, die – wie deutlich geworden – nur als gegebene wahr, nur durch die Vermittlung der sie bezeugenden Tradition zugänglich und nur im Glauben wahrnehmbar ist, ist er *dogmatisch* zu nennen: er hat am maßgeblichen, wenn auch zu interpretierenden Zeugnis des Neuen Testamentes seine inhaltliche Norm und an den Einsichten und Entscheidungen der Glaubensüberlieferung seine verbindliche Orientierung. Sofern es in der Soteriologie aber nicht nur um ein regionales theologisches Thema, sondern in einer besonders expliziten Weise um das Ganze des Glaubens in seiner »Bedeutung für uns«, also um seine menschliche Relevanz und Glaubwürdigkeit geht und damit die Frage nach einem vermittlungsfähigen Ansatz der Theologie überhaupt in den Blick kommt, nimmt der folgende Aufriß auch ausdrücklich die von der hermeneutischen Aufgabenstellung der Dogmatik nicht zu trennenden *fundamentaltheologischen* Interessen systematischer Theologie wahr: zum einen, indem er (im Sinne einer »fundamentalen Theologie«) mit den Grundbestimmungen des christlichen Heilsglaubens Kriterien für seine weitere Darstellung zu gewinnen sucht, zum anderen und vor allem durch sein (der hermeneutischen und apologetischen Aufgabe dienendes) Bemühen, ihn mit dem philosophischen Denken zu vermitteln und auf diesem Weg dem systematischen Verstehen zu erschließen wie seinen Anspruch auf Wahrheit der Bewährung auszusetzen. Dabei weiß er sich ursprünglich und bleibend auf die Praxis des Glaubens bezogen, von dessen Wirklichkeit er herkommt und in dessen Vollzug er wiederum einweist. Indem er die wesentliche Entsprechung seines Inhalts und seiner Gestalt reflektiert, gewinnt er den Ansatz für eine *Theorie christlichen Handelns*.

Ich möchte im folgenden so vorgehen, daß ich zunächst, die bisherigen Überlegungen aufnehmend und ergänzend, die Wahl des Ansatzes nochmals begründe (a), sodann die für die Explikation der Soteriologie relevanten Einsichten und Kategorien einer philosophischen Freiheitsanalyse vorstelle (b) und endlich mit ihrer Hilfe die Darstellung von Inhalt und Gestalt des christlichen Glaubens an Erlösung unter wesentlichen Hinsichten versuche (c).

a) Zur Wahl des Paradigmas

(1) Theologische Gründe

Der Ansatz bei einer Analytik der Freiheit ist erstens aus innertheologischen Gründen gerechtfertigt und, so meine ich, auch geboten. Wenn die Soteriologie, wie das zweite Kapitel gezeigt hat, die Geschichte Jesu Christi in ihrer Bedeutung für uns thematisiert und diese darin erkennt, daß Gott sich selbst als Liebe geoffenbart hat, dann ist sie, soll das Wort Liebe nicht unverstanden bleiben oder mit beliebigen Inhalten aufgefüllt werden, in Kategorien der Freiheit zu explizieren. Denn Liebe ist wesentlich Freiheitsgeschehen. Und Heilsgeschichte Freiheits- und Befreiungsgeschichte – als solche von Anfang an bezeugt und weiterhin zu bezeugen[62]. Seit der Befreiung aus der Knechtschaft Ägyptens hat Israel Freiheit als das Heilsgut erfahren und erhofft, das der freie Gott in der Geschichte verwirklicht. Die Freiheit, die mit der Gottesherrschaft anbricht, prägt das Wirken und die Verkündigung Jesu. Allein und unmittelbar an den Gott der Liebe gebunden, lebt und begründet er eine Freiheit, die Vollmacht und Hingabe zugleich ist: Freiheit für andere, welche die Bedrückten und Verurteilten aufrichtet und allen die Möglichkeit öffnet, in der Zuwendung Gottes sich selbst neu zu finden und das eigene Leben aus ihr zu bestimmen. Als Deutung des Todes Jesu im Licht seiner Auferweckung hat dann Paulus seine Theologie der Freiheit entwickelt. Denn zur Freiheit hat uns Christus befreit (Gal 5,1). Sie realisiert sich als Freiheit von der Sünde in der Fähigkeit zu wollen, was Gott tut; als Freiheit vom Gesetz im mündigen Gehorsam des Glaubens; als Freiheit vom Tod in der Überwindung der das Dasein lähmenden und die Liebe hindernden Angst. Schon innerhalb des irdischen Lebens hat sie teil an der Auferstehungsmacht Christi. Und sie bewährt dies, indem sie – gehalten und geleitet durch die Liebe und deshalb jenseits der Alternative von Nomismus und Libertinismus – auf den Nächsten sich einstellt und für ihn tut, was ihm hilft. Weil sie alles beurteilt und über alles verfügt, kann sie jede

[62] Im folgenden übernehme ich gelegentlich Formulierungen aus meinem Art. Freiheit. Da ich in diesem Kapitel die Geschichte des theologischen und philosophischen Freiheitsbegriffs nicht eigens behandle, möchte ich auf den genannten Artikel als »historisches Seitenstück« zu den systematischen Ausführungen dieses Kapitels verweisen. Zum neutestamentlichen Freiheitsverständnis vgl. auch *J. Blank,* Das Evangelium als Garantie der Freiheit; *E. Käsemann,* Der Ruf der Freiheit; *F. Mußner,* Theologie der Freiheit nach Paulus; *K. Niederwimmer,* Der Begriff der Freiheit im Neuen Testament; *R. Pesch,* Jesus, ein freier Mann; *H. Schlier,* Über das vollkommene Gesetz der Freiheit; *R. Schnackenburg,* Befreiung nach Paulus.

Situation übernehmen und sich verantwortlich binden. So kommt sie der Welt zugute, ohne sich an sie zu verlieren, kann dem Leben dienen, weil sie um das eigene nicht besorgt ist. In ihrer Vollendung wird sich die Sehnsucht alles Geschaffenen erfüllen. Denn die ganze Schöpfung, so die Hoffnung des Paulus, wird von der Knechtschaft des Verderbens befreit werden zur herrlichen Freiheit der Kinder Gottes (Röm 8,21).
An sich reicht das Gesagte zur Begründung des Freiheitsansatzes aus. Doch möchte ich, um seine Tragweite anzudeuten und Unterscheidungen vorzubereiten, noch auf seine Fruchtbarkeit und Konsequenzen für einige zentrale theologische Fragen verweisen. Vor allem ist angesichts der bei Theologen verbreiteten, aber oft sehr undifferenzierten Rede von der »befreiten Freiheit« sorgfältig zu klären, was mit Befreiung gemeint ist. Bei Paulus jedenfalls hat der Freiheitsbegriff einen spezifisch soteriologischen Sinn: Er bezieht sich auf das geschichtliche, faktisch heillose Gottesverhältnis des Menschen und meint dementsprechend die Freiheit, die nur Gott schenken konnte und in Jesus Christus geschenkt hat. Doch bedeutet dies nicht, daß dadurch Freiheit überhaupt erst in jedem Sinn konstituiert worden wäre. Weder die Schriften des Alten noch die des Neuen Testamentes, so sehr sie um den Hang des Menschen zum Bösen und sogar seine Unfähigkeit wissen, Gottes Willen zu entsprechen, stellen ja seine Verantwortung und Entscheidungsfähigkeit in Frage. Und auch Paulus, der die Versklavung unter die Sünde und den Zwiespalt von Wollen und Vollbringen am eindringlichsten erörtert, hält an der menschlichen Unentschuldbarkeit fest. Die Verschlossenheit aller Menschen in der Sünde, von der er im Römerbrief spricht (3,23), schließt deshalb die Ansprechbarkeit ihrer Freiheit für Gottes Liebe nicht aus. Noch der Widerspruch der Gnade zur Sünde des Menschen zielt ja auf seine Entsprechung und rechnet mit seiner Ansprechbarkeit. Wäre es anders, würde Gottes Heilshandeln den alten Menschen nicht nur erneuern, sondern ein von ihm verschiedenes Subjekt konstituieren. Dann aber hätte er nicht wirklich das andere, den Menschen erreicht, sein Eigenes geachtet und seine Gemeinschaft gesucht, sondern ihn ausgeschaltet und sich im Gnadengeschehen nur mit sich selber beschäftigt. Dann wäre er nicht der Gott, dessen Freude es ist, das Verlorene wiederzufinden, so wie es Jesus von ihm erzählt und in seinem Namen getan hat (Lk 15). Er hat die Freiheit *anerkannt,* die er suchte, ja *indem* er sie anerkannte, befreite er sie. Muß also die Freiheit, sofern sie freigesetzt wird, auch vorausgesetzt werden, dann müssen sie und ihre Ansprechbarkeit auch Thema philosophischer Reflexion werden können. Mag solche Besinnung auch erst post factum, nach dem Angesprochensein durch das Evange-

lium geschehen, in ihrer faktischen Möglichkeit also historisch bedingt sein, so ändert dies an der Gültigkeit ihrer Einsichten nichts – wird doch die Empfänglichkeit für Liebe immer erst nach ihrer wenigstens anfänglichen Erfahrung bewußt[63].

Allerdings muß solche Reflexion ihr Thema verfehlen, wenn sie jene Ansprechbarkeit nicht als Ansprechbarkeit menschlicher *Freiheit,* sondern im Schema *natürlicher Finalität* zu denken versucht. Daß das Erfüllende der Freiheit nur geschenkt werden kann, läßt sich mit dem Begriff einer in und aus sich nicht vollendbaren »Natur« und ihrer wesentlichen Hinordnung auf ein durch sie unerreichbares Letztziel nicht angemessen verstehen. Vielmehr schafft solche Auslegung erst das Dilemma, für das sie, wie sich in der älteren und neueren Diskussion über das »Verhältnis von Natur und Gnade« gezeigt hat, dann keine Lösung mehr weiß: die Alternative zwischen einer zur Naturalisierung der Gnade führenden Interpretation der natürlichen Finalität einerseits und einer bis zur ursprünglichen Beziehungslosigkeit trennenden Unterscheidung von Natur und Übernatur andererseits. Auch noch der Versuch *Karl Rahners,* die Ungeschuldetheit der Gnade durch den Gedanken zu wahren, daß die menschliche Hinordnung auf sie selbst schon »übernatürlich« sei, hat ja das Problem nur verschoben, statt es zu lösen – ganz abgesehen davon, daß die Freiheit der Gnade, sofern sie ihr *inneres* Moment ist und *bleibt,* dabei aus dem Blickfeld geriet[64]. Denkt man Gnade dagegen strikt als Freiheitsgeschehen, wird vereinbar, was naturteleologischem Denken ein Widerspruch scheint: daß nämlich, worauf menschliche Freiheit als das ihr einzig Entsprechende und insofern Allernotwendigste angelegt ist, doch das Allerfreieste ist und jederzeit bleibt: die freie Mitteilung des Mitmenschen ebenso wie die Selbstoffenbarung Gottes[65]. Gerade *im* Geschehen der Liebe wird ihre Freiheit anerkannt und erfahren – und diese Einsicht genügt. Der dennoch insistierende Einwand, daß dann die Freiheit ohne Begnadung sinnlos gewesen wäre, abstrahiert nicht nur *ohne* theologi-

[63] Zum Gedanken der »Ansprechbarkeit« des Menschen für Gott, an der als von der Offenbarung beanspruchten und aktualisierten Voraussetzung ich entschieden festhalte, s. auch Exkurs 13. Wenn übrigens das Tridentinum die Fortexistenz des freien Willens auch im Sünder hervorhebt, dann bedeutet dies doch »positiv nicht mehr als die Personalität des Adressaten der Gnade, nichts anderes also als dies, daß es überhaupt [. . .] noch einen *Empfänger* möglicher Gnade weiterhin gibt« (*O. H. Pesch,* Frei sein aus Gnade, 150).

[64] Zur angesprochenen Problematik des Verhältnisses von Natur und Gnade, ihrer Geschichte und ihren traditionellen Aporien s. ausführlicher Exkurs 14.

[65] Vgl. *J. Heinrichs,* Ideologie oder Freiheitslehre?, 415.

schen Grund von Gottes wirklichem Handeln, sondern läßt auch die Tatsache außer acht, daß die Entwicklung der Freiheit von historischen Bedingungen abhängt und insofern von einer eigentlichen Erfahrung ihrer Sinnlosigkeit erst nach dem Verlust ihrer schon gewährten oder doch verheißenen Erfüllung die Rede sein kann.

Nicht weniger bedeutsam dürfte der Freiheitsansatz für das zweite gnadentheologische Hauptproblem sein: für die Frage nach dem Verhältnis von göttlicher und menschlicher Freiheit in der Geschichte des Heils und der Beziehung der Gnade. Denn solange dieses Verhältnis nach dem sachontologischen Modell konkurrierender Ursachen gedacht wird, bleibt die Alternative »Gott oder Mensch« unentrinnbar, eben weil sich – wie es der klassische »Gnadenstreit« demonstriert hat – der Primat der Gnade dann nur auf Kosten der menschlichen Freiheit durchhalten läßt. Nun jedoch bewirkt Gott nicht ohne uns unser Wollen, denn dann wären wir bloß Objekt seines Handelns[66]. Wohl aber setzt sein Entgegenkommen uns allererst in die Lage, in seine Liebe einstimmen und aus ihr uns selbst bestimmen zu können (vgl. 1 Joh 4,10). Gerade dies aber wird verstehbar, wenn man das ursprüngliche Verhältnis verschiedener Freiheiten nicht als gegenseitige Negation und Begrenzung, sondern positiv als freisetzendes Anerkennen und gemeinsames Sinnerwirken begreift.

Sofern dem theologischen Freiheitsbegriff heilsgeschichtlich-soteriologische Bedeutung zukommt, ist durch ihn auch nichts über die Möglichkeit einer *metaphysischen Begründung* der Freiheit entschieden. Indessen spricht gegen derartige Versuche, daß ihre objektivierende Betrachtung zumeist schon im Ansatz die Ursprünglichkeit menschlicher Freiheit verfehlt und dann im Ergebnis die Freiheit gegenüber Gott nicht zu denken, ihre von ihm selbst anerkannte Unbedingtheit nicht zu würdigen und den menschlichen Widerspruch gegen ihn nur als ontologischen Selbstwiderspruch zu beurteilen vermag[67]. Solche Konsequenz aber erweist sich hilflos gegenüber dem Einwand, den schon *Descartes,* indem er die Selbstgewißheit des Ich gegen jeden Gott festhielt, und ebenso *Fichte,* als er das »Interesse für uns selbst« zum schlechterdings höchsten erklärte[68], und zuletzt nochmals *Sartre* in aller Schärfe formuliert hat: »Selbst wenn es einen Gott gäbe, würde das nichts ändern« – ändern nämlich an der Möglichkeit

[66] Vgl. a. a. O. 431f. Zur Thematik des »Gnadenstreits« und seinen hinterlassenen Problemen s. Exkurs 14.

[67] Inwiefern dies auch noch von *K. Rahners* Freiheitsverständnis gesagt werden kann, ist bereits im 4. Kapitel (Abschn. c) ausgeführt worden.

[68] *J. G. Fichte,* Erste Einleitung in die Wissenschaftslehre: WW I, 433.

menschlicher Freiheit, ihn übergehen zu können[69]. »Ich *bin* meine Freiheit«, erwidert Sartres Orest dem höchsten der Götter, »dein ganzes Weltall genügt nicht, um mir unrecht zu geben. Du bist der König der Götter, Jupiter, der König der Steine und Sterne, der König der Meereswogen. Aber der König der Menschen bist du nicht [...] Kaum hast du mich erschaffen, so habe ich auch schon aufgehört, dein eigen zu sein«[70]. In der Tat weist die Freiheit, sofern sie unbedingt ist, schon jeden Versuch ihrer Begründung zurück. Dem Denken aber bleibt nur die Wahl, sie entweder zu übergehen und zu verlieren oder bei ihr seinen Anfang zu nehmen. Läßt sich die Theologie, im Interesse der Vermittlung des Glaubens, auf diesen Weg ein, muß sie weder das Geschaffensein der möglichen Freiheit verleugnen noch die Möglichkeit ausschließen, die wirkliche Freiheit als ein ursprüngliches (und durch menschliche Begegnung vermitteltes) Angerufensein durch Gott zu deuten. Sie bescheidet sich nur mit der Unfähigkeit, aus der Perspektive Gottes zu denken und die Schöpfung positiv zu begreifen. Gleichwohl kann sie in der Durchführung der Reflexion zu Einsichten gelangen, die den Glauben an Schöpfung wie an Erlösung gedanklich zu bestimmen und namentlich Gottes freie Offenbarung in der Geschichte angemessener zu denken erlauben, als es im Rahmen jeder sachontologisch geprägten Philosophie möglich war[71].

Wenn nun aber Gott selbst, bis zur Ohnmacht seiner Entäußerung, die Freiheit des Menschen geachtet und anerkannt hat, dann wird die Theologie auf ein Denken, das vom Bewußtsein der Unbedingtheit dieser Freiheit ausgeht, sich nicht nur einlassen dürfen, sondern auch die Konsequenzen für den Gottesgedanken selbst ziehen müssen. »Wo der große Weltenherr«, heißt es im »Prinzip Hoffnung«, »hat die Freiheit keinen Raum, auch nicht die Freiheit der Kinder Gottes«[72]. *Wolfhart Pannenberg* hat wiederholt darauf hingewiesen, daß die Vereinbarkeit des traditionellen christlichen Theismus mit der menschlichen Freiheit schweren Bedenken unterliegt und es nicht zuletzt die Aporien der schon in der Scholastik diskutierten Präszienz- und Prädestinationsproblematik waren, welche die Emanzipation der neuzeitlichen Philosophie provozierten: Wenn »die Allmacht und allwissende Vorsehung [...] Gottes den Weltprozeß von Anfang an in allen Einzelheiten festgelegt haben, [...] dann bleibt für echte Freiheit

[69] *J. P. Sartre,* Ist der Existentialismus ein Humanismus?: Drei Essays, 36.

[70] *J. P. Sartre,* Die Fliegen: Dramen, 60.

[71] Zur theologischen und philosophischen Denkmöglichkeit eines anfänglichen »Angerufenseins« des Menschen durch Gott s. Exkurs 14.

[72] *E. Bloch,* Prinzip Hoffnung, 1413.

irgendeines Geschöpfes kein Raum«[73]. Allerdings kann die Theologie, solange sie Gott die Erfüllung seiner Verheißungen zutraut, auf die Prädikate der Allmacht und Allwissenheit für ihn nicht verzichten, doch hat sie dringende Gründe, sie von Gottes geoffenbartem Wesen her zu interpretieren und seiner Liebe unterzuordnen. Daß Gott sich selbst in Freiheit dazu bestimmt hat, sich von der Freiheit des Menschen bestimmen zu lassen, ist ja keineswegs ein Indiz der Unvollkommenheit und des Mangels, sondern Ausdruck und Konsequenz einer Liebe, über die hinaus Größeres nicht gedacht werden kann. Denn was könnte man vollkommener nennen als diese Liebe, die so reich ist, daß sie auch das Verschiedene wollen und ihm an sich selber teilgeben konnte? Und was wäre stärker als sie, die, ohne unterzugehen, so schwach werden konnte? Daß sich gerade von diesem Gedanken aus der Sinn der Trinitätslehre erschließt, ist mehrfach und zurecht von *Ludger Oeing-Hanhoff* herausgestellt worden: »Gott so als sich entäußernde vollkommene Freiheit denken, die allmächtig bleibt, weil sie nur so das Reich der Freiheit voll verwirklichen kann, aber auch in ihrer Entäußerung die Ohnmacht der Liebe, der absoluten Anerkennung anderer Freiheit lebt, die ewig und geschichtlich, unendlich und endlich ist, heißt Gott christlich, d. h. trinitarisch denken«[74].

Und wie endlich will man am Gott der Liebe festhalten können und doch dem schwersten aller theologischen Probleme, der Theodizeefrage, nicht einfach ausweichen müssen, wenn nicht im Blick auf das Kreuz, an dem der Ernst der Liebe Gottes, aber auch der menschlichen Freiheit offenbar wurde? Ja, Gottes Schuld ist seine Liebe, die Endli-

[73] *W. Pannenberg,* Gottesgedanke und menschliche Freiheit, 39. – Daß namentlich der Gedanke der Allwissenheit Gottes, sofern sie als »Vorherwissen« der *wirklichen* freien Entscheidungen des Menschen verstanden wird, in größte Schwierigkeiten führen muß, leuchtet wohl ein. »Die Rede vom ›Vorherwissen Gottes‹ im allgemeinen ist sehr in Frage zu stellen – auch bei Thomas schon«, bemerkt zu Recht *J. Heinrichs,* Ideologie oder Freiheitslehre?, 432.

[74] *L. Oeing-Hanhoff,* Das Reich der Freiheit als absoluter Endzweck der Welt, 78. – Daß Gottes Allmacht als die Macht seiner Liebe dem Menschen Raum gibt und Freiheit gewährt, hat *Kierkegaard* in die eindringlichen Sätze gefaßt: »Gottes Allmacht ist [...] seine Güte. Denn Güte ist, ganz hinzugeben, aber so, daß man dadurch, daß man allmählich sich zurücknimmt, den Empfänger unabhängig macht. Alle endliche Macht macht abhängig, nur die Allmacht kann unabhängig machen, aus nichts hervorbringen, was Bestand hat in sich [...] Dieses ist das Unbegreifliche, daß die Allmacht nicht bloß das Imposanteste von allem hervorbringen kann: der Welt sichtbare Totalität, sondern das Gebrechlichste von allem hervorzubringen vermag: ein gegenüber der Allmacht unabhängiges Wesen« (Tagebücher, München 1949, 216f. Zitat bei *G. Greshake,* Der Preis der Liebe, 34f.).

ches erschuf und in die Freiheit entließ[75]. Damit Liebe sein könne, nahm er das Risiko auf sich, daß Menschen sich abwenden und verweigern, mehr als Menschen sein wollen und gegenseitig zu Unmenschen werden. Wer aber Gott deshalb anklagen möchte, widerruft nicht nur die eigene Freiheit, sondern kann so vielleicht auch nur reden, weil er von dem Gott, der die bitteren Konsequenzen dieses Risikos mitträgt und den Preis der Freiheit bezahlt hat, schon wegblickt: von Jesus, der zu ihm gehört und den sie umgebracht haben. Vor ihm aber werden *wir* die Gefragten: ob wir, jenseits der Alternative von unmündiger Abhängigkeit und revoltierender Empörung, unsere Freiheit und ihren Preis übernehmen und in Gottes Tun einstimmen wollen. Denn wahr ist ja, daß nicht nur wir unsere Hoffnung auf ihn setzen dürfen, sondern daß auch er auf den Menschen und seine Freiheit gehofft hat. »Gott ist zuvorgekommen«, schreibt *Charles Péguy:* »Er hat begonnen [. . .] Gott hat auf uns gehofft; soll es denn heißen, wir hofften jedoch nicht auf ihn? Gott hat seine Hoffnung, seine arme Hoffnung auf jeden von uns gesetzt . . .«[76].

(2) Fundamentaltheologische Gründe

Der Ansatz bei einer Analytik der Freiheit ist zweitens aus fundamentaltheologischen Gründen gefordert. Wenn die Soteriologie sich mit dem neuzeitlichen Denken vermitteln und zugleich bestimmte Kritik üben will, muß sie den Punkt ausfindig machen, von dem aus die neuzeitliche Selbstbestimmung der Freiheit als zwar faktisch ergriffene, aber keineswegs einzig denkbare Möglichkeit der Freiheit, sondern als sinnwidriger und aporetischer Versuch ihrer Realisierung einsichtig werden kann. Dieser Punkt, der gemeinsame Nenner sozusagen, ist aber das *unbedingte Moment menschlicher Freiheit*. Es bietet die Möglichkeit der Vermittlung, weil es *einerseits* von der Theologie – und zwar, wie gezeigt, aus Gründen des Glaubens selbst – anerkannt werden kann (und tatsächlich angesichts der einst mühsam erworbenen und inzwischen selbstverständlich in Anspruch genommenen Freiheitsrechte, von denen auch Kirche und Theologie profitieren, nur um den Preis alltäglicher Selbstkompromittierung bestritten werden könnte) und *andererseits* als Grundmotiv des neuzeitlichen Denkens gelten darf, auch wenn es in unterschiedlicher Klarheit ausgelegt wurde und in

[75] Vgl. ausführlicher *Th. Pröpper,* Sinn von Leiden (Lit.); *H. Biesel,* Das Leid in der Welt und die Liebe Gottes.
[76] *Ch. Péguy,* Das Mysterium der Hoffnung, 106f.

den großen Systemen zuweilen verlorenzugehen drohte[77]. Gerade weil es das mit der fortschreitenden Reflexivität dieses Denkens gesteigerte Bedürfnis erfüllt, ein Unbedingtes als Prinzip oder doch orientierende Instanz namhaft zu machen, bietet es sich als der auch für die Philosophie akzeptable Ausgangspunkt an.

Von der Dringlichkeit der Kritik an den Entscheidungen, die den Verlauf der Freiheitsgeschichte bis zu ihrer gegenwärtigen Krise bestimmen, war bereits ausführlich die Rede. Und ebenso von der Haltung, die der Theologie, schon aus historischen Gründen, dabei auferlegt ist. Noch ihr Widerspruch sollte erkennen lassen, daß er aus Solidarität geübt wird. Angesichts der gegenwärtigen Tendenzen zur *posthistoire,* der gesellschaftlichen (und neuerdings auch wieder kirchlichen) Regression des Freiheitsbewußtseins und der oben skizzierten Folgen der »Dialektik der Freiheitsgeschichte« wird es geradezu zur Gewissensfrage für die Theologie, ob sie am Freiheitsinteresse festhalten und es entschieden zur Geltung bringen will. Bestimmt und entschieden gerade auch gegenüber dem durchaus andauernden, ja bis zur Entwertung inflationären und zumeist ideologischen Gebrauch des Wortes Freiheit, mit dem sich offensichtliche Machtpolitik und wirtschaftliches Expansionsstreben ebenso zu kaschieren pflegen wie der private Selbstverwirklichungswille und seine Teilnahmslosigkeit gegenüber dem Schicksal der anderen. Daß eine solche Auseinandersetzung die Bedingungen wirklicher Freiheit, wie sie das nachidealistische Denken thematisiert hat, in den Blick nehmen muß und ohne genaue Kenntnis von Funktionszusammenhängen und Strukturen nicht auskommt, ist klar. Eine bloß objektivierende Betrachtung der Geschichte und Gesellschaft jedoch, die vom eigenen Standpunkt keine Rechenschaft mehr gibt und damit, statt die Möglichkeit freier Stellungnahme zu fördern, die Zustände und Tendenzen, die sie beschreibt, nur befestigt, fordert zum Widerstand heraus. Denn der Verlust der Selbstreflexivität des Denkens, wie sie einmal erreicht war, wäre seine Selbstaufgabe als Instanz der Kritik: Unterwerfung unter nicht mehr kontrollierbare Herrschaft.

Die Vermittlung der Theologie kann nur »gründlich« und ihre Kritik

[77] Hinzuweisen wäre auf das klassische Beispiel *Spinoza* und die ständige kritische Bezugnahme der idealistischen Denker auf ihn; ebenso auf *Leibniz'* System der prästabilierten Harmonie; zu fragen aber auch, ob in *Hegels* System das jeweils zweite Moment des dialektischen Dreischritts (Reflexionsprinzip, Für-sich-Sein, Standpunkt der Moralität usw.) nicht eine Behandlung erfährt, die *Kierkegaards* polemische Invektiven doch nicht ganz unberechtigt erscheinen lassen. Zur Bedeutung Spinozas für das Denken der Goethezeit vgl. *H. Timm,* Gott und die Freiheit.

nur »radikal« sein, wenn sie auf die Wurzeln des Freiheitsverständnisses eingeht. Sie darf sich deshalb nicht damit begnügen, unmittelbar und mehr oder weniger beliebig die Einsichten in Anspruch zu nehmen, die ihr willkommene Anknüpfung bieten. Denn allerdings findet sich in der Denkgeschichte der Neuzeit auch dies: neben der Tendenz zur Übersteigerung menschlicher Freiheit die Einsicht in ihre Nichtabsolutheit, d. h. das bloß formale Wesen ihrer Unbedingtheit; neben dem Pathos der begrifflich-technischen Aneignung der Welt die Erfahrung ihrer abgründigen Kontingenz; neben der Analyse des monologisch-weltbezogenen Subjekts die Besinnung auf seine geschichtliche, interpersonale und institutionelle Konstitution; neben der »vernünftigen« Rekonstruktion und »Aufhebung« der überlieferten Wahrheit das Wissen um die Gebundenheit des Offenbarungsinhalts an seine Form und neben der anthropologischen Dechiffrierung der Idee Gottes das vertiefte Bewußtsein seiner Freiheit und Transzendenz. Dies gilt es festzuhalten gegenüber denjenigen Theologen, welche die Ambivalenz und innere Spannung des neuzeitlichen Denkens unterschlagen und sich jede differenzierende Auseinandersetzung mit ihm ersparen, indem sie den »totalen Menschen«, wie ihn *Feuerbach* und *Marx* proklamierten, zum eigentlichen Skopus der neuzeitlichen Philosophie stilisieren und ihr Verständnis von Subjektivität und Vernunft unterschiedslos auf das sich selbst entfaltende possessive Subjekt und die operative Vernunft festlegen, wie sie allerdings seit dem Empirismus begegnen und mit der Ideologie des Liberalismus zur praktischen Herrschaft gelangten. Zu vieles, was sich solcher Perspektive nicht fügt und doch bedenkenswert bliebe, wird dabei übergangen. So etwa der fundamentale Unterschied, der zwischen dem moralischen Fortschrittsbegriff noch des 18. Jahrhunderts und dem ökonomisch-technischen der Folgezeit besteht. Oder auch die Tatsache, daß von den klassischen Bildungstheorien nicht nur die neuzeitliche Grundsituation sehr präzis wahrgenommen, sondern auch der (wenn auch letztlich ohnmächtige) Versuch gemacht wurde, die tiefreichenden Entzweiungen zu überwinden, »also sowohl zu einer neuen Integrität des Subjekts wie zu einer Versöhnung mit der zum Manipulationsobjekt erniedrigten Natur und zu einer Überwindung der gesellschaftlichen Spaltungen und Widersprüche zu kommen«[78]. Indessen: was immer, gerade auch in den Gegen- und Nebenströmungen und bei den kritischen »Außenseitern« der Hauptlinie des neuzeitlichen Denkens, an aktuellen und theologisch relevanten Einsichten begegnet – sie bedürfen doch, um einleuchtend und wirksam werden zu können,

[78] *H. Peukert*, Zukunft von Bildung, 130.

ihrer »ursprünglichen« und – wenn sie nicht nur zusammengelesen, sondern konsistent sein sollen – auch systematischen Rekonstruktion. Einer Rekonstruktion, die – wie es *Pannenberg* zu Recht von der Theologie fordert – auf den Gesamtverlauf der philosophischen Diskussion bezogen und um ein begründetes Urteil über sie bemüht ist: »Erst aus einer selbständigen Aneignung der Problemgeschichte des philosophischen Denkens, nicht aus vereinzelter Anknüpfung [...] kann ein ernsthafter Beitrag der Theologie zur Begründungsproblematik der Subjektivität hervorgehen. Dabei muß die Frage nach der Möglichkeit der Freiheit [...] im Mittelpunkt stehen«[79].

b) Resultate der philosophischen Analyse

Unsere Aufgabe ist zunächst, die Kategorien zu erheben, welche die Explikation des Glaubens an Erlösung und seine philosophische Vermittlung erlauben. Dabei folge ich vor allem der Freiheitslehre von *Hermann Krings,* deren Ergebnisse ich aufnehme und im Blick auf unser Ziel zu ergänzen versuche[80]. Sie wählt die Methode der transzendentalen Reduktion, d. h. der begrifflichen und logisch kontrollierten Zurückführung eines Gegebenen auf ein Nichtgegebenes, ohne welches das erste nicht als möglich gedacht werden kann. Ihre Eigenart besteht also darin, den jeweils in Frage stehenden faktischen Gehalt als Konsequenz darzustellen: Indem sie ein Konstrukt notwendig zu denkender Bedingungen aufstellt, wird das zu erschließende Faktum als das Bedingte begreifbar. Sollen namentlich Kommunikation, Anerken-

[79] *W. Pannenberg,* Gottesgedanke und menschliche Freiheit, 22. Zugleich hat Pannenberg für die anstehenden Auseinandersetzungen das Thema benannt, das besonderes Interesse verdient: daß nämlich »von der Autonomie des Subjektes her immer nur eine leere, formale Freiheit erreichbar ist, eigentümlich verwandt dem formalen Charakter der in den bürgerlichen Demokratien politisch verwirklichten Freiheit. Es ist deutlich, daß die konkrete, inhaltsvolle Freiheit damit noch nicht gewonnen ist [...] Die Konstitution der Subjektivität, ihre Verwirklichung im Sinne inhaltsvoller Freiheit, bleibt das unerledigte Thema des modernen Denkens« (74f.). Allerdings scheint mir, daß Pannenbergs eigener, knapp skizzierter Vorschlag, Gott »als Ursprung der Freiheit, als die die Subjektivität des Menschen ermöglichende Wirklichkeit zu denken« (41–47), von vorneherein so ausschließlich das Problem der sinnvollen Realisierung der Freiheit im Blick hat, daß zuvor die Differenz von formaler und wirklicher Freiheit kaum entwickelt und dementsprechend die gerade in ihr beschlossenen Möglichkeiten für eine sich vermittelnde Kritik an der atheistischen Bestreitung des Sinnes des Gottesgedankens kaum ausgewertet werden.

[80] Vgl. zum folgenden *H. Krings,* System und Freiheit; *ders./E. Simons,* Art. Gott; *H. M. Baumgartner* (Hg.), Prinzip Freiheit.

nung, Recht, Gesetz oder andere Elemente der Humanität und der Moralität als möglich gedacht werden können, ist Freiheit als der unbedingte Grund anzusetzen. Sie erscheint nicht als eine Eigenschaft des Menschen, sondern als Bedingung des Menschseins schlechthin. Im Unterschied zur Transzendentalpragmatik, die sich mit der Identifikation von pragmatisch nicht hintergehbaren Regelbedingungen der Kommunikation begnügt oder es doch beim Faktum ihrer Anerkennung beläßt, wird auf der Frage nach dem Grund der Geltung von Normen insistiert. Gerade darin der Transzendentalphilosophie *Kants* und *Fichtes* verpflichtet, geht Krings über beide doch insofern hinaus, als er einerseits nach der unbedingten Aktualität des von Kant nur seiner Form nach bestimmten sittlichen Willens und andererseits, deutlicher als der frühe Fichte, nach dem Sinn der Selbstsetzung fragt. Im Ergebnis, dem intersubjektiven Verständnis menschlicher Freiheit, trifft er sich mit der »transzendentalen Dialogik«, die ihrerseits Motive des dialogischen Personalismus transzendentallogisch reformuliert und durch die Entwicklung gesellschaftstheoretischer Kategorien ergänzt[81]. Ich schließe mich dem Weg der transzendentalen Reflexion an, weil er dem Interesse der Vernunft, keinen Frageüberhang zu lassen und ein Unbedingtes zu benennen, gerecht wird und im übrigen die wichtigsten Einsichten des neuzeitlichen Freiheitsdenkens aufnehmen und zur Geltung bringen kann. Allerdings soll es in unserem Zusammenhang nur um die Bestimmungen gehen, die für die Explikation der Soteriologie und das Verständnis des christlichen Handelns unmittelbar relevant sind. Auch möchte ich auf ihre begrifflich und methodisch strenge Darstellung verzichten und mich im Blick auf unsere Zielsetzung damit begnügen, sie eher deskriptiv vorzustellen und zugänglich zu machen[82].

(1) Die Unterscheidung von formeller und existierender Freiheit

Ich beginne mit dieser Unterscheidung, weil von ihr nicht nur die Möglichkeit einer kritischen Vermittlung der Theologie mit dem Denken der Neuzeit, sondern auch das Verständnis der weiteren Bestimmungen abhängt. Statt von formeller könnte man, entsprechend dem leitenden Gesichtspunkt, auch von formaler, abstrakter oder transzendentaler, statt von existierender auch von materialer, wirklicher oder

[81] Vgl. *J. Heinrichs*, Fichte, Hegel und der Dialog; *ders.*, Sinn und Intersubjektivität; *ders.*, Theorie welcher Praxis?; *ders.*, Reflexion und soziales System.

[82] Zur Eigenart des transzendentalen Denkens, seiner Differenz zum theologischen Erkennen und seiner Bedeutung für die Theologie s. Exkurs 13.

inhaltsvoller Freiheit sprechen. Von formaler insofern, als sie das wirkliche Handeln und seinen Gehalt zwar bestimmt, doch für sein Dasein nicht aufkommen kann; von abstrakter, wenn sie, von allem andern sich lösend, sich ihrer selbst vergewissert; von transzendentaler, weil sie, obwohl Implikat menschlichen Handelns, ihm doch transzendentallogisch vorausliegt. Formell kann sie heißen, sofern sie das Tun des Menschen zum »eigenen« und sein Handeln zum sittlichen qualifiziert. Als solche bedingt sie das Bewußtsein von Verantwortung und praktischem Sollen und wird, in der eigenen und gegenseitigen Zurechnung unseres Handelns, alltäglich zugestanden. Sie wird bewußt als das schlechthin ursprüngliche und vom Menschsein unabtrennbare Vermögen, zu jeder Gegebenheit und Bestimmtheit, zu den Systemen der Notwendigkeit und noch der Vorfindlichkeit des eigenen Daseins sich verhalten, d. h. sie distanzieren, reflektieren und affirmieren (oder negieren) zu können. Erst dadurch wird die bloß faktische zur begründeten (durch Freiheit vermittelten) Notwendigkeit und ihre Beurteilung und Veränderung möglich; das bloß getane Handeln wird zum gewollten. Schon das System der eigenen Individualität ist durch Freiheit als transzendentale Handlung gesetzt. Denn nicht als abstrakte Einheit, sondern als »ein sich zu seinem Selbstsein eröffnender und darin zu seiner Identität sich vermittelnder Ursprung« ist das Individuum zu begreifen und dementsprechend die formale Grundstruktur der begründenden Handlung als »Sich-Öffnen in eine Differenz und [. . .] Rückbezug dieses Sich-Öffnens in sich« zu bestimmen[83].

In ihrer ursprünglichen Aktualität und reflexiven Struktur entzieht sich Freiheit jeder Begründung, ja weist sie zurück. Theoretische Vernunft kann sie weder feststellen noch leugnen, weil sie mit der Kategorie der Kausalität, die ihren Objektbereich konstituiert, sich selbst suspendieren müßte. Daß gleichwohl die durchgängige Bestimmtheit jeder Handlung als empirischer Erscheinung ihr Bestimmtsein durch Freiheit nicht ausschließt, hat *Kant* mit der Lösung der dritten Antinomie seiner transzendentalen Dialektik gezeigt. Die Realität der Freiheit aber fand er im Bewußtsein des Sittengesetzes verbürgt, dem einzigen Faktum der reinen Vernunft. Indessen wäre sie nicht nur aufgrund dieses Faktums zu postulieren, sondern ihrerseits als unbedingte Bedingung seiner Möglichkeit zu begreifen. Überdies läßt sie sich, weil als unthematisches Ichbewußtsein alles Denken und Handeln begleitend, durch Reflexion vergewissern. Daß solche Vergewisserung ihre

[83] *H. Krings,* System und Freiheit, 115f.

Existenz und Bezogenheit auf andere Freiheit schon voraussetzt, widerspricht ihrer Unbedingtheit so wenig, als sich diese gerade in der Ursprünglichkeit des Reflektierenkönnens erweist.
Als existierende allerdings ist die Freiheit bedingt: Sie ist nur welthaft und *als* Freiheit nur intersubjektiv wirklich. Was durch Reflexion vergewisserbar ist, ist weder, wie *Descartes* mißverstand, eine Substanz noch gar, wie namentlich *Fichte* oft mißverstanden wurde, das metaphysische Prinzip, aus dem das Seiende deduziert werden könnte. Wohl aber hat es als die unbedingte Instanz zu gelten, an der jedes Denken und Handeln, sofern es human sein will, orientiert bleiben muß. Für sich allein aber ist es gehaltlos und leer: die reine Figur der Reflexion des Ich auf sich selbst und der unmittelbaren Identität mit sich selbst, haltlose Selbstgewißheit – ein »mathematischer Punkt, der gar nicht da ist«, wie *Kierkegaard* im Blick auf Descartes einmal bemerkt hat[84].

(2) Das Problem der Realisierung der Freiheit

Die formal unbedingte Freiheit ist in materialer Hinsicht bedingt. Obwohl sie, transzendentallogisch betrachtet, die Möglichkeit von Gehalt selber eröffnet, ist sie doch erst durch die Affirmation eines tatsächlichen Gehalts wirklich. Sie erfüllt sich nicht darin, der Bestimmtheit zu entgehen, sondern sie zu begründen. Deshalb versteht die vollständige Analyse die Freiheit als Selbstbestimmung, die das ursprüngliche Sichöffnen oder Sichentschließen, das Eröffnen des Gehalts und das durch dessen Affirmation vermittelte Selbstsein als Momente enthält[85]. Da die formelle Unbedingtheit der Freiheit (und zwar allein sie[86]) aber ihre Fähigkeit und ihr Streben begründet, jeden faktisch-endlichen Gehalt zu distanzieren und zu überschreiten, scheint sie wesentlich unerfüllbar zu sein. Gibt es demnach keinen angemessenen Gehalt für die Freiheit? Ist der Mensch ein konstitutioneller Selbstwiderspruch? Wohl niemand hat die Antinomie schärfer akzentuiert als *Sartre,* der die formale Freiheit verabsolutierte und an die Stelle der Hegelschen Dialektik des Ansich- und Fürsichseins den irreduziblen, unvermittelbaren Gegensatz zwischen beiden setzte. Denn das Fürsich kann das Ansich nicht erreichen, ohne sich zu verlieren, und setzt es gleichwohl voraus, um sich ihm zu entziehen: »Jede menschliche Wirklichkeit ist direkter Entwurf, das eigene Für-sich zum An-sich-

[84] Vgl. *W. Anz,* Philosophie und Glaube bei S. Kierkegaard, 181 (Zitat ebd.).
[85] *H. Krings,* System und Freiheit, 121.
[86] Vgl. Kap. 4, Abschn. c, sowie die Exkurse 11 und 12.

Für-sich zu verwandeln, und zugleich Entwurf zur Aneignung der Welt als der Ganzheit des An-sich-seins [. . .] Jede menschliche Wirklichkeit ist eine Leidenschaft, insofern sie entwirft, sich selbst zu vernichten, um das Sein zu gründen und um zugleich das An-sich zu konstituieren, das als sein eigener Grund der Kontingenz entgeht, das *Ens causa sui,* das die Religionen Gott nennen [. . .] Aber die Idee Gottes ist widerspruchsvoll, und wir richten uns umsonst zugrunde; der Mensch ist eine nutzlose Leidenschaft«[87]. Daß die andere *Freiheit* das Erfüllende der Freiheit sein könne, erwog Sartre nicht, weil er auch dieses Verhältnis von vorneherein als ursprünglich und unaufhebbar negatives reflektierte.

(3) Das Verhältnis der Anerkennung als Wirklichkeit der Freiheit

Der Maßstab dafür, was das Erfüllende der Freiheit sein könne, kann nicht ein äußerer, sondern nur das ursprüngliche Sichöffnen der Freiheit selbst sein. Als der ihr angemessene Gehalt kommt deshalb nur ein solcher in Frage, der selber durch Freiheit und zwar durch eine andere Freiheit bestimmt ist, denn nur er kann der formellen Unbedingtheit der Freiheit entsprechen und sie, weil von ihr verschieden, bestimmen. Der Rang ihres Selbstseins hängt von der Dignität ihres Terminus ab: »Freiheit gibt sich letztlich und erstlich dadurch einen Inhalt, daß sie andere Freiheit bejaht. Nur im Ent-schluß zu anderer Freiheit setzt sich Freiheit selbst ihrer vollen Form nach«[88]. Was sie erfüllt, ist zugleich aber das, was ihre Realität *als* Freiheit überhaupt erst ermöglicht; denn erst in der Affirmation anderer Freiheit ist ja ihr Unbedingtheitscharakter als solcher gesetzt, wird die Unbedingtheit ihres Sichöffnens und Sichbestimmens nicht nur implizit, sondern explizit gemacht und verwirklicht. Insofern ist im Begriff des Subjekts der Begriff der Intersubjektivität schon enthalten; die abstrakte Selbstsetzung erscheint als defizienter Modus des Selbstseins, denn auch sie war, ihrer faktischen Möglichkeit nach, ja durch andere Freiheit vermittelt. Empirisch heißt das: »ein Mensch allein kann nicht frei sein«[89]. Vor allem die Denker des »dialogischen Personalismus« haben auf dieser Einsicht bestanden, doch hatte schon *Fichtes* »Aufforderungslehre« sie transzendentalphilosophisch entwickelt: »Der Mensch«, heißt es in seiner »Grundlage des Naturrechts«, »wird nur unter Menschen ein Mensch; [. . .] sollen überhaupt Menschen seyn, so müssen mehrere seyn. Dies

[87] *J.P. Sartre,* Das Sein und das Nichts, 770.
[88] *H. Krings,* System und Freiheit, 174.
[89] A. a. O. 125.

ist [. . .] eine aus dem Begriff des Menschen streng zu erweisende Wahrheit«[90].

Erst in der Gemeinschaft mit anderer Freiheit findet ein Ich den angemessenen Halt, wird seine abstrakte Selbstgewißheit zur Wahrheit, weil sie nunmehr *anerkannt* ist. Daß »die Freiheit die Freiheit wolle«, nannte *Hegel* darum den »wahrhaften Willen«[91]. Und dies ist doch auch, was Menschen suchen: nicht daß sie ihre Freiheit durch die Sicherung ihres Bestandes behaupten, sich durch die Unterwerfung des Außen und den Sieg über Menschen ihrer selbst vergewissern und dabei doch, weil in allem nur sich selber begegnend, unter dem Gesetz, die Wahrheit ihres Daseins zu leisten, sich endlich erschöpfen, sondern *daß sie sein dürfen und sein sollen,* d. h. anerkannt werden – und zwar als sie selbst und unbedingt. Um so mehr aber ist zu beachten, daß sich der seinerseits freie Gehalt für die Freiheit jeder Verfügung entzieht: »Sie anerkennen sich als gegenseitig sich anerkennend«, heißt es präzise bei Hegel[92]. Die Reflexivität des Für-sich wird erfüllt, aber nicht widerrufen, sondern in der Anerkennung bewahrt: »Wäre nicht jedes ein Ganzes, sondern nur Theil des Ganzen, so wäre nicht Liebe«, schreibt *Schelling,* »dies ist das Geheimnis der Liebe, daß sie solche verbindet, deren jedes für sich seyn könnte und doch nicht ist, und nicht seyn kann ohne das andere«[93]. Aus der strengen Gegenläufigkeit ihres Verhältnisses folgt, daß es von beiden ebenso ursprünglich erstellt wie als frei geschenkt anerkannt werden muß. Eben dies macht ja sein Glück und seine Not aus und, wenn die Not überwiegt, auch seine Gefahr: das Wissen, nur *frei* anerkannt werden zu können, und der Schmerz, den anderen deshalb auch frei *lassen* zu müssen, und dann so leicht der Versuch, sich zum Herrn des Verhältnisses zu machen oder sich selber zu unterwerfen. Aber selbst, wer am Gelingen verzweifelt, wird wohl nur schwer die Erinnerung daran vergessen, was *Nietzsche* das »Glück des Nehmenden« nannte[94].

90 *J. G. Fichte,* Grundlage des Naturrechts nach Principien der Wissenschaftslehre: WW III, 39.

91 *G. W. F. Hegel,* Grundlinien der Philosophie des Rechts: WW 7, 74.

92 *G. W. F. Hegel,* Phänomenologie des Geistes: WW 3, 147.

93 *F. W. J. Schelling,* Aphorismen zur Einleitung in die Naturphilosophie: Schriften von 1806–1813, 161; *ders.,* Philosophische Untersuchungen über das Wesen der menschlichen Freiheit und die damit zusammenhängenden Gegenstände: a. a. O. 352.

94 Was im »Nachtlied« direkten Ausdruck findet, scheint mir auch in anderen Texten des »Zarathustra« vernehmbar: gerade auch in der heroischen Stilisierung der Einsamkeit (»Vom Wege des Schaffenden«, »Der Wanderer«) und den durchaus

(4) Die symbolische Realität der Anerkennung

Zwar kann allein die sich erschließende Freiheit die Freiheit erfüllen, doch ist jede Anerkennung nur ernsthaft, wenn sie wirklich und als wirkliche »wahr« ist, d. h. sich durch konkrete Handlungen ausdrückt, die das Seinsollen des anderen anzeigen und *realisieren* – und dies nicht nur, indem sie die Sphäre seiner Selbstverfügung achten und seine Existenz respektieren, sondern ihm auch positiv Möglichkeiten der Selbstbestimmung zuspielen. Soweit eine Wirklichkeit Anerkennung (oder Nichtanerkennung) vermittelt, kommt ihr *symbolische* Dignität zu, denn dann ist sie als Realität der einen Freiheit zugleich die der anderen, die sich durch sie ihr mitteilen will (oder auch ihre Anerkennung verweigert). Symbolisch kann man sie nennen, weil in ihr »zusammenfällt«, was dennoch differenziert bleiben muß: die formale Freiheit und ihre reale Gestalt. Was für sich genommen der Freiheit unangemessen wäre, die Vielzahl der bedingten materialen Gehalte, gewinnt nun, als Medium der Anerkennung, Richtung und Sinn und wird in dieser Qualität täglich erfahren. Warum sonst kann eine Geringfügigkeit schon verletzen, etwas Unscheinbares beglücken und bedeutungsvoll werden? Genauso wesentlich aber gilt, daß Anerkennung, eben weil das Unbedingte nur bedingt real werden kann, stets *nur* symbolisch geschieht: Ebenso wie das Selbst, obwohl ganz gegenwärtig, sich in keiner seiner Äußerungen und Erscheinungen erschöpft, bleibt auch seine Intention, den anderen »selber« zu meinen, nur endlich realisierbar. Daher die Vorläufigkeit aller Symbole: sie versprechen noch, was sie schon realisieren. Und daher auch ihre Bezweifelbarkeit: weil allein auf die Kraft ihrer situativen Evidenz angewiesen, zwingen sie nicht und wollen es auch nicht, da sie Freiheit gewinnen und einladen möchten. Wer sich »selbst« in der Haltung objektivierender Skepsis verschließt, wird ihre Bedeutung nicht wahrnehmen können[95].

Was sich am Verhältnis der Intersubjektivität leicht klarmachen läßt, gilt doch ebenso, wenn auch in einem höheren Grad der Vermittlung, für die Systeme des Rechts, der Arbeit, des Marktes und überhaupt alle Verhältnisse, in denen Normen sich objektivieren und Geltungen »allgemein« sind. Auch durch sie wird Anerkennung und Nichtaner-

ambivalenten Aussagen zum Mitleid (»Von der Nächstenliebe«, »Der häßlichste Mensch«).

[95] Zur ausführlicheren Entwicklung der Symbolkategorie (auch im Blick auf die erkenntnis- und wissenschaftstheoretische Problematik) sowie zu ihrer Bedeutung für das Verständnis des Handelns Jesu und des Offenbarungsgeschehens überhaupt vgl. *Th. Pröpper,* Thesen zum Wunderverständnis.

kennung vermittelt, denn sie bleiben, sosehr sie auch ihre eigene Logik entwickeln, historischen Ursprungs, d. h. Resultat menschlichen Handelns. Ihre wesentliche Ambivalenz gründet darin, daß jede Freiheit, um real zu werden und mit anderer Freiheit bestehen zu können, sich auf Systeme »konkreter Freiheiten« einlassen muß; eben damit aber hat sie sich schon in ihrem unbedingten Anfangenkönnen gebunden und unter Notwendigkeiten begeben. Je mehr ein System »regelt« und die Freiheit »entlastet«, desto größer ihre Abhängigkeit von ihm. Nur im Widerspruch zu den Systemen, die sie als Bedingung ihrer eigenen und der gemeinsamen Existenz »setzt«, kann sie deshalb ihre Unbedingtheit behaupten (und die Unbedingtheit der Freiheit des anderen)[96]. Dies gilt um so mehr, als der tatsächlich historische Verlauf dem idealtypischen nicht entspricht, d. h. die Freiheit, um sich zu realisieren, zwar auf den Gestaltungen anderer Freiheit aufbauen kann, zugleich (oder noch mehr) aber in Verhältnisse eintreten muß, in denen über sie schon verfügt worden ist, ja sich faktisch ein Herrschaftswille auswirkt, der ihre Entfaltung unterdrückt und behindert. Insofern ist mit dem Gesagten zwar die Sphäre dessen erschlossen, was *Hegel* »objektiven Geist« nannte, zugleich aber seine Behauptung der bereits verwirklichten Freiheit kritisiert und schon das Ideal einer »verwirklichten Freiheit« als widersprüchlich erkannt. Die gegenseitige Affirmation verschiedener Freiheiten ist kein Prinzip, das die historische oder gar metaphysische Erklärung bestehender Verhältnisse erlaubte, sondern – was gegen die Zwecklügen des Liberalismus und die Staatsphilosophie Hegels entschieden geltend gemacht werden muß – das unbedingte Kriterium, das ihre Beurteilung und Veränderung orientiert. Sie ist ein Sinnbegriff, der die Gestaltung und Kritik politischer und gesellschaftlicher Ordnungen und den Prozeß der Normenfindung leitet, nicht Deduktionsgrund für konkrete Systeme oder gar apriorische Geschichtskonstruktionen; denn der Entschluß der Freiheit ist ebenso unableitbar wie seine empirischen Modalitäten. Nicht einmal als Ideal, das künftig erfüllt werden könnte, läßt sich die »Verwirklichung der Freiheit« anstreben. Denn ihre Ambivalenz bleibt, weil strukturellen Ursprungs, geschichtlich unaufhebbar: Konkrete Freiheit ist »immer erfüllte und unerfüllte Offenheit zugleich«[97].

[96] Vgl. *H. Krings,* System und Freiheit, 15–39. Ein System, das den Widerspruch zu ihm ausschließen wollte, wäre ebenso inhuman wie eine Freiheit, die sich jeder Bindung entzöge.

[97] A. a. O. 129.

(5) Die Idee Gottes als der vollkommenen Freiheit

Da sich die gegenseitige Anerkennung verschiedener Freiheiten stets durch Gehalte verwirklicht, die weder ihr originäres Sichöffnen noch die Bejahung des anderen jemals erschöpfen, weist dieser Vollzug selbst, sofern er unbedingt ist, auf die Idee einer allen Gehalt und sich selbst unbedingt eröffnenden Freiheit, d. h. einer Freiheit, die als Einheit von unbedingtem Sichöffnen und unvermittelter Fülle des Inhalts nicht nur formal, sondern auch material unbedingt wäre und insofern vollkommen genannt werden könnte[98]. Erst sie würde der endlichen Freiheit als das schlechthin Erfüllende entsprechen. Allein durch sie kann das unbedingte Seinsollen, wie es im Entschluß füreinander intendiert ist, als begründet gedacht werden, so wie umgekehrt die Bejahung allererst durch sie die angemessene Offenheit gewinnen und bewahren kann[99].

Damit ist nun freilich weder die Existenz Gottes bewiesen noch eine Metaphysik des Absoluten eröffnet, wohl aber der Gedanke Gottes in einer Weise bestimmt, die sich sowohl mit dem Freiheitsbewußtsein des Menschen als auch mit dem christlichen Zeugnis der geschichtlichen Selbstoffenbarung Gottes verträgt und deren Sinn ausweist, ohne sie ableiten oder ablösen zu können. Es ist die Stelle erreicht, an der sich die Ansprechbarkeit der menschlichen Freiheit für einen Gott zeigt, von dem sie sich wie Freiheit von anderer Freiheit unterscheidet und über dessen Wirklichkeit sie im Denken nicht mehr verfügt, denn nur im sich mitteilenden Selbsterweis kann Freiheit für andere Freiheit

[98] Vgl. *H. Krings*, Art. Gott; *ders.*, System und Freiheit, 161–184.

[99] Der hier erreichte Gedanke steht keineswegs in Spannung zu den Überlegungen des vierten Kapitels, sondern ergänzt und integriert sie. Ging es dort um die Vollendung der freien Reflexion in der Weise, daß mit dem Bewußtsein von der Faktizität der Wirklichkeit überhaupt bzw. – so die idealistische Fassung der Kontingenzproblematik – des Daseins der alles vermittelnden Vernunft die Voraussetzung für den Gedanken Gottes als der alles bestimmenden Wirklichkeit (oder mit Schelling: als des »Herrn des Seins«, »der anfangen kann«) erreicht wurde, so hier – im Rahmen der Analytik menschlicher Freiheit und der Frage nach der ihr angemessenen Sinnwirklichkeit – um die Vernünftigkeit der Idee der vollkommenen Freiheit. Wurde dort die biblische Realdefinition Gottes, der das Nichtseiende ins Dasein ruft (Röm 4,17), gedanklich vermittelt, so wird hier die (aufgrund seiner offenbaren Selbstbestimmung mögliche) Wesensaussage »Gott ist Liebe« (1 Joh 4,8.16) in ihrer Bedeutung zugänglich. An der Verbindung beider Aspekte – der Bestimmung Gottes als schöpferischer Macht und der Bestimmtheit seiner Macht durch die Freiheit seiner Liebe – hängt die Eigenart christlicher Theologie und zugleich ihre Möglichkeit, sich als Theologie der Freiheit zu explizieren. Denn ohne die erste Aussage könnte sie nicht Theologie sein, ohne die zweite aber wäre sie nicht christlich und für die Freiheitsthematik irrelevant.

ja Wirklichkeit werden. *Sinnvoll* ist diese Idee Gottes, weil in ihr gedacht wird, worauf sich menschliche Freiheit kraft der Unbedingtheit ihrer Form richtet; ja sie darf, sofern die in unbedingter Weise bejahte menschliche Freiheit implizit schon als sinnvoll bejaht ist, sogar als *notwendige* Idee gelten. *Ob* die Affirmation freilich in solcher Weise geschieht, hängt bereits von Erfahrungen ab, die gerade als *unverfügbare* der menschlichen Freiheit entsprechen. Die Reflexion jedenfalls schafft die Wirklichkeit nicht, deren Möglichkeit sie bedenkt; der transzendentale Charakter der Idee Gottes verbietet es, aus ihr auf sein geschichtliches Handeln oder auch nur auf seine Wirklichkeit zu schließen. *Wenn* nun aber Gott sich als Liebe mitgeteilt hat, wenn er sich Israel eröffnet hat und in Jesus als unbedingter Entschluß für den Menschen existiert, dann kann gerade ein Denken, das sich dem Freiheitsansatz verpflichtet, den Glauben daran als möglich und sinnvoll vertreten, und dies, ohne in die Aporien zu geraten, die eine sachontologisch geprägte Philosophie seit jeher belasten. Denn es denkt Gott nicht in Begriffen, die durch die Extrapolation ontologischer Bestimmungen konzipiert sind und dann nachträglich modifiziert werden müssen, sondern läßt, weil es als Analytik der Freiheit schon einsetzt, Offenbarung und freie Mitteilung als primäre Prädikate für den Gottesbegriff zu. Überdies bietet es, da es den Bezug auf Gott als Sinnbedingung menschlich-unbedingter Anerkennung erschließt, auch die Mittel, die menschliche Gestalt der Offenbarung und die mitmenschliche Form ihrer Bezeugung als die ihrer Wahrheit angemessene zu begreifen und darzustellen[100].

(6) Die antizipatorische Struktur gelingenden Menschseins

Um die Bedeutung einer möglichen Selbstoffenbarung Gottes als Liebe für die Realisierung der Freiheit zu zeigen und zwar in einer Weise zu zeigen, die namentlich dem religionskritischen Verdikt der Untreue zur Erde und Geschichte der Menschen entgeht, müßte die gegenwärtige Relevanz ihrer Endgültigkeit noch einsichtiger werden[101].
Tatsächlich kann auch dieser Schritt innerhalb einer Analytik der Freiheit noch getan werden, sofern man nur die Zeitlichkeit ihrer

[100] Zur Möglichkeit und Grenze eines Gott-Denkens auf transzendentalphilosophischer Basis s. auch Exkurs 13. Bedenkenswerte Hinweise zum Status einer solchen Gotteslehre bietet ferner *H. M. Baumgartner,* Über das Gottesverständnis der Transzendentalphilosophie.

[101] Im folgenden übernehme ich, verändert und erweitert, die 18. meiner »Thesen zum Wunderverständnis« (88f.).

Existenz in Betracht zieht und darauf achtet, daß jedes zwischenmenschliche Verhalten, wo es wirklich glückt und sich fähig erweist, unbedingte Anerkennung erfahren zu lassen, bereits davon lebt, daß es das, was es darstellt und realisiert, schon voraussetzt. Liebe kann nur gelingen, wo zugleich an Liebe geglaubt wird[102]. Dies gilt nicht nur in dem aus der Reziprozität des Anerkennungsverhältnisses sich ergebenden Sinn, daß jeder, ohne die Freiheit des anderen berechnen und sich ihrer Zuwendung versichern zu können, *anfangen* muß, wenn Liebe überhaupt glücken und anfangen soll; es gilt auch in einem noch bedeutungsvolleren Sinn, der sich aus der symbolischen Struktur wirklicher Anerkennung und der unschließbaren Differenz zwischen formaler Unbedingtheit und materialer Bedingtheit der menschlichen Freiheit ergibt. Denn gerade wo eine Freiheit sich formell unbedingt für andere Freiheit entschließt und damit deren eigener Unbedingtheit entspricht, will sie mehr, als sie verwirklicht und jemals verwirklichen kann. Gerade indem sie den anderen »selbst« meint und sein Seinsollen unbedingt intendiert, eben dies aber nur symbolisch, bedingt und vorläufig, ins Werk setzen kann, wünscht sie ihm eine Zukunft, die sie selbst nicht verbürgen und herbeiführen kann. Ja, es verdient sogar ernsthafte Erwägung, ob der Optativ nicht durch den Indikativ, das Futur durch den Inchoativ ersetzt werden müßte, d. h. diese Zukunft nicht nur gewollt, sondern versprochen, nicht nur intendiert, sondern bereits antizipiert ist. »Einen Menschen lieben heißt: du aber wirst nicht sterben«, sagt *Gabriel Marcel* mit bewußter Pointierung. Was wie die reine Anerkennung einer Tatsache aussehen möchte, bedeutet deshalb in Wahrheit Verrat: »Dem Tod eines Menschen zustimmen, heißt, in gewisser Weise ihn dem Tod ausliefern«, ein Gedanke, der auch in *Peukerts* Begriff der anamnetischen Solidarität impliziert ist[103]. Seine Kennzeichnung als Postulat würde jedenfalls insofern zu wenig besagen, als ernsthafte Liebe sich im Widerspruch zum Tod schon befindet.

[102] »Der Liebende setzt ständig voraus, daß die Liebe zugegen ist, eben dadurch erbaut er. Ein Baumeister denkt gering von den Steinen und dem Kies, die er zum Bau gebrauchen soll; ein Lehrer setzt voraus, daß der Schüler unwissend ist; ein Zuchtmeister setzt voraus, daß der andere Mensch verderbt ist: aber der Liebende, welcher erbaut, hat nur ein einziges Verfahren, daß er nämlich die Liebe voraussetzt [. . .] Dergestalt lockt er das Gute heraus, er liebt die Liebe hervor, er erbaut [. . .] Der Baumeister kann auf seine Arbeit zeigen und sagen: ›Das ist mein Werk‹, der Lehrer auf seinen Schüler; aber die Liebe, welche erbaut, hat nichts vorzuweisen [. . .]; wenn dann der Bau dasteht: so steht der Liebende beiseite für sich und sagt beschämt: ›Das habe ich ja stets vorausgesetzt‹« (*S. Kierkegaard,* Der Liebe Tun. Bd. 2, 241 f.).

[103] *G. Marcel,* Das ontologische Geheimnis, 79.

Wenn sie also geschieht, und zwar so, daß sie sich weder als Widerstand gegen ein absurdes Schicksal versteht noch aus geheimer Angst um ihre Endlichkeit den anderen und sich selbst überfordert, sondern von ihrem intendierten, aber unverfügbaren Ziel bereits herkommt und es durch ihr eigenes Anfangen »setzt«, hat sie den Abgrund menschlicher Möglichkeiten berührt und Endgültigkeit antizipiert. Dann lebt sie von einem Vertrauen, das – erstaunlich genug – mit ihr selbst da ist.

In dem Maß, wie die gegenseitige Bejahung von Menschen sich dem ihr Widersprechenden aussetzt und so an Ernst und realer Wahrheit gewinnt, wird jene zumeist unausdrückliche Voraussetzung allerdings zum Problem. Jedoch einmal in Frage gestellt, ist sie durch Reflexion nicht mehr begründbar. Die Angst, nicht genug lieben zu können, kann dann zur Verzweiflung, die Angst, nicht genug Liebe zu finden, in Verhältnisse der Unterwerfung und Selbstsicherung führen. Deshalb mischt sich in das Vertrauen ja so leicht lähmender Zweifel, in die Anerkennung der Hang zu verfügen und in die Großzügigkeit Berechnung und Vorbehalt ein. Die sinnstiftenden Wechselbeziehungen gleichzeitigen Empfangens und Schenkens sind vielfach gefährdet: Sie können an Überforderung zugrunde gehen, zur Verfügung über Menschen entarten oder auch verkümmern zum resigniert-gleichgültigen Arrangement. Unter dem Gesetz der Angst kann Liebe nicht gelingen und kann um so weniger gelingen, als es zum alles Beherrschenden wurde. Schon um ihre nächsten Möglichkeiten wahrnehmen, um zu lieben überhaupt anfangen und wieder anfangen zu können, bedarf menschliche Freiheit der zuvorkommenden Ermutigung durch andere Freiheit und endlich, da sich die wesentliche Aporie stets von neuem auftut, der Ermutigung durch eine Begegnung, die den Grund ihrer intendierten Hoffnung selbst nahebringt und verbürgt. Und sie bedarf ihrer noch mehr, wenn die Anerkennung einseitig bleibt und ihr »Glücken« aussichtslos scheint, wenn der Selbsteinsatz innovatorischen Handelns riskant wird und doch nur um den Preis verweigert und abgebrochen werden könnte, daß Menschen vergessen und aufgegeben würden.

Aber wiederum: nicht die Tatsache der Selbstoffenbarung Gottes ist damit bewiesen, wohl aber ihre Bedeutung für eine Möglichkeit, Mensch zu sein, dargelegt, die – wenn sie gelingt oder doch versucht und offengehalten wird – für sich selbst spricht und als »wahr«, als »menschlich« einleuchten kann. Mit einer Dialektik der sich realisierenden Freiheit, die den Sinn des ihr schlechthin Unverfügbaren anzeigt, erreicht die Analyse der Freiheit, die bei ihrer antinomischen Konstitution ansetzt, ihr Ende. Dabei weiß sie, daß sie die eigene historische Möglichkeit eben dem Geschehen verdankt, dessen Bedeutung sie transzendentallogisch erschließt.

c) Zur Explikation der Soteriologie

Mit Hilfe der gewonnenen Einsichten und Kategorien wird der christliche Glaube an Erlösung in einer Weise explizierbar, die den im ersten Teil entwickelten Anforderungen an eine gegenwärtige Soteriologie gerecht wird und zugleich die Relevanz dieses Glaubens, dessen Praxis als die seinem Inhalt angemessene Darstellung erscheint, für die Geschichte der Freiheit unmittelbar einleuchten läßt. Dies ist noch, wenigstens skizzenhaft, für seine Grundbestimmungen zu zeigen. Ich beginne, dem wahrnehmenden Charakter theologischer Erkenntnis entsprechend, mit dem Ereignis, in dem Gottes Selbstbestimmung und mit ihr die endgültige Bestimmung des Menschen zugänglich wurde und deshalb die Freiheit des Glaubens ihren Grund und maßgeblichen Anfang behält.

(1) Die geschichtliche Selbstoffenbarung Gottes als Liebe

Der Titel nennt das Fundament des christlichen Glaubens, die Grundwahrheit der gesamten Theologie. In ihr haben namentlich Christologie und Soteriologie ihre gemeinsame Wurzel. Denn dieselbe Wahrheit, welche die Christologie im Blick auf Sein und Person Jesu Christi thematisiert, expliziert die Soteriologie in ihrer Bedeutung für uns: daß in Leben und Geschick Jesu Gott selber gehandelt und sich endgültig als Liebe zum Menschen geoffenbart hat. Die für ihre Begründung entscheidende Frage besteht darin, ob sich die These, Jesus habe für sein eigenes Handeln Gott selbst als unbedingte Liebe zum Menschen in Anspruch genommen, tatsächlich rechtfertigen läßt. Denn in solcher Vergegenwärtigung wäre, weil in jeder unbedingten Liebe der Liebende als er selbst anwesend ist, die Behauptung der Selbstoffenbarung Gottes bereits impliziert. Also hat die Theologie, sofern sie zur Argumentation bereit ist, zunächst jene Aussage als Inbegriff der Verkündigung und des Verhaltens Jesu am gesamten historischen Wissen über ihn zu verifizieren. Sodann aber muß sie, um die Glaubwürdigkeit des Auferstehungszeugnisses zu vertreten, auch die mit ihm aufgeworfenen historischen und hermeneutischen Fragen behandeln. Denn erst durch die Erfahrung Jesu als des von Gott Auferweckten ist ja der mit seinem Auftreten eröffnete, durch seine Hinrichtung aber in Frage gestellte

Glaube an den Gott unbedingter Liebe zum Menschen in geschichtlich nicht überbietbarer Weise gerechtfertigt worden; erst durch sie wurde die in solcher Liebe versprochene Treue, da sie an ihrem ursprünglichen Zeugen sich bewährte, für alle gewiß[104].
Durch das ausdrückliche Bekenntnis zu Jesus Christus, wie es aufgrund der Ostererfahrungen möglich und notwendig wurde, anerkennt der Glaube das *freie Gegebensein* des Heils. Er bekennt, daß in ihm Gott uns gesagt hat, was nur er selber uns sagen konnte, doch uns menschlich gesagt werden mußte. Denn es leuchtet ja ein, daß Gottes entschiedene Liebe, um Wahrheit für die Menschen zu werden, der Freiheit

[104] Vgl. zum vorliegenden Zusammenhang *Th. Pröpper,* Jesus der Philosophen, 97–148; zur Entfaltung der Christologie *W. Kasper,* Jesus; zur Auferstehungsthematik *H. Kessler,* Sucht den Lebenden. – Hervorgehoben sei nochmals, daß ich Christologie und Soteriologie nur hinsichtlich der Reflexionsrichtung, nicht hinsichtlich des reflektierten Ereignisses unterscheide und keine Trennung oder hermeneutische Unabhängigkeit beider voneinander behaupte. Wie stark die soteriologischen Motive die jeweilige Ausbildung der Christologie geprägt haben, illustriert deren Geschichte ja zur Genüge. Um so unabdingbarer ist es allerdings, den sachlichen Vorrang der Christologie festzuhalten und den Inhalt beider an die Ereignisse zu binden und von der Geschichte her zu bestimmen, deren Bedeutung und Wahrheit zu artikulieren sie den Anspruch erheben. Gerade weil in der Soteriologie der hermeneutische Zirkel wirksam ist (und sein muß) wie nirgends sonst und im soteriologischen Interesse die Projektionsgefahr lauert, ist *W. Pannenbergs* Feststellung zu beachten: »Das Bekenntnis zu Jesus ist nicht zu trennen von Jesu Bedeutung für uns«, aber: »Die Soteriologie muß aus der Christologie folgen, nicht umgekehrt. Sonst verliert gerade der Heilsglaube selbst jede Grundlage [...] Die Begründung der universalen Bedeutung Jesu von Gott her kann nicht etwa ersetzt werden durch die Rede von der Erfüllung des Menschseins des Menschen durch Jesus. Sonst wird die Universalität Jesu zu einer bloßen Behauptung, ebenso wie seine Heilsbedeutung ›für uns‹« (Christologie, 32.42–44). *W. Kasper* sieht die Einheit von Christologie und Soteriologie, die der Einheit von Sein und Bedeutung im Bekenntnis »Jesus ist der Christus« entspricht, nicht nur in der traditionell-scholastischen Trennung beider aufgelöst, sondern auch durch die neuzeitlichen und gegenwärtigen Tendenzen zur Funktionalisierung der Christologie und ihrer Reduktion auf die Soteriologie gefährdet: »Wird die[se] Fundierung der Bedeutung im Sein nicht mehr festgehalten, dann gerät die Theologie unweigerlich in die Nähe der Thesen Feuerbachs« (Jesus, 25). Ähnlich sieht *G. Ebeling* »nicht nur die Gefahr einer Atrophie der soteriologischen Ausrichtung der Christologie, sondern auch die umgekehrte Gefahr hypertropher Verselbständigung der Soteriologie gegenüber der Christologie, gegebenenfalls mit einer auszehrenden Rückwirkung auf die Christologie, so daß sie sich bestimmten Heilsvorstellungen anzupassen hat, anstatt ihrerseits das Verständnis von Heil zu bestimmen. Wenn es um die christologische Orientierung der Soteriologie geht, kann dieser Primat der Christologie – allerdings, recht verstanden, nicht vor, sondern innerhalb der Soteriologie – nicht stark genug betont werden [...] Die Unterscheidung zwischen Christus und dem Glauben an ihn ist soteriologisch ebenso fundamental wie auf ekklesiologischer Ebene die Unterscheidung zwischen Christus und der Kirche« (Dogmatik II, 14).

eines Menschen bedurfte, die sich ursprünglich von ihr bestimmen ließ und diese Bestimmung in der Gestalt seines Lebens darstellte; ebenso mußte er sich freilich als Mensch von Gott unterscheiden, wenn anders es *Gottes* Liebe sein sollte, die in ihm erschien. Das Leben Jesu drückt beide Bestimmungen aus: In der Freiheit der Vollmacht, mit der er sich den Menschen zuwandte, einer Freiheit jedoch, die sich selbst aus der Zuwendung Gottes verstand und die eigene Rechtfertigung ihm überließ, ist er, da sich Gott zu ihm bekannte, Gottes freie Selbstoffenbarung als Liebe. Wie aber ein Mensch dieser Liebe unmittelbar so gewiß und mit ihr so einig sein konnte, daß sein Leben Gottes Wirklichkeit für uns wurde, ist das eigentliche Geheimnis der Person Jesu Christi. Ihm sucht die Christologie zu entsprechen, indem sie Jesu wesentliche Einheit mit Gott bekennt und sein bestimmtes Menschsein als das geschichtliche Dasein des ewigen Sohnes begreift[105].

Was also die Christologie im Blick auf Sein und Person Jesu Christi bedenkt und in ihm begründet, entfaltet die Soteriologie in seiner Bedeutung für uns: daß durch ihn, Gottes verwirklichtes Ja (2 Kor 1,19), die Freiheit jedes Menschen von Gott selbst unbedingt anerkannt und in die Wahrheit gebracht worden ist, für die sie bestimmt war und die ihr doch nur geschenkt werden konnte. Das selbstauferlegte Gesetz der Freiheit, ihr Dasein selbst leisten und rechtfertigen zu müssen, wurde durch Gottes Zuvorkommenheit überwunden, ihr unbedingtes Seinsollen, wie die Liebe es intendiert, durch ihn selbst unwiderruflich begründet und die unverfügbare Voraussetzung, auf die gelingendes Menschsein sich angewiesen erfährt, als ausdrücklicher Grund und realer geschichtlicher Anfang gesetzt. Im Blick des Glaubens auf die Selbstverschlossenheit menschlicher Freiheit und ihre Verstrickung in die Verhältnisse der Sünde mag es einleuchten, diesen befreienden Anfang »Erlösung« zu nennen; doch erschöpft sich Jesu einzigartige

[105] Es ist diese einzigartige Besonderheit Jesu, die nicht bloßer Anspruch war, sondern von Gott selbst bewahrheitet wurde, die zur Christologie zwingt und, soll sie als möglich verstanden werden, nur trinitätstheologisch expliziert werden kann. Jesus Christus ist »die geschichtliche Exegese« der Trinität, wie diese die »Ermöglichung der Menschwerdung« darstellt (*W. Kasper,* Jesus, 296). Als »Kurzformel des christlichen Glaubens« bestimmt das trinitarische Bekenntnis »den Gottesbegriff durch die Geschichte der Offenbarung und es begründet diese Geschichte in Gottes Wesen«. Inhaltlich besagt es, »daß Gott sich in Jesus Christus als sich selbst mitteilende Liebe erwiesen hat« (203). Auf die Entfaltung der Trinitätslehre kann hier nicht eingegangen werden (s. dazu *W. Kasper,* Der Gott Jesu Christi, 285–383), doch sei noch auf den beachtenswerten Versuch *W. Pannenbergs* hingewiesen, die Besonderheit Jesu als Persongemeinschaft mit Gott dem Vater und darin sich auszeitigende Personidentität mit dem Sohn zu verstehen: s. Exkurs 9.

Bedeutung in der Wiederherstellung eines verlorenen Zustands so wenig, daß sie im Rahmen einer bloßen Restitutionstheologie gar nicht angemessen zum Ausdruck gebracht werden könnte. Denn er hat ja, durch die Inanspruchnahme von Gottes endgültigem Willen und seine Vergegenwärtigung als Liebe, der menschlichen Freiheit überhaupt erst ihre absolute Bestimmung eröffnet und schon auf menschliche Weise anschaulich werden lassen, was Gott an ihm selber vollendet und für alle zur Verheißung gemacht hat. So wurde die endliche und gefährdete Liebe der Menschen in Gott selber begründet und durch ihn ermächtigt, sein schöpferisches Ja schon jetzt füreinander in Anspruch zu nehmen[106].

Es gilt also zu sehen, daß Jesu Leben, Tod und Auferweckung einen unzerreißbaren Bestimmungszusammenhang bilden: nur in ihrer Einheit haben sie die Bedeutung der Selbstoffenbarung Gottes als Liebe. Ohne Jesu bestimmtes Menschsein wäre Gott nicht als Liebe, ohne seine Bereitschaft zum Tod nicht der unbedingte Ernst dieser Liebe und ohne seine Auferweckung nicht Gott als ihr wahrer Ursprung offenbar geworden. Und ebenso würde der christliche Heilsglaube ohne die Erinnerung an den Weg Jesu orientierungslos und beliebig, ohne den Entschluß zur Nachfolge die Annahme der Erlösung unehrlich und ideologisch und ohne die Hoffnung auf die größeren Möglichkeiten Gottes das Evangelium erneut zum Gesetz. Da von der Sinneinheit, die Leben und Tod Jesu bilden, schon mehrfach die Rede war, sei nur der letzte Aspekt noch hervorgehoben. Denn der theologische Charakter der Soteriologie hängt daran, sich allen Tendenzen zur »Entmythologisierung« des Auferstehungsglaubens und der dann unausweichlichen Anthropologisierung und Ethisierung der Soteriologie zu widersetzen. Jesus selbst hat auf den Gott gehofft, von dessen Liebe er ausging, hat

[106] »Die Liebe zu Gott, [. . .] die Bejahung dessen, von Gott geliebt zu sein, ist [. . .] als das Umgreifende auch das Bedingende. Das wäre falsch verstanden, wenn man daraus folgerte, der Nächste solle nicht um seiner selbst willen geliebt werden, sondern nur als Mittel zum Zweck in Hinsicht auf Gott. Die Liebe zu Gott ist freilich insofern die Motivation der Nächstenliebe, als sie zu ihr befreit [. . .] So beschreibt die Zweiheit des Doppelgebots der Liebe [. . .] die innere Logik der Liebe selbst, in deren Geschehen der Mensch zu einem Bindeglied zwischen der empfangenen Gottesliebe und der weitergebenden Liebe zum Nächsten wird. Und eben dies ist die Grundfigur der Christologie. Jesus Christus als der Mittler der Liebe Gottes zur Welt, als die Erfüllung des Doppelgebots der Liebe, das ist eine christologische Kurzformel« (*G. Ebeling,* Dogmatik II, 536f.). »Man kann sagen, daß allein die Liebe erlösend ist, weil sie wesentlich die Existenz jemandes gutheißt [. . .] Liebe heißt Parteinahme für die Existenz eines anderen. Aber unsere geschöpfliche Liebe ist darin nur eine Bejahung der schöpferischen Liebe Gottes, aus der sie ihre Wahrheit bezieht« (*E. Schillebeeckx,* Christus, 817).

das Kommen seines Reiches dargestellt *und* von ihm erwartet. So entschieden er Gott als anwesenden setzte und mit seiner unbedingten Liebe auch seine Treue zusagte, blieb die Zukunft seiner Zuwendung doch antizipiert. Auch Jesu Leben verspricht noch, was es doch schon verwirklicht. Es ist selber Symbol[107], in dem Gottes endgültige Liebe unter uns anfing, ohne doch alles wegzunehmen, was ihr noch widerspricht. Und es steht als ganzes unter der Fraglichkeit seines Scheiterns, in dem sich wohl der Ernst seiner Liebe, aber ebenso die faktische Macht der Sünde und des Todes erwies. Schenkt man ihm, seiner Verkündigung, seinen Taten und seinem Sterben, dennoch den Glauben, daß sie den Anfang der definitiven Zuwendung Gottes darstellen, dann ist dies durch das Zeugnis ermöglicht, Gott selber habe sich mit dem Gekreuzigten identifiziert und an ihm vollendet, was er in ihm für uns begann. Erst durch seine Auferweckung vom Tod, die als Zeichenhandlung Gottes selbst gelten darf und unsere Vorstellung von ihm in realer Weise bestimmt, ist das Versprechen der Liebe, aus der Jesus lebte, für die er einstand und die er als Liebe Gottes identifizierte, in der denkbar äußersten Situation eingelöst worden. Erst durch sie hat sich Gott als die schlechthin unbedingte und schöpferische Liebe, als die ursprüngliche Liebe selbst für uns erwiesen. Erst durch sie wurde der menschlichen Freiheit die ihre formelle Unbedingtheit endgültig erfüllende Wirklichkeit verheißen und also eine Weise der Selbstbestimmung ermöglicht, die das Gesetz der Angst und Selbstbehauptung durchbricht. Wo diese durch die Erinnerung des Glaubens verbürgte Verheißung von menschlicher Freiheit ergriffen und in der Entschlossenheit der Liebe gegenwärtig gesetzt wird, sind Menschen »aus dem Tod ins Leben geschritten« (1 Joh 3,14). Und eben dies ist Erlösung[108].

[107] Vgl. Exkurs 5.

[108] Jesu Auferweckung macht offenbar, »wer Gott ist: derjenige, dessen Macht Leben und Tod, Sein und Nichtsein umgreift, der schöpferische Liebe und Treue ist, die Macht des neuen Lebens, auf den deshalb auch noch im Zerbrechen aller menschlichen Möglichkeiten unbedingter Verlaß ist«; in ihr »hat Gott seine Treue in der Liebe erwiesen« und zugleich »das Sein Jesu für die andern angenommen«, so daß seine Liebe »nun endgültig [. . .] allen Menschen zugewandt« ist (*W. Kasper,* Jesus, 169. 182). Diese Bedeutung der Auferweckung: daß die Macht des Todes über das Leben gebrochen ist, weil Gottes Liebe gilt, gibt das Recht, von schon gegenwärtiger Erlösung zu sprechen: »Diese Befreiung von aller Angst darf jetzt schon ein Stück verwirklichten Heils genannt werden« (*E. Schillebeeckx,* Christus, 784). Und dies um so mehr, wenn in der so veränderten Perspektive des Lebens alles »zum Material des Osterglaubens wird. Er bewährt sich daran, daß alles zu ihm in Beziehung tritt. Denn er setzt gleichermaßen zum Leben und zum Sterben instand« (*G. Ebeling,* Dogmatik II, 319).

(2) Die Vergebung der Sünde

Schon eine Begründung ethischen Sollens, die nicht heteronom wäre, scheint nur im Rahmen des Freiheitsdenkens möglich. Denn um begründeterweise von *unbedingtem* Sollen, das die Dimension des Ethischen allererst eröffnet, zu sprechen und ein bestimmtes Wollen und Handeln als sittlich gut oder böse zu bewerten, ist der Bezug auf ein Unbedingtes unerläßlich; doch ist dies Unbedingte eben die Freiheit. Ihre Analyse hat die Anerkennung der anderen Freiheit als Bedingung ihrer eigenen Wirklichkeit *als* Freiheit und die Nichtanerkennung des anderen als sinnwidrige Selbstverwirklichung einsichtig gemacht. Damit ist zwar kein Prinzip aufgestellt, das die unmittelbare Herleitung materialer ethischer Sätze erlaubte, wohl aber das Kriterium dafür genannt, warum etwas als gut oder böse zu *beurteilen* ist: »So wie die transzendentale Anerkennung von Freiheit als der Ursprung des Guten, so müssen transzendentale Verweigerung und Entzug als der Ursprung des Bösen gedacht werden«[109]. Als gut können somit alle Gehalte und Handlungen gelten, die das Sichöffnen der Freiheit für Freiheit vermitteln; als gut ferner die Verhältnisse und Systeme, *soweit* sie konkrete Freiheit konstituieren. Dagegen tritt das eigentlich Böse als Versuch absoluter, unvermittelter Ich-Setzung in Erscheinung: als Willkür, die sich jeder bestimmten Bindung entzieht, und als Selbstbehauptung, die alle Gehalte einseitig aneignet und auch den Mitmenschen verobjektiviert und verdinglicht. Von Schuld in einem uneigentlichen (vorethischen) Sinn kann man sprechen, wo ein Mensch sich weigert, sich zu sich »selbst« überhaupt zu entschließen.

Solange man mit der Gegenseitigkeit der Anerkennung rechnet, stellt dieser Begründungsansatz keine Probleme. Wie aber, wenn die Bejahung einseitig bleibt? Und wie, wenn die Bereitschaft zu innovatorischem Handeln das Risiko realer persönlicher Verluste oder gar der eigenen Existenz mit sich bringt? Läßt sich auch solches Handeln begründetermaßen fordern? Und wenn ja, stellt diese Forderung nicht eine Überforderung dar? Oder anders gefragt: Wenn anerkennendes Handeln einen antizipatorischen Akt des Vertrauens einschließt, kann dieses Vertrauen selbst Gegenstand moralischen Sollens sein? Genügt es, die intendierte Sinnprämisse zu postulieren – ganz abgesehen davon, daß weder die Zuwendung eines Menschen noch die Zusage Gottes postuliert werden kann? Es ist die Frage, die schon im vorigen Kapitel gestellt war: ob nicht die Antinomie der praktischen Vernunft bereits die Grundlegungsfragen der Ethik berührt.

[109] *H. Krings,* System und Freiheit, 67; vgl. 32–39. 124f.

Je problematischer die Möglichkeiten ethischer Begründung oder doch des ethisch orientierten Daseins erscheinen, desto klarer zeigt sich die Bedeutung der Selbstoffenbarung Gottes als Liebe. Wohl steigert gerade sie die Anforderungen an das Handeln des Menschen, doch ist dies allererst die Folge. Denn vor allem anderen begegnet sie als Angebot an die menschliche Freiheit, sich aus der Zuwendung Gottes *selbst* neu zu bestimmen. Bevor die Bergpredigt ihre Weisungen ausspricht, bietet sie die Möglichkeit des Glaubens. Eben dies ist es, was das Evangelium zum Evangelium macht: daß es zuerst und ganz umsonst gibt, was es aufträgt. *Weil* uns vergeben wird, *können* wir einander vergeben. Wie Jesus unser Bruder war, können wir brüderlich werden. Seit Gott selber den Anfang gemacht hat, können wir Neues anfangen: Alles ist dem möglich, der glaubt (Mk 9,23)[110].

Zugleich aber qualifiziert die Begegnung mit der offenbaren Selbstzusage Gottes die Schuld des Menschen zur *Sünde:* zum einen wird sie aufgedeckt als gottfeindliches, gnadenloses Selbstsein, zum anderen nun erst *als* solches vollziehbar. Inhaltlich bleibt sie Schuld gegenüber Menschen und wird formell Schuld gegen Gott, wenn ein Mensch seine Einladung abweist, sich von der Angst um sich selbst und mit ihr der Furcht zu lieben befreien zu lassen. »Kein Mensch vermag aus eignem Vermögen und von sich selber her auszusagen, was Sünde ist, eben deshalb, weil er in der Sünde ist«, heißt es bei *Kierkegaard:* »Daher hebt das Christentum auch [. . .] damit [an], daß eine Offenbarung von Gott her dazu gehöre«[111]. Daß aber »die Sünde gegen Gott geschieht, potenziert sie unendlich«, weil dem Selbst eben dadurch, »daß es das Selbst Gott gegenüber ist«, eine »neue Qualität« zuteil wird[112]. Deshalb lautet die vollständige Definition: »Sünde ist, nachdem man durch eine Offenbarung von Gott her darüber aufgeklärt worden, was Sünde ist, vor Gott verzweifelt nicht man selbst sein wollen oder verzweifelt man selbst sein wollen«[113]. Zugleich nannte es Kierkegaard mit Bezug auf Röm 14,23 »eine der für das ganze Christentum entscheidendsten Bestimmungen, daß der Gegensatz zu Sünde nicht Tugend ist, sondern Glaube«[114].

Wann Sünde tatsächlich in formeller Weise geschieht, entzieht sich menschlichem Urteil. Ihre Möglichkeit aber bringt gerade eine Theolo-

[110] Zur Verdeutlichung und Konkretisierung vgl. *Th. Pröpper,* Gottes Ja, bes. 37–60. 67–86.

[111] *S. Kierkegaard,* Die Krankheit zum Tode, 94.

[112] A. a. O. 79.77.

[113] A. a. O. 96.

[114] A. a. O. 81.

gie der Freiheit zur Geltung, so unbegreiflich es immer sein wird, wie ein Mensch Gottes Güte, wenn er sie nur unverzerrt wahrnimmt, noch ablehnen möchte[115]. Auch Kierkegaard, dessen anthropologische Analysen so viel tiefer als andere in dieses Dunkel eindrangen, bestand nachdrücklich darauf, daß sich das Geheimnis des Bösen psychologisch nicht auflösen lasse. Gleichwohl ist es gerade theologisch von größter Bedeutung, daß er in den Gestalten der Freiheit, solange sie nicht in Gott als der Macht, die ihr Dasein gesetzt hat, sich gründet, die *Verzweiflung* erkannte und diese als »Krankheit im Geist«, d. h. als das aus der Freiheit des Selbstverhältnisses entspringende »Mißverhältnis« des Menschen beschrieb, der die aufgegebene Synthese von Endlichkeit und Unendlichkeit, von Notwendigkeit und Möglichkeit verfehlt und darin, ob nun unwissend oder mit höchster Helligkeit des Bewußtseins, verzweifelt *ist*[116]. Als die Macht aber, die in das verzweifelte Selbstsein hineintreibt, entdeckte er die *Angst,* die mit der Freiheit selbst, als Bewußtsein ihrer Endlichkeit, aufbricht: als »der Schwindel der Freiheit, der aufsteigt, wenn der Geist die Synthesis setzen will«[117]. So hat Kierkegaard eine Sichtweise erschlossen, die – wie es heute vor allem *Eugen Drewermann* von der Theologie fordert – »den Menschen in den Verstrickungen des Bösen gütiger und gerechter zu sehen lehrt, als es alle moralischen Betrachtungen zu tun vermögen«[118]. Folgt man ihr, wäre Selbstbehauptung bereits die Kompensation der Angst des Bewußtseins: der schon konstitutionell aporetische und deshalb latent verzweifelte Versuch menschlicher Freiheit, das Wissen um ihre Kontingenz niederzuhalten und wegzuschaffen. Auch der Stolz wäre nicht eigentlich die Wurzel der Sünde, sondern schon Reaktion auf das stets lauernde Gefühl unberechtigten, überflüssigen Existierens: Abwehr geheimer Selbstverachtung. Noch die banale oder bornierte Trägheit erscheint als Abschirmung der Angst: der Angst vor Unsicherheit und Veränderung, vor Neuem überhaupt. Und selbst im Versagen aus Unwissen und der Schuld der Unwissenheit wird dieses Motiv sichtbar: weil Menschen immer wieder aus lauter Angst nicht wissen *wollen,* was sie durchaus schon wissen oder doch wissen könnten.

Das Gesagte bestätigt, was schon die Besinnung auf Jesu Verkündigung des Evangeliums ergab und für jedes Zeugnis der Erlösung, das

115 Solche Verzerrung könnte selbst Wirkung der Sünde, also verzerrende Wahrnehmung sein; doch kann sie ebenso verzerrende Darstellung, also unglaubwürdige Verkündigung sein.

116 Vgl. *S. Kierkegaard,* Krankheit zum Tode, 8–74.

117 *S. Kierkegaard,* Der Begriff Angst, 60f.

118 *E. Drewermann,* Psychoanalyse und Moraltheologie. Bd. 1, 117.

seinem Inhalt entsprechen will, gelten muß: die unbedingte *Priorität der Zusage Gottes,* des »kategorischen Indikativs«, wie *Gotthard Fuchs* es genannt hat, um »gegen alle Tendenzen, den Akt der Glaubenserfahrung und ihren Inhalt zu funktionalisieren und ethischen oder politischen Imperativen zu unterstellen, [...] das völlig Unableitbare, Unverdiente, Gnadenhafte dieses Vorgangs zu betonen«[119]. Eine Haltung bedingungsloser Zuvorkommenheit also und des Zugehens auf den anderen, verbunden mit der zu lernenden Bereitschaft und Fähigkeit, hinter jeder manifesten Schuld das Unglück der Freiheit, die Not ihrer Existenz zu erkennen. Dies hat wohl niemand genauer beschrieben als *Dostojewski* in den Gestalten seiner Romane, die inmitten einer verdorbenen Welt des zerstörenden Glückshungers und verlorener, menschenentstellender Bosheit wie ein Gleichnis der Güte Jesu erscheinen. Eine solche Einstellung beansprucht so wenig Überlegenheit über den anderen, wie sie entschiedene Kritik an ihm ausschließt – nur hält sich der Gläubige bei allem an die Erfahrung, in der er sich selber neu sehen gelernt hat: als Schuldner, der selbst Vergebung erhält (Mt 18,21–35). Ein bloß ethischer Appell, der nicht zuvor die Möglichkeit seiner Erfüllung mitbrächte, müßte angesichts der Not und schon geschehenen Selbstverfehlung der Freiheit zur Perversion der Heilsbotschaft führen: weil er als Resultat eigener Leistung darstellt und fordert, was nur Folge erfahrener Befreiung sein kann, und damit nur endgültig auf das Gesetz der Selbstrechtfertigung fixiert[120]. So wie eine auf Gebote reduzierte Verkündigung den Menschen entmündigt, wirft ihn die bloße Anklage auf sich selber zurück. Wie soll er seine Schuld eingestehen, wenn er sich mit ihr *selbst* verurteilt erfährt? Und wie sich dem Vergangenen stellen, an seinen Folgen arbeiten und – trotz des unversöhnbar Dunklen in ihm – mit sich selbst einverstanden und für andere frei werden können? Heilsame Selbst-

[119] *G. Fuchs,* Glaubenserfahrung, 199. Zur Verkündigung Jesu zusammenfassend *P. Fiedler:* »In der ›Dialektik‹ von Vergebung Gottes und Umkehr des Menschen setzt Jesus den Akzent eindeutig auf Gottes Vergebung. Diese ist das Vorgegebene, sie ruft die Umkehr hervor. Erst die Heilspredigt – wenn sich die Hörer darauf einlassen, werden sie Gottes Heiligkeitswillen zu erfüllen trachten« (Jesus und die Sünder, 275).

[120] »Christliche Ethik steht immer im Kontext des Glaubens daran, daß wir nicht zuerst irgendwelchen – wie auch immer gearteten – Normen gehorchen müssen, sondern daß uns zuerst Heil und Angenommensein in Liebe geschenkt ist, aus dem heraus wir handeln *können*« (*E. Bleske,* Konfliktfeld Ehe, 182). Dies Buch ist selbst ein überzeugendes Beispiel einer Ethik, die sich, gerade als theologische, »als Ethik *für* den Menschen, [...] als entlastende Weisung zu seinem Besten« versteht (209).

und Sündenerkenntnis ist möglich allein im Umkreis des Evangeliums der Vergebung[121].

Vergebung aber besteht nicht darin, das Geschehene zu verleugnen (denn dies wäre unwahr und bliebe noch dem Gesetzesdenken verhaftet), sondern die Freiheit des anderen auf das Getane nicht zu fixieren, d. h. sie in ihrer Transzendenz zu ihrem Werk anzuerkennen, in die Möglichkeit ihres ursprünglichen Anfangenkönnens freizugeben und ihr überdies schon mit solcher Anerkennung die Möglichkeit zu schenken, sich aus der Zuwendung neu zu bestimmen. Allein solche Vergebung, deren Großzügigkeit aus Gottes Zusage lebt und diese wie für sich selbst so auch für den schuldigen anderen beansprucht (Mt 6,12), ermöglicht den Wechsel im Selbst vom verbissenen Seinmüssen zum gelösten Seindürfen und Mit-anderen-sein-Können, der den Glauben und das gläubige Handeln über den Standpunkt der Moralität und seine Aporien hinausführt[122].

121 Sehr genau formuliert *P. Hünermann:* »In Jesus Christus vermag der Sünder [. . .] mit Gott gegen sich selbst zu stehen, weil Gott sich schon zu ihm gestellt hat. In Jesus Christus vermag der Mensch aber auch, und dies ist die andere Seite des Verhältnisses, sich zu seinem sündigen Bruder zu stellen – weil er in Jesus Christus und mit ihm die Sünde des Bruders zu tragen vermag« (»Erlöse uns von dem Bösen«, 325). Zur weiteren Ausführung dieses Gedankens s. Exkurs 10.

122 Es läßt sich ja nicht übersehen, daß die *nur* moralische Betrachtung des Handelns und Beurteilung der Schuld, so unverzichtbar und auch human sie für sich genommen ist, tatsächlich in Ausweglosigkeiten führt, die zuletzt die Bereitschaft zur Verantwortung selbst untergraben. *J. Werbick* (Schulderfahrung) hat sie unter dreifachem Gesichtspunkt beschrieben. Erstens ruft die »moralische Dynamik der Zurechnung«, die den Täter bei seiner Schuld, die unausweichlich die eigene sein muß, behaftet, als ihre Gegenbewegung »defensive Strategien der Verteidigung und Entschuldigung hervor«, die die eigene Verantwortlichkeit zu bagatellisieren versuchen; oder auch sie steigert sich »zu der fatalen Neigung des Skrupulanten, sich selbst zum Sündenbock von all und jedem zu machen« (47). Zweitens rückt die moralische Interpretation des Schulderlebens, indem sie die Schuld als Sache des moralischen Subjekts, das auch anders könnte, betrachtet, sie »von vornherein in die Perspektive ihrer Abschaffung. Damit leistet sie der Illusion einer unbegrenzten Vervollkommnungsfähigkeit des Menschen und seiner Gesellschaft Vorschub. Wo aber das Böse, wo die Schuld prinzipiell beherrschbar erscheint, da muß verleugnet oder auf Sündenböcke projiziert werden, was sich offenbar (noch?) nicht beherrschen läßt [. . .] Weil prinzipiell abschaffbar erscheint, was das menschliche Zusammenleben vergiftet, [. . .] wiegt die Verantwortung derer, die der Abschaffung des Bösen im Wege stehen, um so schwerer« (47 f.). Aus beidem resultiert, drittens, eine »merkwürdige Schizophrenie«: »Sich selbst gegenüber bringt man alle Theorien und Mechanismen in Gang, die das eigene Verschulden wegerklären [. . .], während man den anderen dies versagt, weil sie einem Böses getan haben, ›das keine Entschuldigung verdient‹«. Die Konsequenz ist, daß man gerade sich selber immer weitgehender schicksalhaften oder gesellschaftlichen Mächten ausgeliefert sieht, die einem kaum

(3) Die Entmachtung der Schuld

Die Offenbarung Gottes als Liebe ist Offenbarung der Sünde des Menschen *und* Befreiung aus ihrer Gefangenschaft. So hat sie »erneuernde«, »heilende« Bedeutung, auch wenn sich Gottes Liebe darin nicht erschöpft. Wie sie im Kreuz sich als Feindesliebe bewährte und sich zugleich die Tiefe und tödliche Macht der menschlichen Gottesfeindschaft enthüllten, so bedeutet Jesu Auferweckung vom Tod die Entmachtung der Sünde und bekräftigt irreversibel, was in Jesu Hinwendung zu den Sündern begann. Gottes Handeln widerspricht dem Widerspruch des Menschen, indem es ihn überwindet. Seine Vergebung richtet die Sünde, indem sie ihr zuvorkommt und den Menschen aus ihrem Bann löst. Anthropologisch aber heißt dies, daß die menschliche Freiheit, indem sie anerkannt wird, auch befreit wird und also der Zuwendung Gottes nicht nur bedarf, weil ihr das Erfüllende nur geschenkt werden kann, sondern zugleich auch, um in ihrer Selbstverschlossenheit geöffnet zu werden und in Gottes Tun einstimmen zu können.

Mit dem zweiten Aspekt, der »Erlösungsbedürftigkeit« des Menschen aufgrund der faktischen Sünde, ist die Thematik der »Erbsündenlehre« angesprochen. Um ihre Wahrheit zur Geltung zu bringen, sind jedoch, meine ich, vor allem zwei verzerrende Interpretationsmuster zu überwinden. Zum einen ein ontologisierendes Verständnis, das den Menschen als Sünde geradezu definiert, seine formelle Freiheit mißachtet und darum weder seine Verantwortung vor Gott noch seine Ansprechbarkeit für Gottes Liebe zu denken vermag. Zum anderen ein eher juridisches und zumeist auf eine historische »Ursünde« fixiertes Verständnis, das nicht nur die Prägung der Freiheit durch die Sünde als unverdiente Strafe für die Schuld anderer erscheinen und also Gottes Gerechtigkeit fragwürdig werden läßt, sondern auch die Genese der Sündigkeit aller Menschen nicht einsichtig macht oder doch stets nur auf unzureichende, ja verhängnisvolle Weise erklärt hat. Dagegen scheint gerade das Freiheitsdenken geeignet, zumindest zwei unaufgebbare Einsichten der traditionellen Lehre festhalten und aufschließen zu können.

Die erste betrifft das Faktum der Sünde, das sich als solches zwar jeder

noch Spielraum lassen. Paradoxerweise führt so »die moralische Überdehnung des Schuldbewußtseins zur Resignation an den Möglichkeiten des moralischen Handelns und konsequenterweise zur Demontage der moralischen Subjektivität, die sich gerade nicht mehr als ›Kausalität aus Freiheit‹, sondern als vielfach und unentrinnbar determiniertes Glied einer unübersehbaren Kausalkette erfährt« (48).

Erklärung entzieht, doch in seiner Universalität verständlicher wird, wenn man die aporetische Situation der menschlichen Freiheit ohne die Nähe Gottes bedenkt. So findet *Eugen Drewermann* die entscheidende Bedeutung der Erbsündenlehre darin, daß sie den Menschen als ein Wesen verstehen lehrt, »das an der Angst seines Bewußtseins krank werden muß, wenn es diese Angst, die es wesentlich kennzeichnet, nicht durch einen Akt des Vertrauens überwinden lernt«[123]. Weil alle Dinge und er selber nur gut sind in der Einheit mit Gott, gerät dem Menschen alles zum Fluch, weil und solange er als Geschöpf von seinem Schöpfer getrennt ist und ohne ihn leben muß. Nicht nur die Geschichte vom »Sündenfall«, sondern die gesamte »jahwistische Urgeschichte« stellt nach Drewermanns Auslegung dar, »wie der Mensch lebt und leben muß, ehe er zum Glauben an Gott zurückgefunden hat«: »Ohne Gott, will der Jahwist [etwa] mit dem Motiv der Bruderfeindschaft sagen, können Menschen einander nur mit der einen Frage begegnen, wer von ihnen mehr Ansehen besitzt; ohne das Gefühl, in einem absoluten Sinne vorweg zu allen zwischenmenschlichen Beziehungen in Gott akzeptiert zu sein, zerfällt das menschliche Dasein notwendig in ein Feld frontaler Konkurrenz; es verformt sich zu einem mörderischen Kampf um die eigene tödlich bedrohte Anerkennung«[124].

Was die Ernstnahme des Faktums der Sünde für die Auseinandersetzung mit dem Denken der Neuzeit bedeutet, stellt *Peter Eicher* unmißverständlich fest: »Es heißt, daß alle Menschen, die in diese Welt kommen, *indem* sie ihre Freiheit wahrnehmen, an ihrer Freiheit auch scheitern, theologisch gesprochen: schuldig werden [. . .] Freiheit kann nur theologisch zu Ende gedacht werden, weil sie realgeschichtlich nur als schuldige sich realisieren kann«[125]. Dies widerspricht in der Tat dem moralischen Pathos der Neuzeit, das über die Verzweiflung der Freiheit, »nicht zu können, was sie soll, ja nicht einmal frei wollen zu können, was wirklich Freiheit bringt«[126], weitgehend hinwegsah, sich über die Frage von Schuld und Vergebung konsequent ausschwieg und im Namen der Würde menschlicher Freiheit das geschichtliche Handeln Gottes bestreiten zu müssen glaubte. Es widerspricht insbesondere der Umkehrung von Evangelium und Gesetz, wie sie exemplarisch in *Kants* Diktum begegnet, »daß es nicht der rechte Weg sei, von der

[123] *E. Drewermann*, Psychoanalyse und Moraltheologie. Bd. 1, 121.

[124] A. a. O. 216.214. Die großangelegte Durchführung dieser Interpretation bietet Drewermanns grundlegendes Werk: Strukturen des Bösen.

[125] *P. Eicher*, Gott handelt durch sein Wort: Bürgerliche Religion, 224.

[126] A. a. O. 209.

Begnadigung zur Tugend, sondern vielmehr von der Tugend zur Begnadigung fortzuschreiten«[127]. Indessen übt die Theologie solchen Widerspruch nur, weil sie Gottes Wort zutraut, der Freiheit »nicht nur zu ihrer Würde, sondern zu ihrer Erlösung zu verhelfen«: denn »aus der Not der eigenen Freiheit findet nur, wem die Schuld seiner Freiheit schon vergeben ist«[128].
Die zweite Einsicht verstärkt noch die erste. Sie betrifft die Partizipation aller Menschen an der einen Geschichte, also auch am Verhängnis der Schuld. Jedes Unrecht, das geschieht, ist die Summe des Bösen, das einzelne begehen, und jede Schuld erzeugt Schäden, die zu neuer Schuld führen[129]. Für die hier geltende Dialektik ermöglicht die entwikkelte Symbolkategorie ein Verständnis, das mit der objektiv vermittelten Interdependenz verschiedener Freiheiten ernst macht und doch die jeeigene formelle Verantwortung beachtet: Durch die Objektivationen schuldiger Freiheit wird die Freiheit der anderen nicht nur negativ konditioniert, sondern auch – wie der alltägliche Vorgang der Internalisierung herrschender Normen bestätigt – bis in ihr Innerstes affiziert. In jeder einzelnen Tat wird diese »Sündigkeit« aktuell und weiter befestigt, und dies durchaus auch im Widerstreit des moralischen Willens, der seine Ohnmacht – daß ich Böses tue, was ich nicht will, und nicht das Gute, wie ich will (Röm 7,19) – als Verstrickung und Nichtidentität seiner Freiheit erfährt. Nur vom Standpunkt einer unaufgeklärten privatistischen Moral aus läßt sich also bestreiten, worauf die Rede von der »sozialen«, »strukturellen« oder »gesellschaftlichen Sünde« auf-

127 *I. Kant,* Die Religion innerhalb der Grenzen der bloßen Vernunft: WW 7, 879 (B314, A296).

128 *P. Eicher,* Gott handelt durch sein Wort, 208. 210.

129 »Die solidarische Verhaftetheit unter die Sünde bedingt [...], daß sich das Unheil der Überwindung durch einen einzelnen oder durch eine Gruppe innerhalb der Geschichte entzieht. Jede verspielte Möglichkeit ist wirklich vertan und kann nicht einfach zurückgeholt werden. Die Erfahrung bestätigt, wie sehr unsere Vergangenheit uns festlegt und unsere Zukunft belastet. Darüber hinaus bringt jede Schuld Folgen hervor, die der Täter nicht mehr übersehen und einholen kann, und wird so zur Ursache weiterer Schuld, weil sie das Handeln anderer von vornherein negativ konditioniert. Statt also ihre Selbstverwirklichung miteinander zu suchen und möglich zu machen, zerstören die einzelnen sich gegenseitig die Bedingungen ihrer Freiheit und werfen einander auf sich selbst zurück. Die Haltung der Liebe wird durch eigensüchtige Motive verfälscht oder gar offen durch das Prinzip der Selbstbehauptung ersetzt. Wo dennoch ein guter Ansatz versucht und ein neuer Anlauf gewagt wird, scheitert er leicht an der Abwehr oder dem Mißtrauen des andern, verliert sich in der Undurchsichtigkeit der Probleme oder zerbricht an den Strukturen objektiv gewordenen Unrechts. So eignet der Geschichte der Sünde eine geradezu ›natürliche‹ Schwerkraft, sie verfolgt die Tendenz, sich immer mehr zu einem tödlichen Regelkreis zu verschließen« (*W. Kasper,* Jesus, 241 f.).

merksam gemacht hat. Desgleichen erweist sich die ermüdende Entgegensetzung »Änderung der Verhältnisse oder Umkehr des einzelnen« als abstrakt und verfehlt: Denn einerseits vermittelt die Humanisierung der Verhältnisse der Freiheit neue Möglichkeiten realer Selbstbestimmung, ohne doch ihre Wahl zu ersetzen; andererseits bedarf jene Humanisierung selbst schon eines Handelns, das in der Gewißheit gewährter Identität vom herrschenden Gesetz frei wird[130].

Inwiefern aber hat Gottes Handeln in Jesus Christus die Schuld und ihr Verhängnis entmachtet? Weil dadurch, daß der absolut Gottverbundene in die Situation der Sünder trat und die Gottesfeindschaft bis zur eigenen Gottverlassenheit erlitt, die Not und der Riß der Gottferne in die göttliche Beziehung von Vater und Sohn hineingenommen und in der Auferstehung überwunden wurden. So geschah die entscheidende Statusänderung der Menschheit: In Jesus Christus »ist durch die (absteigende) Liebe Gottes zur Welt *und* die (aufgerichtete) Liebe der Welt zu Gott die Trennung der Menschen von Gott ein für allemal (objektiv) aufgehoben [...] In ihm als Auferwecktem ist die Versöhnung als bleibendes Angebot hinterlegt und gegenwärtig«[131]. Zwar wird eigene und neue Schuld auch den Gläubigen weiter bedrängen, doch hat sie ihr Anrecht auf ihn verloren und muß sein Denken und Tun nicht mehr bannen, weil Vergebung für jeden verbürgt ist, der sie nur annehmen will. Auch die Angst der Freiheit wird nicht verschwinden, doch steht ihr die größere Zuversicht des Glaubens entgegen, so daß sie angenommen werden und aufhören kann, das tötende Gesetz des Lebens zu sein. Und erst recht behaupten die zu realen Verhältnissen erstarrten Folgen der Schuld ihre faktische Macht, doch ist innovatorisches, neuen Sinn stiftendes Handeln möglich, weil die Verheißung, von der es ausgeht und die sich im Äußersten bewährte, durch nichts mehr widerlegt werden kann[132].

130 Angemerkt sei noch, daß – wie ich meine – mit dem angedeuteten Zugang zum Erbsündenverständnis, der einerseits die Anregungen *P. Schoonenbergs* (Theologie der Sünde) und *K. Rahners* (Art. Erbsünde) und andererseits die Einsichten *Kierkegaards* (und *E. Drewermanns*) in das Freiheitsdenken aufzunehmen sucht, durchaus den Intentionen des »Diskussionsbeitrags« entsprochen werden kann, den *P. Hünermann* (Erlöste Freiheit) zur Reformulierung der Erbsündenlehre eingebracht hat: s. dazu Exkurs 15. – Zur Erbsündenthematik, auf die hier nicht weiter mehr eingegangen werden soll, s. außer den schon genannten Titeln auch: *U. Baumann,* Erbsünde; *K. H. Weger,* Theologie der Erbsünde; *P. Ricoeur,* Die Fehlbarkeit des Menschen; *ders.,* Symbolik des Bösen; *J. Werbick,* Schulderfahrung, 65–89.

131 *H. Kessler,* Art. Erlösung, 251f.

132 Die theologische Kategorie »Sünde« betrifft nach alledem »nicht in erster Linie den einzelnen Menschen als voll verantwortlichen Urheber einer Verfehlung; sie rückt die Verfehlung vielmehr in einen umfassenden Zusammenhang: in den Zusammen-

(4) Die Gegenwart der Erlösung

Erlösung ist nur im Glauben möglich, aber dieser nur in der von ihm orientierten und ermöglichten Praxis wirklich. Der Glaube selbst läßt sich verstehen »als eine bestimmte – in Jesus Christus gründende – kommunikative Praxis, in der und durch die die gegenseitige Erfahrung unbedingten Erwünscht- und Anerkanntseins mitgeteilt und gemacht wird«[133]. Und diese der Anerkennung durch Gott entsprechende Praxis der Anerkennung ist die Realisierung des Heils – Realisierung aber nicht im Sinn seiner Herstellung, sondern seiner *Darstellung* verstanden. Deshalb wird und bleibt sie bestimmt durch einen doppelten Bezug. Zum einen auf die Situationen, auf die sie sich einläßt und einlassen kann – und dies sind, da auf Gott Verlaß ist und gar nichts uns trennen kann von seiner Liebe in Christus Jesus (Röm 8,39), grundsätzlich alle. Zum anderen durch den Bezug auf Jesus Christus, den »Urheber und Vollender des Glaubens« (Hebr 12,2), in dem uns alles geschenkt wird (Röm 8,32). Indem sie in ihm Gottes freie und treue Zuwendung wahrnimmt und wie er ihr entspricht, erhält sie Anteil an seiner Freiheit und Vollmacht, gebunden durch nichts sonst als das, was sie erfüllt und begründet: ihren Ursprung aus Gott und ihr Bestimmtsein für andere[134]. So folgt sie ihm nach, ohne gesetzlich zu

hang einer umgreifenden, alles durchdringenden Sündenmacht, in die der Mensch immer schon einwilligt und die er immer schon ›fortzeugt‹, so daß er weder voll verantwortlicher Urheber noch pauschal entschuldbares Opfer ist; [und] in den Zusammenhang der in Jesus Christus nahegekommenen und seither im Kommen begriffenen Gottesherrschaft, die in der schöpferischen, gerechtwerdenden Liebe auf die Menschen übergreifen und sie aus der Verstrickung in die Sünde herauslösen will« (*J. Werbick,* Schulderfahrung, 49). »Was von den Menschen her unmöglich scheint, das ist von Gott her möglich; und die Menschen können an Gottes Möglichkeiten Anteil gewinnen, wenn sie darauf vertrauen, daß die Liebe nicht nur ihr brüchiges, zum Scheitern verurteiltes Beginnen, sondern Gottes Werk ist [...] Der Begriff Sünde bezieht sich auf den Widerspruch zwischen dem gleichgültigen oder kleinmütigen Zurückweichen vor den Zumutungen der Liebe und dem Glauben an den Gott der Liebe, der in der Liebe zu den Menschen kommen will; er meint also [...] das mangelnde Vertrauen auf die Verheißungen der Liebe und damit auf Gott selbst, der für diese Verheißungen einsteht [...] So meint der Begriff der Sünde [...] nicht zuletzt dies: die Deutung menschlichen Versagens von den Möglichkeiten Gottes her« (45f.).

133 *G. Fuchs,* Roter Faden Theologie, 166.

134 »Es ist [...] ein Kurzschluß zu meinen, daß Vollmacht nicht übertragbar sei. Es gehört sogar zum Wesen der Vollmacht, daß sie auf Übertragung beruht« (*G. Ebeling,* Dogmatik II, 476). »Hätte die Vollmacht [Jesu] allein an den einzelnen Machttaten gehaftet, so wäre sie dahin [...] Haftete die Vollmacht allein an den einzelnen Worten, so würde ihre Weitergabe ohne die Gegenwart dessen, der sie vollmächtig verantwortet, zu einer überfordernden Gesetzlichkeit. Wenn jedoch

werden, lernt von ihm und lernt doch vor allem, auf Menschen und ihre Wirklichkeit einzugehen[135]. Also ist die Erinnerung Jesu Christi, die seinen Vorrang zu uns und mit ihm die Differenz von Gott und Mensch festhält, vor allem anderen die Weise, wie die Praxis des Glaubens ihre eigene Möglichkeit gewinnt und wieder gewinnt: im Vollzug des Dankes als der Annahme des Bejahtseins, im Empfang der Vergebung angesichts der eigenen Schuld, im Vertrauen auf die schon begonnene Verheißung und also im Widerstand gegen alles, was ihr widerspricht und sie vergessen machen will.

Daß Gottes Ja gilt, bevor der Mensch ihm entspricht – vielleicht hat auch dies die Theorie von der »objektiven Erlösung« einmal gemeint; und ebenso die Lehre vom »opus operatum«, da sie die »Gültigkeit« der Zuwendung Gottes nicht von der Würdigkeit von Menschen abhängen lassen wollte. Daß die Wahrheit seiner Liebe aber auf unsere Wirklichkeit aus ist, war – je mehr das Rechtsdenken vordrang und man das

Jesu Vollmacht mit dem Gottesverhältnis seiner Person eins ist, dann laufen hier alle Linien der Christologie zusammen: Jesu Ja zu seinem Tode, diese Erfüllung der Vollmacht in der Ohnmacht, wird, weil als Gottes Ja zu Jesus vernommen, zu der Bejahung seines Auferstehungslebens als Christus praesens. Das Weiterwirken der Vollmacht geschieht durch die Verkündigung dessen, was von Gott her in dieser Person geschehen ist [. . .] Im Namen Jesu wird der Geist wirksam, der [. . .] durch die Glaubenden Worte und Taten der Vollmacht geschehen läßt. Sie sind aber nur dadurch Jesus gemäß, daß sie in seinem Namen, dank der Bevollmächtigung durch ihn, geschehen und so an ihm auch ihr Kriterium haben« (516). Daß als das Zeichen der Nachfolge, die sich an Jesus orientiert, aber die Freiheit gelten darf, ist nicht Bindungslosigkeit oder Willkür, sondern darin begründet, daß es Gottes *Liebe* ist, die sie in der Gestalt und Geschichte Jesu Christi erkannt hat, der sie zu entsprechen und in deren Hinwendung zu den Menschen sie einzustimmen sucht. Ebensowenig wie ihre Verheißung ist ja auch der Anspruch der Liebe in irgendeiner Konkretisierung erschöpft; vielmehr kommt Gottes Herrschaft dadurch zum Ziel, daß sie den Menschen in seiner Freiheit aufruft und diese sich einladen läßt, sich bei allem, was sie tut, an diese Liebe selber zu binden, sich von ihr führen zu lassen und für sie Ausdruck in allem zu suchen.

135 Zu Jesu Wirken als »Exeget Gottes«, der das Heil aller will, zu seiner Wahrnehmung des »kairos« und seiner »Freiheit, Gutes zu tun«, s. *E. Schillebeeckx* (Jesus, 214f.); zu Jesu Vollmacht als »übertreffende Erfüllung des Gesetzes«, seiner Verkündigung als »Aufdecken des Lebens« und »Achten auf das Verborgene«, der Sprache seiner Gleichnisse als »situationsgerechtes Wort« und seinem Handeln als »Gebrauchmachen von Gott« aus der »Gewißheit seiner Nähe« s. *G. Ebeling* (Dogmatik II, 433–447); zur Interpretation des Gehorchens als »Hinhören-Können« und der Schuld als »unterlassenes Gerechtwerden«, zur Personalisierung der Verantwortung und Schulderfahrung und zur Einübung einer »Moral der einfühlenden Voraussicht« s. *J. Werbick* (Schulderfahrung, 31–41); zur Sachlichkeit, Situationsgemäßheit und »befreiten Spontaneität« eines Handelns in der Nachfolge Jesu s. *D. Sölle* (Phantasie und Gehorsam, 19–36).

Gnadengeschehen vom menschlichen Handeln ablöste – kaum mehr bewußt. *Daß Menschen sie darstellen dürfen, ohne sie erschöpfen zu können – das ist das Wesen christlicher Freiheit und der Grund ihrer Hoffnung: die geschichtliche Realität der Erlösung.*

(5) Die intersubjektiv-symbolische Vermittlung des Heils

Erlöstes Handeln vermittelt Erlösung. Denn Liebe, da sie wesentlich frei ist, kann Wahrheit nur sein, indem sie geschieht. Und Gottes Liebe kann Wahrheit für Menschen nur werden, indem sie in ihre Wirklichkeit eintritt. Dies aber ist erst geschehen, wenn sie den Menschen »selbst«, den sie meint, auch erreicht: Nur durch Menschen, die ihr entsprechen, kann Gottes Liebe bei uns ankommen und bleiben. Was es für Sein und Person Jesu Christi bedeutet, daß dies in ihm ursprünglich geschah, thematisiert – wie gezeigt – die Christologie. Durch ihn und sein bestimmtes Menschsein, das geschichtliche Dasein des ewigen Sohnes, bleibt alle künftige Freiheit der Gotteskindschaft vermittelt[136]. Das Bewußtsein dieser Vermittlung findet Ausdruck in der Erinnerung, durch die als konstitutives Moment ihrer selbst sich christliche Praxis formell als verdankte vollzieht und bei allem, was ihr gelingt, Gott die Ehre gibt. Aber selbst dort, wo sie versagt, kann sie für Gottes Liebe noch sprechen: durch ihre so schwere und doch so humane Fähigkeit nämlich, im Vertrauen auf seine Vergebung ihr Schuldigsein einzugestehen und damit glaubwürdig Gottes größere und grundlose Güte zu bezeugen und zugleich die Freiheit des anderen auch darin anzuerkennen, daß sie die Angewiesenheit auf seine Anerkennung realisiert und um sie bittet.

Damit dürfte endgültig klar sein, daß es keineswegs darum geht, an die Stelle von Gottes Handeln das des Menschen zu setzen. Der Glaube,

[136] »Die Beispielhaftigkeit Jesu stellt die Praxis der Jünger nicht einfach *neben* seine eigene, sondern beläßt sie in einem Ursprungs- und Herkunftsverhältnis, aus dem sie nie zu gleicher Absolutheit und Ursprünglichkeit gelangen kann. Auch wenn die Jünger handeln *wie* Jesus, so tun sie es doch immer als *von* ihm her Ermächtigte und als *auf* ihn Verwiesene. Während sie in das neue Gottesverhältnis der Kinder *herein*geholt werden, spricht Jesus sie schon immer aus seinem ursprünglicheren Verhältnis zum Vater *heraus* an« (*D. Wiederkehr,* Glaube an Erlösung, 43). »Glauben wie Jesus kann sich nur in fortdauerndem Angewiesensein auf den vollziehen, der als das Wort Gottes [. . .] der Glaubensgrund ist, der zum Glauben befreit. Darin unterscheidet sich dieser Glaubenszeuge von allen Glaubenszeugen, daß er der schlechterdings unentbehrliche Glaubenszeuge ist. Seine Glaubenszeugenschaft kommt [. . .] darin zum Ziel, daß er zum Grund des Glaubens wird« (*G. Ebeling,* Dogmatik II, 523).

auf den das Zeugnis zielt, ist niemals Glaube an Zeugen, denn dann wäre er mit deren menschlichen Möglichkeiten am Ende, sondern Teilhabe am Glauben Jesu und dadurch an den Möglichkeiten Gottes. Und niemals kann ein Mensch den Glauben eines Mitmenschen selbst bewirken oder gar ersetzen wollen, sondern immer nur so auf dessen Wirklichkeit einzugehen versuchen, daß er sie als Situation und Gelegenheit eigenen Glaubens wahrnehmen kann. Aber wenigstens in dieser Gestalt muß der Glaube, wenn sein Zeugnis »glaubwürdig« sein und nicht alle Verkündigung (und Theologie) leer und gegenstandslos werden soll, doch »realisiert« sein: als Eingeständnis der eigenen Lage vor Gott und darin als Hoffnung, die das Sichrechtfertigen erübrigt und das müde oder bornierte Sichabfinden verhindert. Wo der Unglaube im eigenen Glauben zugelassen und die Erfahrung der wesentlich menschlichen Angewiesenheit wahrhaftig und unaufdringlich mit anderen geteilt wird, kann sie vielleicht auch das ausdrückliche Bekenntnis des Glaubens erreichen[137].

Und ebenso dürfte klar sein, daß es nicht darum geht, den Glauben der Ethik und dem praktischen Tun zu subordinieren, sondern umgekehrt alles Handeln unter die Bestimmung des Glaubens zu stellen: Der Glaube erschöpft sich nicht in der Aktion, die Liebe zu Gott nicht in der Liebe zum Nächsten (wie ja umgekehrt auch der Nächste um seiner selbst, nicht um Gottes willen geliebt wird, wohl aber Gottes bejahende Liebe zur Nächstenliebe befreit, durch sie vermittelt und in ihr dargestellt wird). Wenn menschliche Freiheit für Gott selber ansprechbar ist und die Offenbarung diese Möglichkeit aktualisiert und erfüllt, dann wird die so vermittelte Unmittelbarkeit des Menschen zu Gott[138] auch ausdrücklich werden können – und müssen. Denn jede Liebe lebt von dem Wort, das identifiziert, was geschieht, und in dem selber geschieht, was es sagt. Auch bedürfen Kontemplation, Liturgie und Gebet der Rechtfertigung nicht – so wenig wie die Stunde der Freundschaft[139], die Feier gelungenen Lebens und alle humanen Vollzüge, die ihren Sinn nicht außer sich haben. Aber gerade in dieser Zwecklosigkeit kommen sie menschlichem Handeln zugute. Denn indem wir in der Ausdrücklichkeit des Glaubens unsere Angewiesenheit, ja schon den Dank dafür realisieren, was schlechthin um seiner selbst willen ist, werden wir uns selber als solche gegeben, die nie als Mittel bewertet

[137] Vgl. *J.B. Metz,* Der Unglaube als theologisches Problem.

[138] Unter dem Leitgedanken der »vermittelten Unmittelbarkeit« hat auch *E. Schillebeeckx* (Christus, 787–804) das Verhältnis von Kontemplation, Gebet und Aktion, von politischer und mystischer Praxis behandelt.

[139] Vgl. *A. Camus,* Die Pest, 151f.

und mißbraucht werden dürfen[140]. In der Identität, die so konstituiert wird, gründen der Mut zum Widerstand und die Orientierung befreiender Praxis, aber auch die Bereitschaft zu selbstlosem Handeln und die Kraft, am eigenen Scheitern nicht zu zerbrechen. Denn allerdings kann – angesichts der Realität, wie sie ist – der Dank des Glaubens nur in die Bitte und die Bitte nur in den Willen einmünden, zu tun, was in der Kraft der Zusage Gottes getan werden kann. Ein Glaube dagegen, der die Berührung mit der Profanität scheut und allein danach trachtet, sich rein zu bewahren, würde in der Scheinhaftigkeit seines Daseins sich nicht nur täuschen über sich selber, sondern hätte vor allem auch Gottes Liebe nicht verstanden, die zur Wirklichkeit kommen und niemanden auslassen will – ebenso wie jede gottesdienstliche Erinnerung der Versöhnung und Antizipation ihrer Vollendung, die sich in ihrer Absonderung selber genügte, nicht mehr als das Zeichen der Hoffnung identifiziert werden könnte, das die unversöhnte Welt braucht[141]. Zwischen ausdrücklicher Hinwendung zu Gott und der Rückkehr in die Verhältnisse des Alltags und die Arbeit an ihnen, zwischen erfüllter Zeit, in der Gottes Nähe gewiß wird, und der Übernahme der leeren, unerträglichen Tage, zwischen gesammeltem, anbetendem Verweilen vor ihm und einer Aufmerksamkeit für den Nächsten, die an Gott nicht mehr denkt[142] – in solchen Übergängen, die den Bedingungen mensch-

[140] Vgl. *G. Scherer,* Reflexion – Meditation – Gebet, 96.

[141] »Religion erschöpft sich nicht in Befindlichkeit, selbst wenn es eine Befindlichkeit wäre, die sich als Dispositiv zur Gnade versteht. Wesentlich für sie ist der Mut zu einem Weg, der auf die *Überwindung* (und nicht nur Konstatierung) der Heilsdifferenz angelegt ist. Sie will nicht nur konstatieren, sondern ändern. Zum *Begriff* der Religion (und nicht nur zu ihrer Konsequenz) gehört deshalb wesentlich eine Heil suchende und Erlösung realisierende Praxis [. . .] Wo das nicht gesehen wird, treten religiöses Gottesverhältnis und menschliche Selbstverwirklichungspraxis so auseinander, wie wir das aus der Neuzeit kennen, und Religion wird zur ereignislosen Befindlichkeitskultur« (*M. Seckler,* Theosoterik, 298).

[142] »Die Nächstenliebe ist die Liebe, die von Gott zu dem Menschen herabsteigt [. . .] Gott drängt es, zu den Unglücklichen herabzusteigen [. . .], so ist [. . .] Gott überall dort gegenwärtig, wo die Unglücklichen um ihrer selbst willen geliebt werden. Gott ist nicht gegenwärtig, selbst wenn er angerufen wird, dort, wo die Unglücklichen nur ein Anlaß sind, das Gute zu tun, sogar wenn sie dieserhalb geliebt werden. Denn dann sind sie in ihrer natürlichen Rolle, in ihrer Rolle als Materie, als Sache. Sie werden unpersönlich geliebt [. . .] Wie es Augenblicke gibt, in denen man nur an Gott denken und alle Geschöpfe ausnahmslos vergessen soll, ebenso gibt es Augenblicke, in denen man im Schauen auf die Geschöpfe nicht ausdrücklich an den Schöpfer zu denken braucht. In diesen Augenblicken hat die Gegenwart Gottes in uns eine so tiefe Verborgenheit zur Voraussetzung, daß sie sogar für uns selbst ein Geheimnis bleibt. Es gibt Augenblicke, in denen der Gedanke an Gott uns von ihm trennt [. . .] Wer einem hungernden Unglücklichen Brot reicht aus Liebe zu Gott,

lichen Daseins und seinem Wechsel von Einkehr und Auskehr, Aktion und Besinnung, Identifikation und Entäußerung entsprechen, entfaltet und gewinnt sich das Leben des Glaubens[143].

Erinnerung und Hoffnung, Dank und Bitte, ob nun explizit oder unausdrücklich vollzogen, sind also die spezifischen Kennzeichen gläubiger Praxis. Im übrigen aber ist das erlösende Sprechen und Handeln der Christen mit Hilfe derselben Kategorien zu thematisieren, die schon für das Verhalten Jesu, namentlich seine Zeichenhandlungen und Gleichnisreden[144], die angemessenen sein dürften: mit den Kategorien einer Theorie des intersubjektiv-kommunikativen Handelns nämlich, das seinerseits nur ernsthaft und wahr ist als symbolische Praxis, welche die realen Verhältnisse der Menschen nicht ausläßt. Eines Handelns also, in dem Menschen *als sie selber beteiligt* sind, *einander selbst meinen* und dies *in allem darzustellen* suchen, was die Aufmerksamkeit für andere und die Wahrnehmung ihrer Situation nahelegt und fordert – angefangen von den Zeichen verläßlicher Verbundenheit, der Ermutigung und des Trostes bis hin zur prophetisch-ungeduldigen oder sachlich-geduldigen Arbeit für die Aufklärung der gesellschaftlichen Verhältnisse und ihre Humanisierung[145].

dem wird Christus nicht danken. Er hat seinen Lohn schon in diesem einen Gedanken empfangen. Christus dankt denen, die nicht wußten, wem sie zu essen gaben« (*S. Weil,* Das Unglück, 151–153).

143 Zum Thema s. auch *G. Greshake/G. Lohfink* (Hg.), Bittgebet – Testfall des Glaubens; *E. Käsemann,* Gottesdienst im Alltag der Welt: Exegetische Versuche II, 198–204; *J. B. Metz,* Zeit der Orden; *H. Schaller,* Verbirg nicht dein Gesicht vor mir; *D. Sölle,* Die Hinreise.

144 Zur Verdeutlichung und Ausführung s. *E. Linnemann,* Gleichnisse Jesu; *E. Arens,* Kommunikative Handlungen.

145 Die neutestamentliche Ethik ist eine Ethik, die »auf Gottes heilsschöpferischem Handeln beruht, das heißt auf dem Recht Gottes, der Gerechtigkeit unter den Menschen verwirklichen will. Das Leben, als eschatologische Gabe, wird uns als neue Schöpfung geschenkt, und deshalb können wir [...] nach den Forderungen des Gottesreiches leben. Das ethische Leben, in seinen mikro- und makro-ethischen Dimensionen, ist der *erkennbare* Lebensinhalt, die historische Manifestation oder das Sichtbarwerden des Nahens des Reiches Gottes [...] Das Reich Gottes wird also, durch das wirksame Ethos, in unserer Geschichte in nicht-definitiven, immer überholbaren Gestalten gegenwärtig. Ethische Weltverbesserung *ist* nicht das Reich Gottes [...], aber sie ist doch seine antizipative Form [...] Christliche Ethik ist christologisch und eschatologisch begründet: Dadurch tritt sie in die Perspektive der wirksamen Hoffnung« (*E. Schillebeeckx,* Christus, 580f.). Wenn »wir genauer zusehen, sehen wir, daß der Mensch zwar *Möglichkeit*-zum-Guten ist, aber daß der geschichtlich-konkrete Ausgangspunkt eines jeden Ethos nicht eine vorgegebene *Ordnung,* sondern *der schon verletzte Mensch ist:* Unordnung, sowohl im eigenen Herzen als auch in der Gesellschaft [...] Die ethische Aufforderung oder Forderung ist daher nicht eine abstrakte Norm, sondern, geschichtlich, ein *herausforderndes*

Im Rahmen der Theorie christlichen Handelns, die – wie nach allem Gesagten einleuchten dürfte – mit einer Theorie der Tradition der Offenbarungswahrheit in eins fällt, wäre namentlich auch die Sakramentenlehre zu entfalten[146]. Denn mit Hilfe der Kategorien der Freiheit, der Interaktion und des Symbols (näher bestimmt durch die Elemente Erinnerung und Antizipation, Dank und Bitte) wird ja überhaupt erst angemessen verständlich, was »sakramentale« Wirklichkeit meint: Sie ist nichts anderes als Gottes Liebe unter den Menschen, d. h. von Glaube und Hoffnung bestimmte menschliche Liebe. Dann aber darf auch *jedes* so bestimmte Handeln als sakramental gelten. Will man dennoch – der besonderen Funktion des Amtes im Traditionsprozeß des Glaubens entsprechend – das eigentlich sakramentale Geschehen auf die offiziellen Heilszeichen der Kirche eingrenzen, wäre dies eine Frage der Definition. Doch gilt dann eine doppelte Bedingung: zum einen, daß die Gestaltung der Sakramente orientiert wird an ihrer Eignung, wirksam darzustellen, was sie bedeuten; zum anderen, daß die – wie besonders an der Verkümmerung der Praxis alltäglicher Vergebung illustriert werden könnte – verhängnisvolle Monopolisierung des Gnadengeschehens durch die amtlichen kirchlichen Vollzüge überwunden wird und bewußt bleibt, daß mit ihrer offiziellen Legitimation als Akten der Vermittlung des Heils keineswegs schon die reichere und wirksamere Gnade verbürgt ist oder diese allein durch sie sich ereigne. Wie die Verinnerlichung und gleichzeitige Veramtlichung der Gnade zur Trennung von Glauben und Leben, so führte die ihr entsprechende Moralisierung und Vergesetzlichung des christlichen Handelns zur Unmündigkeit – beides Entfremdungsgestalten des Glaubens, mit denen die Theologie und erst recht eine Theologie der Freiheit sich nicht abfinden darf. Jederzeit und bei allem sich auf Gottes unbedingte Liebe verlassen und für jeden von ihr Gebrauch machen zu dürfen, ist die Vollmacht und das ursprüngliche Recht aller Christen, die Freiheit und die Freude ihres Glaubens. Daß sie es mit der Aufmerksamkeit für alles Menschliche, von der kreatives und innovatorisches Leben ab-

Geschehen: unsere konkrete Geschichte selbst: Menschen in Not; die Menschheit in Not. ›Ethisch gut‹ ist infolgedessen – konkret – das, was das Böse überwindet; das, was ›gut-macht‹ [. . .]: gutmachen im Sinn von Befreiung und Versöhnung« (639). – Zur »eschatologischen Struktur der Gnade« als »Ausgangspunkt christlicher Ethik«, zur »sachlichen Identität von Gnade und ewigem Leben« und zum Verständnis des neuen Handelns als »Beginn jenes Heiles, das der Glaube verheißt«, s. auch die schönen Ausführungen bei *O. H. Pesch,* Frei sein aus Gnade, 371 ff. 403 ff.

[146] Zur neueren Entwicklung und Diskussion der Sakramentenlehre s. *E. Jüngel/ K. Rahner,* Was ist ein Sakrament?; *F. Schupp,* Glaube – Kultur – Symbol; *T. Schneider,* Zeichen der Nähe Gottes.

hängt, wieder erlernen, entscheidet über ihren noch möglichen Beitrag für unser aller gefährdete Geschichte.

(6) Die Zukunft der Erlösung

Wie christliches Handeln im Gedächtnis Jesu Christi die Erinnerung bewahrt, daß Gott uns gesagt hat, was nur er selbst sagen konnte, so lebt es als *antizipatorische* Praxis aus der Hoffnung, daß Gott selbst auch vollendet, was er in Jesus begann und seither Menschen in seinem Namen versuchen. Also ist wie die Erinnerung auch die Erwartung Kriterium eines Gott und Mensch unterscheidenden Glaubens: Seine eigene Möglichkeit und Tragfähigkeit hängt daran, mit Gott als dem »Herrn des Seins« *(Schelling)*, als der »alles bestimmenden Wirklichkeit« zu rechnen[147]. Würde man die neutestamentliche Bestimmung Gottes als Liebe (1 Joh 4,16) von der Hoffnung auf ihn, »der die Toten lebendig macht« (Röm 4,17), trennen, könnte er kaum mehr als *Gott* der Liebe, d. h. als die schlechthin schöpferische, die ursprüngliche Liebe selbst geglaubt werden. Allein *diese* Liebe jedoch kann dem unwiderruflich angenommenen Menschen eine nicht mehr bedrohte Zukunft gewähren und die andauernde Macht der Schuld und des Todes endgültig brechen. Eine bloß präsentische Eschatologie, die Gottes wirkliche Zukunft zur Zukünftigkeit des Augenblicks formalisiert und als Moment in den Existenzvollzug aufhebt, muß sich Rechenschaft geben, ob sie den Menschen nicht auf sich selber zurückwirft und wie lange sie der unversöhnten Wirklichkeit standhält.

Nun aber greift der Glaube nicht nur auf Gottes unerschöpfliche Möglichkeiten vor, sondern kommt auch von der Offenbarung seines eschatologischen Willens schon her: daß Jesu Evangelium Gottes letztes, zuverlässiges Wort für uns ist. Nur so ist er ja indikativischer Glaube, Teilhabe an der Freiheit der Gnade. Ohne das Zeugnis der in Jesu Auferweckung schon *angebrochenen* Verheißung könnte zwar die Ethik Jesu tradiert und er selbst als Zeuge eines für Gottes Zukunft rückhaltlos offenen Glaubens, nicht aber als Realsymbol Gottes selbst und als endgültiger Durchbruch seiner erlösenden Zuwendung zur Welt anerkannt werden[148]. Und doch: je ernsthafter der Glaube auf den

[147] Zur theologischen Unverzichtbarkeit dieser »Nominaldefinition« Gottes s. *W. Pannenberg,* Wissenschaftstheorie, 304f.

[148] Vgl. *H. Kessler,* Art. Auferstehung, 91ff.; *ders.,* Sucht den Lebenden, 240–242: Wenn »Jesus, an dem die gnädige Nähe Gottes bei den Verlorenen [. . .] geschichtlich hängt, selber verloren (getötet und verflucht) ist, dann ist Gottes eschatologische Herrschaft und Nähe in der Vernichtung Jesu mit zunichte geworden. Dann aber

vollzogenen Herrschaftsantritt der uneingeschränkten Güte Gottes sich einläßt und die eigene Hoffnung in ihm begründet, desto bedrängender wird das Noch-nicht ihrer Erfüllung. Wohl gibt es Zeichen, aber niemals Enklaven des Heils, solange unsere Welt unerlöst ist und die Erwartung Israels, seine Hoffnung auf universale Gerechtigkeit und eschatologischen Frieden, noch unerfüllt und strittig[149]. In der Bitte Jesu um das Kommen des Reiches *bleiben* Juden und Christen verbunden – einer Bitte, die den Widerspruch gegen den Tod und alle todbringenden Mächte durchhält und als solidarische Klage an Gott selber herantritt. Denn »die Worte vom neuen Himmel und der neuen Erde, von den abgetrockneten Tränen und vom Tod des Todes sind so stark, so sehr durch die Leiden der Menschheit geprägt, in Patmos und Auschwitz, daß man gegen ein Heil protestieren müßte, in dem diese Verheißungen nicht erfüllt wären«[150].
Aber ist die Vorstellung eines Gottes, der aus dem Tod rettet und alles

kann kein Mensch [...] diese eschatologische Herrschaft und Nähe Gottes (bzw. die Auferweckung Jesu, durch die sie von neuem etabliert würde) aus sich selber, aus eigener Bewußtseinsleistung, als schon *gegenwärtige* Wirklichkeit setzen oder mit der ›Logik des Glaubens und der Hoffnung‹ auf sie schließen [...] Die Botschaft *Jesu* [...] könnte dann nur noch in ihren begründungsbedürftigen, wenngleich nicht gering zu schätzenden Elementen (Ethik und Hoffnung) weiter verkündigt werden [...] Sie wäre aber um ihren begründenden Kern [...] gebracht [...] In der Diskontinuität des Kreuzes konnte nur Gottes neuschaffendes, auferweckendes Handeln am Gekreuzigten (zurückgreifend auf ihn und ihn endgültig in Geltung setzend) Kontinuität, Identität *seiner* Zuwendung zu uns herstellen und den endgültigen, nicht mehr zerstörbaren Grund des Glaubens legen«.

149 »Der Jude weiß zutiefst um diese Unerlöstheit der Welt, und er erkennt und anerkennt inmitten dieser Unerlöstheit keine Enklaven der Erlösung. Die Konzeption der erlösten Seele inmitten einer unerlösten Welt ist ihm wesensfremd, urfremd, vom Urgrund seiner Existenz her unzugänglich« (*S. Ben-Chorin,* Antwort des Jona, 99).

150 *T. R. Peters,* Tod wird nicht mehr sein, 46. – Jesu Auferweckung steht »gerade für jene Menschen und jene geschichtlichen Situationen, die von sich aus keinerlei aktive Möglichkeiten oder verbliebene Zukunftspotenzen enthalten, sondern denen innerweltlich und -geschichtlich alle Zukunft abgesprochen ist. Als *vom Tod* Auferweckter macht sich aber Jesus diese Situation des Menschen in allen Gestalten zu eigen: Die von ihm eröffnete Zukunft gilt erst so als universale Zukunft, weil sie an keinerlei Voraussetzungen [...] anknüpft und durch sie bedingt ist, sondern – im Unterschied zu allen sonstigen eschatologischen Utopien – allen zugesprochen und eröffnet ist und sich durch keine relative oder absolute Negativität begrenzen läßt [...] Nicht anderswo als mitten aus dieser absoluten Negation der Zukunft nimmt die neueröffnete Zukunft der Auferweckung ihren Anfang. Zugleich [...] ermöglicht sie dem Christen, jede Negativität des Menschen und seiner Geschichte im Licht möglicher und wirklicher Hoffnung zu sehen und anzugehen« (*D. Wiederkehr,* Glaube an Erlösung, 61 f.).

neu machen will, überhaupt ein zumutbarer Gedanke? Die Frage stellen heißt den Streit darüber aufnehmen, welche Vernunft für sie zuständig sei. Eine Rationalität jedenfalls, die das Kontingente nur in Betracht zieht, soweit es verfügbares Wissen gestattet, kommt, da sie dem bekämpften Tod schon bewußt oder uneingestanden sich gefügt hat, als entscheidende Instanz nicht in Frage. Und erst recht nicht eine objektivistische Betrachtung des Menschen und seiner Geschichte, die – im Namen welcher Theorieansätze auch immer – die Ursprünglichkeit menschlicher Freiheit und ihre Frage nach Sinn ignoriert und den Interessen des Systems opfert. Die Reflexion der Freiheit dagegen, der Kontingenz ihres Daseins innegeworden, wird weder den Gedanken der Schöpfung noch die Möglichkeit einer Neuschöpfung apriori ausschließen. Und sie wird es um so weniger, als sie beim Unbedingten menschlicher Freiheit schon einsetzt und mit der Feststellung ihrer geschichtlich unaufhebbaren Antinomie endet. Also bleiben die Fragen: Welche Wahrheit hat die unbedingte Intention menschlicher Liebe? Was heißt Anerkennung des anderen angesichts seines Todes? Was vermag die Erinnerung für ihn selbst, wenn sie doch nur Bilder des Vergangenen hütet – Bilder überdies, die allmählich ersticken, was zu beschwören ihre Aufgabe war? Die Aporie wird zum Ärgernis, wenn nicht nur das Unabgegoltene schon jeden gelungenen Menschseins, sondern auch das unbedingt inakzeptable Faktum der um ihr Menschsein Betrogenen und endlich von allen Vergessenen bewußt wird: die Tatsache ihres unerfüllten, menschenunwürdigen Lebens und ihres empörenden Sterbens. Gibt es eine andere Gestalt nicht verzweifelnder Treue zu den Toten, als für sie zu beten, d. h. in ihrem Namen Gott anzurufen? Und läßt sich auf die Idee einer Versöhnung verzichten, in der alle Leidenden gerechtfertigt und also frei wären, selbst die erlittene Schuld zu vergeben[151]?

Gegen jede sich abschließende Vernunft hat *Gabriel Marcel* auf diesen Fragen bestanden: »Wenn der Tod eine letzte Wirklichkeit ist, dann vernichtet sich der Wert im reinen Ärgernis, ist die Wirklichkeit wie ins Herz getroffen. Das können wir uns nur unter der Bedingung verhehlen, daß wir uns einsperren in ein System, in dem wir uns gefallen. Dies Ärgernis [...] einfach anerkennen, heißt keineswegs, sich vor einer

[151] Erst dies wäre die endgültige »Theodizee« und müßte als solche anerkannt werden – entgegen dem Postulat Iwan Karamasows, auch die Vergebung des geretteten und gerechtfertigten Opfers selbst könne das erlittene Unrecht nicht versöhnen. Denn Vergebung als die höhere Möglichkeit der Freiheit verbietet die moralische Insistenz auf der Endgültigkeit der Schuld. Vgl. *F. M. Dostojewski,* Die Brüder Karamasow, 5. Buch/4. Kap.

objektiven Tatsache beugen – denn hier sind wir nicht im Reich der Tatsachen –, sondern [. . .] die Gemeinschaft der Menschen selbst in ihrem Mittelpunkt zerbrechen [. . .], das Denken kann diese Vernichtung nicht hinnehmen, selbst wenn es sich dazu resigniert hätte«[152]. Aber auch *Adorno* sprach von den »Versprechungen des Anderen«: »Nicht absolut geschlossen ist der Weltlauf, auch nicht die absolute Verzweiflung [. . .] So hinfällig in ihm alle Spuren des Anderen sind; so sehr alles Glück durch seine Widerruflichkeit entstellt ist, das Seiende wird doch in den Brüchen, welche die Identität Lügen strafen, durchsetzt von den stets wieder gebrochenen Versprechungen jenes Anderen. Jegliches Glück ist Fragment des ganzen Glücks, das den Menschen sich versagt und das sie sich versagen«[153]. Und noch eindringlicher die Idee der Versöhnung: »Was von Entmythologisierung nicht getroffen würde, ohne apologetisch sich zur Verfügung zu stellen, wäre [. . .] die Erfahrung, daß der Gedanke, der sich nicht enthauptet, in Transzendenz mündet, bis zur Idee einer Verfassung der Welt, in der nicht nur bestehendes Leid abgeschafft, sondern noch das unwiderruflich vergangene widerrufen wäre«[154].

An der Offenheit solchen Denkens, die Zeichen seiner Humanität ist, bleibt jede Antwort auf die Frage des Todes, sofern sie vernünftig sein will, zu messen. In der Praxis jedoch wird gewählt und ist faktisch schon immer optiert worden. Im Blick auf die Möglichkeiten, die der zu sich selbst gekommenen Freiheit sich bieten, verdient namentlich die Entscheidung Beachtung, die nicht nur im französischen Existentialismus begegnet, sondern auch in den humanistischen Strömungen des neueren Marxismus, die die Sinnfrage des einzelnen nicht länger mit dem Hinweis auf die menschliche Gattung und ihren glücklichen Endzustand unterdrücken[155]. Durch die vorbehaltlose Identität mit jedem seiner Entschlüsse, heißt es hier, soll der Mensch die Fremdheit des Schicksals und die eigene Todesfurcht überwinden und den auf solche Weise errungenen Sinn auch der Welt übertragen. Des persönlichen Todes, der Zerbrechlichkeit menschlicher Liebe, der Fraglichkeit der geschichtlichen Zukunft und sogar der Entropie des Universums gewiß, kann menschliches Dasein dennoch versöhnt sein: wenn es *gewählt* wird. Es ist dies die Entscheidung, die von der Antinomie der Freiheit als definitiver schon ausgeht, die Absurdität ihres Seins akzeptiert und aus der Wahl der Freiheit als solcher allen ihr möglichen Sinn

[152] *G. Marcel,* Das ontologische Geheimnis, 86f.
[153] *Th. W. Adorno,* Negative Dialektik, 394.
[154] A. a. O. 393.
[155] Vgl. *Th. Pröpper,* Jesus der Philosophen, 39–57.

zu gewinnen sucht. Über ihre praktische Bedeutung und Tragfähigkeit kann nur die Praxis selber entscheiden.
Doch auch der Glaube, der auf Gottes Verheißungen setzt und darin die Möglichkeiten des Denkens überschreitet, tritt menschlich als bestimmte Wahl der Freiheit hervor, die als Praxis verantwortet werden muß. Zwar braucht ihn der Einwand, daß seine Hoffnung »zu schön sei, um wahr sein zu können«, nicht kümmern, denn eine derart auf sich selber fixierte Skepsis muß sich ihrerseits fragen lassen, in wessen Namen sie eigentlich spricht. Unübergehbar jedoch bleibt die Instanz der religionskritischen Argumente. Denn der Gedanke des Todes und seiner Überwindung ist mißbrauchbar und zu oft mißbraucht worden: als Mittel, um der Religion von den Grenzen des Daseins her neue Stabilität zu verschaffen; als Möglichkeit, jeden humanen Fortschritt mit dem Hinweis auf die definitive Nutzlosigkeit aller menschlichen Anstrengungen zu hindern; als Rechtfertigung von Verhältnissen des Elends und als rhetorischer Ersatz für konkrete Anteilnahme an mitmenschlicher Not[156]. Doch ein Glaube an Auferstehung, der – statt die gegenwärtige Relevanz des Zukünftigen zu bewähren und die Entmachtung des Todes im Leben vor dem Tod darzustellen – das ewige Heil gegen die irdischen Aufgaben ausspielt oder seine Hoffnung wie ein privates Trostkapital hütet, diskreditiert sich nicht nur vor anderen, sondern betrügt sich auch selbst. Schon Paulus rief ja die Korinther auf den irdischen Weg des Gekreuzigten zurück. Auf diesem Weg freilich gewänne er selber kritische Kraft: als Alternative zu der angestrengten, ausbeuterischen Erwartung an das Leben, die das Mögliche zerstört, weil sie vom Endlichen Ewiges verlangt. Als Protest gegen eine dem Glückszwang verschriebene Gesellschaft, die das Traurigsein verbietet, ihre Kranken absondert und die Sterbenden allein läßt, um ihren geheimen Allmachts- und Unsterblichkeitstraum weiterträumen zu können. Als Widerstand gegen die Selbstreproduktion der Systeme, die nach außen das Leben von Menschen erdrücken und sie im Innern um ihr eigenes Menschsein betrügen. Und als Solidarität mit den Opfern: mit den Ausgeschlossenen und Verstummten, den Hungernden, Gefangenen und Armen, den Erniedrigten und Geringen, mit denen Christus sich im Endgericht identifiziert (Mt 25).
Die Unterscheidung von Gott und Mensch ist eine Wahl zugunsten des Lebens. Denn ob dieses tatsächlich gewinnt, wenn man in ihm alles sieht, was wir haben, steht durchaus noch dahin. Die Möglichkeit menschlicher Freiheit, ihre Endlichkeit anzunehmen, ohne sich selbst

[156] *T. R. Peters,* Tod wird nicht mehr sein, 48.

aufzugeben – das jedenfalls wäre die Alternative des Glaubens: Hoffnung ohne Selbstübersteigerung, Realismus ohne Resignation. Weil er an Jesus Christus erkannt hat, wozu alle Menschen bestimmt sind, wird er wahrnehmen, was ihr Menschsein entstellt und ihre Menschwerdung hindert. Wird nicht zulassen, daß Unrecht beschwichtigt, die Wahrheit verzerrt und die Freiheit schon unterdrückt wird, noch ehe sie zu sich selber erwacht. Sich nicht abfinden, daß Menschen zerbrechen und ihre Hoffnungen denunzieren. Und sich doch nicht mit Empörung und Anklagen gegen Dritte begnügen, sondern selber zu handeln beginnen. Daß sie Gott das Gericht überläßt und selber Vergebung erhält, schützt die Praxis des Glaubens vor Selbstanmaßung, totalitärem Hochmut und jeder Verurteilung von Menschen. Von der letzten Sorge des Daseins befreit, wird sie lieber das Eigene einsetzen und die Schutzlosigkeit wählen, als auf die Strategien der Herrschaft und die Mittel des Bestehenden zu setzen. Und dennoch, da Gott dem einmal Begonnenen treu ist, dem Anschein der Vergeblichkeit widerstehen. Also wird sie tun, was Menschen tun können, und dazu Mut finden in dem Glauben, daß Gott selber tun wird, was Menschen nicht können: daß er alles Gute und Gelungene bewahrt und sogar das Verlorene und Vergessene rettet.

Gott hat endliche Freiheit erschaffen, um ihr die eigene Liebe zu schenken. In ihr wird uns, ist uns schon alles gegeben. Also können wir Ja dazu sagen, nur Menschen zu sein, und damit anfangen, menschlich zu werden.

8. Zur Logik und Relevanz gläubiger Praxis

Wie können Menschen durch Gottes Liebe sich »wahr« gemacht finden? Und wie die praktische Gestalt eines Glaubens aussehen, der gerade in seiner Menschlichkeit Gottes Handeln bezeugt? Mit solchen Fragen erreicht theologische Reflexion ihre Grenze, kann sie doch die Vernunft der gläubigen Praxis selbst nicht ersetzen. Doch sollen noch einige Stichworte folgen, die die Eigenart christlichen Handelns nochmals benennen und auf Wege seiner mitmenschlichen und gesellschaftlichen Bewährung hinweisen.

a) Bestimmungen

Die Praxis des Glaubens setzt voraus, was in ihr menschliche Wirklichkeit werden will: Gottes unbedingtes Ja zu jedem Menschen. So ist sie darstellende, nicht herstellende Praxis.
Sie kommt schon her, worauf sie noch zugeht: als Zeugnis der schon angebrochenen Verheißung.
Sie verläßt sich auf die Zukunft, die sie Gott überläßt, der mit ihr schon begann. So wird sie für die Gegenwart frei.
Sie unterscheidet, was Sache Gottes und Sache des Menschen ist: Gott steht ein für den Sinn unseres Daseins, wir verantworten die Gestaltung der Welt.
Statt von der Forderung nach stets noch zu erstellender Identität geht sie aus von schon gewährter Identität. So unterscheidet sie Evangelium und Gesetz und erfüllt, ja überbietet, was die Ethik nur fordert.
Sie kommt dem Zwang zur Selbstbehauptung zuvor, unterbricht den leeren, nihilistischen Zirkel der Reflexion und öffnet die Einsamkeit des monologischen Ich. Sie schenkt die Wahrheit der Gewißheit der Freiheit.
Sie bleibt nicht beim bloß Möglichen, Wünschenswerten, Geforderten stehen, sondern ist die Fähigkeit, anfangen zu können. Und immer neu anfangen zu können.
Sie ersetzt den Imperativ durch den Indikativ, den Optativ durch den Inchoativ, den Irrealis durch Hoffnung und Bitte, das Postulat durch den Dank.
Sie entspricht bereits den Maximen, die erst noch Wirklichkeit werden sollen, oder besser: damit sie Wirklichkeit werden können.
Sie ist Freiheit vom Gesetz der Angst und der Herrschaft des Todes über das Leben: die Freiheit, lieben zu können.

b) Entsprechungen

Christliche Praxis, so darf man im Anschluß an den ersten Johannesbrief sagen (4,7–21), ist Gottes Liebe unter den Menschen, d. h. durch Glaube und Hoffnung bestimmte menschliche Liebe, die bezeugt und mitteilt, was ihr geschenkt wird.
Sie ist symbolische Praxis: nicht bloß äußeres Tun, sondern Ausdruck der Freiheit für andere Freiheit in den konkreten Verhältnissen des Lebens. Darin folgt sie der situativen Verkündigung Jesu mit ihrer Einheit von Wort und Verhalten und entspricht der geschichtlichen Verfassung menschlicher Freiheit.

Sie ist antizipatorische Praxis: Vergegenwärtigung und Versprechen. So entspricht sie der Einheit von Ankunft und Zukunft in der Basileia-Verkündigung Jesu und vollzieht, durch Gott selber begründet, was menschliche Liebe intendiert.
Sie ist innovatorische Praxis: Befreiung aus Verhältnissen der Entfremdung und Eröffnung neuer Identität. Darin hat sie teil an der souveränen Freiheit Jesu und wird der Offenheit menschlicher Freiheit gerecht.
Sie ist indikativische Praxis: zuvorkommende Zusage Gottes, »dessen zu bedürfen des Menschen höchste Vollkommenheit ist« *(Kierkegaard)*. So hat sie Anteil an Jesu ursprünglicher Vollmacht und vermittelt die wahre, aber unverfügbare Bestimmung menschlicher Freiheit.
Sie ist kreative, initiatorische Praxis: Gestaltung der Liebe Gottes, bis er selbst seine Neuschöpfung vollendet und »alles in allem« sein wird (1 Kor 15,28). So hat sie Anteil an der Gottes Kommen feiernden Freude Jesu und gleicht der Vollkommenheit Gottes selber (Mt 5,48), der »anfangen kann« *(Schelling)* und für unser Anfangenkönnen den unerschöpflichen Anfang gemacht hat.

c) Bewährungen

Die Annahme des Bejahtseins durch Gott ist das Erste im Glauben, vielleicht auch das Schwerste, denn sie schließt das Sichaushalten vor Gott und die Übernahme der eigenen Wirklichkeit ein. Ihr entspricht die Fähigkeit, sich auch anderen zumuten zu können, nicht verstellen zu müssen. Sich weder überheben noch verkleinern zu müssen, Kritik akzeptieren und Lob annehmen zu können. So wie umgekehrt freimütig Kritik üben, angstlos widersprechen und anderes gelten lassen zu können. Ebenso die Bereitschaft, sich selber zurückzustellen, sich einzusetzen, das Eigene zu vergessen. Die Fähigkeit, sachlich (durch sich selbst ungehindert) arbeiten und argumentieren zu können. Und danken zu können und zu bitten verstehen.
Wer sich selbst unbedingt bejaht glaubt, kann einstimmen in das Seinsollen und Bejahtsein des anderen. Solche Anerkennung bewährt sich in der Vergebung, die in die Möglichkeit des Anfangenkönnens freigibt und mit sich selber versöhnt werden läßt. In der Ermutigung, die hellsichtig entdeckt und bestärkt, was dadurch erst Wirklichkeit werden kann. In der Solidarität des Trostes, der vielleicht selbst ohnmächtigen Hilfe, die doch den Hilflosen nicht allein läßt. Und in der Trauer um die Verlorenen, die noch die Macht des Todes bestreitet. In

der Fähigkeit, zur rechten Zeit Toleranz üben und zur rechten Zeit Ansprüche stellen zu können, den Weg zwischen Überforderung und Gleichgültigkeit, beherrschendem Veränderungswillen und resignativer Abkehr zu finden. Also auch in der Kunst des bestimmten Urteilens ohne Verurteilung des anderen, in der Hoffnung des Zutrauens, in der Annahme endgültigen Andersseins. In der zuvorkommenden Wahrnehmung, die Verschlossenheit öffnet. In der erfinderischen Gestaltung des Glücks, der Dankbarkeit miteinander, der Bitte füreinander und der verläßlichen Treue. In der Selbstvergessenheit des Erbarmens, aber auch der Fähigkeit zur Mitfreude. In der Offenheit für jeden, der begegnet, und der Bereitschaft, sich auch Fremde zu Nächsten werden zu lassen.

Gottes Ja entlastet von der letzten Sorge des Daseins, also vom Gesetz der Selbstbehauptung und Selbstsicherung: vom zwanghaften Streben nach Einfluß und Macht, vom Sichfesthalten an Sachen, von der Unterwerfung des Lebens unter das Erfolghabenmüssen. Es verändert die Einstellung zum Eigentum, führt zur Neubewertung von Arbeit und Leistung. Es bewirkt eine neue Empfänglichkeit für das Geschenk unseres Daseins, einen veränderten Umgang mit den Gütern der Schöpfung. Dabei schwächt es den Impuls zur Weltgestaltung nicht ab, sondern entideologisiert ihn. Es ermöglicht den Widerstand gegen das Gesetz der Expansion und Selbststeigerung und befähigt für die ersten Schritte zu Abrüstung und Frieden.

Weil die Praxis des Glaubens auf Gottes treue Zusage baut, gewinnt sie Möglichkeiten des Handelns, die den Standpunkt der Moralität oder gar der bloßen Legalität überschreiten. Zu ihnen gehört die Fähigkeit, Schuld eingestehen zu können: gegen den Rechtfertigungszwang und sein Pendant, den Verfeindungs- und Verurteilungszwang. Ja sogar die Fähigkeit, schuldig werden zu können: gegen die Verantwortungsscheu der auf sich selbst bedachten untadeligen Gesinnung. Die Fähigkeit, sich ohne Angst um die eigene Identität auf die widerspruchsvolle Wirklichkeit und noch ausweglos scheinende Situationen einlassen zu können: gegen das sich mit Forderungen begnügende moralische Räsonnement, die »große Weigerung« des abstrakt utopischen Denkens, den Rückzug aus den schlimmen Verhältnissen in Scheinwelten aller Art und die Preisgabe des noch Möglichen an die herrschende Notwendigkeit. Die Fähigkeit vor allem, Anerkennungsverhältnisse nicht nur respektieren, sondern auch innovieren und einseitig durchhalten zu können: weil – gegen die Prämisse des Liberalismus – zwar alle Menschen zur Freiheit bestimmt, aber keineswegs von Natur aus schon frei sind; aber weil sie auch – gegen jede totalitäre Ungeduld des

Veränderungswillens – als Subjekte ihrer Befreiung selbst beteiligt werden müssen; und weil sie – gegen das Prinzip der Ersetzbarkeit und des berechenbaren Nutzens – auch dann noch Anerkennung verdienen, wenn sie selber nichts beitragen oder nichts mehr beitragen können. »Begegne jeder möglichen Freiheit so, daß du sie schon anerkennst und zuvorkommend als wirkliche behandelst« – das wäre der kategorische Imperativ gläubiger Praxis oder besser: die Folge ihres kategorischen Indikativs. Und ebenso: »Gib niemals einen Menschen auf und verweigere ihm deine Anerkennung nicht, auch wenn er sie (noch) nicht erwidert oder nicht mehr erwidern kann«. Dies bedeutet Verantwortung für die noch Unmündigen, Treue zu den Schwachen und hoffnungslos Kranken, aber auch Hinwendung zum Gegner. Es verlangt Konfliktfähigkeit und die Bereitschaft zum Risiko der Gewaltlosigkeit, das Ertragenkönnen von Unrecht, um durch Vergeltung nicht neues Unrecht zu schaffen, und die Übung im Widerstand ohne Haß. Die Liebe zum Feind, die das Evangelium einfordert, bleibt Kriterium gläubigen Handelns.

Indem die Praxis des Glaubens die gegenwärtige geschichtliche Situation übernimmt, tritt sie ins bestimmte Verhältnis zur neuzeitlichen Selbstbestimmung der Freiheit. Zu ihr verhält sie sich *kritisch* im Widerspruch zur Transformation des Evangeliums der Freiheit zum Gesetz. In der entschiedenen Parteinahme für die Opfer des Selbstbehauptungswillens. In der Aufklärung und Durchbrechung der herrschenden Zwänge: zur Verleugnung der Sterblichkeit und des Leidens, zur Anonymisierung der Verantwortung, zur Ausblendung der Schuld. Im Widerstand gegen die Logik der Sachzwänge und alle Tendenzen zur Funktionalisierung und Instrumentalisierung von Menschen. In der Erinnerung an die verratenen Ideale: etwa das der Brüderlichkeit an das Prinzip der Konkurrenz oder das der Gleichheit an den Machtwillen alter und neuer Eliten. In der Wachsamkeit für die Anzeichen einer Renaturalisierung der Geschichte und die Ideologien ihrer Rechtfertigung. Doch bei alledem *bereit* zur Anerkennung des Wunsches nach Freiheit und ihrer unbedingten Würde. Zur Übernahme der eigenen Verantwortung für den faktischen Verlauf der neuzeitlichen Geschichte. Zur Solidarität angesichts der entstandenen Aporien. Zur geduldigen Argumentation, die auch den Gegner nicht aufgibt. Zum Einstehen für die Hoffnung, deren Perspektiven seit dem Verlust ihrer ursprünglichen Begründung immer mehr schwinden. Bereit also zu einem Handeln, wie es der Glaube offenhält und ermöglicht.

Exkurse

Die folgenden Exkurse, auf die in den Anmerkungen verwiesen wurde, gehen einzelnen Problemen und Themen ausführlicher nach, als es in Text und Anmerkungen angebracht war. Obwohl als gesonderte Diskussionsbeiträge lesbar, setzen sie die vorangegangenen Ausführungen doch voraus. Indem sie sich – teils anknüpfend, teils kritisch – auf verschiedene Positionen innerhalb der aktuellen theologischen Diskussion eingehender beziehen, wird der vorgeschlagene theologische Ansatz weiter verdeutlicht. Thematische Schwerpunkte sind die grundlegenden hermeneutischen und methodischen Fragen, die Ausführung der skizzierten Auffassung von Erlösung im Blick auf besondere christologische und soteriologische Probleme sowie die Bedeutung des transzendentalen, der Freiheit verpflichteten Denkens für die Theologie überhaupt.

1. Zur theologischen Relevanz und Begründung der Frage nach dem »historischen Jesus«

Es waren nicht nur hermeneutische, sondern gerade auch theologische Gründe, die in den fünfziger Jahren bei *E. Käsemann* und anderen Bultmann-Schülern (s. Teil I Anm. 53) die »neue Frage nach dem historischen Jesus« ausgelöst haben und sie inzwischen zur integralen Funktion der systematischen Theologie werden ließen. Das Bemühen, die Entzweiung der hermeneutischen von der historischen Fragestellung zu überwinden, entsprach der durch den Glauben selbst auferlegten Notwendigkeit, von der im Bekenntnis zu »Jesus Christus« behaupteten Identität Rechenschaft zu geben.

So etwa hat *G. Ebeling,* an dieser Diskussion von Anfang an beteiligt, »die durch das Problem des historischen Jesus ausgelöste Besinnung« als »Aufgabe einer Hermeneutik der Christologie unter den Bedingungen des historischen Bewußtseins« verstanden (Dogmatik II, 367). Zu prüfen war die Frage, ob »die Unvereinbarkeit christologischer und historischer Interpretation Jesu« wirklich als »das letzte Wort historisch-kritischen Fragens« gelten könne (391): »Nach Strauß stehen christologische und historische Interpretation Jesu in unversöhnlichem Gegensatz zueinander. Nach Bultmann treten sie bis zum Anschein der Beziehungslosigkeit auseinander und sind angeblich gänzlich unabhängig voneinander. Beide Positionen verbindet in ihrer Gegensätzlichkeit die hermeneutische Auffassung, daß zwischen christologischer und historischer Aussage eine unüberbrückbare Kluft besteht. Dieser Auffassung muß widersprochen werden« (400). Denn die »Christologie steht und fällt damit, daß sie an Jesus selbst Anhalt hat. Würde es sich erweisen, daß ihm mit den christologischen Aussagen etwas angedichtet worden ist, was keinen Grund in ihm selbst hat«, dann würde sie »zur Mythologie – vielleicht einer sehr eindrücklichen Mythologie, aber auf jeden Fall zu etwas wesenhaft anderem, als Christologie zu sein beansprucht« (474). Daß sie an Jesus »ihr Kriterium« hat, »ist keine moderne Erfindung, sondern mit der christologischen Grundaussage *Iesous Christos* von jeher gesetzt« (475). Näherhin geht es nach Ebeling bei der »Zuwendung zum historischen Jesus« nicht nur darum, »pauschal das Nein oder Ja zur Christologie zur Entscheidung zu bringen, sondern auch das Verständnis der Christologie im einzelnen zu korrigieren, zu erläutern und vielleicht sogar bis auf den Grund hin neu zu durchdringen« (474). Überdies kann sie Anlaß werden, in die Situation einzukehren, die überhaupt zu christologischen Aussagen nötigt (407.474): »Würde uns nicht die Erscheinung Jesu, sein Wort und sein Verhalten, vor Augen sein und immer neu vor Augen treten, so verlöre die Christologie ihre Situierung im Leben. Denn sie hat nur dann Sinn, wenn sie die Antwort auf die Begegnung mit Jesus ist« (476).

In der katholischen Systematik hat vor allem *W. Kasper* die namentlich von E. Käsemann vertretenen Argumente gewürdigt und für die Anlage seiner Christologie fruchtbar gemacht: »Einmal: Es geht um die Abwehr des Mythos. Das eschatologische Geschehen ist ›keine neue Idee und kein Kulminations-

punkt in einem Entwicklungsprozeß‹, es geschieht ein für allemal. In dieser geschichtlichen Kontingenz spiegelt sich die Freiheit des handelnden Gottes; sie begründet zugleich den neuen Kairos, die neue geschichtliche Möglichkeit unserer Entscheidung. Zum anderen: Es geht um die Abwehr des Doketismus und um die Überzeugung, daß die Offenbarung ›im Fleische‹ geschieht. Deshalb kommt alles auf die Identität des erhöhten Herrn mit dem irdischen Jesus an. Letztlich geht es um die Realität der Menschwerdung und um die Heilsbedeutung der wahren Menschheit Jesu. Schließlich: Es geht um die Abwehr des Enthusiasmus und eines rein präsentischen Verständnisses des Heils. Es soll auf ›das extra nos des Heils als Vorgegebenheit des Glaubens‹ hingewiesen werden. Ein allein an das Kerygma verwiesener Glaube wird letztlich ein Glaube an die Kirche als die Trägerin des Kerygmas [. . .] Es geht um den Primat Christi vor und über der Kirche« (Jesus, 39).
Allerdings: So eindeutig hier der durch die historische Forschung zugängliche irdische Jesus als »ein relativ eigenständiges Kriterium« und »ein für allemal gesetztes Gegenüber« des kirchlichen Glaubens herausgestellt ist, so klar hebt Kasper gleichzeitig hervor, daß Jesu Auferweckung ein »Heilsereignis mit eigener ›Inhaltlichkeit‹ darstellt« (41). Deshalb kann zum einen – im Blick auf das Osterzeugnis der Jünger – durchaus die metakritische Auseinandersetzung mit einer historischen Kritik aktuell werden, welche die von *E. Troeltsch* beschriebenen methodischen Prinzipien der Gleichartigkeit allen Geschehens, seiner durchgängigen Korrelation sowie der Analogie als Maßstab dessen ansetzt, was geschichtlich überhaupt möglich sein kann. Zum anderen aber folgt theologisch, daß das Kerygma gegenüber der Verkündigung des irdischen Jesus doch auch ein »Mehr« und ein »Neues« enthält.
Den damit unterstrichenen Grundsatz aller Dogmatik, daß nämlich »sich Offenbarung nicht nur beim irdischen Jesus, sondern ebenso, ja in überbietender Weise in Auferweckung und Geistsendung« ereignet (41), suche ich in der vorliegenden Arbeit dadurch zur Geltung zu bringen, daß ich die Selbstoffenbarung Gottes, die sein end-gültiges Heilshandeln ist, von vorneherein auf die *ganze,* d. h. auf die Leben *und* Geschick, also Verkündigung, Tod und Auferweckung umfassende Geschichte Jesu beziehe: Weil Gott, sich selbst und seiner Entschiedenheit für den Menschen treu, *an* Jesus *selbst* schon *vollendet* hat, was seine Liebe *durch* ihn für uns begann, ist durch *diese* Geschichte *alle* Geschichte betroffen und also Verkündigung für alle Zeiten und Situationen begründet. Doch wie jene Geschichte immer Grund der Verkündigung bleibt, so behält diese in ihr auch ihre ein für allemal gegebene, doch jeweils neu auszulegende Wahrheit. Eben weil Gottes Handeln für uns in Jesu Geschichte endgültig, d. h. geschichtlich unüberbietbar und in dieser Unüberbietbarkeit offenbar wurde, fügt das Zeugnis, als Vergegenwärtigung ihrer endgültigen Bedeutung, ihrem Sinn eigentlich nichts mehr hinzu, sondern bestimmt durch ihn nur, was für ihn schon bestimmt ist: der Geist, den der Auferstandene sendet, ist für immer der Geist, der an Jesus Christus erinnert (vgl. dazu Teil I These 4).
Daß Jesu Auferweckung nur als ontische Realität noetische Bedeutung

besitzt, doch gerade als wirkliche (und in dieser Wirklichkeit offenbare) Vollendung Jesu auch sein Leben endgültig macht, nennt auch *H. Kessler* (Sucht den Lebenden, 317f.) den »entscheidenden Punkt«: »Die Auferweckung ist kein bloß deklarativer Akt, sie ist ein kreativer Akt. Sie besagt nicht nur rückblickende Bestätigung des Vergangenen, auch nicht nur auf Dauer stellende Verendgültigung der Existenz Jesu, sondern ihre Erfüllung und *Vollendung;* zum intendierten Ziel bringende Vollendung und darum wirkliche Zukunft verleihende Vollendung«. Nur so gibt sie »dem Leben und Sterben Jesu den von ihnen intendierten [. . .] Sinn. Erst die Auferweckung *setzt* das versöhnende und erlösende Werk Jesu *endgültig in Geltung*« und erst sie bringt es »*als* bleibend geltendes *zur Erkenntnis. Indem* also Gott selber – rettend und vollendend – auf Leben und Sterben Jesu ›zurück-kommt‹, erweist er deren endgültige Heilsbedeutung und macht so für die Kirche und für jeden Glaubenden den ›Rück-Bezug‹ auf den irdischen Jesus *verbindlich.* Gerade durch die Auferweckung *führt uns* Gott in die irdische Geschichte und in das Geschick Jesu *zurück* und weist uns in sie ein«.
Ohne Jesu bestimmtes Menschsein wäre Gott nicht als schon gegenwärtige und zuvorkommende Liebe, ohne seine Bereitschaft zum Tod nicht der unbedingt entschiedene Ernst dieser Liebe und ohne seine Auferweckung nicht ihre verläßliche Treue und Macht, also Gott selbst als ihr wahrer Ursprung offenbar geworden. Gottes Selbstoffenbarung, die – sofern sie die Grundwahrheit christlicher Theologie und insbesondere die gemeinsame Wurzel von Christologie und Soteriologie bildet – als Wahrheit der Geschichte Jesu zu verantworten ist, stellt also einen Ereigniszusammenhang dar, der als Bedeutungs- und Bestimmungszusammenhang wahrgenommen und zur Geltung gebracht werden muß: in der Unterschiedenheit seiner Momente ebenso wie mit ihrer Verwiesenheit aufeinander. Schon das Wort »Evangelium«, von Paulus primär auf Jesu Tod und Auferweckung bezogen und von Markus mit Jesu eigener Botschaft verbunden, gibt ja Anlaß, die differenzierte Einheit des mit ihm Bezeichneten zu beachten und zu bedenken. »Weder das Kerygma von Tod und Auferstehung Jesu allein noch die nachösterlich weitergetragene Basileia-Verkündigung allein ist am Ende ›das Evangelium Gottes‹ und damit die ›Mitte der Schrift‹«, schreibt *Heinz Schürmann:* »Ohne die Basileia-Botschaft Jesu hätte es kein Verständnis des Oster-›Begegnisses‹ gegeben, ohne das Osterbegegnis [. . .] kein volles epiphanes Verständnis des ›Geheimnisses‹ der Basileia [. . .] Die Heilsverkündigung kann nur als das ›Evangelium‹ [. . .] verkündet werden, wenn die paulinische Soteriologie [. . .] vom evangelischen Rede- und Erzählstoff kritisch aufgefüllt wird. Ohne denselben fehlt der Verkündigung nicht nur die historische Verankerung (der ›fundamentaltheologische‹ Aspekt), sondern auch der ›inkarnatorische‹ Kontrapunkt (der ›dogmatische‹ Aspekt). Die Verkündigung und das Wirken Jesu [. . .] hinwiederum können nur ohne Verlust als *norma normans* des Christlichen gesehen werden, wenn sie hineingenommen sind und transformiert werden von der Verkündigung des Auferweckten und ›messianisch‹ erhöhten Gekreuzigten, weil die evangelische Verkündigung ohne die Kreuzes- und Auferstehungsbotschaft ›jesua-

nisch‹ [. . .] entleert wird. Dem ist letztlich so, weil das ungleich-polige Wortgeschehen – das apostolische Christuszeugnis und die Basileia-Verkündigung Jesu – im Zusammen Zeugnis geben von einem identisch-differenzierten Sachverhalt: dem Einbruch des Eschatons im Christusereignis« (Gottes Reich, 248–250; ähnlich *E. Schillebeeckx,* Jesus, 98).

Aus der Unterschiedenheit der Ereignisse, die das *eine* Geschehen der Selbstoffenbarung Gottes ausmachen, ergibt sich, daß die historische Forschung das christologische (und soteriologische) Bekenntnis zwar verbindlich bestimmen, es aber nicht vollständig begründen oder gar »historisch beweisen« kann. Wohl aber kann sie, indem sie den in Verkündigung und Verhalten Jesu implizierten, durch seine Hinrichtung aber in Frage gestellten und in jedem Fall rechtfertigungsbedürftigen Anspruch und mit ihm den »Anhalt« des Kerygmas am irdischen Jesus aufzeigt, jede Darstellung Jesu und seiner Bedeutung als unangemessen abweisen, die an diesem Anspruch und der mit ihm verbundenen Problematik vorbeigeht. Christologie ist nicht etwas, schreibt *G. Ebeling* (Dogmatik II, 475f.), »was unmittelbar bei Jesus zu beziehen wäre«, sondern »die durch ihn herausgeforderte Antwort auf ihn [. . .] Daß die Antwort auf Jesus christologisch ausfällt, kann nicht erzwungen werden. Aber es läßt sich zeigen, daß man nur oberflächlich hingesehen und hingehört hat, wenn man zu Jesus Ja sagt, aber nicht christologisch zu ihm Ja sagt«. Und *E. Schillebeeckx:* »Eine historische Erforschung Jesu ist äußerst wichtig, sie gibt dem Glauben auch konkret Inhalt, aber sie kann nie eine *Verifizierung* des Glaubens sein. Ein historisch rekonstruiertes Bild Jesu kann nie mehr als die christliche Interpretation *zulassen* oder offenhalten, es kann diese aus eigenem Standpunkt heraus nicht zwingend fordern [. . .] Ein gläubiger Forscher hat daher den Auftrag, [. . .] das Leben Jesu als eine *gezielte Frage* zu enthüllen [. . .] Die historische Forschung zeigt außerdem, daß die Lebensfrage, die Jesus uns stellt, erst volle Geltung erlangt [. . .] nach seinem Tod« (Jesus, 64f.). »Man kann den grundlegenden Aspekt der *Negativität,* wie er vor allem einem solchen Tod eigen ist, nicht wegargumentieren [. . .] Der Tod Jesu ist für uns letztlich eine Frage an Gott – an den Gott, den Jesus verkündete« (283). Ebenso *W. Kasper* (Jesus, 144): »So endet das Leben Jesu in einer letzten Offenheit«, als »eine Frage, auf die nur Gott die Antwort geben kann. Diese Antwort [. . .] aber ist der Inhalt des Bekenntnisses zur Auferweckung Jesu«. Zwar bildet auch noch dieses Zeugnis, seine Tatsache und ursprüngliche Intention, einen Gegenstand historischer Untersuchung, doch hängt seine Annahme und wohl auch schon seine unbefangene Wahrnehmung von hermeneutischen und existentiellen Grundentscheidungen ab, die – weil von der historischen Arbeit als solcher verschieden – nicht in der Instanz des Historikers zu treffen, wohl aber anthropologisch und philosophisch zu verantworten und praktisch zu bewähren sind (s. dazu Kap. 7, Abschn. c/6).

Neben der Diskussion über die theologische Bedeutung der historischen Rückfrage nach Jesus verdient – worauf wenigstens noch hingewiesen sein soll – die Weiterentwicklung ihres methodischen Instrumentariums besondere Beachtung. Wurde nämlich die Besorgnis einer methodenbedingten Engführung, die als Jesusbild nur ein künstliches Abstraktionsprodukt erzeuge, für Systematiker häufig zum Anlaß, die Redeweise vom »historischen Jesus« durch die vom »irdischen«, »wirklichen«, »vorösterlichen« oder »Jesus selbst« zu ersetzen, so führte die Selbstrechenschaft über den theologischen Sinn ihrer Arbeit die Exegeten selber dazu, nach der der urchristlichen Überlieferung zugrundeliegenden Einheit und Ganzheit der Gestalt und Geschichte Jesu Ausschau zu halten und dafür eine differenzierte Kriteriologie zu erstellen. So etwa gewannen neben dem zunächst vor allem von Ernst Käsemann geltend gemachten und in der Tat minimalistischen formgeschichtlichen Kriterium der »Unähnlichkeit« (obwohl besonders wegen seiner Einstiegsfunktion für einen Gesamtentwurf nach wie vor unentbehrlich) der traditionsgeschichtliche »Querschnittsbeweis« und das redaktionsgeschichtliche Kriterium der »aufgenommenen störenden Überlieferung« zunehmende Bedeutung; bei der (auf ipsissima facta ebenso wie auf ipsissima verba achtenden) Erstellung eines »Gesamtrahmens« oder doch des »Richtungssinns« der Verkündigung Jesu spielt die »Gegenkontrolle« nach dem »Kohärenz-« bzw. »Konsistenzprinzip« eine unverzichtbare Rolle; aufgrund der Einsicht, daß die Alternative »echtes Jesuswort oder Gemeindebildung« nur die Extremwerte einer Skala bezeichnet, auf der »Mischformen« den Regelfall bilden, wird in Streitfällen neben dem Echtheits- auch der Unechtheitsnachweis gefordert, finden Konvergenzüberlegungen Beachtung usw. Vgl. dazu *F. Hahn,* Methodologische Überlegungen; *F. Lentzen-Deis,* Kriterien für die historische Beurteilung; *W. Thüsing,* Die neutestamentlichen Theologien; *F. Mußner* (und Mitarbeiter), Methodologie; *J. Gnilka,* Wie urteilte Jesus, 17–23; ferner die grundsätzlichen Erörterungen bei *E. Schillebeeckx,* Jesus, 70–87, sowie *G. Ebeling,* Dogmatik II, 369–381.

2. Ist das Identische der Tradition identifizierbar? Zur Aufgabe und Hauptschwierigkeit einer historischen Rekonstruktion der Überlieferungsgeschichte des christlichen Glaubens

Die im zweiten Kapitel vertretene hermeneutische These, daß die Vergegenwärtigung des Glaubens, soweit sie Sache der Theologie ist, nicht durch eine direkte Applikation der überlieferten Aussagen auf die Gegenwart und ihre Verstehensmöglichkeiten geschehen könne, sondern zuvor der zu vergegenwärtigende Sinn dieser Aussagen seinerseits durch den Rückgang auf die Geschichte des verkündigenden, getöteten und auferweckten Jesus selbst, deren Bedeutung und Wahrheit sie ja aussprechen wollen, bestimmt werden müsse, impliziert nicht weniger als das Programm einer historischen Rekonstruktion der Überlieferungsgeschichte des christlichen Glaubens. Seine Notwendigkeit ergibt sich für jede Theologie, die zur Rechenschaft über die inhaltliche Kontinuität der Tradition und zu ihrer (kritischen) Aneignung und

Weiterbildung bereit ist und sich dabei doch immer an die Geschichte Jesu, um deren Wahrheit es geht, gebunden weiß (vgl. Exkurs 1). An seine Grenzen aber stößt ein solches Bemühen nicht nur insofern, als die *Annahme* dieser Wahrheit in jedem Fall die Entscheidung des Glaubens verlangt, sondern ebenso grundsätzlich auch schon deshalb, weil die *Bestimmung ihres wesentlichen (und maßgeblichen) Inhalts,* der in den Zeugnissen der Schrift und Tradition bereits ausgelegt und weiterhin auszulegen ist, sich selber im hermeneutischen Zirkel bewegt und deshalb durch ihre Leistung für ein zusammenhängendes Verstehen der Ereignisse der Geschichte Jesu selber wie der neutestamentlichen und späteren Tradition, die von ihr Zeugnis ablegt, zwar auf objektive Weise »bewährt«, aber niemals abschließend getroffen und sichergestellt werden kann.

In der Forderung des genannten Programms, das der seit dem Aufkommen der historisch-kritischen Methode eingetretenen Entzweiung von historischer Forschung und Hermeneutik entgegenarbeiten würde, scheinen die Überlegungen von Exegeten und Systematikern zunehmend zu konvergieren. So etwa sieht *K. Müller* (Art. Exegese) das »Dilemma« des modernen Umgangs mit der historisch-kritischen Methode »gerade darin, daß er sich im allgemeinen jeglicher *hermeneutischer Leistungen* zu enthalten strebt, wie umgekehrt hermeneutische Entwürfe kaum mehr imstande zu sein scheinen, zu ›historisch-kritischer‹ Exegese hinzuführen«. Maßgeblichen Anteil an der »offenkundige[n] Gefährdung der gesamttheologischen Relevanz exegetischen Arbeitens« trage »das in seinem Ansatz zu wenig integrativ und systematisch bedachte Instrumentar der ›historisch-kritischen Methode‹« (347). Weiterführend scheint Müller dagegen ein Begriff von Traditionsgeschichte, der von der Phänomenologie der Traditionsvorgänge, wie sie die Erforschung biblischer Texte immer wieder aufspürt, gelernt hat, wie ein wegen seiner »Bedeutsamkeit« überliefertes Geschehen »seinen ›Sinn‹ zwingend macht« (348). Dementsprechend könnte eine wissenschaftliche Aufdeckung der Überlieferungsgeschichte Jesu von Nazaret, verstanden als »die methodisch kontrollierte Rekonstruktion« des von den antiken Anfängen bis in die Gegenwart sich dehnenden Vorgangs der »Enthüllung seiner Bedeutung«, nicht nur (entgegen *Martin Kählers* problemloser Identifizierung des wahrhaft Geschichtlichen an Jesus mit seiner Wirkung) die individuelle Gestalt Jesu und die von ihr ausgehende »Wirkungsgeschichte« streng unterscheiden, sondern es würde umgekehrt ebenso gelten, »daß Jesus von Nazaret in seiner geschichtlichen Individualität solange noch nicht in seiner Bedeutsamkeit erkannt ist, als er nicht auch als der sinntragende Anfang jener gesamten ›Wirkungsgeschichte‹ kritisch verständlich gemacht werden kann« (348f.). Zugleich würde eine unerläßliche Funktion für die Orientierung des sich vergegenwärtigenden Glaubens an seinem maßgeblichen Anfang erfüllt: Denn »die gesamtgeschichtlich zu vermittelnde ›Horizontverschmelzung‹ [...], auf welche das hermeneutische Geschehen stets hindrängt«, kann ja »sachgemäß nur in Bewegung gebracht und gehalten werden, wenn die Differenz des Damaligen von der Gegenwart [...] ›histo-

risch-kritisch‹ gesichert und allen derzeitigen Bemühungen um Verstehen richtungsweisend vorgegeben wird« (349).
Auf systematischer Seite hatten sich bereits *W. Pannenbergs* »Grundzüge der Christologie« (1964) die Aufgabe gestellt, »das Recht und die sachgemäße Form theologischer Bezugnahme auf Jesus« methodisch zu erörtern und zu begründen (Christologie, 7) und damit der die Theologie seit der Aufklärung belastenden Entfremdung des historischen Jesusbildes von der Dogmatik entgegenzuwirken. Pannenbergs in Auseinandersetzung mit der Geschichte der Hermeneutik von *Schleiermacher* bis *Gadamer* entwickelter und insbesondere gegen *Bultmanns* Kerygma-Theologie gerichteter These, daß »Sinn an Faktizität gebunden« bleibe und somit »alle Bedeutung, obwohl sie als solche das Faktum, an dem sie ›haftet‹, überschreitet, in ihm ihren Maßtstab« behalte (Grundfragen, 132), entsprach in seiner Christologie eine Methode, »die der Ausbildung christologischer Aussagen sowie ihrer fortgesetzten Um- und Neubildung aus der dem Auftreten und Geschick Jesu selbst eigenen Logik nachgeht« (Christologie, 9). Die systematische Schlüsselfunktion fiel in diesem Entwurf dem vom Deutschen Idealismus vorbereiteten und schon für *Karl Barth* zentralen Gedanken der geschichtlichen Selbstoffenbarung Gottes zu, den Pannenberg – nachdem er seinen systematischen Gebrauch schon früher (im Anschluß an die alttestamentlichen Untersuchungen *Gerhard von Rads*) biblisch gerechtfertigt und gegen sein idealistisches Gefälle zur Identifikation der göttlichen Offenbarung mit der Gesamtgeschichte zudem die Möglichkeit einer »Vorausereignung« des Endes der Geschichte konzipiert hatte (Offenbarung, 7–20.91–114) – nun als die Wahrheit der besonderen Geschichte Jesu Christi, d. h. als die wahre Bedeutung des Jesu Verkündigung wie seine Auferweckung umfassenden Ereigniszusammenhangs zu begründen versuchte, um dann von der so gewonnenen Basis aus die christologische Lehrentwicklung aufschließen und beurteilen zu können.
Auf die Leistungsfähigkeit dieses Entwurfes für die Erhellung der christologischen Tradition und die Lösung traditioneller theologischer Aporien braucht hier nicht eingegangen zu werden. Problematisch mußte freilich sein Anspruch erscheinen, sofern er nicht nur auf die inhaltliche Rekonstruktion der Überlieferung und ihre kritische Aneignung zielte, sondern sich auch auf die *Begründung* des Christusbekenntnisses aus dem Damals des Wirkens und Geschicks Jesu: auf die »wahre Erkenntnis seiner Bedeutung« erstreckte (Christologie, 22f.). Denn dies machte es nötig, daß Pannenberg zur Unterstützung der apokalyptischen Erwartung, die in seinem Entwurf als konstitutive Erkenntnisbedingung der Osterereignisse und ihrer Bedeutung (als der eschatologischen Selbstoffenbarung Gottes) fungierte, allgemein-anthropologische Einsichten heranzog, die wohl voraussetzungsreicher waren, als ihre Darstellung es erkennen ließ (69–85). Insofern war es nur konsequent und dem universalgeschichtlichen Konzept wohl auch gemäßer, daß Pannenberg dann in seinen wissenschaftstheoretischen Reflexionen die »fortdauernde Strittigkeit der Wirklichkeit Gottes in der Geschichte« akzentuierte und den hypothetischen Charakter theologischer Behauptungen hervorhob (Wissenschaftstheorie,

329–348.402). Allerdings kam dabei kaum noch zum Ausdruck, wie sich die (unter wissenschaftstheoretischem Aspekt allerdings unbestreitbare) Hypothetisierung der Glaubenswahrheit zum praktisch schon entschiedenen Glauben des Theologen verhalte. Kurz, es stellt sich die Frage, ob zur Kennzeichnung der »Wissenschaftlichkeit« der Theologie nicht ihre Bereitschaft ausreicht, das ihre Arbeit leitende, durch die kirchliche Vermittlung des Glaubens vorgegebene, faktisch schon angeeignete und dabei nochmals individuell geprägte Vorverständnis (das ja durchaus und zumindest *auch* heuristischen Wert haben kann) in kommunikativ-wissenschaftlichen Diskursen der Überprüfung und Bewährung auszusetzen – und zwar in jeder der Hinsichten, die ich mit der 2. These in Teil I angesprochen habe: nämlich im Blick auf die gedankliche Möglichkeit, die historische Identität und die praktische Relevanz der Glaubenswahrheit. Insofern dürfte es nicht nur dem tatsächlichen Vollzug der theologischen Arbeit, sondern auch dem Charakter der Theologie als sinnverstehender Wissenschaft und ihrem (wie letztlich *aller* Wissenschaft) praktischen Wesen näherkommen, wenn *W. Kasper* (Jesus, 30) am Beispiel der Christologie formuliert: »Ausgangspunkt [...] ist die Phänomenologie des Christusglaubens, wie er konkret in den christlichen Kirchen geglaubt, gelebt, verkündet und praktiziert wird«. Denn hinzuzufügen ist ja sogleich, daß dieser Glaube im Vollzug wissenschaftlicher Theologie die Rolle des Vorverständnisses übernimmt, das beim Eingehen der Theologie auf die gegenwärtige Situation wie bei ihrer Durch- und Aufarbeitung der Tradition seinerseits erprobt und weitergebildet wird und bei alledem darauf verpflichtet ist, die Wahrheit der in der Geschichte Jesu Christi ereigneten Selbstoffenbarung Gottes zur Geltung zu bringen. Also gilt ebenso und grundlegender noch: »Der eigentliche Inhalt und das letzte Kriterium der Christologie ist jedoch Jesus Christus selbst, sein Leben, sein Geschick, sein Wort und sein Werk. In diesem Sinn kann man auch sagen: Jesus Christus ist das primäre, der Glaube der Kirche das sekundäre Kriterium der Christologie« (ebd.).
Was nun insbesondere den zweiten Aspekt der eben genannten umfassenden Aufgabenstellung, nämlich den Aufweis der Kontinuität des Glaubens bzw. der Identität seiner Wahrheit im Wandel ihrer Überlieferung betrifft, so dürfte die Hauptschwierigkeit darin bestehen, daß die Überlieferung (als Vergegenwärtigung des Erinnerten und immer schon Interpretierten) sich keineswegs nur – wie es die traditionellen, von einem satzhaften Offenbarungsverständnis geleiteten Theorien der Dogmenentwicklung auffaßten – als gradlinige Explikation formell und virtuell geoffenbarter Inhalte vollzieht, sondern auch (angesichts der kulturellen Differenzen und epochalen Umbrüche im Verständnis der Menschen von sich selbst und der Wirklichkeit überhaupt) in Übersetzungs- und Transformationsprozessen verläuft, die jeweils das Ganze des Glaubens betreffen. Insofern wären nicht nur einzelne christologische oder soteriologische Termini auf mögliche Entsprechungen hin zu betrachten, sondern »jeweils die ganzen Situationen zu vergleichen, in denen sich [...] die Heilsfrage stellt« (*D. Wiederkehr,* Glaube an Erlösung, 26). Aber ist denn diese Aufgabe abschließbar und erfüllbar? Und wenn nicht – wie läßt sich dann

die Identität des Geoffenbarten in seiner Überlieferung nachweisen und wie überhaupt denken?

In *K. Rahners* prinzipiellen Überlegungen zur Dogmenentwicklung (Schriften I, 49–90; IV, 11–50) spiegelt sich das Problem darin, daß er einerseits wegen der Abgeschlossenheit und Worthaftigkeit der Offenbarung grundsätzlich am Explikationsschema festhält und den Nachweis der inhaltlichen Identität der Überlieferung auch auf der Ebene der Glaubens*aussagen* fordert, sich andererseits aber genötigt sieht, auf die zugleich unmittelbare Gegebenheit des Geoffenbarten zu rekurrieren und die Begriffe von Explikation, Erkenntnis und Rationalität in einer Weise auszuweiten, daß jene Forderung, jedenfalls in ihrer ursprünglichen Strenge, methodisch nur noch schwer einlösbar sein dürfte. Aber auch *W. Pannenbergs* geschichtlich reflektierende Hermeneutik (Grundfragen, 91–158), die – im Gegenzug zu jedem die historische Differenz unterschlagenden Verstehenskonzept und noch über *Gadamers* Theorie der »Horizontverschmelzung« hinaus – die Überbrückung der historischen Differenz im Bereich der *ausgesagten Sache* sucht und deshalb einen Entwurf der Geschichte dieser Sache und ihres Verstehens (in letzter Konsequenz der Universalgeschichte) für unausweichlich erachtet, ist sich zunehmend der Vorläufigkeit und Bewährungsbedürftigkeit solcher Entwürfe bewußt. Zwar rechnet Pannenberg damit, daß gerade das in der »Vorausereignung des Endes der Geschichte« (als der Wahrheit von Leben und Geschick Jesu) begründete Verständnis der Letztbestimmung allen Geschehens sich bewähren und unüberholbar sein wird – doch wieviel ist mit diesem Verständnis und dem ihm entsprechenden Gedanken der Selbstoffenbarung Gottes, wenn ihr wesentlicher Inhalt nicht noch näher bestimmt wird, schon für die Beurteilung konkreter Übersetzungsvorgänge des Glaubens gewonnen?

Vielleicht führt es weiter, das durch Gottes Handeln in und an Jesus Christus eröffnete *Freiheitsgeschehen* als das eigentliche Kontinuum der Überlieferungsgeschichte anzusehen und darauf zu achten, wie die von Gott unbedingt anerkannte und durch diesen Ursprung endgültig identifizierte Freiheit der Menschen sich im Wechsel der historischen Situationen Ausdruck und Gestalt gibt. In diese Richtung scheinen die Ausführungen von *E. Schillebeeckx* zu weisen, wenn sie den »konstanten Faktor« der »christlichen Bewegung« in der »die Gemeinde bildenden Erfahrung« erkennen, »die durch den Eindruck hervorgerufen wird, den Jesus auf Jünger macht und im Geist weiter macht auf Menschen, die in Jesus von Nazaret endgültiges Heil erfahren haben«. In einer *Erfahrung* also, »die ihre Einheit [...] *aus ihrem Hinweis auf den einen Jesus* bezieht, aber trotzdem in ihrer Artikulation pluriform ist« (Jesus, 48 f.). Denn keineswegs kann die »Identität und damit ursprüngliche Besonderheit Jesu und seiner Bewegung [...] in einer unveränderlichen ewigen Essenz festgelegt werden. Gerade wenn Jesus eine universale Bedeutung hat, auch für uns heute, wird die *Beziehung zu uns heute* in unsere Umschreibung der ursprünglichen Identität Jesu eintreten müssen; und dann ist diese, *unsere* Umschreibung dieser Identität *zugleich* schon der interpretierende *Glaubensakt,* in dem ich Jesus als den Universal-Einen bekenne. Dadurch konstituiere *ich* ihn jedoch nicht zum Universal-Einen, sondern schenke ich mich bejahend hin an diesen sich mir so offenbarenden Jesus« (540): »Offenbarung ist eine im Wort ausgedrückte *Erfahrung;* sie ist Gottes Heilshandeln, als erfahren und zur Sprache gebracht *durch Menschen*« (Christus, 39). Sie »findet *in* den geschichtlichen menschlichen Erfahrungen *in* dieser Welt statt, aber *zugleich* ruft sie uns *aus* den Selbstverständlichkeiten« heraus. Denn mit Gottes Handeln für uns in Jesus Christus »erscheint auf die überraschendste Weise *in* unserer Geschichte gerade das, was wir Menschen nie hätten erdenken können«. Da es »trotzdem in der Immanenz unserer geschichtlichen Erfahrungen« erscheint, fällt in der Begegnung mit ihm »die Autorität der von ihm ins Leben gerufenen (christlichen) *Erfahrung* mit der *Autorität der göttlichen Offenbarung* zusammen« (55). Doch nicht »dieses interpretative Erfahren selbst, sondern was sich *in ihm* erfahren läßt, ist in diesem komplexen Kontext das alles durchdringende autoritätsvolle Offenbarungsmoment« (70f.).

Ist nun – abgesehen von anderen Fragen – mit diesen dialektischen Aussagen der »Gegensatz zwischen einem ›propositionellen‹ [. . .] und einem Erfahrungsverständnis von Offenbarung« (47) nicht nur abgewiesen, sondern auch schon vermittelt? Die Interdependenz der unterschiedenen Momente soweit aufgehellt, daß Streitfälle, die Identität des jeweils Interpretierten betreffend, entscheidbarer werden? Ohne Zweifel ist schließlich die »Forderung nach Kommunikation« (Jesus, 544) unverzichtbar – nicht nur für den Überlieferungsprozeß selbst (denn dieser würde sich ja – als Zeugnis der Glaubenswahrheit für andere ebenso wie als kirchliche Verständigung über sie – selbst diskreditieren, wenn er den Bedingungen von Kommunikation nicht genügte), sondern auch für seine historische Darstellung, sofern sie Beurteilungen einschließt. Aber was ist damit schon über die *Inhalte* historischer Diskurse entschieden?

Doch mag dies an Hinweisen genügen. Das Problem – Wie ist das Identische der Überlieferung identifizierbar? – scheint nach wie vor virulent und, in prinzipieller Schärfe gestellt, aporetisch. Es beleuchtet einmal mehr die Grenzen objektivierenden Wissens. Und doch wird dadurch keineswegs die Bedeutung historischer Forschung für die Aneignung und Weitergestaltung der Glaubensüberlieferung gemindert. Denn so wenig die Theologie bei der Vergegenwärtigung der Wahrheit der Offenbarung ohne einen Entwurf ihres wesentlichen Inhalts auskommen kann, so unabdingbar ist dieser am historischen Wissen über die Geschichte Jesu selbst wie des Glaubens an ihn zu bewähren – auch wenn man sich in der Praxis mit dem jeweils erreichbaren Konsens bescheiden muß. Daß jede Vergegenwärtigung des Glaubens vom Vertrauen in den Geist lebt, der – an Jesus Christus erinnernd – in seine Wahrheit einführen wird, dispensiert (die Theologie) nicht von der historischen Arbeit, sondern verpflichtet (und ermutigt) zu ihr.

3. Über die Vollmacht und Ohnmacht der Liebe – oder: Die Gestalt der Offenbarung entspricht ihrem Inhalt

Es scheint mir ein in seiner theologischen (und praktischen) Bedeutung kaum zu überschätzender Gedanke, daß die *Unbedingtheit* der Liebe die *Treue* zur Liebe – d. h. die Treue zum anderen, den sie meint, wie das entschiedene Vertrauen auf den Weg der Liebe, den sie wählte – impliziert und deshalb zur Freiheit und Vollmacht Jesu (in der Konsequenz ihres Wesens als Vollmacht der *Liebe*) die Bereitschaft zur Ohnmacht gehört: Gott gegenüber im Gehorsam als der Gestalt eines Vertrauens, das an dem in seiner unbedingten Zuwendung dennoch Unverfügbaren noch in der Erfahrung seiner Verborgenheit und der eigenen grauenvollen Verlassenheit festhält, gegenüber den Menschen aber in der Entschiedenheit, sich auf nichts als die Evidenz der Liebe selbst zu verlassen, was im Falle ihrer Ablehnung und Verwundung die Weigerung bedeutet, sie durch ihre Rücknahme oder den Griff zur Macht zu verraten und mit beidem den anderen in seiner Freiheit, ihn also als Menschen aufzugeben. Der Tod als realer Widerspruch zur Liebe, den zu versöhnen Gottes Sein definiert, war deshalb der Ernstfall, an dem sich entschied, ob Jesus unbedingt *für* die Menschen *aus* Gottes Liebe lebte – so wie seine Auferweckung offenbar machte, daß in der Konsequenz des Weges, den er »bis an das Ende« zu gehen bereit war, Gottes eigene Liebe sich aussprach und also Gott selber es ist, dessen Liebe unbedingt gilt.

In beide Richtungen – Jesu Verhalten zu Gott wie zu den Menschen – hat *G. Ebelings* Christologie diesen Gedanken der Zusammengehörigkeit von Vollmacht und Ohnmacht entwickelt: »Ist das, was eine kurze Zeit als Macht und Erfolg sichtbar wurde, das Vorzeichen einer Vollmacht, die dann aber ausblieb, ein Versprechen, das nicht eingelöst wurde [. . .]? Oder steht bereits das, was in seinem Auftreten als machtvoll erschien, im Zeichen einer Ohnmacht, die das notwendige Komplement der Vollmacht darstellt? [. . .] Nur deshalb überhaupt konnten die Zeichen der Vollmacht ein Ja zu Gott sein, weil sich dieses Ja als Ja zur Ohnmacht bewährte, in einer Dunkelheit, in der es schwer ist, die Gottverlassenheit des Gerechten von der Gottlosigkeit des Sünders zu unterscheiden«. Und nur so wird zugleich »die bruchlose Kontinuität seines Daseins für andere offensichtlich. Sein Ja zur äußersten Ohnmacht ist nicht Resignation und Menschenverachtung, sondern Vollzug der Feindesliebe und darin Ausdruck einer Vollkommenheit, die der Vollkommenheit des himmlischen Vaters entspricht« (Dogmatik II, 472f.).

Ebenso zentral ist derselbe Gedanke für *H. U. von Balthasars* »Theodramatik« und zwar für Gotteslehre wie Christologie: »Gottes allmächtige Liebe ist schon innertrinitarisch zugleich Unmacht, die nicht nur dem Sohn ebenbürtige göttliche Freiheit, sondern nach dem Bild Gottes auch dem Geschöpf echte Freiheitsmacht zueignen und sie bis ins letzte ernst nehmen kann« (III, 307f.). »Möglich war das [menschliche] Nein aufgrund der trinitarischen ›Unvorsichtigkeit‹ der göttlichen Liebe, die in der Hingabe keine Schranken und Rücksichten auf sich selbst kannte. Darin lag ihre vollkommene Macht wie ihre

Unmacht und grundsätzliche Verwundbarkeit, die beide voneinander untrennbar sind« (306), denn Gottes Allmacht ist »Überlegenheit über den Zwang, herrschaftlich oder gar gewalttätig auftreten zu müssen« (308). Und nur deshalb konnte Jesus seine unerhörten Worte und Taten sagen und vollbringen, weil sie durch seine Bereitschaft zur Hingabe »vorweg ›gedeckt‹ waren. Nie ist ein Tod so sehr Deuter eines Lebens gewesen wie hier, weil er eben als Sendungsgehorsam schon die innere Form dieses Lebens war« (460).

Sehr schön und genau schreibt auch *J. Werbick:* »Mit der Reaktion auf die in Jesus Christus Person gewordene Einladung Gottes in die Gottesherrschaft entscheidet sich für die Menschen *alles:* Gottes Einladung stellt die Angesprochenen ja vor die äußerste Alternative ihres Selbst-, Welt- und Gottesverständnisses [. . .] Und der von Gott um der Herrschaft der Liebe willen zu den Menschen Gesandte wird nicht Gewalt gegen Gewalt, Vergeltung gegen Schuld setzen können, wenn er seine Sendung nicht verraten will; er wird die gewalttätige Reaktion der durch die Einladung von ihrer bisherigen Existenzweise Weggerufenen zu tragen haben ›wie das Lamm, das zur Schlachtbank geführt wird‹ [. . .] Und dieses Tragen wird, da der ›Gottesknecht‹ in ihm seiner göttlichen Sendung treu bleibt, selbst noch einmal die Unwiderruflichkeit der göttlichen Einladung, die Solidarität Gottes mit den Sündern bezeugen [. . .] Gott läßt es tatsächlich auf die Liebe ankommen; und er greift nicht zu anderen Mitteln, wenn er mit ihr nicht durchzukommen scheint. Gott will nicht die Ohnmacht der Liebe [. . .] Gott will, *daß die Liebe herrsche.* Aber er schafft seinem Willen nur auf den Wegen und mit den Mitteln der Liebe Geltung. Und das heißt: Er nimmt das Leiden der Liebe auf sich« (Schulderfahrung, 107f.114f.).

Die Konsequenzen dieses, wie ich meine, für die Christlichkeit der Theologie wesentlichen Gedankens, dieser – wie aufgrund der Offenbarung gesagt werden darf – für Gott selber gültigen Logik der Liebe, suche ich in dieser Arbeit durchgehend zu beachten und gerade an ihren entscheidenden Weichenstellungen zur Geltung zu bringen. So zunächst mit ihrer grundlegenden und namentlich für die Gottes-, Erwählungs- und Erlösungslehre, aber auch noch für das Zeugnis des christlichen Glaubens folgenreichen These, *daß die Gestalt der Offenbarung (und ihrer Verkündigung) ihrem Inhalt entspricht und entsprechen muß* – entsprechen nicht nur insofern, als ihre Wahrheit überhaupt nur in der Form ihres Gegebenseins, also nur als wirklich und aus Freiheit *geschehende* wahr ist, sondern näherhin und konkreter auch darin, daß – eben weil Liebe nur sich selbst hat, um für sich zu sprechen, und deshalb die Freiheit schon achten muß, die sie gewinnen will – dieses Geschehen seinerseits ganz unter das Maß und Gesetz der Wahrheit gestellt ist, die es – sie realisierend – bezeugt (vgl. Teil I These 3). Sodann mit dem entschlossenen, durch jenen Gedanken eröffneten und durch Jesu Verkündigung und Auferweckung legitimierten Versuch, den *Tod Jesu* in keiner Weise als *Grund* der Liebe Gottes, sondern als ihr eigenes *offenbarendes Tun:* als Realsymbol ihrer unbedingten Entschiedenheit zu verstehen und deshalb von einer »Notwendigkeit« dieses Todes auch nicht (mehr) im Sinne einer direkten oder primären Intention des göttlichen Willens, sondern im Sinne eines Implikats seiner Erwählung des Menschen (nämlich angesichts des mit der Gewährung der Freiheit möglichen und faktisch eingetretenen Widerspruchs der Sünde) zu sprechen (vgl. Kap. 2; Kap. 3, Abschn. c; Exkurs 5). Ferner mit der Überzeugung, daß der Ansatz einer sich gegenwärtig vermittelnden Theologie beim Unbedingten der Freiheit, da ja Gott selber sie freigibt und anerkennt, auch theologisch begründet sei – und zwar so hinreichend begründet, daß den Konsequenzen für das Verständnis Gottes selber – insbesondere seiner Allmacht, seines Vorherwissens und seines Wirkens in Beziehung zur menschlichen Freiheit – nicht ausgewichen werden dürfe (vgl. Kap. 7, Abschn. a). Und endlich mit dem Versuch, den beschriebenen Gedanken zur Grundlage des Wenigen, aber dennoch Wichtigen heranzuziehen, was im Glauben an den Gott der die Menschen frei- und doch nicht loslassenden, sondern sie bis zur eigenen Entäußerung suchenden Liebe zur Frage des menschlichen Leidens und der »Theodizee« gesagt werden kann (vgl. Kap. 7, Abschn. a/1; zum Thema auch *Th. Pröpper,* Gottes Ja, 101–106: »Über die Schwäche Gottes«).

4. Sühnetod Jesu? Zum kritischen Punkt der Kontroverse über Jesu eigenes Verständnis seines Todes

Wie im zweiten Kapitel (Abschn. a) dargelegt wurde, kann es theologisch keineswegs gleichgültig sein, ob Jesus das ihm von seinen Gegnern bereitete Märtyrerschicksal mit seiner Sendung verbunden und in derselben, Gottes Kommen dienenden Einstellung auf sich genommen hat, die seine ganze Verkündigung prägte. Denn hätte er in dieser (Gottes Zuwendung zu den Menschen entsprechenden und sie vermittelnden) Haltung nicht auch noch sein Sterben vollzogen, wäre sein Tod zwar als Anlaß für den neuen Offenbarungsakt Gottes, aber nicht selbst als Offenbarungs- und Heilsereignis verstehbar. Deshalb habe ich die exegetische Diskussion über die durch *Bultmanns* Skepsis dringlich gewordene Frage nach Jesu eigenem Verständnis seines Todes verfolgt und mich im wesentlichen den Überlegungen *H. Schürmanns* angeschlossen, die mir – jedenfalls in ihrer früheren Fassung (Jesu Tod, 7–96) – einleuchtend scheinen und die zu der begründeten Annahme gelangen, daß Jesus zum Zeitpunkt seiner Todesgewißheit seinem Sterben heilsbedeutsamen Sinn gab und dies seinen Jüngern auch zum Ausdruck gebracht hat. In der weitergehenden Frage jedoch, ob dieses (soteriologische) Todesverständnis Jesu noch im Sinne der stellvertretenden Sühne näher bestimmt werden könne, habe ich – mit Berufung auf die durch Gottes Auferweckungshandeln endgültig in Kraft gesetzte Verkündigung Jesu und in Übereinstimmung mit den besonders von *A. Vögtle* und *P. Fiedler* vorgetragenen Bedenken – jede positive Antwort an die klare (und angesichts der traditionellen Belastung des Sühnegedankens unumgängliche) Voraussetzung gebunden, daß dabei Jesu Hingabe in den Tod nicht etwa als die wegen der Sünde oder doch zuletzt wegen der Ablehnung Jesu erforderliche *Bedingung* für Gottes Vergebung, sondern als die äußerste Gestalt seiner Zuwendung zu den Sündern, also als das geschichtlich unüberbietbare (und in Jesu Auferweckung eindeutig gewordene) Offenbarungshandeln seiner Liebe verstanden und von hier aus der angemessene Sinn des Sühnegedankens bestimmt und (wieder) aufgeschlossen werde. Der damit bezogene Standpunkt sei nun hier durch den Bezug auf einige der Positionen, von denen er abweicht, noch etwas deutlicher gemacht, als es im Text selbst und in den Anmerkungen möglich war.

In seinen jüngeren Arbeiten zum Thema (Gottes Reich, 11–64.185–251) hat *Schürmann* nämlich einzelne Teile seines früheren Entwurfs im Blick auf die von ihm ausgelöste Diskussion ausführlicher entwickelt. Dabei dürften die neuen Untersuchungen zur Frage, welche Bedeutung die vorgegebenen Vorstellungen (Prophetenschicksal, Leiden des Gerechten, Ebed Jahwe, Sühneleiden der Märtyrer) für Jesus selbst beim Verständnis seines Todes und der Artikulation seiner Heilsbedeutung haben konnten (230ff.), für den Ansatz weniger wesentlich sein, zumal Schürmann sie selber, da er mit einem der Einzigartigkeit seiner Sendung entsprechenden »ureigenen« Todesverständnis Jesu rechnet (192.202.243), »stärkstens relativiert« (243). Bemerkenswerter scheint mir – abgesehen von einigen Präzisierungen und Korrekturen (etwa 234f.) – das verstärkte Gewicht theologischer Überlegungen innerhalb der Gesamtargumentation. Insbesondere die Gedanken der Vollmacht und Proexistenz Jesu werden nun so nachdrücklich herausgearbeitet, daß sie (im Verein mit Mk 14,25) nicht nur als entscheidende Verständnisbedingung der Hingabegesten beim Abendmahl fungieren können (216), sondern auch schon unabhängig von diesen zum theologisch relevanten Ziel führen: »Jesu Tod ist als Heilstod [...] aus zwei Aussagen Jesu explizierbar: aus der Tatsache, daß Jesus sich als Repräsentant der Basileia selbst expressis verbis thematisiert hat, und aus Mk 14,25. Wenn der Repräsentant der Basileia, der eschatologische Heilbringer in der Erwartung der Auferweckung und damit der Bestätigung Gottes im Vollzug der Präsentation dieser Basileia proexistent stirbt, ist auch dieser Tod konstitutiv für dieses von Gott gewirkte Heil zu denken« (213) – eine Argumentation, der ich (vorbehaltlich der weiteren Klärung des bestimmungsbedürftigen Ausdrucks »konstitutiv«) gerne zustimmen möchte und die im übrigen eine Überlegung *W. Kaspers* bestätigt, der – mit Bezug auf Mk 14,25 und die »Gesamtintention« Jesu – formuliert hatte, daß »die eschatologische Deutung des Todes Jesu eine soteriologische Deutung« impliziere und deshalb analog »zu der verborgenen Christologie Jesu [...] von einer verborgenen Soteriologie Jesu« gesprochen werden könne (Jesus, 141). Daß Schürmann zur Bestätigung dieses Arguments auf die »dienenden und gedeuteten Gebegesten Jesu«, in denen die schon »implizit ins Wort gebrachte« Heilsbedeutung seines Todes »drastisch-bildhaft«, aber doch »direkt thematisiert« wird, nach wie vor großen Wert legt, ist freilich ebenso ersichtlich (222).

Ihr besonderes inhaltliches Profil aber erhalten Schürmanns neuere Arbeiten durch die nun mächtig vordringende Intention, von vorneherein das »stauro-

logische Heil mit dem von Jesus verkündeten eschatologischen Heil der Basileia zusammenzudenken« (15). Dies zeigt sich zum einen in der Redeweise vom »Basileia-Geschick« Jesu, in der »personalisierenden« Bestimmung der Basileia-Vorstellung durch die Abba-Erfahrung, in der Betonung der für die Zukunft grundsätzlich offenen Theozentrik Jesu und vor allem der Strukturierung seiner Basileia-Erfahrung »als mögliches Todes-Geschick« (44ff.). Es zeigt sich zweitens – nach der vorgängigen Bestimmung des von Jesus proexistent angenommenen Basileia-Geschicks als »Prästruktur einer stellvertretenden Sühne« (57) nicht überraschend – in dem nun deutlichen, wenn auch weiterhin behutsamen Streben, über die Feststellung des heilsmittlerischen Todesverständnisses Jesu zu dessen Kennzeichnung als stellvertretender Sühne hinauszugelangen (203ff.).
So wichtig mir nun – was zunächst den ersten Punkt angeht – Schürmanns Hinweis auf die theologisch-personalisierende Bestimmung der Basileia-Vorstellung (und natürlich auch die grundsätzliche Todesbereitschaft) Jesu erscheint, so schwer kann ich verhehlen, daß ich Sätze wie: »Jesus konnte sich sein Basileia-Geschick eigentlich von Anfang an, und zwar aus dessen innerstem Wesen heraus, eigentlich wohl nur als Miß-Geschick denken« (45) kaum mitzuvollziehen vermag. Denn Schürmann beruft sich dabei nicht nur auf die Gefährlichkeit sowie die geschichtliche Unscheinbarkeit und Erfolglosigkeit der Verkündigung Jesu, sondern grundlegender noch auf die wesentliche Paradoxie, die schon in der geschichtlichen Verkündigung des Eschaton »als gegenwärtig anstehend« lag: »Sprengt und beendet doch Gottes Herrschaft und Reich – als eschatologische Wirklichkeit – wesenhaft alle Geschichte« (50f.). Wird aber damit, so wäre zu fragen, nicht ein Problem konstruiert, das zumindest dann, wenn man den *Anbruch* der Basileia in der durch Jesus vergegenwärtigten zuvorkommenden Liebe Gottes erkennt, vermeidbar sein würde? Um so bemerkenswerter ist freilich, daß sich Schürmann dann doch mit der »Annahme einer eventuell vorkonzeptionellen, aktiv proexistenten Todesbereitschaft Jesu, die alles Nähere über die Heilsbegründung dem Vater überließ«, begnügt (60): mit der Annahme eines »Todesangebots« Jesu, das »unausgesprochen vielleicht schon früh mit dem Heilsangebot seiner Basileiaverkündigung in einer proexistenten Grundbefindlichkeit« koexistierte (58 Anm. 116). Immerhin bleibt die These, »daß Jesus sein Basileia-Angebot eigentlich von Anfang an, jedenfalls sehr früh ›koexistent‹, wenn auch noch unausgesprochen [...], mit dem Gedanken des Todes verkündet hat« und seine Offenheit »ihn dem Heilswillen des Vaters gegenüber für beide Möglichkeiten bereit sein ließ« (207).
Die Intentionen Schürmanns sind jedenfalls deutlich. Es soll zum einen – durch den zentralen und wiederholten Hinweis auf die seinem Basileia-Geschick entsprechende proexistente Grundhaltung Jesu – die strukturelle und inhaltliche Kontinuität im gesamten Heilswirken des verkündigenden und sterbenden Jesus und damit auch »bei aller Diskontinuität das Kontinuum vom verkündigenden Jesus zum verkündigten Christus« herausgestellt werden, durch das er in allen Stadien »Gleichnis und Repräsentant der Proexistenz Gottes« selbst ist

(222). Zugleich aber soll – sofern die Annahme eines frühen, aber wohl nur »vorkonzeptionellen« Wissens Jesu um seinen Tod und dessen Heilssinn nur eine von ihm offengehaltene und dem Vater anheimgestellte *Möglichkeit* betrifft und zudem dieser Tod überhaupt erst aufgrund der Ostererfahrung »als ›heilseffizient‹, als *sicher* wirksame stellvertretende Sühne« charakterisiert werden kann (207) – die These ausgeschlossen bleiben, die allerdings sogleich alle Bedenken gegen sich wachrufen müßte, die namentlich *A. Vögtle* immer wieder formuliert hatte.

Die Meinung nämlich, so Vögtle, »daß Jesus schon von Anfang an oder doch schon einige Zeit vor dem Gründonnerstag sein Sterben als von Gott bestimmten [...] heilseffizienten Akt vorauswußte, kann m. E. nur solange [...] berechtigt erscheinen, als man sich um den Versuch einer spannungslosen Einordnung dieses Vorauswissens in sichere Grundzüge der Botschaft Jesu nicht ernstlich kümmert« (Todesankündigungen, 79). »Jesus will Israel doch aufrufen, das jetzt ergehende Gnadenangebot Gottes anzunehmen, sich von der unbegreiflich großen, allem menschlichen Tun des Gesetzes zuvorkommenden Vaterliebe Gottes Vergebung der Sünden schenken zu lassen, um das Heil der Gottesherrschaft zu erben. Hätte er diese Aufgabe ›guten Gewissens‹ – man muß schon sagen, mit jener Unbedingtheit, die die Evangelien gewiß zu Recht bekunden – in Angriff nehmen können, wenn er doch im voraus wußte, daß dies Gnadenangebot in Wirklichkeit gar nicht das letzte und endgültige Wort Gottes zum Thema Sünde und Heilserlangung ist, daß Gott nämlich noch eine andere Möglichkeit der Sündenvergebung vorausbestimmt hat?« (69) Dabei sieht Vögtle – auch wenn er des öfteren auf die »höchst unwürdige Spannung« verweist, die im angenommenen Fall »zwischen dem, was Jesus weiterhin sagt, und dem, was er jetzt schon weiß, aber verschweigt«, bestehen würde (110) – das eigentliche Problem durchaus weniger im Psychologischen als im Inhaltlichen begründet: »Gegenüber der von Jesus verkündeten Sündenvergebung wäre die Entsündigung aufgrund seines Sterbens [...] ein wesentlich neuer und anderer Modus der Sündenvergebung gewesen« (Jesus »Christus«, 58). Insofern trifft *H. U. von Balthasars* Erwiderung nicht, es habe doch auch »mancher Christ [...] eine Aufgabe übernehmen müssen, von der er wußte, daß sie zuletzt unbewältigbar blieb« (Selbstbewußtsein, 36). Wohl aber wäre an Balthasars eigene Darstellung die Frage zu richten, ob die Klarheit, mit der sie Jesus im Wissen um »die Stunde« von Anfang an leben, ja auf sie »hinleben« und sie »bangend herbeisehnen« läßt (Crucifixus, 26; Theodramatik III, 212–220), nicht auf theologischen Postulaten beruht, die weiter zielen, als es aufgrund der unbedingten Hingabebereitschaft Jesu erforderlich wäre. Rechnet man dagegen mit einer wirklichen Geschichte des Bewußtseins und der Verkündigung Jesu, dürfte wohl eher der Gedanke einleuchten, daß dadurch, daß Israels Repräsentanten den Glauben an Jesu Botschaft verweigerten, »eine neue Situation entstanden war« (*W. Kasper,* Jesus, 143).

Nun hat sich auch Schürmann gegen Vögtles Einwände mit der Feststellung gesichert, daß von Jesus nicht eigentlich »ein neuer ›heilsmittlerischer Akt‹ [...], sondern nur eine Anpassung des proexistenten Aktes an die neu zukommende Martyriumssituation« verlangt war (Gottes Reich, 207 Anm. 88). Vermag diese Klarstellung aber auch dann noch vor den inhaltlich-theologischen Bedenken Vögtles zu schützen, wenn jene »Anpassung« auf den Gedanken des stellvertretenden Sühnetodes hinausläuft?

Damit sind wir bei dem zweiten der oben genannten neuen Akzente in den jüngeren Arbeiten Schürmanns. Hatte er es nämlich früher als »letztlich nicht so wichtig« bezeichnet, ob man Jesu proexistente Lebenshingabe »durch den theologischen Stellvertretungs- und Sühnegedanken oder wie immer sonst artikuliert« (Jesu Tod, 50), so zeigen die späteren Arbeiten die Tendenz, diese Deutung, die nun als die tiefste und gültigste erscheint (Gottes Reich, 244), schon für Jesus selbst offenzuhalten und es – durch die bereits erwähnte Charakterisierung der Basileia-Erfahrung und -Verkündigung Jesu sowie die Herausstellung des Gerichtsgedankens in ihr (58–60.197) – als durchaus naheliegend erscheinen zu lassen, daß sich Jesus in das »Gerichtsgeschehen«, das er angesichts seiner Ablehnung durch Israel erwarten mußte, »fürbittend in persönlichem Angebot selbst hineingab« (209). Gegenüber *K. Rahners* Soteriologie wird nun (mit *H. U. von Balthasar:* s. dazu Exkurs 5) der Einwand erhoben, daß sie das Sterben Jesu zwar gut »als objektive Gnadentat Gottes« beschreibe, doch die »aktiv-bewußte Übernahme der Strafe bzw. Sünde ›der vielen‹ durch Jesus« und damit eben »das formale Element« vermissen lasse, das aus dem eschatologischen Gnadengeschehen »einen stellvertretenden Sühneakt macht« (204f.).

Sehr viel entschiedener, doch von anderen Voraussetzungen aus hatte die These vom stellvertretenden Sühnetod als Jesu Deutung des eigenen Sterbens zuvor schon *R. Pesch* (Das Abendmahl) vertreten. Mit seiner gegen »die vorherrschende historische Skepsis« unternommenen neuen Prüfung der Abendmahlstexte (144) war er zu dem Ergebnis gelangt, daß das »berichtende Erzählstück« Mk 14,22–25 nicht nur »die älteste Quelle unter den Abendmahlstraditionen« (163), sondern auch seine Auslegung als Todesdeutung Jesu »durch Text und Kontext angezeigt und gerechtfertigt« sei (171). Demnach hätte Jesus selbst die im Judentum sonst nicht aufgegriffene Spitzenaussage der deuterojesajanischen Prophetie vom Leiden des Gottesknechts auf seine Sendung und seinen kommenden Tod bezogen und in der typologischen Aufnahme von Ex 24,8 implizit auch auf Jer 31,31ff. zurückgegriffen: Nach eigenem Verständnis »stirbt Jesus den Sühnetod für die, die ihn verwerfen, für ›die Vielen‹, für ganz Israel, dem Gott sich durch die Auslieferung seines Sohnes, des Menschensohnes (Mk 9,31a), neu verpflichtet. Durch Jesu Tod bietet Gott Israel (und in der späteren Auslegung der Jünger Jesu allen Menschen) den ›neuen Bund‹ an, dessen Boten die [...] werden, denen Jesus im Abendmahlssaal in symbolischen Gaben seine in den Tod gegebene sühnende Existenz zum Unterpfand gibt« (185). Dieses »sehr runde Ergebnis« ist nicht nur von Vögtle (Jesus »Christus«, 65ff.), sondern auch (aus methodischen und traditionsgeschichtlichen Gründen und in Übereinstimmung mit *W. G. Kümmel*) von Schürmann kritisiert worden (Gottes Reich, 199f. Anm. 61 u. ö.).

Generell muß natürlich die Forderung gelten, jede These, die mit einer deutlich bestimmten und zum Ausdruck gebrachten eigenen Todesdeutung Jesu rechnet, an der noch erkennbaren Entwicklung der nachösterlichen Verkündigung zu prüfen. Hier sei nur erinnert, daß die Logienquelle die Heilserlangung ausschließlich vom Eingehen auf die Verkündigung des das Prophetenschicksal erleidenden und zum Gericht kommenden Menschensohnes erwarten läßt, ohne von der Heilsbedeutung des Todes Jesu ausdrücklich zu sprechen; daß in den älteren Schichten der Passionsüberlieferung das Motiv des leidenden Gerechten überwiegt und die Notwendigkeit des Leidens des Messias im Lichte der Schriften gesucht und meditiert wird; daß eine Reihe früher christologischer Formeln das Sterben Jesu nicht erwähnt und sich eine von Anfang an bestehende Verbindung von kerygmatischen Auferweckungs- und Erhöhungsaussagen mit Formeln vom erlösenden Sterben nicht wahrscheinlich machen läßt; daß die Petrusreden der Apostelgeschichte die schuldhafte Tat der Juden und die Jesus rechtfertigende Auferweckungstat Gottes einander nur gegenüberstellen, um den Umkehrruf an die Juden zu motivieren; daß endlich die soteriologische Deutung des Todes Jesu ihrerseits eine Vielzahl von Motiven verwendet usw. (Vgl. *G. Friedrich,* Die Verkündigung, 14–21; *M. Hengel,* Sühnetod, 2; *H. Kessler,* Die theologische Bedeutung, 235–252; *E. Schillebeeckx,* Jesus, 242–260; *A. Vögtle,* Jesus »Christus«, 66ff.). Auch wenn es problematisch bleibt, aus dem Nebeneinander der vielen Deutungen ein Nacheinander zu konstruieren (*H. Schürmann,* Jesu Tod, 61), so spricht doch schon ihre Vielzahl dafür, »daß wir es mit der sekundären theologischen Aufarbeitung des Todesgeschicks Jesu zu tun haben« (*J. Gnilka,* Wie urteilte Jesus, 16).

Trotz Schürmanns exegetischer Kritik an der Position Peschs ist doch in einem wichtigen Punkt die Annäherung unübersehbar: in der Schlüsselrolle nämlich, die das Gerichtsmotiv für die Vermittlung des Sühnegedankens innerhalb der Gesamtargumentation gewinnt. Denn bereits Pesch (Das Abendmahl) hatte ja – und zwar in der erklärten Absicht, den von *A. Vögtle* und *P. Fiedler* ausgearbeiteten Fragestand zu überbieten (140) – auf den »Konflikt zwischen dem Gott des Heils und dem Gott des Gerichts« rekurriert, »den Jesus überwunden zu haben schien, der aber angesichts [...] seiner beabsichtigten Tötung neu entsteht«: »Wird Israel nicht gerade durch die Abweisung des letzten Boten, der Gottes unbedingten Heilswillen verkündigt, verworfen? Wird der eschatologische Heilsmittler so geschichtlich-faktisch zum Unheilsmittler?« (183) *Diesen Konflikt,* so Pesch, »löst Jesus, indem er seine [...] Heilssendung bis in den Tod durchhält und seinen Tod [...] als Heils = Sühne-Tod für Israel versteht« (184). Von *M. Hengel* (Sühnetod), der sich bezüglich der Abendmahlsworte R. Pesch (und *J. Jeremias*) anschließt, wird endlich noch das Versagen der Jünger und ihr Schuldbewußtsein namhaft gemacht, das sie von ihrem Meister, den Gott »durch die Auferweckung als den einzig Schuldlosen« erwies, trennen mußte (142f.), doch zugleich die neue Begegnung mit ihm zur Inkraftsetzung des Vermächtnisses werden ließ, »dessen Sinn durch die unmittelbar folgende Katastrophe [...] überschattet worden war« (146).

Hier scheint mir der eigentlich kritische und theologisch entscheidende Punkt der ganzen Kontroverse erreicht. Denn ich sehe nicht, wie man an Jesu Evangelium vom »bedingungslos vergebungswilligen Vater« (*Fiedler,* Sünde und Vergebung, 569) und dessen »unbedingtem Heils-« und »Vergebungswillen« (*Pesch,* 183.186) festhalten, Jesu Sterben als »Gleichnis der Feindesliebe Gottes« (*Schürmann*, Gottes Reich, 60) verstehen *und* zugleich die Notwendigkeit einer »stellvertretenden Sühne für andere« im pointierten Sinn der Übernahme des Gerichts und der »Strafe« (*Schürmann*, 204f.) voraussetzen und dementsprechend von einem »Konflikt zwischen dem Gott des Heils und dem Gott des Gerichts« *(Pesch)* ausgehen kann – es sei denn, man verstünde (von Gottes entschiedener Liebe schon ausgehend) jene Übernahme eindeutig als das Geschehen wirksamer Vergebung, in dem Jesus (Gottes Feindesliebe entsprechend) das der Sünde selbst immanente und von ihr geschaffene Unheil durchleidet, es in seine Wahrheit bringt und mit beidem (weil als Tun der entgegenkommenden, unwiderrufenen Liebe Gottes verstehbar) seine Ausweglosigkeit öffnet und seine reale Überwindung ermöglicht (vgl. dazu die entsprechenden Ausführungen im 2. und 3. Kapitel sowie die Exkurse 5–7). Weil Gott selber, indem er den Getöteten auferweckte, auch seine Verkündigung legitimierte, dürfte diese Perspektive gerechtfertigt sein. Ohne sie aber wäre Jesu Proexistenz zwar als Kontinuum seines Lebens und Sterbens und wohl auch als »Gleichnis der Proexistenz Gottes«, aber inhaltlich kaum noch als Gegenwart der unbedingt vergebungsbereiten, also nicht der *unbedingten* Liebe Gottes bestimmbar.
Allerdings ist zu beachten, daß der Sühnegedanke von allen genannten Autoren, die ihn als Jesu eigene Todesdeutung vertreten, tatsächlich im Licht seiner Verkündigung erheblich modifiziert wird: von *Schürmann* (Gottes Reich), indem er die analoge Weise seiner Anwendung auf den absoluten Heilbringer hervorhebt (209.244), vor einer Verengung der Heilsbedeutung seines Todes auf dessen »stellvertretenden Sühnewert« warnt (192) und Jesu Sterben, im Blick auf den umfassenden »Heils- und Liebeswillen Gottes« (197), als »Gleichnis der Feindesliebe Gottes« beschreibt (60); von *Hengel* (Sühnetod), indem er ebenfalls die Unvergleichbarkeit der »durch diesen Sohn gewirkten Sühne« herausstellt und sie zuletzt mit Paulus als »unüberbietbaren Ausdruck von Gottes freier Liebe« versteht (147); von *Pesch* (Das Abendmahl), indem er die »neue Qualität« dieser Sühne darin erblickt, daß sie die allein von Gott her noch mögliche und tatsächlich von seinem absoluten Vergebungswillen durch seinen Sohn vollbrachte »Ersatzleistung« für die Nichtannahme seiner Gnade darstelle: »Gottes Gnade kam ihrer eigenen Verwerfung durch die Sünder zuvor« (186). Mit alledem sind bedenkenswerte Hinweise gegeben, die auf eine mögliche inhaltliche Konvergenz im umstrittenen Sühneverständnis deuten. Gleichwohl: Solange das Verständnis des Todes Jesu durch einen noch prüfungsbedürftigen Sühnegedanken vermittelt statt umgekehrt und von vorneherein die für Jesu Sterben mögliche Bedeutung von Sühne von der in ihm sich vollendenden Sendung Jesu her bestimmt wird, bleibt Vögtles Bedenken bestehen, daß gegenüber der von Jesus verkündeten

Sündenvergebung die Entsündigung aufgrund stellvertretender Sühne »ein strukturell neuer Modus der Sündenvergebung« gewesen wäre: »und zwar auch dann, wenn das stellvertretende Sühnesterben [. . .] nicht nur als Forderung Gottes, sondern auch als Wirkung seiner Gnade begriffen« wird (Todesankündigungen, 110).
Welche Bedeutung dem Tod Jesu innerhalb der Selbstoffenbarung Gottes zukommt und wie von hier aus – vorausgesetzt nur, daß man Offenbarung als das Geschehen des Geoffenbarten begreift – der Sinn nicht nur des Sühnegedankens, sondern auch der mit ihm zusammenhängenden überlieferten Aussagen (Opfer und Stellvertretung; Heilsmittlerschaft, Verdienst und Gehorsam Jesu; Heilswirksamkeit und Notwendigkeit seines Todes; Vergebung, Entmachtung und Überwindung der Sünde) gefaßt werden könne, versuchen die einschlägigen Ausführungen des 2., 3. und 7. Kapitels zu zeigen. Hier sei nur noch ein Hinweis angeschlossen, der angesichts der traditionellen Belastung des Sühnegedankens einerseits und der Vorurteile gegenüber dem Alten Testament andererseits wohl angebracht sein dürfte: daß nämlich der in der oben genannten Perspektive sich ergebende Sühnegedanke durchaus auf der Linie dessen liegt, was als genuin alttestamentliches Sühneverständnis gelten muß.
Insbesondere angesichts der Verzerrung des Sühnegedankens durch die strafrechtliche Bedeutung von Sühne als ausgleichender Gerechtigkeit und ihr Mißverständnis als menschlicher Leistung wären die Einsichten fruchtbar zu machen, die besonders *H. Gese* (Die Sühne) und *B. Janowski* (Sühne als Heilsgeschehen) – im Gegenzug zu der seit *J. Wellhausen* eher despektierlichen Behandlung der Priesterschrift als Abfall von der reinen prophetischen Religion – ins Bewußtsein gerückt haben: daß nämlich Sühne schon im Alten Testament nichts mit einem Beschwichtigen und Gnädigstimmen Gottes oder mit Vergeltung zu tun hat, sondern als »die von Gott gewirkte Aufhebung des von menschlicher Seite nicht aufhebbaren Sünde-Unheil-Zusammenhangs« durch den »Charakter der Vergebung« gekennzeichnet ist (*Janowski*, 5). Sie ist niemals Ersatz für die Wiedergutmachung reparabler Verfehlungen und Schäden, sondern auf umfassende Unheilszusammenhänge bezogen, die das »Sein des Menschen selbst« betreffen: »In dieser Grundsituation menschlichen Lebens, in der aufgrund rechtlicher, moralischer oder religiöser Verschuldung die individuelle oder die kollektiv-nationale Existenz verwirkt ist und der Mensch zwischen Leben und Tod steht, wird die Errettung aus Todesverfallenheit, die Ermöglichung neuen Lebens durch ein Sühnehandeln bewirkt, das der Mensch erbittet [. . .] und Gott gewährt« (176). Nach der Gerichtserfahrung des Exils kommt es zu einem vertieften Sündenbewußtsein und einem Verständnis des gesamten kultischen Opferwesens als Sühne. Nun ist es der Priester, der als bevollmächtigter Vermittler den Sühnevorgang vollzieht, aber letztlich Jahwe, der die Sühne wirkt. Daß sie durch eine symbolisch sich vollziehende Lebenshingabe des Sünders an das Heilige geschieht, bringt namentlich das Sündopfer-Ritual zum Ausdruck: zum einen durch das Aufstemmen der Hand auf das Opfertier, das nicht die Übertragung der Sündenmaterie auf einen rituellen Unheilsträger, sondern die Identifizierung des Sünders

mit dem stellvertretend in den Tod gehenden Opfertier bedeutet; zum anderen durch die Applikation des Blutes an den Altar, welche die Verbindung mit dem Heiligen herstellt. Daß aber mit dem ganzen Ritus nur eine Möglichkeit wahrgenommen wird, die Gott zuvorkommend gewährt hat, und also die Logik des »do ut des« von vorneherein überholt ist, zeigt sich vor allem darin, daß es das von Gott selbst als Sühnemittel gegebene Blut ist (Lev 17,11), was (als Träger des Lebens) die zeichenhaft-reale Auslösung des verwirkten Lebens ermöglicht (247.359–361). Wenn endlich am Jom Kippur der Hohepriester sogar das Allerheiligste des Begegnungszeltes betritt und in einem die Urszene am Sinai abbildenden Vorgang das Blut in Richtung des Sühnmals über der Lade, des Ortes der Kondeszendenz Gottes (347), sprengt, dann wird dem in Schuld verstrickten Israel »die mit dem Sinaigeschehen inaugurierte Wirklichkeit der Selbstoffenbarung Gottes an den Menschen und damit die tröstliche Nähe der göttlichen Gegenwart wieder gewährt« (361). Bedenkt man nun noch den durchaus bewußten, ja beunruhigenden provisorischen Charakter dieses Kultes und das tatsächliche Fehlen von Lade und Sühnmal (*Gese*, 105), erschließt sich der eschatologische Sinn von Röm 3,25 f.: Indem Gott Christus als »Sühnmal« öffentlich eingesetzt hat, »hat er den Gekreuzigten zum Ort der Sühne gemacht, an dem er, Gott selbst, gegenwärtig ist« (*Janowski*, 353). Es ist Gott selbst, der auch diese Versöhnung ermöglicht, die als numehr »endgültig gewährte Sühne kultische Sühneriten ein für allemal erübrigt« (352).

5. Jesu Leben und Sterben als »Realsymbol« von Gottes entschiedener Liebe

Angesichts der Bedeutung, die der Kategorie des »Symbols« für das Verständnis der Selbstoffenbarung Gottes in Leben und Geschick Jesu selbst wie auch der sie bezeugenden Praxis des Glaubens zukommt, ist auf den Begriff des »Realsymbols« einzugehen, den *K. Rahner* in die theologische Diskussion eingeführt hat und den ich in dieser Arbeit aufnehme und in Kategorien der Freiheit zu reformulieren versuche. Wesentlich ist mir dabei, unter Symbol die Wirklichkeit zu verstehen, in der und durch die eine Freiheit sich anderer Freiheit selbst mitteilt oder verweigert. Eine Wirklichkeit näherhin, in der die formal unbedingte Freiheit mit ihrer Erscheinung »zusammenfällt«, ohne sich doch in ihr zu erschöpfen oder differenzlos mit ihr in eins gesetzt werden zu können. Eine Wirklichkeit endlich, ohne die die Entschiedenheit einer Freiheit, sei es die Gottes oder eines Menschen, für den Menschen in seiner symbolischen (sinnlich-geistigen) Verfassung nicht »wirklich« und insofern auch nicht offenbar, nicht »wahr« werden könnte (vgl. Kap. 7 Abschn. b/4 und c/1 und 5).

Aus dieser Perspektive dürfte die Fruchtbarkeit der von Rahner entwickelten Kategorie des Realsymbols vor allem darin liegen, daß Rahner mit ihr die

Unterscheidung von Gnade und Gnadenzeichen als getrennter Wirklichkeiten zu überwinden trachtet, indem er sie als zusammengehörende Momente eines sich geschichtlich bildenden Wesensvollzugs faßt: In dem Zeichen, das die Gnade eben als ihr Realsymbol hervorbringt, kommt sie selbst zur Vollendung (Der eine Jesus Christus und die Universalität des Heils: Schriften XII, 268). Der menschgewordene Logos ist nicht nur die Offenbarung dessen, »was Gott in sich selbst ist, sondern auch das ausdrückende Da-sein dessen, was (oder besser: wer) Gott in freier Gnade der Welt gegenüber sein wollte« (Zur Theologie des Symbols: Schriften IV, 294). Die Menschheit Jesu gilt Rahner sogar so wenig als nur äußerliche und zufällige Vermittlung der Gnade, daß sie vielmehr noch in der eschatologischen Vollendung das Symbol sein wird, in dem Gott selbst als die Wirklichkeit des Heils anwesend ist. Problematisch bleibt mir nur, welche Bedeutung letztlich die Einsicht in den realsymbolischen Charakter der Offenbarung für ein Denken haben kann, das gleichzeitig eine gnadenhafte »wirkliche Gegebenheit Jesu Christi« als Implikat jedes menschlichen Daseinsvollzugs voraussetzt (Der eine Jesus Christus, 274). Eine Theologie jedenfalls, die Rahners Überlegungen gerade mit dem Ziel aufnimmt und weiterführt, die geschichtliche Offenbarung in Jesus Christus als die ihrem Inhalt angemessene und ihn insofern den Menschen allererst vermittelnde Wirklichkeit zu verstehen, hätte m. E. – der Konstitution von Symbol als Differenz-Einheit der formellen Freiheit mit ihrer realen Erscheinung entsprechend – vor allem zweierlei herauszuarbeiten und zu klären: zum einen, daß es die durch Gottes Liebe unmittelbar bestimmte und ihr entsprechende (und darin als die dem Sohn identische Person konstituierte) *Freiheit* Jesu ist, die als das die Liebe Gottes den Menschen eigentlich Vermittelnde zu denken ist; zum anderen, daß und inwiefern die Gestalt der Geschichte Jesu, in der Gottes Liebe symbolisch (und das heißt eben auch: *nur* symbolisch) anwesend ist, gleichwohl als verwirklichender Ausdruck ihrer Unbedingtheit und Endgültigkeit gelten kann (vgl. auch *Th. Pröpper,* Jesus der Philosophen, 129–131 Anm. 106).

In jedem Fall aber ist der Kritik zu begegnen, die am Verständnis des Lebens und besonders des Todes Jesu als »Realsymbol der gnädigen Liebe Gottes« geübt wird. Von *K. Lehmann* (»Er wurde für uns gekreuzigt«, 306f.) wird sie gegen die (auch von ihm als durchaus »tragfähig und ausbaufähig« anerkannten) soteriologischen Ansätze gerichtet, die in ihrem Bemühen, die Kontinuität zwischen Jesu Verkündigung und Tod herauszuarbeiten, der »Diskontinuität nicht genügend Raum« geben und deshalb den Tod Jesu nurmehr als »Zeichen« dafür erscheinen lassen, daß er »seine Solidarität mit den Armen und Sündern bis in das Äußerste durchhielt«. So werde zwar das »›Pro nobis‹ Gottes in Jesus«, nicht aber der Ernst der Stellvertretung zur Geltung gebracht. Denselben Einwand hatte *H. U. von Balthasar* (Theodramatik III, 253–262) bereits (ausdrücklich) gegen *K. Rahner* erhoben, in dessen »System« das Pro-nobis »von Christus auf Gott selber zurückbezogen« werde und deshalb die Menschwerdung wie das Sterben Jesu Christi »nur als Finalursache oder auch als ›quasisakramentale‹ Ursache« des absoluten Heilswillens Gottes bezeichnet werden könne (255). Daß gleichwohl Gottes Pro-nobis »aufgrund der (Todes-)Existenz Jesu Christi erfolgt« sein solle, leuchte bei Rahner deshalb nicht ein, »weil das ›Hypostatische Union‹ Genannte faktisch in der konkreten Menschennatur so sehr angelegt ist, daß jene nur als ›geglückter Höchstfall‹ der letzteren erscheint« (262).

Nun muß in der Tat Rahners christologisch-soteriologischer Gebrauch der Symbolkategorie insofern problematisch erscheinen, als in Jesus Christus als dem Höhepunkt der »kategorialen Offenbarungsgeschichte« nur auf »irreversible« Weise zur Erscheinung kommt, was schon aufgrund der »transzendentalen Offenbarung« den Menschen bewußt und gegeben sein soll: Gottes Selbstmitteilung als Liebe und Vergebung (vgl. Kap. 4 Abschn. c). Es wäre somit *vor allem* geltend zu machen, daß die Gestalt der Offenbarung ihrem Inhalt so wesentlich zugehört, daß dieser (Gottes entschiedene Liebe zum Menschen) jener (der geschichtlich-symbolischen Vermittlung) bedurfte, um überhaupt Wahrheit und Wirklichkeit für uns Menschen zu werden. Unberührt bleibt davon jedoch Rahners grundlegende soteriologische Aussage, daß das »eschatologische Zusagewort Gottes seiner freien Initiative entspringt, real in dem Leben Jesu vollzogen und für uns geschichtlich anwesend ist, und sich durch den frei angenommenen Tod vollendet«, wobei dieser Tod in seiner Bedeutung »erst durch die Auferstehung vollendet und für uns geschichtlich greifbar wird« (Grundkurs, 278). Das »dramatische Moment«, das Balthasar in der Soteriologie Rahners vermißt (262), kann ja nicht – was auch Balthasar abwehrt (254) – auf einer Unentschiedenheit des Heilswillens Gottes, sondern allein darauf beruhen, daß er sich mit der Erwählung der Menschen an deren Freiheit gebunden und somit auf eine wirkliche Geschichte mit ihnen eingelassen hat. In welchem Sinn von hier aus von einer Notwendigkeit des Todes Jesu die Rede sein kann, versuchen das 2. und 3. Kapitel dieser Arbeit zu zeigen; desgleichen, wie Stellvertretung zu denken sei. Hier soll nur festgestellt werden, daß ein Verständnis des Lebens und Sterbens Jesu als Realsymbol der entschiedenen Liebe Gottes zum Menschen zumindest dann, wenn die symbolische Handlung ernsthaft als Ereignis ihrer bedeuteten Wahrheit gedacht, also der Inhalt vom Geschehen nicht getrennt und der Anteil der Freiheit Jesu an ihm nicht übersehen wird, um nichts hinter der Aussage Lehmanns zurückbleibt, der Tod Jesu sei »der Vollzug der Erlösung« (309). Umgekehrt aber wäre an Lehmann die Frage zu richten, ob er mit dem Satz »Die aktive Pro-Existenz des irdischen Jesus ist ein Vorschein des Geheimnisses der Passion und nicht der Tod Jesu ein Epiphänomen der Pro-Existenz« (309) das gegenseitige Bestimmungsverhältnis von Leben und Tod Jesu nicht seinerseits in einer Weise akzentuiert, die zum einen eine bedenkliche Notwendigkeit des Todes Jesu insinuiert und zum anderen kaum noch erkennen läßt, daß sein positiver Sinn allein von Jesu (allerdings in seinem Tod vollendeter und durch seine Auferstehung bestätigter) Verkündigung her bestimmt werden kann.

6. Zorn Gottes, Strafe und Gericht

So wenig die biblisch gut bezeugte Rede vom »Zorn Gottes« abgeschwächt werden kann, so entscheidend ist doch für ihr Verständnis, daß er schon im Alten Testament als »Eifer Jahwes« für sein Volk, als Modus seiner Liebe erscheint. Jede »Wandelbarkeit« Gottes und seiner »Affekte« ist also auf dem Hintergrund seiner unwandelbaren Treue zu sehen. Allerdings dächte man zu gering vom Ernst seiner Liebe, wenn man ihn die Sünde nicht ernstnehmen ließe: Gottes Nein muß den Widerspruch zu seiner Liebe treffen, so wie dieser ihn betrifft. Und doch wäre es nicht das Nein seiner *Liebe,* wenn es dabei noch anderes wollte als die Heilung und Erneuerung des Sünders. Kann also Strafe etwas anderes sein als das selbstgeschaffene Verhängnis der Sünde und das Unglück ihrer Folgen? Und Gericht etwas anderes als ihre im Nahen Gottes offenbar werdende »Unmöglichkeit« – die Unausweichlichkeit einer Klarheit, die tatsächlich die vollendete Verzweiflung wäre, wenn sie nicht im Glauben an Gottes gewährte Vergebung ausgehalten und durchschritten werden könnte (vgl. Joh 3,18; 5,24)? »Nicht Gott«, schreibt *P. Schoonenberg,* »straft die Sünde, sondern die Sünde straft sich selbst [. . .] Gott ist ein Gott des Lebens und der Liebe, und er will diese allen schenken; auch auf den sündigen Menschen bleibt diese Liebe gerichtet, aber durch seine eigene Verhärtung wird sie zu einem verzehrenden Feuer« (Theologie der Sünde, 76f.).

Jesu stellvertretende Sühne als Übernahme des Gerichts über die Sünde aber ist dann darin zu sehen, daß er am Ort der Sünde und ihr wahres Unheil durchleidend das menschliche Ja realisierte, ohne das (angesichts seiner menschlichen Verwerfung) Gottes vergebende Liebe bei den Sündern nicht ankommen und ihre Situation nicht so gewendet werden konnte, daß sie zum Eingeständnis ihrer Sünde und zur veränderungsbereiten Übernahme ihrer Wirklichkeit befähigt wurden. Auch *H. U. von Balthasar,* so eindringlich er stets das Moment der Gerechtigkeit im Verhältnis Gottes zu den Menschen (und den formellen Verpflichtungscharakter des Bundes) hervorhebt, hat diese Sicht in sein Verständnis des Gerichts aufgenommen, das der Gekreuzigte stellvertretend für die Sünder erträgt. Denn mit der Übernahme der Wirklichkeit der Sünde vollzieht Christus (als der Sündlose) zwar nicht die Sünde (als formelles Nein gegen Gott), wohl aber erfährt er (als der bis zuletzt Solidarische) »das Hoffnungslose ihres Widerstands gegen Gott und das gnadenlose Nein der göttlichen Gnade gegen diesen Widerstand«. Das »Wunder der Transfiguration« aber ist möglich, weil die Ferne des sündigen Nein vom freiwilligen und gehorsamen Ja umgriffen und überholt wird: »Der Zorn Gottes gegen die Verneinung der göttlichen Liebe trifft auf eine göttliche Liebe, die des Sohnes, die sich diesem Zorn aussetzt und ihn entwaffnet und buchstäblich gegenstandslos macht« (Theodramatik III, 325f.).

In ähnlicher Weise hat *G. Ebeling* (Dogmatik II, 192–202) den Gegensatz entwickelt, der im doppelten Nein Gottes zur Sünde enthalten und im Kreuz vollzogen und offenbar geworden ist: »Auf der einen Seite steht das Nein zur Sünde als ein Nein zum Sünder«, auf der anderen »das Nein zur Sünde als ein

Ja zum Sünder. In diesem Fall wird die Trennung des Sünders von der Sünde vollzogen«. Doch nimmt das zweite Nein, »das der Sünde gleichsam ihre Beute entreißt«, das erste in sich auf. Denn Vergebung heißt ja nicht, daß die Sünde vertuscht und verharmlost, sondern »ihre verletzende Wirkung ausgehalten und überwunden wird. Wer vergibt, nimmt etwas von dem Schmerz auf sich, der angerichtet worden ist«. Wollte man in Gottes Vergeben nicht das Leiden wahrnehmen, »nähme man weder die Sünde noch das Vergeben ernst und schätzte Gott selbst in bezug auf beides als leichtfertig ein« (198 f.). Da nun der Sündlose in allem Gottes Willen entspricht, weigert er sich nicht, auch »das Nein Gottes zu bejahen, selbst wenn es ihn selbst trifft in seinem Sein beim Sünder. Denn eben damit, daß er angesichts des Todes seine Freiheit zum Sünder nicht bereut, vielmehr der Sündlose bleibt und deshalb am Ort des Sünders ausharrt bis zum letzten, stimmt er zugleich in das andere Nein Gottes zur Sünde ein, das zum Sünder Ja sagt [. . .] Obwohl ihm für sich selbst Gottes Liebe entschwindet, sagt er der Liebe Gottes als Feindesliebe nicht ab [. . .] So ist in ihm, wie Paulus sagt, das Ja Wirklichkeit geworden, [. . .] ein klares, entschiedenes Ja« (201 f.).

Es ist durchaus also möglich, vom Verständnis des Kreuzes Jesu als der äußersten Offenbarungsgestalt der Liebe Gottes zum Gedanken der stellvertretenden Übernahme des Gerichts zu gelangen. Denn in dieser Offenbarung geschieht ja, was offenbar wird: Gottes vergebende Liebe. Vergebung aber wäre nicht ernsthaft und wirksam, wenn sie den Schuldigen seiner Situation überließe. Aufgrund des wahren Gottesverhältnisses Jesu, das er am Ort der Gottlosigkeit vollzieht, konnte deren wahre Verzweiflung überhaupt erst erfahren, zugleich aber ausgehalten, ihrer Unwahrheit (als Wahl des Selbst gegen Gott) überführt und den Sündern (eben mit Gottes aufrechterhaltener Liebe) die Möglichkeit einer Identität eröffnet werden, die sie zur Übernahme ihrer Schuldwirklichkeit instand setzt und zur Versöhnungsarbeit bereit macht. So wird Jesu Erleiden des Fluches der Sünde den Sündern zum rettenden, gnädigen Gericht. »Die Texte des Neuen Testaments charakterisieren Jesus Christus als den, der auf vollendete Weise das [. . .] Verhältnis Gottes und des schuldigen Menschen vollzieht und damit zugleich die Wahrheit Gottes und des Menschen definitiv aufdeckt. So vollbringt er die bedingungslose, erbarmende Liebe Gottes zum Menschen und zur Welt ebenso wie die eschatologische Verurteilung der Sünde«. In Jesu Passion und Auferweckung als den beiden »zusammengehörigen Momenten dieses einen Vermittlungsgeschehens« wird offenbar, »daß der Herr im Mitvollzug des göttlichen Gerichts über die Sünde und im Erleiden der Sünde in ihrer Fluchwürdigkeit nicht verendet, sondern sich gerade die Liebe Gottes zur Welt und die daraus entspringende unbedingte Solidarität mit dem sündigen Menschen siegreich behauptet« (*P. Hünermann,* »Erlöse uns von dem Bösen«, 325).

»Das Kreuz ist Offenbarung«, schreibt auch *J. Ratzinger* (Einführung, 240–242): »Es offenbart nicht irgendetwas, sondern Gott und den Menschen [. . .] So bist du, Mensch, daß du den Gerechten nicht ertragen kannst – daß der einfach Liebende zum Narren, zum Geschlagenen und zum Verstoßenen wird

[. . .] Die Wahrheit des Menschen ist, daß er immer wieder gegen die Wahrheit anrennt; der gekreuzigte Gerechte ist so der dem Menschen hingehaltene Spiegel, in dem er unbeschönigt sich selber sieht. Aber das Kreuz [. . .] offenbart auch Gott: So ist Gott, daß er bis in diesen Abgrund hinein sich mit dem Menschen identifiziert und daß er richtet, indem er rettet. Im Abgrund des menschlichen Versagens enthüllt sich der noch viel unerschöpflichere Abgrund der göttlichen Liebe. Das Kreuz ist so wahrhaft die Mitte der Offenbarung, einer Offenbarung, die nicht irgendwelche bisher unbekannten Sätze enthüllt, sondern uns selbst, indem sie uns vor Gott und Gott in unserer Mitte offenbart«.

7. H. U. von Balthasars trinitarische Staurologie

Daß der Glaube an Gottes Selbstoffenbarung in Jesus Christus zur Trinitätslehre führe, also die Möglichkeit der vollmächtigen Verkündigung Jesu und insbesondere seine Übernahme des Fluches und des Verhängnisses der Sünde nur trinitarisch verstanden werden könne, ist in dieser Arbeit zwar mehrfach angesprochen, aber – abgesehen von den Bemerkungen zu *J. Moltmanns* trinitarischer Kreuzestheologie (Kap. 6 Abschn. b) – nicht ausgeführt worden. Deshalb sei hier auf das trinitarische Verständnis des Kreuzesgeschehens hingewiesen, wie es in einer für mich überzeugenden Weise in den Überlegungen begegnet, mit denen *H. U. von Balthasar* seiner »dramatischen Soteriologie« und besonders dem für ihn zentralen Stellvertretungsgedanken die tiefste Begründung gibt (Theodramatik III, 295–327). Denn nicht nur, so Balthasar, sei die volle Trinitätslehre erst von einer Theologie des Kreuzes her zu entfalten, sondern ebenso »die Trinitätslehre als die stets gegenwärtige innere Voraussetzung der Staurologie zu fassen« (296). Deshalb trennt er sich von *Rahner,* in dessen formaler Darstellung die immanente Trinität kaum »als das unendliche Urbild der ökonomischen Selbstverschwendung Gottes« glaubhaft werde, und noch entschiedener von *Moltmann,* dessen Verständnis der Trinität als des vom Kreuz ausgehenden und für die Menschen geöffneten eschatologischen Prozesses auf der Erde er im Sog von *Whiteheads* Prozeßtheologie sieht (299). Vielmehr gelte es, die immanente Trinität so als den Grund des Weltprozesses (bis hin zur Kreuzigung) zu denken, daß sie weder als formaler Selbstvermittlungsprozeß Gottes noch als in das Weltgeschehen hineinverstrickt erscheine, sondern »als jene ewige und absolute Selbsthingabe verstanden wird, die Gott schon in sich als die absolute Liebe erscheinen läßt, woraus sich erst die freie Selbsthingabe an die Welt als Liebe erklärt, ohne daß Gott zu seinem Selbstwerden [. . .] des Weltprozesses und des Kreuzes bedürfte« (300). Ist damit deutlich die Differenz auch zu *Hegel* markiert, der die (immanente) Trinität als das unernste, vom Schmerz der Trennung abstrahierende Spiel absoluter Seligkeit ansah und sie deshalb des Durchgangs durch die realen Weltwidersprüche bedürftig befand, so liegt Balthasar doch alles daran, in Gott selbst ein Geschehen zu setzen, das nicht nur die Möglichkeit und das Geschehenlassen aller Schmerzen der Welt, sondern auch die Teilnahme Gottes daran rechtfertigen kann.

Von zwei Seiten denkt er sich an das Mysterium heran: von negativer Theologie her, die jede notwendige oder tragische Implikation Gottes in den Weltprozeß als Mythologie ausschließt, und von den Ereignissen des Weltdramas und der Heilsgeschichte her, die in Gott die Bedingung ihrer Möglichkeit haben müssen (304). Die Grundthese lautet, daß des Vaters Weggabe seiner Gottheit zum »gleichwesentlichen« Besitz an den Sohn eine so unüberbietbare Trennung Gottes von sich selber besagt, »daß jede (durch sie!) ermöglichte Trennung, und wäre es die dunkelste und bitterste, nur *innerhalb* ihrer sich ereignen kann« (302) und somit durch die Zuwendung von Vater und Sohn umfaßt und überholbar bleibt. Mit dieser »Ur-Kenose« Gottes sind seine übrigen Entäußerungen in die Welt grundsätzlich ermöglicht: erstens die Selbstbeschränkung Gottes aufgrund der seinen Geschöpfen verliehenen Freiheit, zweitens seine Selbstbindung mit der Schließung des Bundes und drittens die Menschwerdung des Sohnes, der seine Sohnschaft durch seinen Weg bis zum Tode verdeutlicht (308).

Bedeutsam scheint mir dieser Ansatz nicht allein wegen der überzeugenden Unterscheidung *und* Zuordnung von immanenter und ökonomischer Trinität, sondern ebenso durch den Ernst, mit dem die Freilassung der menschlichen Freiheit und Gottes Bestimmbarkeit durch sie gedacht und dabei das Problem der Theodizee nicht nur zugelassen, sondern auch das, was Theologie überhaupt zu ihm sagen kann, in das Zentrum aller Überlegungen gerückt wird: Denn die Betreffbarkeit Gottes durch die Sünde sowie die Bereitschaft *und* Möglichkeit des Sohnes, sie im Auf-sich-selbst-Nehmen zu überwinden, »ist die Grundvoraussetzung für die Möglichkeit einer Schöpfung und deren Rechtfertigung« (291) – Voraussetzung also dafür, daß Gott »die Erschaffung freier Wesen, die sich von ihm abwenden können, überhaupt riskieren und die Welt als ›sehr gut‹ bezeichnen durfte« (Crucifixus, 34). Es trifft also kaum zu, was gelegentlich als Kritik zu vernehmen ist: daß hier die Geschichte Gottes mit den Menschen in Gott selbst aufgehoben und das menschliche Tun zur Bedeutungslosigkeit herabgesetzt werde. Erst recht liegt es Balthasar fern, die Vorstellung von menschlicher Feindschaft auf das Verhältnis von Vater und Sohn zu projizieren. Denn die Antwort des Sohnes auf den gleichwesentlichen Besitz der Gottheit entspricht (als Danksagung) ja gerade der selbst- und berechnungslosen Hingabe des Vaters (Theodramatik III, 301). Wohl aber geht es darum, die in Gott selbst gegründete Möglichkeit einer Geschichte zu denken, in der er den Menschen freigibt und ihn dennoch nicht losläßt, weil er sich auf sie bis zur verwandelnden Übernahme der gottlosen Realität der Sünde einlassen kann. Noch Balthasars Fassung des Stellvertretungsgedankens läßt der menschlichen Freiheit ihre von Gott anerkannte Würde. Denn wie weit kann der Sündlose sich auf die Gegenwelt der Sünde einlassen, ohne das Nein zu Gott mitzuvollziehen? »Bis in den Zustand, der das Ergebnis des Neinsagens ist, bis in eben jene Abwendung und Entfremdung, die als eine objektive Realität zwischen Gott und dem Sünder steht und beide affiziert«. Wie aber kommt dies dem Sünder zugute, wenn ihm doch niemand sein Ja oder Nein zu Gott abnehmen kann? Dadurch, daß »Gottes Verzeihen, die Zuwendung seiner zuvorkommenden Gnade«, ihm ein Ja ermöglicht, das er »von sich her nie aufzubringen vermocht hätte«: »Wenn Jesus den Schuldzustand eines Abgewendeten in sich trägt, so geschieht dies aufgrund einer letzten raumschaffenden [...] Kenosis, in der die Schuld der Welt Platz gewinnt, in der aber Gott nichts anderes sieht als die äußerste Liebe des Sohnes: er erblickt also die reale Weltsünde innerhalb der realen Hingabe des Sohnes; er kann auch den Sünder nur noch durch diese Liebeshingabe hindurch ansehen. Der Sünder aber, mitsamt seiner Freiheit und Fesselung an diesen Ort versetzt, [...] wird durch diese Vermittlung nicht seiner Unmittelbarkeit zu Gott beraubt, sondern in deren wahre Form zurückversetzt [...] Sagt ein anderer als der Sünder an seiner Stelle zu Gott Ja? Ja und Nein. Ja, insofern mit dem umfassenden Ja Christi das Fundament für das Jasagenkönnen des Sünders gelegt wird, Nein, sofern [...] das zustimmende Ja des Sünders zur angebotenen Gnade erwartet wird« (Crucifixus, 34f.).

8. Probleme der systematischen und historischen Darstellung der Soteriologie

Die oft zu vernehmende Warnung vor den Gefahren einer Systematisierung des soteriologischen Denkens und die zumeist mit ihr verbundene Mahnung, nur keines der Motive und Themen der reichen Tradition zu vergessen oder an die Seite zu drängen (vgl. etwa *H. U. von Balthasar,* Theodramatik III, 223f.; *K. Lehmann,* »Er wurde für uns gekreuzigt«, 302; *E. Schillebeeckx,* Jesus, 578), scheinen mir überaus beherzigenswert, sofern sie Bedingungen der Bewährung für jeden Versuch des Glaubensverständnisses nennen (vgl. Exkurs 2). Aber damit ist ein zusammenhängendes Verstehen selbst noch nicht geleistet. Ein solches kommt, ob bewußt oder nicht, ohne einen organisierenden Mittelpunkt, ohne »Wesensbestimmungen« nun einmal nicht aus – trotz aller dabei unvermeidlichen Wagnisse und Implikationen, wie sie *Ernst Troeltsch* (Was heißt »Wesen des Christentums«?) unüberboten analysiert hat. Mit Systemzwang oder dergleichen hat das so wenig zu tun, daß es vielmehr die Bedingung eines jeden die überlieferte Wahrheit in ihrer gegenwärtigen Bedeutung ernst nehmenden, d.h. aneignenden Verstehens darstellt und Ausdruck des Bemühens um Identität in der vielfachen Zerstreutheit der eigenen Gedanken und Erfahrungen ist.
Auch die Darstellungen des Erlösungsglaubens, die sich mit systematischen Ansprüchen zurückhaltend zeigen, sind vom hermeneutischen Zirkel bestimmt und von Vorentscheidungen geleitet, die stets das *Wesen* des zu Überliefern-

den betreffen. So etwa erhebt *H. U. von Balthasar* (Theodramatik III, 221–224.295) als »Quintessenz der Schrift« fünf soteriologische Motive, die jede theologische Reflexion berücksichtigen müsse und die ihm selbst als Leitfaden und Beurteilungskriterium beim Durchgang durch die Geschichte der Soteriologie (224–294) dienen: 1. die Dahingabe des Sohnes durch Gott den Vater für die Rettung der Welt, 2. den »Platztausch« zwischen dem Sündlosen und den Sündern, 3. die daraus folgende Freisetzung des Menschen, aber 4. darüber hinaus seine Einführung in das göttliche, trinitarische Leben, so daß 5. das Ganze als eine durchgeführte Initiative der göttlichen Liebe erscheint. Etwas formalisiert erscheint dieselbe Aufstellung bei *K. Lehmann* (»Er wurde für uns gekreuzigt«, 304f.), der ebenfalls fünf »zum Wesen und zur Grundgestalt christlicher Erlösung« gehörige »Strukturelemente« unterscheidet: 1. die Ausgangsbasis (Befreiung, Loskauf), 2. die Vollzugsform (aktiv-freiwillige Hingabe des Lebens durch Gottes Sohn), 3. die Wirkweise (Platztausch als Basis für alle Mitteilung von Heil und Erlösung), 4. das Ziel (negativ: Sündenvergebung; positiv: dynamische Partizipation am neuen Leben Gottes), 5. den Grund (Liebe und Erbarmen Gottes).
Eingehendere Beachtung, als sie hier möglich ist, verdiente in diesem Zusammenhang *E. Schillebeeckx'* großes Werk »Christus und die Christen«, da es sich ausdrücklich zum Ziel gesetzt hat, die »neutestamentliche Erfahrung von Gnade und Heil von Gott her in Jesus« zu analysieren »als Orientierung für das, was man einen ersten Ansatz zu einer modernen christlichen Soteriologie nennen könnte« (16). Als besonders fruchtbar erweist sich dabei die methodisch durchgehaltene »Einsicht, daß eine rein *theologische* Analyse des neutestamentlichen Gnadenbegriffs erst dann eine Chance erhält, Inspiration und Orientierung von Christen heute zu gewährleisten«, wenn sie »gepaart ist mit einer Analyse der *historischen Vermittlungen,* damals und heute« (15; vgl. 69f.). Das bei den historischen Rekonstruktionen wie der Vergegenwärtigung der gewonnenen Einsichten voll zum Zuge gelangende Korrelationsprinzip läßt Schillebeeckx jedoch niemals das seit den Anfängen wirksame und auch heute unerschöpfte, ebenso kritische wie hoffnungsstiftende Potential des christlichen Glaubens übersehen: »In unseren menschlichen Erfahrungen können wir erfahren, was unsere Erfahrung übersteigt und was sich in ihnen als unerwartete Gnade verkündet« (71). Und im Blick auf die Freiheitsthematik: »Emanzipative Selbstbefreiung außerhalb einer Perspektive auf religiöse Erlösung gewinnt [...] problematische und gefährliche Dimensionen, weil sie blind wird für reale Aspekte des menschlichen Lebens [...] Christliche Erlösung ist ein Mehr gegenüber der emanzipativen Selbstbefreiung, mit der sie jedoch kritisch solidarisch ist« (751). Es ist ja vor allem die Geschichte menschlichen Leidens – und zwar des offenen und verdeckten, des von Menschen verschuldeten, gesellschaftlich bedingten und des mit der Endlichkeit des Menschen selbst schon verbundenen Leidens, die Schillebeeckx' großes Unternehmen bewegt und seinem Bemühen, im Blick auf die heutigen Lebens- und Überlebensprobleme dasselbe zu tun, was in maßgeblicher Weise die neutestamentlichen Autoren für ihre Zeit taten, die unverwechselbare

Ausrichtung gibt: nämlich die Erfahrung des von Gott in Jesus eröffneten Heils als eine neue, sich gerade an der Realität des Leidens bewährende Lebenspraxis auszulegen.
Sind nun die von Balthasar und Lehmann benannten Kriterien jeder Soteriologie auf das »dramatische« Erlösungs*geschehen* bezogen und dabei staurologisch zentriert, so bietet Schillebeeckx nach seiner eingehenden und zunächst gesonderten Darstellung der verschiedenen neutestamentlichen Theologien der Heils- und Gnadenerfahrung eine ausführliche Zusammenstellung der im Neuen Testament begegnenden interpretativen Motive des Heils*inhalts* (Christus, 448–498); diese werden nochmals nach vier »Strukturelementen« (unter dem Leitgedanken der Geschichte Gottes mit dem Menschen) zusammengefaßt (618–623), mit denen wiederum ein im Blick auf die Vergegenwärtigung des Heilsglaubens entworfenes »Koordinatensystem des Menschen und seines Heils« (mit den anthropologischen Bestimmungen Leiblichkeit und Welthaftigkeit, Mitmenschlichkeit, Institutionalität, Zeit-Raum-Struktur, Theorie-Praxis-Verhältnis, Religiosität) korreliert (715–725).
Wenn ich allen genannten, eher summierenden oder doch deskriptiven Zusammenstellungen gegenüber eine weitergehende systematische Durchdringung versuche (ohne freilich den ausgebreiteten Materialreichtum in der Darstellung einholen zu können) und dabei als soteriologischen Grundbegriff Gottes Selbstoffenbarung als Liebe in den Mittelpunkt rücke, so geschieht dies nicht nur, weil ich solches Bemühen – wie schon eingangs bemerkt – um eines systematischen Verstehens willen für unerläßlich, sondern den genannten Ansatz dafür auch insofern für geeignet halte, als 1. im wesentlichen Heilsinhalt »Liebe« alle anderen biblischen Aspekte des Heils – wie im zweiten Kapitel angedeutet – zusammenkommen, 2. von ihm aus die wesentliche Entsprechung zwischen dem Inhalt und der Verwirklichungsweise des Heils (mit allen Konsequenzen) einsichtig wird und 3. mit einem Verständnis von Liebe als Sinnwirklichkeit der Freiheit und ihrer Auslegung in Freiheitskategorien der Ansatz für die gegenwärtig aufgegebene Vermittlungsarbeit schon gegeben sein dürfte. Außerdem verspreche ich mir von solcher Auslegung, wenn sie die intersubjektive und vor allem auch symbolische Verfassung wirklicher Freiheit in gebührender Weise beachtet, einen Beitrag zu drei vieldiskutierten speziellen Problemen, die ich – da sie diese Arbeit eher implizit behandelt – hier ausdrücklich nennen möchte.
Das *erste* betrifft die eigentümliche Verschränkung von Ankunft und Zukunft der Basileia in der Verkündigung Jesu, die zumeist nur konstatiert oder formal bestimmt wird. »Jesus dürfte«, schreibt *A. Vögtle,* »den in der jüdischen Eschatologie seltenen Abstraktbegriff ›Gottesherrschaft‹, des sich in actu ereignenden Königseins Gottes, wesentlich auch deshalb gewählt haben, weil nur dieser Begriff den Gedanken der Kontinuität göttlichen Handelns lieferte, also die spannungsvolle Hinordnung des endgültigen Redens und Handelns Jesu, des eschatologischen Jetzt auf das eschatologische Dann ermöglichte« (Jesus von Nazareth, 16). Diese präzise, aber noch formale Aussage wird ja voll erst verständlich, ein »eschatologisches Jetzt« bei noch ausstehendem

»Dann« ohne Widerspruch erst denkbar, wenn auf den Inhalt der Basileia als Gegenwart der Liebe Gottes und zugleich die symbolische Struktur wirklicher Liebe reflektiert wird: daß nämlich in jeder geschichtlichen Gestalt unbedingter (und insofern endgültiger) Liebe der Liebende durchaus als er selbst anwesend ist und doch erst noch seine Zukunft (seine Treue) verspricht. In derselben Weise wäre das (namentlich im Gespräch mit den Juden präsente) *zweite* Problem, das die Spannung von schon geschehener und noch zu erwartender Erlösung betrifft, zu betrachten: zwar steht die letztlich angemessene, weil alle Wirklichkeit erneuernde Manifestation der Liebe Gottes noch aus, aber daß sie als end-gültig schon offenbar wurde, qualifiziert das Christusereignis zur eschatologischen und durchaus realen Wende der Geschichte; daß an der Gestaltung ihrer so eingeleiteten »letzten Phase« die menschliche Freiheit beteiligt wird, entspricht wiederum ihrer Anerkennung durch Gottes Liebe. Das *dritte* Problem betrifft die angesichts der romantischen und bürgerlich-privatistischen Auffassung von Liebe zwar verständliche, aber gleichwohl zu überwindende Entgegensetzung von Liebe und Gerechtigkeit im Verständnis des Heils. Denn *E. Schillebeeckx* hat durchaus recht: »Wesentlich und substantiell ist Heil *Liebe,* aber nicht so, daß alles andere dann nur Heils*voraussetzung* bildet. Liebe ist eben nicht reine Innerlichkeit; das Leibliche und das Gesellschaftliche treten im Modus der Leiblichkeit und Gesellschaftlichkeit in die Substanz der Liebe ein« (Christus, 727). Doch bedarf auch diese Aussage noch genauerer Analyse, die ich mit Hilfe der Symbolkategorie im 7. Kapitel versuche. –

Natürlich ist nicht weniger als bei jeder (systematischen) Vergegenwärtigung der Soteriologie der hermeneutische Zirkel auch bei der Behandlung ihrer *Geschichte* wirksam – und zwar nicht erst dort, wo die Darstellung ausdrücklich zur Beurteilung fortschreitet (und dabei ein von der behandelten historischen Gestalt der Soteriologie unterscheidbares Verständnis der von ihr ausgelegten Sache beansprucht), sondern auch schon bei der Darstellung selber, die ja stets Unterscheidungen treffen und Bedeutungszusammenhänge herstellen muß (und dabei außer ihrem Verständnis des identischen Themas jener gesamten Geschichte ihr Vorverständnis der besonderen Epochen, Traditionen, Grundtypen oder anderer Einheiten ins Spiel bringt). Vermeidbar wären solche Entwürfe nur um den Preis des Verstehens geschichtlicher Vorgänge selber; doch sind sie im Vollzug der historischen Arbeit überprüfbar und – wenn auch nie abschließend – zu bewähren.

Am schwersten läßt sich wohl – sieht man von der theologischen Entwicklung in der Neuzeit einmal ab – die Soteriologie der alten Kirche »auf einen Nenner bringen« und als Gesamtheit in eine typologische Betrachtung einordnen. Und dies nicht nur wegen der Vielzahl und Vielschichtigkeit der soteriologischen Bilder und Gedanken, sondern ebensosehr, weil die Soteriologie noch kein gesondertes theologisches Thema darstellt, vielmehr (spätestens seit Irenäus) die gesamte Theologie von Grund auf soteriologisch geprägt ist. Es entspricht also völlig der Sache, wenn die Geschichte der altkirchlichen Soteriologie zumeist – wie in der jüngsten Arbeit von *B. Studer* (Gott und unsere Erlösung) – in ihrer Einheit mit der Entwicklung der Trinitätslehre und Christologie dargestellt wird, so wie es angesichts der »Vielfältigkeit des soteriologischen Kerygmas« ebenfalls naheliegt, für die Darstellung den »Weg über das Exemplarische und Bezeichnende« zu wählen (so etwa *N. Brox,* Soteria und Salus, 255).

Wo indessen eine Periodisierung der gesamten Geschichte der Soteriologie und eine Typologie ihrer epochalen Grundgestalten versucht wird, tritt zumeist eine Dreiteilung auf, die sich auf die Entwicklung von der griechischen Patristik zur abendländischen und endlich zur Theologie in der Neuzeit bezieht und dabei mehr an dominierenden inhaltlichen Motiven oder auch am jeweils bestimmenden Denk- und Erfahrungshorizont orientiert sein kann. War in der protestantischen Theologie des vorigen Jahrhunderts die Unterscheidung von mystischer, juridischer und moralischer Erlösungslehre geläufig, so wurden in den dreißiger Jahren dieses Jahrhunderts von *G. Aulen* (Die drei Haupttypen) und der ihm folgenden skandinavischen und angelsächsischen Theologie die Motive des »Christus victor«, »Christus victima« und »Christus exemplar« in den Mittelpunkt gerückt. Umfangreicher ist die Zusammenstellung »soteriologischer Motive der Christologie«, die *W. Pannenberg* (Christologie, 33–41) bietet: 1. Vergottung durch Inkarnation, 2. Vergottung durch Angleichung, 3. Christologie der stellvertretenden Satisfaktion (Anselm), 4. Christologie der Alleinwirksamkeit Gottes (Luther), 5. Urbild des religiösen Menschen (Schleiermacher), 6. Ideal der moralischen Vollkommenheit (Kant, Ritschl), 7. Christologie der reinen Personalität (Gogarten, Ebeling). Daß diese Typisierung weiterer Vereinfachung fähig wäre, hat zu Recht *G. Greshake* (Erlösungsvorstellungen, 70f.) bemerkt, der seinerseits die Dreiteilung aufnimmt und als soteriologische Grundkonzeptionen behandelt: 1. Erlösung als Paideia durch Christus im Rahmen des antiken griechischen Kosmos-Denkens, 2. Erlösung als innere Begnadung des einzelnen unter der Voraussetzung einer rechtlichen Wiederherstellung des »ordo« zwischen Gott und Mensch und 3. Erlösung als inneres Moment der Geschichte der neuzeitlichen Subjektivität.

Wie die Arbeiten Greshakes sind auch die Darstellungen von *H. Kessler* und *D. Wiederkehr* (s. Teil I Anm. 116) durch ständige Bezugnahme auf den geistig-kulturellen Kontext geprägt. Dagegen hält sich *H. U. von Balthasars* soteriologie-historischer Aufriß (Theodramatik III, 224–294) mit seiner immanenten Darstellungsweise ganz an die schon genannten fünf Motive, die Balthasar als »Quintessenz der Schrift« eruiert und deren Gewicht, Zuordnung und Modifikation in den theologiegeschichtlichen »Modellen« er jeweils eingehend prüft. Das Zentralmotiv der Patristik findet er im »Platztausch« (admirabile commercium), wobei die Abhängigkeit seiner beherrschenden Stellung von der christologischen Thematik durchaus genannt, doch vor allem die Scheu der Väter herausgestellt wird, Christus nicht nur die Sündenstrafen und -folgen, sondern die Sünde selbst auf sich nehmen zu lassen: »Der auf der Weltbühne agierende Erlöser füllt die Rolle, den Sünder vor Gott stellzuvertreten, nicht voll aus« (234). An der Satisfaktionslehre Anselms, die Balthasar als Variante des Loskaufgedankens beurteilt, wird die Einbeziehung der menschlichen Freiheit in das Erlösungsgeschehen gerühmt, kritisiert dagegen vor allem, daß das, was bei den Vätern noch unbewußte Einschränkung war, jetzt zum unentbehrlichen Element des Systems wird: »Weniger als je ist Jesus ›Träger der Sünde‹« (240). Unter dem Einfluß Anselms fehle auch bei Thomas »jede innere Berührung zwischen Jesus und der Wirklichkeit der Sünde als solcher«, um so stärker aber trete das Motiv des durch Jesu Leben, Tod und Verherrlichung eröffneten Zugangs zum Leben Gottes wie auch der Zusammenhang zwischen Christus und der Menschheit, für die er leidet, hervor (242f.). Die Neuzeit sieht Balthasar durch zwei auseinanderlaufende soteriologische Tendenzen bestimmt: auf der einen Seite die Richtung, die mit dem Gedanken der Solidarität Jesu mit den Menschen eine Verständnishilfe bereitstellen möchte und sich primär an Jesu Menschheit und seinem aktiven Leben orientiert (hier werden überwiegend Theologen der Gegenwart behandelt: Rahner, Schillebeeckx, Küng, Kessler u. a.); auf der anderen Seite die mit Luthers Substitutions-Christologie einsetzende Linie, die das Tauschmotiv radikal durchführen will und primär auf Jesu Kreuz und seine paulinische Auslegung blickt (unter dem Leitaspekt der »stellvertretenden Strafe« wird diese Linie über Calvin bis zu Barth, Pannenberg und Moltmann einerseits und den »Sündenbock-Theorien« R. Girards und R. Schwagers andererseits weiterverfolgt). Sieht Balthasar die Solidaritäts-Christologie »großenteils« vom Abgleiten »ins Psychologische oder Allgemein-Philosophische« bedroht (263), so scheint ihm Luthers »Dialektik des reinen aktualisierten commerciums« endlich »vor lauter Dramatik« das Erlösungsdrama selbst aufzuheben, »das Personen und deren seinshafte Konstitution voraussetzt« (268). Was Balthasar selbst intendiert, zeichnet sich in der Kritik deutlich ab: eine Theologie der Stellvertretung, die das patristische Hauptmotiv mit dem Ernst Luthers durchführt, ohne die Einsicht Anselms preiszugeben, daß der Mensch nicht nur Objekt des Handelns Gottes sein könne, sondern trotz der Sünde in einer Gottes Initiative nicht in Frage stellenden Weise auch sein Partner sein müsse (295f.).

Was Balthasars souveräner Aufriß an orientierenden Perspektiven und diskussionswürdigen Anregungen enthält, wird man so leicht nicht ausschöpfen können. Gleichwohl scheint es mir aus hermeneutischen Gründen erforderlich, stärker auf die historischen Voraussetzungen der theologiegeschichtlichen Entwürfe zu achten. Deshalb schließe ich mich (im 3. Kapitel) der Betrachtungsart an, wie sie von Kessler, Greshake, Wiederkehr, Schillebeeckx u. a. geübt wird. Insbesondere bietet eine an der jeweils leitenden Denkform orientierte typologische Betrachtung den Vorteil, mit der epochalen Bedingtheit der soteriologischen Modelle sowohl ihre geschichtliche Leistung als auch ihre wesentlichen Grenzen hervortreten zu lassen und damit auf die anstehenden hermeneutisch-systematischen Aufgaben zu verweisen. Dabei gehe ich von zwei Voraussetzungen aus, die hier nicht nochmals begründet, wohl aber klar genannt werden sollen und allein in der Ausführung bewährt werden können. Die erste liegt in der Einsicht, daß der Wandel der Denk*form* stets auch den explizierten *Inhalt* der (gegebenen) Wahrheit des Glaubens betrifft und es deshalb notwendig ist, sich über die Eignung des jeweils aufgenommenen Denkens für die Auslegung des Glaubens ein bestimmtes Urteil zu bilden. Die zweite besteht in der Zuversicht, daß das Freiheitsdenken der Neuzeit trotz seiner (im 4. und 5. Kapitel dargestellten) Dialektik und Ambivalenz und trotz seiner oft dezidierten Entgegensetzung zum christlichen Glauben eine größere Affinität zu ihm aufweist als die Denkweisen früherer Epochen und deshalb seine kritische Aufnahme durch die Theologie nicht nur aus Gründen ihrer Zeitgemäßheit gefordert ist, sondern zugleich dem Bedürfnis des Glaubens entspricht, der das eigene, seiner Wahrheit angemessene Verstehen sucht.

9. W. Pannenbergs Konzeption der Personidentität Jesu mit dem ewigen Sohn Gottes

In der Freiheit der Vollmacht, mit der Jesus sich den Menschen zuwandte und dies als das Tun und den Willen Gottes auslegte, ist er, da Gott sich zu ihm bekannte, Gottes freie Selbstoffenbarung als Liebe. Wie aber ein Mensch dieser Liebe unmittelbar so gewiß und mit ihr so einig sein konnte, daß sein Leben Gottes Wirklichkeit für uns wurde, ist das eigentliche Geheimnis der Person Jesu Christi. Ihm – so wurde im 7. Kapitel (Abschn. c/1) angedeutet – sucht die Christologie zu entsprechen, indem sie Jesu wesentliche Einheit mit Gott bekennt und sein bestimmtes Menschsein als das geschichtliche Dasein des ewigen Sohnes begreift.

Einen beachtenswerten Versuch, die Besonderheit Jesu als Persongemeinschaft mit Gott dem Vater und in ihr sich auszeitigende Personidentität mit dem Sohn zu verstehen und so – also im Ausgang von Jesu bestimmtem Menschsein und seiner bestimmten Geschichte – die Aussagen der altkirchlichen Christologie einzuholen, hat *W. Pannenberg* (Christologie, 335–361) unternommen. Zugleich verfolgt er die Absicht, das Dilemma zu überwinden, das – wie es seine Skizze zur »Aporetik der Zweinaturenlehre« (291–334) ausführlich darlegt – jede Christologie belastet, die fraglos beim Inkarnationsgedanken einsetzt.

Den Ausgangspunkt dieser Skizze, die sich auf die Entwicklung der Christologie von Chalkedon bis in unser Jahrhundert erstreckt, bildet die Entscheidung des Konzils von Chalkedon, das sich nicht mehr (wie etwa noch Irenäus) damit begnügen konnte, das »vere deus, vere homo« von der einen Person Jesu Christi zu prädizieren, sondern für seine christologische Aussage die Unterschiedenheit der beiden Naturen zum Ausgangspunkt nahm, so daß Jesus Christus der Vorstellung als ein Wesen erscheinen mußte, das zwei (logisch vorausgesetzte) verschiedene Substanzen in sich trägt und vereinigt (292). Der christologische Streit des 5. Jahrhunderts hatte ja in das Dilemma geführt: Entweder, so die Antiochener, hat der Logos bei der Inkarnation einen vollständigen Menschen angenommen: dann aber erscheint die Einheit zwischen dem göttlichen Logos und dem Menschen Jesus als etwas Drittes und letzterer auch außerhalb seiner Einheit mit Gott denkbar; oder, so die Alexandriner, der Logos hat bei seiner Inkarnation nur die allgemeine menschliche Natur vorgefunden, so daß Jesus erst durch diese Verbindung als Mensch ist: dann aber ist die Individualität und unverkürzte Menschheit Jesu kaum denkbar und die monophysitistische Tendenz nicht überwunden (299f.). Das Chalcedonense hat von beiden Richtungen lediglich das Wahrheitsmoment aufgenommen und damit wohl unaufgebbare Kriterien gesetzt, nicht aber das Problem auf einer neuen Ebene einer Lösung nähergebracht. Der Inkarnationsgedanke war wie für den Streit so auch für die Entscheidung der gemeinsame Boden und mußte – wie Pannenberg vor allem an drei Problemkreisen (am Gegensatz von Einigungs- und Trennungschristologie, an der Problematik der Idiomenkommunikation sowie am Streit um die kenotischen Theorien der Neuzeit) illustriert – als Ausgangspunkt oder Hintergrund künftiger Verständnisversuche der christologischen Einheit die Grundaporie stets neu hervortreten lassen: daß nämlich »entweder die Einheit Jesu Christi als Person oder seine wirkliche Menschheit einerseits, seine wahre Gottheit andererseits aus dem Blick gerieten« (334).

Die Einheit von Gott und Mensch in Jesus Christus läßt sich nach Pannenberg aber deshalb nicht im Ausgang von der Inkarnationsvorstellung erklären, weil diese selbst schon »Ausdruck dieser anderweitig zu erklärenden und zu begründenden Einheit ist« (334). Deren Grund liegt nicht etwa in der besonderen Menschlichkeit Jesu, doch ist sie selber überhaupt erst von ihr aus, also von Jesu geschichtlicher, in seiner Auferweckung vollendeten Wirklichkeit her zu erkennen: »Jesus ist keine Zusammensetzung von Menschlichem und Göttlichem«, sondern »als dieser Mensch ist Jesus Gott«, als Mensch mit seiner besonderen Sendung und seinem besonderen Geschick (334).

Als Ausgangspunkt für das Erkennen und ein weiterführendes Verstehen der christologischen Einheit kommt daher für Pannenberg nur die einzigartige Bezogenheit auf den Vater in Frage, wie sie das Selbstbewußtsein Jesu bestimmt. In diesem »Von-Gott-her-Sein«, d. h. seiner Hingabe und seinem Vertrauen, die sich in der Dunkelheit des Sterbens bis zur Selbstpreisgabe steigerten, wurde er durch seine Auferweckung bestätigt, so daß gesagt werden kann: »Eben als der dem Vater ganz Gehorsame ist er der Offenbarer der Gottheit Gottes und also selbst untrennbar dem Wesen Gottes zugehörig. So ist er der Sohn« (347). Die Frage nach der Einheit des Menschen Jesus mit dem ewigen Sohn Gottes findet also hier eine Antwort, die jeder Vorstellung einer Zusammensetzung von Gottheit und Menschheit gerade dadurch zuvorkommt, daß sie bei der Besonderheit Jesu einsetzt und nach deren ermöglichendem Grund fragt: »Beruht so noetisch die Erkenntnis der ewigen Sohnschaft Jesu als dialektisch identisch mit seinem Menschsein auf der Besonderheit eben dieses Menschseins in seiner Beziehung zum göttlichen Vater, so verhält es sich ontologisch umgekehrt; denn die göttliche Sohnschaft bezeichnet den Seinsgrund, in welchem das menschliche Dasein Jesu, verbunden mit dem Vater und doch unterschieden von ihm, den Grund seiner Einheit und seines Sinnes hat«

(349). Entscheidend für diese These ist, daß sie »Person« (in scotistischer Tradition) vom Relationscharakter aus begreift. Damit gewinnt nicht nur der Personbegriff im trinitätstheologischen wie christologischen Gebrauch dieselbe (relationale) Bedeutung (wie es ja sein muß, wenn von derselben Person die Rede sein soll), sondern es läßt sich auch ein wesentliches antiochenisches Anliegen wahren: nämlich die von bestimmten Fassungen des Enhypostasiegedankens her naheliegende Vorstellung vermeiden, daß Jesus erst durch die Vereinigung mit dem Logos menschliches Individuum war. Personalität eines Menschen ist aber, so Pannenberg, nicht einfach mit seiner individuellen Existenz gleichzusetzen, sondern als »das Einheit und Sinn seines Daseins konstituierende Zentrum« zu bestimmen (351). Also begründet dies die Besonderheit Jesu: »daß die besonderen menschlichen Lebensmomente im Dasein Jesu von seiner Person so zu einem Ganzen integriert wurden, daß die integrierende Person sich eben dadurch als die Person des ewig zur Gottheit Gottes gehörenden Sohnes realisierte« (356), konkret: »In der Hingabe an den Vater lebt Jesus seine Personalität als Sohn«, und deshalb ist er »gerade *in* seiner besonderen Menschlichkeit [. . .] der Sohn Gottes« (354). Die Person Jesu »ist damit der Ort, in dem das Wesen Gottes (an dem sie als trinitarische Person teil hat) und das Wesen des Menschen, das durch eben diese Person integriert wird [. . .], vereint werden« (356f.).
E. Schillebeeckx, der einen ähnlichen Gedanken entwickelt (Jesus, 579–594), nimmt seinen Ausgangspunkt beim einzigartigen Abba-Erlebnis Jesu, das – weil von Gott selbst bewahrheitet – nicht anders gedacht werden kann, als »daß die absolute Zuwendung des Vaters zu Jesus der einzigartigen Zuwendung Jesu zum Vater in absoluter Priorität vorausgeht und sie trägt« (592). Das aber »impliziert, daß das Wort Gottes der alles tragende Grund der ganzen Jesuserscheinung ist. In seiner Menschheit ist Jesus so eng ›vom Vater‹, daß er gerade darin ›Sohn Gottes‹ ist« (584). *Wie* aber der Mensch Jesus »für uns die Gestalt einer [. . .] anwesenden göttlichen ›Person‹, des Sohnes, sein kann und darf, ist [. . .] ein theoretisch weiterhin nicht mehr ergründbares Mysterium« (594).
So lohnend der Versuch sein dürfte, Pannenbergs Anregungen aufzunehmen und sie mit Kategorien, wie sie eine Analytik der Freiheit bieten kann, weiterzudenken, müßte er sich doch zu weit auf die Geschichte und die Probleme insbesondere des Personbegriffs einlassen, um hier durchgeführt werden zu können. Deshalb soll es an dieser Stelle beim Hinweis auf Pannenbergs christologischen Ansatz bleiben, der mir vor allem aus den folgenden Gründen bedeutsam erscheint: zunächst wegen seines Ausgangs von Jesu bestimmtem Menschsein und von der Selbstoffenbarung Gottes als Wahrheit der Geschichte Jesu; sodann wegen der von ihm gewiesenen Richtung zur Überwindung der genannten traditionellen Aporien; ferner wegen der Gleichsinnigkeit des Personbegriffs in Trinitätslehre und Christologie und endlich wegen der Gestaltung der Christologie selber als Sohneschristologie.

10. Über die »Analogie der Sünde«, die Logik der Sündenerkenntnis und das Zeugnis der Versöhnung

Was *H. U. von Balthasar* als »Analogie der Sünde« und Gesetz ihrer »Steigerung« bezeichnet, erweist sich nicht nur als (besonders für die Behandlung des geschichtlichen Stoffes) äußerst fruchtbares Gestaltungsprinzip seiner »Theodramatik«, sondern spricht auch, wie mir scheint, eine für die Theologie überhaupt wesentliche Erkenntnis aus. Gemeint ist, »daß die je-tiefere Einsicht in den Gott der liebenden Selbstoffenbarung auch die Sünde ihm gegenüber vergrößert« (Theodramatik III, 153).

Vorausgesetzt ist bei dieser These zum einen ein Begriff von Sünde, der sich seinerseits aus der Bestimmung der endlichen Freiheit ergibt. In dieser sind nämlich, wie Balthasar formuliert, »echte Autonomie und Notwendigkeit ausdrücklicher Verdankung« geeint, ohne aufeinander reduzierbar zu sein (136): sie ist, »obschon ihr ein Absolutheitsmoment nicht abgesprochen werden kann, ihres eigenen Grundes und auch ihrer Selbsterfüllung nicht mächtig; obschon sie Selbstbesitz ist, hat sie sich nicht selber gegeben«, kann sich also nur als »Bild« des Absoluten selbst setzen, auf das es somit notwendig bezogen ist (127). Schon daraus folgt, daß sie (wie auf die »freie Selbsterschließung des Mitmenschen«) »auf die Selbsterschließung Gottes angewiesen« ist, »ohne sie von sich aus postulieren zu können«: ein Paradox, das – wie Balthasar mit *de Lubac* festhält – schon »im ursprünglichen Faktum des Selbstbewußtseins« beschlossen liegt (130). Ebenso wesentlich aber ist, daß sie – da sie »sich selbst wahrhaft überantwortet *ist,* aber auch überantwortet *weiß*« (148) – sich selbst und ihre Wahrheit nur in einer »Wahl« ergreifen kann, ohne die sie »ihrer höchsten Würde beraubt« wäre (137), mit der sich aber zugleich die Möglichkeit des Bösen eröffnet. Dieses wird demnach bestimmbar als der Akt, in dem »der Wählende dem Autonomiepol seiner Freiheit eine Absolutheit zudenkt, die das Geschenktsein von Gott und damit Ausgerichtetsein auf ihn« (also die der Freiheit selbst eingestiftete Differenz) »zum Verschwinden zu bringen« sucht (149). Da der gewählte Widerspruch indessen verhüllt werden muß, ist das Böse sogleich und wesentlich Lüge: »ein primäres Bewußtsein dessen, was ursprünglich wahr ist und gelten sollte, und die dauernde Selbstbeschwichtigung, daß es unwahr ist und nicht gilt«. Es ist Lüge zudem in der Weise, daß sie – im Interesse der usurpierten Macht ihrerseits zur Übermacht ermächtigt – sich selber nicht aufheben kann (150f.).

Auf der anderen Seite aber wäre – und damit kommt die zweite Voraussetzung zum Zuge – für die Erfüllung, d. h. für die über den bloßen »Schluß« vom Bildsein auf das Urbild hinausgehende Verwirklichung der mit der Setzung des Geschöpfs gegebenen Hinordnung auf Gott dessen vorausgehende freie Selbsterschließung gefordert. Balthasar rechnet aber – zurückhaltender als *K. Rahner* – damit, daß die »zweifellos allen Menschen [. . .] angebotene Gnade« und Selbstkundgabe Gottes »nicht allen in gleicher subjektiver Klarheit und Intensität« zuteil wird (154). Damit ist nun nicht nur die entscheidende Bedeutung der historischen Offenbarung schon im Ansatz sichergestellt, sondern eben

auch der Gedanke der »Analogie der Sünde« – entsprechend ihrer Nähe und Ferne zur tatsächlichen Offenbarung – erreicht und das Gesetz ihrer »Steigerung« verständlich: das offenbare Ja Gottes treibt das Nein des Sünders aus seiner Latenz erst hervor (399). Wie einerseits die Umkehr (nach schon geschehener Sünde) allein im lebendigen Glauben an einen Gott, der in Gnade sich selber mitteilt, erfolgen kann, so wohnt andererseits dem Bösen ein Sog zum Je-Böseren, der Rechthaberei des Sünders ein Zug zum Rechtbehalten inne, der alle verfügbaren Mittel in seinen Dienst nimmt (152).
Es ist hier nicht weiter zu verfolgen, was Balthasar von diesen Voraussetzungen aus über die Sünde der Heiden und die »Zweideutigkeit heidnischer Religiosität« (155), über Israel als den weltgeschichtlichen Ort, »an dem das Wesen und die Last der Sünde am direktesten offenbar wird« (159), und endlich über die eschatologische Enthüllung der Sünde und Versöhnung des Sünders in Jesus Christus sowie das Sündenverständnis etwa des Paulus und Johannes ausführt. Besonders wichtig für die Überlegungen im 3. (Abschn. c) und 7. (Abschn. c/2) Kapitel der vorliegenden Arbeit ist aber Balthasars Herausstellung des wesentlichen Zusammenhangs von Offenbarung und Sünde (bzw. Umkehr), bedeutsam überdies die Klärung des Sündenverständnisses durch den Freiheitsbegriff und nicht zuletzt – was für den gesamten zweiten Teil der Arbeit relevant ist – die von Balthasar aus theologischer Perspektive entwickelte, aber in ihrer Differenziertheit sachlich die Intentionen des neuzeitlichen Denkens weitgehend berücksichtigende Bestimmung der menschlichen Freiheit selbst.
Balthasars Ausführungen bestätigen, was mit besonderer Klarheit schon *Kierkegaard* herausgestellt hatte: daß die Möglichkeit der Sünde im Sichverhalten des Menschen zu der Synthesis, als die er existiert und deren Aporien er von sich aus zu lösen nicht fähig ist, wurzelt, daß Sünde wesentlich durch die Bestimmung »vor Gott« definiert ist und daß die Offenbarung die Krise des Sünders heraufführt: vor ihr kann er die Sünde erst als solche vollziehen und noch potenzieren, durch sie aber auch sich heilen lassen, in ihr sich selber gewinnen und in der gewährten neuen Identität die Realität der eigenen und aller Sünde übernehmen. Das Wesen dieses Vorgangs, des Anfangs der Versöhnung, hat sehr schön und genau auch *P. Hünermann* beschrieben: »In Jesus Christus vermag der Sünder [. . .] mit Gott gegen sich selbst zu stehen, weil Gott sich schon zu ihm gestellt hat. In Jesus Christus vermag der Mensch aber auch, und dies ist die andere Seite des Verhältnisses, sich zu seinem sündigen Bruder zu stellen – weil er in Jesus Christus und mit ihm die Sünde des Bruders zu tragen vermag«. Begründet ist diese Möglichkeit in der Mittlerschaft Jesu Christi, der als »Sohn des Vaters und Bruder aller Menschen« die »bedingungslose, erbarmende Liebe Gottes zum Menschen und zur Welt ebenso wie die eschatologische Verurteilung der Sünde« vollbringt und darin die Offenbarung Gottes und des Menschen ist. Bewirkt wird durch diese Vermittlung, daß der Mensch – durch sie selber zum Einstimmen in sie ermächtigt – zugleich die Mächtigkeit erhält, »sich selbst zu gewinnen im Selbstsein Gottes«. Er »gewinnt die Macht, sich selbst aus der Verlorenheit, aus dem sündhaften

Selbstverlust zurückzugewinnen, weil Gott ihn seines innersten freiesten Selbstseins teilhaft gemacht hat« und er selbst sich »mit all den Momenten seiner Endlichkeit im Selbstsein Gottes aufgehoben weiß«. Erst von hier aus, dem alle geschichtlichen Momente umgreifenden »eschatologischen Selbstgewinn« des Menschen, wird sein Bewußtsein »verwirkter Freiheit« zum Bewußtsein der Sünde und diese nun erfahren als Unversöhntheit, ja Unversöhnbarkeit der substantiellen, nicht in Gottes Selbstsein geborgenen Verhältnisse endlicher Freiheit, als uneinholbare Geneigtheit des eigenen Herzens zum Bösen und – aus beiden resultierend – als Verstrickung der Freiheit ins Böse (»Erlöse uns von dem Bösen«, 325f.).

Mit diesen Aussagen ist nicht nur das Wesen der göttlichen und menschlichen Versöhnung (und des in ihr beschlossenen gnädigen Gerichts) aufgehellt, sondern ebenso klar der Logik der Sündenerkenntnis Rechnung getragen. Dieser Logik entspricht auch, daß Hünermann mit einem auch außerhalb des Glaubens und auch in der Neuzeit und Gegenwart vorhandenen, doch in einer (dem christlichen Verständnis von Sünde und Erlösung entgegengesetzten) »mythischen Selbstverständlichkeit« sich realisierenden und deutenden Bewußtsein vom Bösen und vom Heil rechnet und seine Formen (die er analog zu *Ricoeurs* Typologie der Mythen vom Ursprung und Ende des Bösen, die eine theogonische, tragische und orphische Grundgestalt unterschied, zu identifizieren versucht) in den verschiedenen Grundeinstellungen zur Welt und geschichtlichen Realität wirksam findet (318–324). Ihnen allen ist gemeinsam, daß das Böse der Freiheit äußerlich, das Heil gegenwendig auf das Böse bezogen und die entsprechende Praxis gnadenlos und unversöhnt bleibt. So ist der Mythos in seinen mannigfachen Spielformen »Zeugnis der sündhaften Daseinsverfassung des Menschen, die durch den Glauben nicht über die Wahrheit des Bösen aufgeklärt ist und lediglich seine Erscheinungsweisen thematisiert« (327).

Für das Zeugnis der Kirche aber ergibt sich, daß sie nicht nur der Anfechtung standhalten muß, sich selbst in den Formen des Mythos zu verstehen (sei es restaurativ als Ordnungsmacht gegen die Chaosmächte der Zeit, alternativ als reine, ordnungsfeindliche Gemeinde oder spiritualistisch als in esoterische Weltferne entrückte Kirche der einzelnen), sondern vor allem die ihr geschenkte »Kraft der Vergebung« in einer Solidarität zu bewähren hat, die im Tragen mitmenschlicher Schuld und der Übernahme unversöhnter Realität konkret wird. »Verkündigung und Zeugnis der Kirche beziehen sich so in erster Linie auf das Heil in Jesus Christus und damit polemisch auf die Auslegung des Bösen und des Heils im jeweiligen Selbstverständnis der Welt«. Erst »in nachgeordneter Weise« ist von peccatum originale, Tatsünde usw. zu sprechen, da es sich hier ja um Momente handelt, »die im Bekenntnis der eigenen Schuld und in der Hinkehr zu Jesus Christus eingeschlossen sind. Sie fassen das Böse in theologischer Begrifflichkeit im Kontext der gott-menschlichen Freiheits- und Erlösungsgeschichte. Erst aus der Rechtfertigung im Glauben heraus ist das Böse in dieser Weise zu verstehen« (328f.).

11. »Reflektieren bis zu Ende!« Gottesfrage und Selbstreflexion der Vernunft

Der im vierten Kapitel (Abschn. a) erörterte, im Verlauf des neuzeitlichen Denkens sich durchsetzende Versuch, den Gedanken des Unendlichen auf den Menschen selber zurückzuführen, war nicht nur durch Kants Lehre von den Ideen der reinen Vernunft und seine Auflösung ihrer Antinomien nahegelegt, sondern sachlich auch insofern berechtigt, als die formell unbedingte Freiheit des Menschen sein unabschließbares Transzendierenkönnen begründet und insofern in der Idee des Unendlichen (als eröffnete Weite und Inbegriff alles Erkennbaren) nur die Möglichkeit bzw. der Vollzug dieses Transzendierens über jedes Gegebene und Bestimmbare hinaus reflektiert und »vorgestellt« wird. Doch ist mit diesem transzendentalen Vermögen des endlichen Geistes keineswegs schon »die Transzendenz« (das Unendliche im Sinne des von Welt und Mensch verschiedenen Gottes) ansichtig geworden. »Der Weg transzendentalen Denkens geht nach innen. Transzendenz dagegen figuriert als das Streben über das Faktische hinaus, auch über das faktische Ich, das sich als solches nicht rechtfertigen kann« (*J. Möller,* Freiheit und Erlösung, 279). Erst wenn in einem weiteren radikalen Reflexionsschritt die Faktizität des endlichen Geistes selbst (und aller endlichen Wirklichkeit) thematisch wird und in einer »Kehre« des Denkens noch eine andere Weise des Seins als die der durch die Negativität des theoretischen Verhaltens objektivierbaren Wirklichkeit zugelassen wird, eröffnet sich der Fragehorizont, durch den der Gottesgedanke bestimmbar wird.

Daß dieser Reflexionsschritt nicht vollzogen oder, wenn vollzogen, doch jede weitergehende Aussage abgelehnt wird, kann auf unterschiedlichen Gründen beruhen. Während etwa – um nur zwei neuere Beispiele zu nennen – *Blochs* Programm des »Transzendierens ohne alle [...] Transzendenz« (Prinzip Hoffnung, 1522) deutlich religions- und ideologiekritisch motiviert ist, geschieht die Verweigerung aller Aussagen über Gott bei *Jaspers* gerade um der wahrhaften »Existenz«, d. h. um der Reinheit des Aktes radikalen Transzendierens selbst willen (Von der Wahrheit, 690 ff.). Dabei scheint es mir eher für als gegen den Rang beider Denker zu sprechen, daß sie ihre Auskünfte zur Transzendenzproblematik in einer letzten Schwebe und Mehrdeutigkeit belassen. Dies zeigt sich bei Bloch in der Idee des »homo absconditus« sowie vor allem in der Spannung, die sich in seiner Philosophie des Noch-nicht-Seins zwischen dem biblisch-radikalen Impuls des Transzendierens und dem letztlich aristotelischen Verwirklichungsschema (S ist noch nicht P) beobachten läßt. Und es zeigt sich bei Jaspers in dem Schein von Objektivität, den seine Rede von der »Transzendenz« ständig erzeugt, obwohl sie doch, wenn sie wahr bleiben soll, über den Akt des Transzendierens, dessen Ausdruck sie ist, nicht hinausgehen dürfte.

Es gehört zu den philosophischen Verdiensten des Theologen *Schleiermacher,* daß er bei seinem Versuch, das Gefühl der schlechthinnigen, auf die Welt nicht beziehbaren Abhängigkeit unseres empfänglichen und selbsttätigen Daseins und mit ihm die Religion (bzw. die »Frömmigkeit«) als ursprüngliches, von Metaphysik und Moral unabhängiges Vermögen des Menschen aufzuzeigen, auf dem von Kant markierten Niveau transzendentaler Besinnung das Bewußtsein der Kontingenz (der menschlichen Vernunft und Freiheit) thematisierte, das für den Gedanken eines von Welt und Mensch unterschiedenen Gottes konstitutiv ist. Problematisch muß freilich nicht nur seine Kennzeichnung als Gefühl oder unmittelbares Selbstbewußtsein erscheinen, die den Anteil der Reflexion und Freiheit an ihm verdeckt, sondern mehr noch seine Gleichsetzung mit dem Gottesbewußtsein: die These also von der Gottesgewißheit als Wesensanlage des Menschen, gegen die sich ebenso philosophische wie theologische Bedenken erheben (vgl. Teil I Anm. 229). Dagegen wird man zu *Feuerbachs* folgenreicher religionskritischer »Lösung« der Unendlichkeitsproblematik, zu seiner anthropologischen Reduktion des Gottesgedankens feststellen müssen, daß sie noch unterhalb des mit der radikalen Selbstreflexion der Vernunft erreichbaren Fragestandes ansetzt und überdies in die selbstauferlegte Aporie verstrickt bleibt, daß die beanspruchte Unendlichkeit des menschlichen Wesens auch in noch so vielen (immer endlichen) Exemplaren der Gattung nicht realisiert werden kann. Der religiöse Denker *Kierkegaard* wiederum hat mit seiner »metaphysischen Grille« über das »Absolut-Verschiedene« des Verstandes (Philosophische Brosamen, 48–61) zwar genial die Problematik, die Gottes Transzendenz der menschlichen Vernunft aufgibt, geschildert, aber nicht zu einer methodischen und systematischen Durcharbeit und Klärung gefunden, die den Spätphilosophien Fichtes und Schellings vergleichbar wäre.

Da ich mich auf die Spätphilosophie *Schellings,* die wegen ihrer in der Auseinandersetzung mit *Hegel* ausgearbeiteten Einsicht in die Faktizität der Vernunft und den »negativen« Charakter der »reinen Vernunftswissenschaft« besondere Beachtung verdient, im vierten Kapitel mehrfach beziehe, sei wenigstens an dieser Stelle auch auf den Denkweg *Fichtes* hingewiesen, der gerade wegen der einzigartigen Konsequenz, mit der Fichte an der einmal entdeckten und ergriffenen Freiheit als Prinzip seines Denkens festhielt und ihr Wesen aufhellte, exemplarisch die Schritte vor Augen führt, die in der Logik des Freiheitsansatzes liegen. In seiner frühen Wissenschaftslehre nämlich (1794), die Sein lediglich als das vom sich selber setzenden Ich gesetzte bestimmte, hatte der Gottesgedanke tatsächlich noch keinen Ort, und so fand sich Fichte vom Atheismusstreit überrascht und für ihn unvorbereitet. Gleichwohl waren es keineswegs nur die mit ihm verbundenen Auseinandersetzungen und auch nicht nur der Nihilismus-Vorwurf *Jacobis,* die ihn zum Hinausgehen über sein frühes System zwangen. Und anders auch als Jacobi, der sich im vorzeitigen »Salto mortale« des Glaubens aus dem formalen Wissen zum unmittelbar lebendig Wahren zu retten suchte, sah Fichte – wie die Wissenschaftslehre von 1812 es ausdrückt – nur ein Mittel, dem »Nihilismus« des Reflektiersystems und dem »Sturze der Realität« zu entgehen: »reflektiren bis zu Ende« (WW X, 325f.). Entscheidender Antrieb dieses Weges aber war eine ungelöste Problematik der ersten Wissenschaftslehre selbst. Denn deren eigentliches Prinzip ist weder im absoluten Ich des ersten Grundsatzes noch in der durch äußere Reflexion erstellten Grundsatztrias zu suchen, sondern in der durch genetische Deduktion erzeugten Einsicht in die Reflexibilität des absoluten Ich (§ 5). Eben diese Einsicht in das bloß formale Freiheitswesen des Ich aber führte Fichte (in den Wissenschaftslehren von 1801 und 1804) dazu, auf dem Weg einer vertieften Selbstdurchdringung des absoluten Wissens das Begreifen des Unbegreiflichen als solchen zu vollziehen, sich dem Verhältnis von Urbegriff (Ich) und Urrealität (Gott) zuzuwenden und die Differenzeinheit von absolutem Sein selbst und absoluter Erscheinung in einer Weise zu bestimmen, die als konsequente Vollendung der Transzendentalphilosophie eine wirkliche Alternative zu *Hegels* absolutem System darstellt. Denn Fichtes Selbstreflexion der Vernunft erreicht Gott als (Ab-)Grund der in ihrer reinen Ursprünglichkeit haltlosen Freiheit; den Weg spekulativer Logik aber schneidet sie ab. Wenn ich richtig sehe, hat Fichte in den spätesten Fassungen der Wissenschaftslehre (1812/13) dann in einer nochmals verschärften Reflexion die Faktizität des absoluten Wissens thematisiert und die mögliche Erscheinung des Absoluten aus Freiheit als Sinn welthaft-faktischen Daseins zu begreifen versucht. Doch muß es hier bei diesen Andeutungen zu Fichtes Denkweg und Spätphilosophie (und ihren theologisch kaum wahrgenommenen Möglichkeiten) bleiben (vgl. aber *W. Janke,* Fichte; *G. Schulte,* Die Wissenschaftslehre des späten Fichte; *W. Lautemann,* Transzendentalphilosophie als Anthropologie und als Erscheinungslehre).

Ein Philosophieren im Anschluß an den neuzeitlichen Weg der sich selbst ergreifenden und zu Ende bedenkenden Freiheit ist der Theologie, die ihren Glauben an Erlösung zu vertreten hat, u. a. von *J. Möller* nahegelegt worden – und zwar mit theologischen und philosophischen Argumenten, denen ich nur nachdrücklich zustimmen kann. Zunächst darin, daß Erlösung als »Handeln Gottes am Menschen, ein Handeln, das den Menschen zu sich (d. h. den Menschen zu Gott und den Menschen zum Menschen) zurückführt«, jedenfalls auch ein »anthropologisches Geschehen« darstellt und sich daher – um der »anthropologische[n] Relevanz theologischer Verkündigung« willen – die Aufgabe stellt, »Erlösung wieder hereinzuholen in den Bereich des Wesens, dem Erlösung zuteil werden soll« (Freiheit und Erlösung, 280.276). Sodann darin, daß dem Freiheitsdenken für diese Aufgabe besondere Bedeutung zukommt, »weil Freiheit den Menschen in seinen Spannungen zeigt« und deutlich wird, daß »die faktische Existenz des Menschen und sein Streben nach Unendlichkeit [. . .] der Vermittlung« bedürfen (276.285). Daß näherhin die »sogenannte Immanenz des neuzeitlichen Denkens [. . .] sich zumeist auch als Transzendenz« bekundet (279) und die endlich von ihm vollzogene »Kehre des Denkens, gewiß schon im Phaidon als ›zweite Fahrt‹ gefordert, bei Nikolaus Cusanus im Non-Aliud durchgeführt, aber erst seit dem späten Fichte und dem späten Schelling thematisiert, [. . .] den Denkweg des Menschen als ethisch-noetische Grundforderung ernster [nimmt] als jeder traditionelle Gottesbeweis« (287). Und daß vor allem mit »der Freiheitslehre der Neuzeit eine Ichbesinnung des Menschen einsetzt« und mit ihr »eine Vertiefung mensch-

lichen Seins dargeboten« wird, »welche die Verkündigung des Christentums jedenfalls plausibler macht als die Akt-Potenz-Lehre des Aristoteles und die Seelenlehre Platons« (287): »Denn der Mensch, der zu sich selbst findet, ist auf diese Weise Gott näher, als wenn er Gott [. . .] anerkennt, ohne sein Menschsein erschlossen zu haben. Dieses Sich-Finden reißt aber die Differenz des Menschseins immer neu auf. Indem sich der Mensch als Freiheit versteht, sieht er zugleich seine Entfremdung« (279). »Ein Philosophieren im Anschluß an diese Philosophie ist darum von der Theologie her gesehen nicht einfach nur zeitgemäßer [. . .], sondern tiefgehender und geschichtsgerechter, weil sich hier der Mensch in seiner Subjektivität bedenkt und seine geschichtliche Offenheit erfährt« (286). Erlösung »wird in solcher Sicht zur Erfüllung der Freiheit, Inkarnation zur Mitte der Anthropologie« (288).
Wahrscheinlich liegt es an Möllers Interesse für die von Theologen zu wenig beachteten Möglichkeiten des neuzeitlichen Denkens, daß er auf dessen »Ambivalenz« (hier) beiläufiger hinweist (286), als es mir angesichts seines faktischen Verlaufs notwendig scheint. Aber mag die Theologie in ihm nun mehr die Herausforderungen oder eher die Chancen für einen Glauben erkennen, der das eigene, seinem Inhalt (Gottes offenbarer Liebe zum Menschen) angemessene Verstehen sucht – sie wird sich auf die kritische Vermittlung mit ihm einlassen müssen. Und zwar gerade auch dort einlassen müssen, wo das herrschende Denken hinter den historisch erreichten Reflexionsstand wieder zurückgefallen ist. Denn ich sehe nicht, wie man eine argumentative Auseinandersetzung mit der Religionskritik führen und überhaupt den Sinn des Gottesgedankens philosophisch aufzeigen könnte, ohne die Problematik des Subjekts und seiner Freiheit aufzunehmen. Aus der Perspektive der von der Philosophie seit Kant erreichten Selbstreflexivität des Denkens können dann allerdings *Feuerbachs* (für seine sämtlichen Analysen grundlegenden und mit dem Pathos des Aufklärers vorgetragenen) Argumentationen in »Das Wesen des Christentums« (WW 5, 17–46) nur als subjektvergessener »dogmatischer« Objektivismus erscheinen – genauso wie es mir unverständlich bleibt, wie man in Feuerbach, dessen Denken durchgehend von den Kategorien »Individuum« und »Gattung« dominiert ist und jede Freiheitsreflexion vermissen läßt, einen Kronzeugen für eine Philosophie der Intersubjektivität zu erkennen vermag. Dringlicher dürfte heute freilich die Auseinandersetzung mit *Nietzsche* geworden sein, der in einer noch in den sechziger Jahren kaum geahnten Weise zum Philosophen der Gegenwart avancierte (vgl. *J. Habermas,* Der philosophische Diskurs der Moderne, 104–129). Zwar hat sich die jüngere Nietzsche-Forschung zunehmend auf Nietzsches Sprachkritik konzentriert und zu Recht auch die Religionskritik in deren Zusammenhang gerückt, doch ist dabei nochmals sichtbar geworden, daß Nietzsche dem Glauben an die Grammatik (»Ich fürchte, wir werden Gott nicht los, weil wir noch an die Grammatik glauben«) den Glauben »ans Ich« zugrundeliegen sah (Götzen-Dämmerung: WW II, 959 f.; vgl. *J. Simon,* Grammatik und Wahrheit; *D. Henke,* Gott und Grammatik; *K. H. Volkmann-Schluck,* Nietzsches Stellung zur überlieferten Metaphysik; *G. Abel,* Nietzsche). Er hat damit selber auf den neuralgischen Punkt der

philosophischen Auseinandersetzung mit ihm gewiesen – auf den ungelösten Zwiespalt des eigenen Denkens aber auch, der im Paradox des »amor fati« und des »Ego-Fatum«, in dem selber als notwendig gedachten und gleichwohl geforderten Wollen des Notwendigen nur am greifbarsten hervortritt (vgl. dazu *K. Löwith,* Nietzsches Philosophie, 86–98.196–198).
Allerdings hängt die Möglichkeit einer Auseinandersetzung um die Bestimmung des Menschen in seiner Freiheit daran, daß der Entschluß der Freiheit zu sich selbst, die (schon im ersten Kapitel erwähnte) »absolute Wahl«, von der *Kierkegaard* sprach, überhaupt zugemutet und tatsächlich vollzogen wird. In diesem Sinn, nicht etwa dem einer subjektiven Beliebigkeit, war ja bereits *Fichtes* berühmtes Diktum gemeint, »was für eine Philosophie man wähle», hänge davon ab, »was man für ein Mensch ist« (Erste Einleitung in die Wissenschaftslehre: WW I, 434). Nur ist die Situation insofern noch einmal bedrückender geworden, als angesichts der realen Verhältnisse der Freiheit durch die boß appellative »erste Forderung« Fichtes – »Merke auf dich selbst« (422) – der Diskurs über die Freiheit kaum schon gewährleistet sein dürfte. Wo denn die *Praxis* der Freiheit begegne, durch die eröffnet, mitgeteilt und aktualisiert wird, was Thema des Nachdenkens sein soll – diese Frage oder doch die Antwort auf sie ist allerdings nicht mehr nur Sache der Philosophie.

12. Philosophische Desiderate der Theologie Karl Rahners

Die Ausführungen des vierten Kapitels (Abschn. c) zu Karl Rahners Philosophie und Theologie der Offenbarung konzentrierten sich auf drei Themen: auf Rahners Aufweis der impliziten Gotteserkenntnis, sein Freiheitsverständnis und sein Konzept der transzendentalen Offenbarung. Gemeinsamer Nenner der kritischen Beobachtungen war die These, daß in Rahners Ansatz ein entschiedenes und durchgeklärtes Freiheitsdenken fehle. Denn ein solches würde zwar die Ansprechbarkeit des Menschen für Gott und seine freie Offenbarung aufzeigen können, doch mit der Einsicht, für den Erweis der Wirklichkeit beider an die Geschichte gewiesen zu sein, seine Grenze erreichen. Hatte Rahner nun in »Hörer des Wortes« noch selber die (äußere) Geschichte als Ort der Offenbarung herausgestellt und entsprechend streng zwischen Philosophie und Theologie unterschieden, so wird, seit er den Gedanken des übernatürlichen Existentials konzipierte, der menschliche Geist – in seiner wesentlichen Transzendenz schon immer als (implizite) Gotteserkenntnis und nun auch als stets schon begnadeter verstanden – immer mehr als die Stätte ausgezeichnet, an der Gottes Offenbarung und gnädige Selbstmitteilung sich ursprünglich ereignet. Damit verliert zum einen die Unterscheidung von Philosophie und Theologie – obwohl formal aufrechterhalten und auch inhaltlich, soweit es die der Philosophie zugewiesenen Einsichten betrifft, unverändert gelassen – für Rahners »transzendentales«, auf die faktisch begnadete Natur des Menschen

rekurrierendes Denken zunehmend ihre methodische Bedeutung. Zum anderen erscheint die »kategoriale« Geschichte, statt daß durch sie dem Hörer des Wortes seine endgültige Bestimmung allererst widerführe, nurmehr als das Geschehen, das den absolut schon begnadeten Menschen zu sich selbst und seiner (immer schon offenbaren, wenn auch nur »bewußten«) Wahrheit vermittelt. Dabei wird der Eindruck einer Reduktion im Begriff der Geschichte, sofern sie als Ort der Begegnung der Freiheit Gottes und des Menschen zu denken wäre, durch die Begrifflichkeit noch verstärkt, die Rahner zur Explikation des Offenbarungs- und Gnadengeschehens heranzieht und die, wie ich meine, nochmals auf den Mangel einer durchgeführten Selbstreflexion der Freiheit als philosophisches Hauptdesiderat der Theologie Rahners verweist. Beide Punkte, im vierten Kapitel nur angedeutet, sollen hier etwas ausgeführt werden (Bei den Zitatbelegen werden die in Teil I Anm. 230 angegebenen Abkürzungen verwendet).
Was zunächst die Stellung der Philosophie in Rahners späterem Denken angeht, so trägt der Aufbau des »Grundkurses«, der für diese Frage als Beleg dienen soll, mit seinen Kapiteln »Der Hörer der Botschaft«, »Der Mensch vor dem absoluten Geheimnis«, »Der Mensch als das Wesen der radikalen Schuldbedrohtheit« einerseits und »Der Mensch als das Ereignis der freien, vergebenden Selbstmitteilung Gottes« andererseits der Unterscheidung von Philosophie und Theologie zwar durchaus noch Rechnung, desgleichen ist die Sprache in den ersten Durchgängen noch nicht explizit theologisch, doch betont Rahner zugleich, daß die natürliche und übernatürliche Bestimmung der menschlichen Transzendenz nicht streng unterscheidbar seien und man deshalb um eine »methodologisch möglichst reine[n] Scheidung zwischen Philosophie und Theologie« nicht besorgt sein müsse (G 36). Den Absichten dieser »Einführung in den Begriff des Christentums« entsprechend wird die phänomenale Basis ihrer anthropologischen Ausführungen (in den ersten drei »Gängen«) breiter als früher, die philosophisch entscheidenden Passagen aber rekapitulieren im wesentlichen die Resultate von »Hörer des Wortes«. Eindringlich beschreibt Rahner die Erfahrung von Personalität, Verantwortung und Freiheit, von Liebe, Schuld und Tod; das leitende Argumentationsmodell jedoch und die wichtigsten Argumente selber bietet weiterhin die Analyse des menschlichen Erkenntnisvollzugs, auch wenn die Beschreibung jetzt von »transzendentale[r] Erkenntnis oder Erfahrung« Gottes in einem Atemzug spricht (G 61). Der bloße Hinweis auf die »Formalität« des reinen Subjekts und seine endliche Selbstvermittlung genügt dabei schon, seine »Intentionalität« nicht von ihm selbst, vom »subjektiven Pol« her zu begreifen, sondern seine transzendentale Gotteserkenntnis mit dem »Wesen« seiner Transzendenz geradezu gleichzusetzen (G 67 f.). Weiterhin wird also das Subjekt, sein Erkennen und ebenso seine Freiheit und Personalität, seine Verantwortlichkeit und sein Liebenkönnen (G 45 ff. 74), aus seiner Transzendenz und diese aus ihrem Woraufhin verstanden, dieses Woraufhin nun eindeutig auch als »Wovonher« angesetzt (G 68 ff.). Der Erfahrung, daß sich dieses »Woraufhin und Wovonher« als das unverfügbar Verfügende »gibt« und zugleich entzieht, wird mit der

Benennung »Geheimnis« Rechnung getragen und dies Geheimnis – unter dem Gesichtspunkt der Freiheit und Liebe – »heilig« genannt (G 69–74). Daß es aber ein Seiendes, nämlich »das Seiende absoluter Seinsfülle und Seinshabe« sein müsse, findet seine Begründung nun ausdrücklich in der wohl am weitesten gehenden These, daß das im Vorgriff erschlossene Sein schon deshalb kein bloß gedachtes sein könne, weil es ja die Erkenntnis von Wirklichem ermögliche und – da »in eben diesem Akt [der Transzendenz] und nur in ihm überhaupt erfahren wird, was Wirklichkeit ist« – das Woraufhin dieses Aktes »von vornherein als das eigentlich Wirkliche, als die ursprüngliche Einheit von Was und Daß gesetzt« sei (G 75f.). Die Tatsache, daß es im menschlichen Selbstvollzug als »das Tragende« und dabei als »das Innerste und zugleich absolut Verschiedene« erfahren werde, sieht Rahner für so eindeutig an, daß er sogar das metaphysische Kausalprinzip, den Nerv der Gottesbeweise, in dieser »Erfahrung« begründet (G 78). Und endlich kann es, nachdem das Personsein des Menschen in seiner Transzendenz auf das Sein schon grundgelegt war, nurmehr »eigentlich eine Selbstverständlichkeit« sein, Personalität auch von Gott selbst auszusagen (G 81–83); genauso wie das Nein der Freiheit zu Gott, weil sie als »Freiheit zu Gott« schon anfänglich konzipiert war, nur noch als »der reale absolute Widerspruch« denkbar ist, daß »Gott zugleich bejaht und verneint wird« (G 106f.).
Unterstellt man diesen anthropologischen Ausführungen einen streng philosophischen Anspruch, dann müssen freilich die Bedenken wiederkehren, die sich schon gegen die entsprechenden Passagen in »Hörer des Wortes« erhoben. Doch kann man sie auch – wohl Rahners eigener Absicht gemäß – als Reflexionen verstehen, welche die Bedeutung von Erfahrungen, die faktisch vorausgesetzt werden, aufhellen und so in ihren bewußten und entschiedenen Vollzug einweisen möchten. Als »Phänomenologie im Lichte Jesu Christi« wohl auch (vgl. *P. Eicher,* Offenbarung, 414), welche die Bestimmung des menschlichen Daseins von seiner geschichtlich schon offenbaren Erfüllung her aufschließt und für sich selbst sprechen will, weil sie mit der Wirksamkeit dieser Bestimmung bei allen Menschen schon rechnet. Aber man kann wohl ebensowenig die Grenze dieses Verfahrens und den Preis für die Vergleichgültigung einer strengeren Unterscheidung von Theologie und Philosophie übersehen. Nicht ganz unberechtigt erscheint mir die häufig geübte Kritik, diese philosophische Theologie oder theologische Philosophie gebe sich über die historischen Bedingungen ihrer eigenen Plausibilität nicht hinreichend Rechenschaft und nehme (jedenfalls in der Theorie) alternative Möglichkeiten des Menschseins nicht genug ernst, eben weil das, was Entscheidung des Glaubens sei, wie etwas erscheine, was sich eigentlich von selber verstehe. Unter Rahners Voraussetzungen dürfte es schwer sein, die Dialektik der Freiheitsgeschichte zu begreifen und die bestimmte Auseinandersetzung mit dem Freiheitsdenken der Neuzeit zu führen. Denn dazu müßte man sich auf die Freiheit als verbindliche Instanz und Ausgangspunkt einlassen und auf die in ihrem zugleich bedingten und unbedingten Wesen gründenden Aporien ihrer Realisierung eingehen. Sachlich bleibt jedenfalls die Frage, ob Rahner die Ambivalenz der Resultate radikaler

Reflexion, die eben nur bis zum *Problem* absoluter Begründung und Sinngebung gelangt, nicht unterschätzt und damit auch den argumentativ nicht mehr erzwingbaren Anteil, welcher der Wahl der Freiheit bei der Bejahung Gottes und erst recht des christlich bezeugten Gottes zukommt. Und daher nicht auch (wenn auch wieder nur in der Theorie) unterschätzt, wie sehr jeder Freiheitsvollzug in seinen tatsächlichen Optionen von den geschichtlich eröffneten und geschichtlich vermittelten Vorgaben abhängt und wie wesentlich darum theologische Reflexion angewiesen bleibt auf das praktische Zeugnis des Glaubens, das die Erfahrung und Wirklichkeit, deren Bedeutung sie expliziert, in einer durchaus auch kritischen und innovatorischen Weise allererst vermittelt.

Wenn ich nun – zweitens – auf die Grenzen der für die Explikation des Offenbarungs- und Gnadengeschehens verwendeten Denkmittel hinweise, so sollen doch nicht die vielen Motive vergessen sein, die – von Rahner in die theologische Diskussion eingeführt – auf ein Freiheitsdenken geradezu drängen. Immer wieder hat Rahner ja neue Anregungen aufgenommen und selber gegeben: so das Thema der Einheit von Gottes- und Nächstenliebe, die Kategorie des Realsymbols, den Gedanken Gottes als der absoluten Zukunft und anderes mehr. Daß er selber über die traditionellen Kategorien hinausstrebt, läßt deren ständige »Modifikation« auch sonst deutlich erkennen. Gleichwohl behalten sie das ihnen von ihrer Herkunft her anhaftende problematische Gefälle. Zu erinnern wäre in dieser Hinsicht vor allem an den Gedanken der Selbstmitteilung Gottes, den Rahner wie kein anderer ins theologische Bewußtsein hob. Daß er sie stets als »seinshaft« bezeichnet, mag vielleicht nur ihre Realität unterstreichen sollen. Daß er sie »in einem streng ontologischen Sinn« aufzufassen mahnt (G 124), kann zumindest schon auf eine falsche Spur führen. In jedem Fall problematisch aber scheint mir ihre Auslegung mit Hilfe der Kategorie der »Formalursächlichkeit«, die das ontische Denken der traditionellen Gnadenlehre »onto-logisch« überwinden soll (IV, 224ff.; G 127ff.). Zwar wird ihr »analoger« Gebrauch nach der Seite Gottes durch den Vorbehalt gesichert, daß es die »absolute Prärogative Gottes« darstelle, das eigene Sein als »es selbst« mitteilen zu können, »ohne in dieser Mitteilung sich selbst zu verlieren« (G 127); das dabei zu denkende Geschehen jedoch, insbesondere das Verhältnis des so sich Mitteilenden und Mitgeteilten zur (formalen) Freiheit des Menschen bleibt weitgehend unklar. Manche Formulierungen lassen eine freisetzende Einbeziehung des Menschen so wenig erkennen, daß sich der Verdacht eines gnadentheologischen Identitätsdenkens aufdrängt. Denn was bedeutet es eigentlich, daß wir die Erfahrung der Selbstmitteilung Gottes »machen und sie durch sie selbst annehmen« (B 16); daß in ihr Gott selbst »das Geglaubte und das apriorische Prinzip des Glaubens« sei (B 23); daß »die Theologie des Glaubensvorgangs und die des Offenbarungsereignisses weithin identisch sind« (B 19f.); daß »Gott in seiner eigensten Wirklichkeit sich zum innersten Konstitutivum des Menschen selber macht« (G 122); daß »der objektiven Übernatürlichkeit des geoffenbarten Satzes in dem diesem Satz kongenialen Subjekt ein göttlich-subjektives Prinzip des Hörens dieses Satzes entspricht« (G 154)? Daß die Gnade als Differenz-

Einheit verschiedener Freiheiten gedacht und zwar durchaus so gedacht werden könne, daß Gottes absolute Initiative gewahrt sei und seine Liebe selbst die reale Möglichkeit ihrer Annahme mit sich bringe (und sie in diesem Sinn auch bewirke), kommt mit den zitierten Aussagen jedenfalls nicht in den Blick – ebenso wie leicht zu erkennen ist, daß das angesprochene Problem, sofern es die Beteiligung der menschlichen Freiheit am Geschehen der Gnade betrifft, nur eine Variante der Grundfrage nach dem Verhältnis von göttlicher und menschlicher Freiheit darstellt, die unter dem Stichwort »Ungeschuldetheit der Gnade« als Problem des »Natur-Gnade-Verhältnisses« verhandelt wird, aber mit den Kategorien der traditionellen Problemstellung ebenfalls kaum lösbar sein dürfte (Zu beiden Themen s. Kap. 7 Abschn. a/1 sowie Exkurs 14).
Auf einen weiteren Aspekt dieser Grundproblematik führt die »Begrifflichkeit der causa finalis«, mit der Rahner – wohl im Banne der »evolutiven Weltanschauung« und durchaus auch im Blick auf die Menschheits- qua Offenbarungsgeschichte – »die schöpferische Potenz, die Kraft des Zieles als dasjenige begreift, was die Bewegung auf das Ziel hin trägt« (G 195; vgl. V 199 ff.; B 13), wie überhaupt Gottes geschichtliches Heilshandeln im wesentlichen von Rahner in der Weise gedacht wird, daß der »begnadete Geist [. . .] sich im Ziel (durch die Selbstmitteilung Gottes) auf das Ziel hin« bewegt (G 136) und somit die Heils- und Offenbarungsgeschichte nur den »höchsten und radikalsten Fall« der allgemeinen ontologischen Beziehung darstellt, in der Gott »der lebendige dauernde transzendentale Grund der Eigenbewegung der Welt selbst« ist (B 13). Blickt man von hier auf die Christologie Rahners, die im Horizont der Gnadentheologie die unio hypostatica als zwar »einmaliges« und »höchstes«, aber doch »inneres Moment der Ganzheit der Begnadigung der geistigen Kreatur überhaupt« zu verstehen sucht (V 210), ergibt sich nicht nur die im Blick auf das Offenbarungsverständnis und den »absoluten Heilbringer« bereits (in Kap. 4) behandelte Problematik, sondern es wird auch – eben weil die Heils- und Offenbarungsgeschichte ihrerseits im Horizont und nach Analogie der Schöpfer-Geschöpf-Beziehung gedacht ist – der Ausfall einer eigentlichen Sohnes-Christologie verständlich (vgl. die Hinweise bei *W. Kasper,* Christologie von unten?, 157 f.; zur Sache auch die Exkurse 9 und 5). Denn eine solche würde ja wiederum gerade in der durch die ursprünglich-unmittelbare Beziehung zum Vater bestimmten *Freiheit* Jesu, die ihn von allen anderen Menschen unterscheidet, das geschichtliche Dasein des ewigen Sohnes und den geschichtlichen Grund und Anfang des Heiles erkennen.
Doch breche ich hier ab. Deutlicher sollte nur werden, warum mir für die fundamentaltheologischen und hermeneutischen Aufgaben der Theologie, bei ihrer Verhältnisbestimmung zur Philosophie wie ihrer Suche nach einer geeigneten Denkform der Bezug auf einen anderen Typ transzendentalen Denkens als den von Rahner entwickelten notwendig scheint. Deutlich sollte aber auch bleiben, und alle kritischen Bemerkungen sollten nicht überdecken, wie sehr sie Rahners wesentlichstes Ziel im Auge behalten: das Ziel einer Theologie, die den zentralen Inhalt christlichen Glaubens, Gottes Selbstmitteilung als Liebe, in seiner menschlichen Bedeutung zu explizieren vermöchte.

13. Transzendentales Denken und theologisches Erkennen

Wie im 7. Kapitel (Abschn. a) dargelegt, halte ich den Weg transzendentaler Reflexion für die philosophischen und hermeneutischen Aufgaben der Theologie vor allem deshalb für geeignet, weil sie – indem sie sich an der formell unbedingten Freiheit als verbindlicher Instanz orientiert – die Möglichkeit argumentativer Vermittlung mit jedem der Freiheit verpflichteten Denken wie auch die Chance einsichtiger Kritik am tatsächlichen Gang der Freiheitsgeschichte und den von ihr geschaffenen Verhältnissen eröffnet und für die Theologie selbst eine Denkform bereitstellt, die Aussicht bietet, sich am wesentlichen Inhalt des Glaubens und zentralen theologischen Problemen zu bewähren. Zugleich aber – und dies sei hier noch hervorgehoben – scheint mir Transzendentalphilosophie auch wie kein anderes philosophisches Denken die Selbständigkeit der Theologie unangetastet zu lassen und der Eigenart des theologischen Wahrheitsbegriffs zu entsprechen. Denn gerade, weil sie »nur« Reflexion auf »Bedingungen der Möglichkeit«, »reine« Transzendentalphilosophie sein will, weiß sie sich auf das ereignete Geschehen (der Offenbarung) und die vollzogene Wirklichkeit (des Glaubens), deren anthropologische Möglichkeit sie bedenkt und deren Sinn sie vermittelt, unablösbar bezogen: zum einen – wenn auch unbeschadet der von ihr erreichbaren Evidenz – ihrer eigenen faktisch-historischen Möglichkeit nach, da sie allererst post factum geschieht (und insofern mag Hegels spöttisches Wort vom »Schwimmenwollen, ohne ins Wasser zu gehen« wohl eine Erkenntniskritik treffen, die sich der Eignung des Erkenntnisvermögens für die Wahrheit unabhängig von dessen Vollzug zu vergewissern versucht; eine Reflexion aber, die eine vollzogene Wirklichkeit auf ihre Möglichkeits- und Sinngründe hin bedenkt, bleibt davon unberührt); zum anderen erfüllt sich ihr Rückbezug darin, daß sie in den Vollzug der Wirklichkeit, deren Bedeutung sie expliziert, wieder einweist. Mit beidem bewahrt sie den Sinn für die Unableitbarkeit jeden Freiheitsgeschehens und der kontingenten Wirklichkeit überhaupt, während eine philosophische Spekulation, die von der Dominanz ihrer Vernunft über alle Wirklichkeit schon ausgeht, zumeist dazu neigt, nicht nur die Möglichkeit und die Sinnbezüge des wirklichen Geschehens zu thematisieren, sondern seine Notwendigkeit zu insinuieren und dabei das Risiko einzugehen, sich mit der Rolle der Vergewisserungs- und Sicherungsinstanz auch noch des Unverfügbaren und des Anwalts für die Vernünftigkeit der Geschichte selber zu überschätzen und endlich zu diskreditieren.

Transzendentalphilosophie indessen ist ein ebenso entschiedenes wie sich selbst bescheidendes Denken. Ihre Entschiedenheit für die (formal) unbedingte Freiheit bestimmt ihre Orientierung, ihr Wissen um das bloß formale Wesen dieser Unbedingtheit ihre Grenze. Gerade so bleibt sie aufmerksam für die unverfügbaren Voraussetzungen wirklicher Freiheit in Natur und Geschichte und ihren (möglichen) absoluten Daseins- und Sinngrund im frei sich erschließenden Gott. Sie schließt deshalb keineswegs aus, sondern gibt die Möglichkeit frei und stellt sogar Mittel bereit, den sich tatsächlich offenbarenden Gott

selbst zu bedenken – nur ist die Wahrheit solchen Erkennens, weil auf den im Glauben wahrgenommenen Selbsterweis Gottes durch sein geschichtliches Handeln bezogen, dann eindeutig theologisch: auch bei ihrem hermeneutischen Gebrauch durch die Theologie bleibt doch der Unterschied von transzendental-philosophischem Denken und theologischer Erkenntnis bewußt. Und ebenso kann sie durchaus die natürlichen und geschichtlichen Bedingungen wirklicher Freiheit transzendentallogisch rekonstruieren, kategorial zusammenhängend begreifen und ihren jeweiligen Sinn und Ort im Realisierungsprozeß der Freiheit bestimmen, ohne doch jemals – da der Entschluß der Freiheit selbst ebenso unableitbar bleibt wie ihre empirischen Modalitäten – für ihre Tatsächlichkeit aufkommen zu können. Aus demselben Grund wird sie die individuelle und gesellschaftliche Praxis zwar kritisch orientieren, sich aber niemals dazu versteigen können, das Geschehene als notwendig Gewordenes zu begreifen oder gar als durch sich selbst im Grunde schon geleistet zu betrachten, was der Wahl der Freiheit und ihrem Handeln aufgegeben ist. Indem sie also dem praktischen Tun und dem Glauben beläßt, was ihnen gebührt, und die eigene Aufgabe darin sieht, den Bezug der von ihnen affirmierten und beanspruchten Wahrheit auf das Unbedingte der Freiheit zu klären, erschließt, prüft und bewährt sie deren humane Bedeutung.
Mit dem Gesagten wird nochmals verständlich, warum ich mich mit der »Ansprechbarkeit« des Menschen als subjektiver Offenbarungsbedingung begnüge, aber auf ihr als der von der Offenbarung selber beanspruchten und aktualisierten anthropologischen Voraussetzung auch bestehe. Denn mit dem, was dieser Ausdruck bezeichnet, versuche ich mehreren Einsichten Rechnung zu tragen: zunächst, daß die Beziehung von Gott und Mensch im Geschehen der Offenbarung wesentlich als (von Gott her eröffnetes) Verhältnis von Freiheiten zu verstehen ist, mit dem Verzicht auf jene Voraussetzung aber der Mensch als möglicher Adressat nicht mehr denkbar und damit der Offenbarungsbegriff selbst aufgehoben wäre; sodann, daß – der Selbstbescheidung transzendentalen Denkens und seiner Einsicht entsprechend, daß eine Freiheit nur im sich mitteilenden Selbsterweis für andere Freiheit wirklich sein kann – mit dem Aufweis der Ansprechbarkeit des Menschen für Gott zwar der Gottesgedanke als sinnvoll erwiesen, nicht aber ein Beweis für die Wirklichkeit Gottes erbracht werden kann; ferner, daß – da mit einer Geschichte der Freiheitserweckung und -verwirklichung zu rechnen ist und die Besinnung auf die Möglichkeit in der Regel der Erfahrung der Wirklichkeit nachfolgt – eine historische Abhängigkeit des aktuellen Vollzugs wie der thematischen Artikulation dieser Ansprechbarkeit vom Faktum der Offenbarung besteht; und endlich, daß sie – weil zum Menschen ebenso wesentlich wie seine »Bestimmung« zur Freiheit gehörig – zwar niedergehalten, mißdeutet und heillos verdorben, aber doch niemals so endgültig zerstört und verloren sein kann, daß sie – von Gott her – nicht wiederhergestellt, d. h. mit ihrer Erfüllung in ihre Wahrheit gebracht werden könnte.
Für den Status des Gott-Denkens auf transzendentalphilosophischer Basis ist – in Übereinstimmung mit *H. Krings* – die Konsequenz festzuhalten, daß es der

transzendentale Charakter der Idee Gottes nicht gestattet, aus ihr auf seine Wirklichkeit zu schließen (vgl. Kap. 7 Abschn. b/5). Nun hat freilich *J. Möller,* dessen eigene Darlegungen sich an wesentlichen Stellen mit denen von Krings berühren, den Eindruck geäußert, daß sich Krings »durch die Unterscheidung von Denken und Erkennen [. . .] um die Wirkung seines Denkansatzes« bringe: »Denn er reduziert die Fichtesche Problematik der fortgeführten Wissenschaftslehre, die das Erkennen in sich schließt, auf die Kantische Denkbarkeit Gottes. So wird gerade der existentielle Bezug eines solchen Denkens in Frage gestellt bzw. den Theologen überlassen. Der Unterschied von Glauben und Wissen kann durch Denken nicht ausgeklammert werden. Diesen Versuch haben weder Fichte noch Hegel noch Schelling unternommen: Ist nämlich der Gott im Glauben vorausgesetzt, dann wird de facto Theo-logie getrieben, sonst aber stellt sich doch die berüchtigte Frage nach dem Gott der Philosophen« (Sein – Freiheit – Gott, 42 Anm. 8). Nach Möllers Auffassung ist – wie er in deutlicher Nähe zu Schellings und Fichtes Spätphilosophie formuliert (vgl. 39 Anm. 3) – »der Weg des Denkens in das Sein hinein [. . .] nichts anderes als die sich selbst übersteigende Vernunft, die sich zu ihrer Selbstermöglichung bekennen muß«. Die Vernunft nämlich »versteht, indem sie ›Sein‹ sagt, zugleich ihre eigene Negativität [. . .] und sie muß ihre eigene Negativität bejahen« (39). Also müsse die im Denken des Seins und der theoretischen Vernunft verharrende Metaphysik, wenn sie das »Absolute« ernst nimmt, sich in ihre eigene Negativität (Freiheit im negativen Verstand) aufheben, »um in diesem Umschlag ihre Positivität (Freiheit als positiv gesetzte Freiheit) zu finden, d. h. sich selbst zu überbieten [. . .] In der Erkenntnis, dem Anerkennen und dem Bekenntnis zur Freiheit schlägt eine um ihre Negativität wissende Metaphysik um in eine negative (philosophische) Theologie, die den Seinsmächtigen, d. h. Gott, anerkennt« (41 f.).

Indessen, meine ich, bleibt doch die Frage, ob der über die Einsicht der Vernunft in ihre eigene Negativität hinausgehende Schritt zur Affirmation Gottes nicht einen Akt darstellt, den jedenfalls die Reflexion (als solche) nicht vollziehen noch absichern kann. Daß dem so ist, legen auch Möllers eigene Formulierungen nahe. So etwa seine Bemerkung, daß Transzendieren Hoffnung impliziere oder sich selbst als reine Illusion setze, »die den Charakter der Freiheit und damit das Leben des handelnden Menschen aufheben würde«: »Hoffnung geht nicht ins Leere, weil Freiheit ist« (Freiheit und Erlösung, 285). Oder auch sein Vorschlag, das ontologische Argument Anselms »appellativ« zu betrachten: »Appellativ [. . .] ist es für uns der stete Aufruf der Vernunft, ihre eigene Transzendenz zu wagen und zugleich ihr Scheitern einzugestehen und so Sein als das Kommende zu erfahren« (Sein – Freiheit – Gott, 45). Wer aber verbürgt, daß es so ist, wie es sein müßte, wenn menschliche Freiheit letztlich nicht sinnlos sein soll? Allerdings sind in jedem wirklichen und entschiedenen Freiheitsvollzug Sinnvoraussetzungen bereits impliziert. Wenn aber transzendentale Reflexion sich deren Problematizität bewußt ist, anerkennt sie nur diesen Voraussetzungscharakter und bescheidet sich selber, Nach-Denken zu sein. In der Gottesidee denkt sie, was sich endliche Freiheit voraussetzen muß, *wenn* sie sich zu sich selber entschließt und dabei ihrer unbedingten Sinnintention traut (und damit auch ihrem Bedürfnis, dem eigenen und allem Dasein einen absoluten Grund vorauszusetzen, ohne den ja das von ihr für sich selbst und andere Freiheit intendierte unbedingte Seinsollen nicht als begründet gedacht werden könnte). *Daß* sie dies aber tut, ist eben der Akt und das »Wagnis« der Freiheit. In historischer Hinsicht aber wäre die Frage zu stellen, die nach den Erfahrungen des nachidealistischen Denkens kaum mehr abzuweisen sein dürfte: die Frage nach den geschichtlichen Voraussetzungen des Vertrauens, das die großen Idealisten (auch noch Fichte und Schelling bei der von ihnen vollzogenen »Kehre« des Denkens) in die Vernunft setzten und aus ihr, deren Sinnhaftigkeit sie nie ernsthaft in Zweifel zogen, zu schöpfen meinten.

14. Gnadenlehre als Theologie der Freiheit

Daß eine gegenwärtige Theologie der Erlösung Theologie der Freiheit sein sollte, ist Vorschlag und Grundthese dieses Buches: Theologie der *Freiheit* wegen des für die Auslegung ihres wesentlichen Inhalts beanspruchten philosophischen Paradigmas, *Theologie* der Freiheit aber, weil dieser Inhalt, Gottes Liebe als das Sinnerfüllende menschlicher Freiheit, nur in der Wahrnehmung des Glaubens gegeben ist. Da diese Liebe wesentlich frei und es der Theologie stets um die Darstellung ihrer Bedeutung zu tun ist, könnte sie auch als ganze wohl Theologie der Gnade bzw. der Freiheit genannt werden. Daß näherhin aber die der Freiheitsanalyse entstammenden Kategorien gerade für die mit dem Bekenntnis zur Gnade verbundenen anthropologischen Fragen hilfreich sein können, ist im 7. Kapitel (Abschn. a/1) wenigstens angedeutet worden. Diese Hinweise sollen hier nicht wiederholt, sondern nur der Problemstand und die Aporien, die sie zu überwinden suchen, genauer bezeichnet und daran noch eine weitergehende Überlegung angeschlossen werden.
Die unter dem Titel des Verhältnisses von Natur und Gnade behandelte Problematik, bei der es vor allem um die Freiheit der Gnade angesichts der menschlichen Hinordnung auf sie geht, deutete sich bei *Thomas von Aquin* zwar insofern schon an, als er die Gottesschau zugleich als *supra naturam* und *secundum naturam* beschrieb, doch gewann trotz dieser Spannung im Gebrauch des Naturbegriffs der hypothetische Gedanke eines Menschen ohne übernatürliches Ziel bei ihm noch keine weitere theologische Bedeutung. Dies wurde erst zum Problem, als *Baius* die Angewiesenheit der durch die Sünde verdorbenen menschlichen Natur auf die Gnade mit Hilfe des aristotelischen Naturbegriffs interpretierte und darauf die Barockscholastik den Begriff der Übernatur heranzog, um die Ungeschuldetheit der naturalisierten Gnade von neuem sicherzustellen. Indessen litt diese Lösung – abgesehen davon, daß sie der Folgezeit das verhängnisvolle »Zweistockwerkschema« von Natur und

Übernatur bescherte – vor allem unter dem Mangel, daß die Definition des Übernatürlichen auf der bloßen Verneinung des philosophischen Naturbegriffs beruhte und somit nur ein abstrakter Hilfsbegriff erreicht war, der sich – zumal nach der theologischen Lehre von Urstand, Sündenfall und Erlösung die »reine« Natur nie existierte – inhaltlich kaum auffüllen ließ. So hat denn auch, im Blick auf das Problem der Erkennbarkeit Gottes, das I. Vaticanum gegen die exzessiven Aussagen der Rationalisten und die minimalistischen der Fideisten und Traditionalisten die Möglichkeit »natürlicher« Gotteserkenntnis verteidigt, sich aber über die konkret-historischen Möglichkeiten nicht näher geäußert. Als aber *H. de Lubac* (und die »nouvelle theologie«) den Extrinsezismus der Schultheologie durch ein Denken zu überwinden suchte, das – orientiert an der Patristik – die tatsächliche Zuordnung von Schöpfung und Gnade zur Grundlage wählte, rief ihn »Humani generis« mit der Feststellung zurück, es untergrabe die Lehre von der Ungeschuldetheit der Gnade, wenn man behaupte, »Gott hätte keine geistigen Wesen erschaffen können, ohne daß er sie auch zur Seligkeit der Gottesschau hingeordnet und berufen hätte« (DS 3891). In dieser Situation verstand sich *K. Rahners* Gedanke des »übernatürlichen Existentials« als Vorschlag einer Lösung, die mit de Lubac den Extrinsezismus zu überwinden, zugleich aber die Bedenken der Enzyklika zu berücksichtigen suchte: »aus dem innersten Wesen der Gnade folgt eher die Unmöglichkeit einer Anlage für die Gnade, die zur Natur des Menschen gehört, oder es folgt, daß eine solche Anlage, falls sie nötig ist, selbst schon in diese Ordnung des Übernatürlichen gehört; es folgt aber nicht, daß sie als natürliche die Ungeschuldetheit der Gnade bestehen lassen würde« (Schriften I, 334).

Nun hat schon *H. U. von Balthasar* gefragt, ob es möglich und sinnvoll sei zu behaupten, der Sinn der gesamten Schöpfung beruhe letztlich darauf, daß Gott seine Gnade schenken wolle, und das innerste Wesen des Menschen von diesem Sinn her zu deuten, zugleich aber von der (nach Rahner faktisch-übernatürlichen) Bestimmung für dieses Letztsinngebende wieder zu abstrahieren und das unanschauliche Restprodukt mit der Geistnatur des Menschen zu identifizieren. Tatsächlich fand sich auch Rahner genötigt, über das natürliche, metaphysische Wesen des Menschen inhaltliche Aussagen zu treffen und dem Verhältnis von desiderium naturale bzw. potentia oboedientialis einerseits und übernatürlichem Existential andererseits seine Aufmerksamkeit zu widmen. Da – wie er einräumt – die übernatürliche Anlage zur Gnade auch noch ihrerseits eine Anlage voraussetzt, sei die Paradoxie einer natürlichen Begierde des Übernatürlichen, die mehr als bloße Nichtwidersprüchlichkeit sein müsse, durchaus zu vertreten, solange sie nur die absolute Erfüllung nicht fordere und nicht mehr als die positive Offenheit für sie besage. Ist aber damit die Diskussion nicht wieder bei dem Punkt angekommen, zu dem sie schon vor der Konzeption des übernatürlichen Existentials gelangt war? Zu dem entscheidenden, weil bleibenden Problem des Verhältnisses von Natur und Gnade, das mit jener Konzeption nur verdeckt, nicht aber gelöst war? Daß der Mensch nämlich schon als Geschöpf, dem die Gnade ja gilt und das sie erreichen will, für sie als empfänglich und ansprechbar gedacht werden muß: als das Wesen eben, das auf ein Ziel hin geschaffen und angelegt ist, das doch nur frei geschenkt werden kann? Und gälte es dabei nicht die Konsequenz aus der offenliegenden Einsicht zu ziehen, daß die fundamentale Aporie (spätestens seit Baius) gerade aus den Kategorien der Problemstellung resultierte? Das Recht dieser Frage zeigt sich m. E. vollends, wenn man hinzunimmt, was de Lubac immer wieder hervorhob: daß es nämlich gar nicht nur darum gehe, die Freiheit der Gnade gegenüber einer »reinen« Natur, sondern gerade auch gegenüber der tatsächlichen, schon unter dem Angebot der Mitteilung Gottes stehenden Natur und sogar dem schon gerechtfertigten Menschen gegenüber zu wahren (Die Freiheit der Gnade II, 85–144). Hält man auch diesen Aspekt der Aufgabe fest, kann die Konsequenz erst recht nur der Versuch sein, das Geschehen der Gnade und die menschliche Hinordnung auf sie von vorneherein in Kategorien der Freiheit zu explizieren. Was naturteleologischem Denken zum Widerspruch gerät, der Gedanke einer ungeschuldeten Wesenserfüllung, das erkennt die Analytik der Freiheit als gerade dem Wesen der Freiheit gemäß: denn der Gehalt, der das Erfüllende (und erst recht das schlechthin Erfüllende) der Freiheit sein kann, hat diese Dignität ja nur als selbst durch den unableitbaren Entschluß der sich mitteilenden Freiheit konstituierter. Daß wir der Zuwendung anderer bedürfen und solche Zuwendung doch nur als freie und freibleibende das sein kann, was wir erwarten und was uns erfüllt – diese menschliche Analogie dürfte angemessener und erhellender sein als jede aus dem Bereich naturhafter Finalität. Durch das Bedürfnis und Verlangen nach der Gnade wird ihre Gratuität nicht gemindert, und der Bittende ist wie der Beschenkte sich ihrer Freiheit bewußt: denn sie ist inneres Moment der Gnade selbst (Zu weiteren Aspekten vgl. Kap. 7 Abschn. a/1; zur skizzierten Problematik *K. Rahner,* Über das Verhältnis von Natur und Gnade: Schriften I, 323–345; *ders.,* Natur und Gnade: Schriften IV, 209–236; *H. U. von Balthasar,* Karl Barth, 278–335; *H. de Lubac,* Die Freiheit der Gnade. Bd. II; *J. Heinrichs,* Ideologie oder Freiheitslehre?, 404–416).

Nicht weniger dringlich als das Problem, das menschliche Geschaffensein für die Gnade ohne Beeinträchtigung ihrer wesentlichen Freiheit zu denken, ist es der theologischen Anthropologie durch ihre Tradition aufgegeben, die Priorität und Wirksamkeit der Gnade in einer Weise zu verstehen, die zugleich die Freiheit ihrer menschlichen Annahme achtet. Im Mittelpunkt nun der klassischen Kontroversen über Prädestination und allgemeinen Heilswillen Gottes, über Gnadenprimat und freie Verantwortung des Menschen, die als »Gnadenstreit« in die Theologiegeschichte eingingen, stand das Verständnis der »wirksamen« im Unterschied zur bloß »hinreichenden« Gnade. Während die banezianisch-thomistische Schule entschlossen bei der – wie sie meinte – durch sich selbst wirksamen Gnade einsetzte und sie als »praemotio physica« dachte, die den Menschen unfehlbar zum Vollzug des – wie sie gleichwohl behauptete – freien Heilsaktes bestimme, sahen die Molinisten den Vorzug der »gratia efficax« lediglich darin begründet, daß Gott in ihrem Fall eine Situation auswähle und realisiere, von der er aufgrund der »scientia media« wisse, daß

der Mensch sie als Heilsangebot wahrnehmen und frei zustimmen werde. Man wird wohl feststellen dürfen, daß *Luis de Molina* als erster das neuzeitliche Bewußtsein von der formell unbedingten Freiheit innertheologisch zur Geltung gebracht hat: »Die übernatürlichen Akte des Glaubens, der Hoffnung und Liebe sind *freie* Handlungen nur kraft des formell freien Willens des Menschen; *übernatürlich* heißen sie wegen ihrer gleichzeitigen Bedingtheit durch den Ruf der Gnade« (*P. Eicher,* Neuzeitliche Theologien, 216). Die denkerische Grenze seiner »Lösung« aber zeigt sich insbesondere darin, daß sein Konzept der »scientia media«, das unbeschadet der menschlichen Freiheit dem Primat der Gnade entsprechen wollte, mit einem Begriff göttlicher Präszienz operierte, der die ideale Gegebenheit des »bedingt zukünftig Freien« ungeklärt ließ, und deshalb entweder die Sicherheit dieses Wissens und mit ihr Gottes souveräne Verfügung oder die menschliche Freiheit fraglich erscheinen mußte (vgl. *Th. Pröpper,* Art. Freiheit, 386f.; zum Gnadenstreit *G. Greshake,* Geschenkte Freiheit, 81–88).
Es dürfte nun allerdings leichtfertig sein, die damals verhandelten Fragen schon dadurch für erledigt zu halten, daß der Gnadenstreit schließlich stagnierte und Papst Paul V. die gegenseitige Verketzerung der Parteien untersagte. Denn immerhin kam hier die Problematik zum Austrag, die aller Theologie mit der neuzeitlichen »Entdeckung« der Freiheit gestellt ist. Ob wirklich jedes dem »Konkurrenzprinzip« verhaftete Denken, sei es nun theologisch oder theologie-kritisch, als verabschiedet oder doch überwindbar gelten darf, muß sich darin erweisen, ob die damalige Thematik in einer Weise reformuliert werden kann, welche die legitimen Intentionen beider Parteien (eben den Primat der Gnade und die Freiheit ihrer menschlichen Annahme) aufnimmt und doch die ausweglosen Entgegensetzungen überwindet. Daß dies ein die sachontologischen Kategorien überwindendes Denken verlangt, das bei dem ursprünglich positiven Verhältnis verschiedener Freiheiten ansetzt und deshalb die zuvorkommende Wirksamkeit der göttlichen Gnade in der befreienden Liebe zu erkennen vermag, durch die dem Menschen die reale Möglichkeit der Gegenliebe überhaupt erst eröffnet und er zugleich frei- und zur Einstimmung instandgesetzt und zu ihr bewegt wird, habe ich im 7. Kapitel angedeutet. Auf dieser (formal-freien) Zustimmung ist freilich ebenso zu bestehen wie auf der Notwendigkeit, die Prämissen der traditionellen Problemstellung zu überprüfen: insbesondere die abstrakte Exposition der Prädestinationsproblematik und den Gedanken des Vorherwissens Gottes, sofern sie nämlich den Ernst der Geschichte, die Gottes Liebe in ihrer Achtung der menschlichen Freiheit einging, verfehlen.
Von der Aufgabe, Gottes anerkennendes und freisetzendes Wirken im Geschehen der Gnade zu denken, ist die Frage zu unterscheiden, wie die menschliche Freiheit trotz ihrer Ursprünglichkeit, eben ihrer formalen Unbedingtheit, als geschaffene gedacht werden könne und wie überdies ihre ursprüngliche Aktualität selbst möglich sei. Mit der Einsicht, daß das Hervortreten dieser Aktualität durch menschliches Angesprochenwerden bedingt (wenn auch keineswegs verursacht) ist, tut sich indessen die Möglichkeit auf, mit einem

anfänglichen Angerufensein des Menschen auch durch Gott zu rechnen und es bereits als Wirkung seiner Gnade und seines Geistes zu deuten. So hat *J. Heinrichs* den Vorschlag gemacht, unter »Natur« das »vorausgesetzte Moment des Konstituiertseins, d. h. Geschaffenseins des Menschen und seiner Freiheit in ihrer Potentialität, als *mögliche* Freiheit« zu verstehen: »Die *wirkliche*, aktuelle Freiheit beinhaltet [. . .] bereits Annahme oder Ablehnung der Selbstmitteilung Gottes. Gott setzt sich in der *Schöpfungsbeziehung* (einseitig) einen möglichen Partner voraus. Der wirkliche Partner ist bereits der, der das Angebot dieser *Partnerschaft* entweder positiv oder negativ verwirklicht [. . .] Natur ist das Moment des Vorausgesetztseins oder Geschaffenseins dieser Freiheit als physisch konstituierter und möglicher. Von dieser Voraussetzung geht die Freiheit in ihrer Selbstverwirklichung aus [. . .] Die konkrete Freiheit steht schon immer in der Annahme oder Ablehnung der Gnade. Durch Ablehnung hört sie nicht auf, *formell* frei zu sein und weitere Entscheidungsfreiheit zu haben« (Ideologie oder Freiheitslehre?, 409 f.).
Mit der Aufnahme dieses Vorschlags würden sich lohnende theologische Perspektiven eröffnen (vgl. dazu auch *Th. Pröpper*, Jesus der Philosophen, 120–123). Die Religionsgeschichte könnte theologisch gewürdigt, aber auch in ihrer Gefährdung und Zweideutigkeit verstanden werden. Daß Menschen in den Erfahrungen und Begegnungen ihres Lebens tatsächlich »schon immer« von dem bewegt sind, was sie letztlich und unbedingt angeht, würde verstehbar und nicht zuletzt die »hermeneutische« Prämisse dafür benennbar, daß sie Gottes geschichtlich-symbolisches Handeln als *sein* Handeln wahrnehmen können und die Zeugnisse dieses Handelns als *sein* Wort vernehmen. In der Pneumatologie ließe sich das universale Wirken des Geistes als das des einen und selben Geistes Jesu Christi darstellen: als des Geistes, der auf ihn, Gottes endgültiges Wort, hin disponiert wie auch – an ihn als dieses end-gültige Wort in jeder Gegenwart erinnernd – in die Fülle seiner Wahrheit einführt. Und doch bliebe bei alledem ein Zweifaches zu beachten. Zum einen würde das Problem der menschlichen Ansprechbarkeit für Gott nicht etwa beseitigt, sondern nur endgültig zurückverlagert: Die gesamte (Freiheits-) Geschichte der Menschen wäre zwar als Geschehen zwischen schon immer gerufener menschlicher und erneut rufender göttlicher Freiheit verstehbar, doch bliebe ihr die Anrufbarkeit des Geschöpfs, die nun in seine mögliche Freiheit zu legen wäre, vorauszusetzen. Zum anderen wäre darauf zu bestehen, daß das Woher des Angerufenseins, um in seiner Bestimmtheit (und erst recht seiner endgültigen Bestimmtheit) den Menschen zugänglich zu werden, sich ihnen geschichtlich mitteilen muß. Die menschliche Geschichte Jesu Christi als Real-Symbol, also verwirklichendes Zeichen der entschiedenen Liebe Gottes, als die seiner eschatologischen Selbstbestimmung für die Menschen angemessene und sie ihnen allererst gewißmachende Offenbarungsgestalt einzusehen, bleibt eine Hauptaufgabe der Christologie. Mit Recht, wie ich meine, hat deshalb *H. U. von Balthasar*, der ebenfalls mit einem »Angerufensein« der menschlichen durch die göttliche Freiheit, das mehr besagt, »als was der ›Schluß‹ vom Abbild auf das Urbild ergeben kann«, rechnet und es gelegentlich sogar als »übernatürliches Existen-

tial« bezeichnet, doch sogleich die Mahnung angefügt, dessen Gehalt nicht weiter ausdehnen zu wollen (Theodramatik III, 152; vgl. II/1, 289–305). Die Philosophie aber – namentlich die der Freiheit, die doch der theologischen Anthropologie noch am meisten entspricht – würde der Theologie die genannten Perspektiven zwar offenhalten, doch im Versuch, sie zu denken, überall ihre Grenzen erfahren. So vermag sie zunächst zwar, mit der Einsicht in die Faktizität der existierenden Freiheit, den Schöpfungsglauben gedanklich zu bestimmen, nicht aber selber (als Reflexion) Gott als Grund allen Daseins zu setzen oder die Schöpfung gar positiv zu begreifen. Desgleichen kann sie den Gedanken einer schlechthin unbedingten Freiheit und ihrer Selbsterschließung wohl als sinnvoll ausweisen, ohne doch ihrer Wirklichkeit vorgreifen oder sie ersetzen zu können. Und ebenso kann sie, wenn Freiheit schon aktualisiert ist, sich ihrer Ansprechbarkeit reflektierend versichern, aber niemals für ihr Angesprochensein aufkommen, sondern als Implikat faktisch schon entschiedener Freiheitsvollzüge ein Sinnvertrauen allenfalls konstatieren. Am wenigsten aber wird sie begreifen, wie Gott etwas zu schaffen vermag, das angesprochen und so in eigene Ursprünglichkeit und Selbstverfügung freigelassen werden kann. Der philosophische Grund dieser Grenzen indessen läßt sich begreifen: Menschliche Freiheit kann, ja darf nicht einmal sich zumuten wollen, aus der Perspektive Gottes zu denken, weil sie sich selbst überhaupt nicht von außen zu erklären vermag, ohne sich in ihrer Ursprünglichkeit zu verfehlen. »Man hört wohl die Frage aufwerfen«, heißt es in *Fichtes* früher Wissenschaftslehre, »*was* war ich wohl, ehe ich zum Selbstbewusstseyn kam? Die natürliche Antwort darauf ist: *ich* war gar nicht; denn ich war nicht Ich [...] Die Möglichkeit jener Frage gründet sich auf eine Verwirrung zwischen dem Ich als *Subject* und dem Ich als *Object* der Reflexion«. In der Selbstvorstellung objektiviert sich das Ich zu einem »Etwas«, dem es ein Substrat unterlegt, und denkt doch »unvermerkt das absolute Subject, als jenes Substrat anschauend, mit hinzu [...] Man kann gar nichts denken, ohne sein Ich, als sich seiner selbst bewusst, mit hinzu zu denken; man kann von seinem Selbstbewusstseyn nie abstrahiren: mithin sind alle Fragen von der obigen Art nicht zu beantworten; denn sie sind, wenn man sich selbst wohl versteht, nicht aufzuwerfen« (Grundlage der gesamten Wissenschaftslehre: WW I, 97). Also bleibt endlicher Freiheit für ihr Denken nur der Weg, das Wunder ihres Sich-selbst-Gegebenseins zu übernehmen und sich zu sich selbst zu entschließen, sich auf die Gesetze ihres Wesens zu besinnen und sich am Ende ihrer Einsicht um so bereiter für die begegnende Freiheit Gottes und der Menschen zu öffnen.

15. Zur Reformulierung der Erbsündenlehre. Der Vorschlag P. Hünermanns

Ein bedenkenswerter »Diskussionsbeitrag« zur dringlichen Reformulierung der Erbsündenlehre ist von *P. Hünermann* (Erlöste Freiheit) eingebracht worden – bedenkenswert namentlich für eine dem Freiheitsansatz verpflichtete Theologie der Erlösung. Denn die entscheidende Aufgabe sieht Hünermann dadurch gestellt, daß nach der traditionellen, maßgeblich von *Augustinus* geprägten Auffassung das peccatum originale »zwar nicht im Ursprung, wohl aber in seiner universalen Auswirkung wesentlich in die menschliche Natur gesetzt wurde« (8), während es das neuzeitliche Verständnis der Freiheit und ihrer Unbedingtheit, wie es *Kant* begrifflich gefaßt hat, verlangen würde, das »Nebeneinander von Natur und Freiheit« aus der Freiheit selbst zu entfalten und zu vermitteln (6). Für »die Inkompatibilität der traditionellen Erbsündenlehre mit dem neuzeitlichen Freiheitsverständnis« sei die neuere Erbsündendiskussion zwar ein Index, doch bleibe die (von *Schoonenberg, Rahner* u. a.) »vorgeschlagene Rückführung des peccatum originale auf die Verstrickung der einzelnen in einen von der faktischen Sünde geprägten gesellschaftlichen Zusammenhang« hinter der Radikalität der neuzeitlichen Freiheitsreflexion noch insofern zurück, als geschichtliche und gesellschaftliche Zusammenhänge »die Freiheit in ihrer eigenen Dignität nicht erreichen« könnten. Solle »angesichts des neuzeitlichen Freiheitsverständnisses der Glaubenssatz von der radikalen Angewiesenheit menschlicher Freiheit auf Erlösung und die damit verknüpfte Lehre von der sündhaften Verfassung der Menschen theologisch aufrechterhalten werden«, sei also »nach dem peccatum originale als einer Freiheitsbestimmung zu fragen« (8).

Einen Ansatz dafür findet Hünermann bei *Heidegger* und *Kant,* die nicht nur (in der Charakterisierung des Daseins als geschuldetes, zu ergreifendes »Sein-Können« wie schon im Gedanken der Autonomie) die »Selbst-Aufgegebenheit« der Freiheit und damit das in ihrer eigenen Struktur liegende Indiz ihrer Geschöpflichkeit erkannten, sondern zugleich »die im Menschen selber sich meldende Unselbstverständlichkeit« entdeckten und beschrieben, »diese Aufgabe zu bejahen«: Kant durch die Weise, wie er den Kategorischen Imperativ als »Forderung revolutionärer Umkehr« darstellte, und Heidegger, indem er »vom ›Anruf‹ zur vorlaufenden Entschlossenheit des Menschen aus der faktischen Verfallenheit« sprach: »Der Mensch steht ›vor‹ der Entschiedenheit zum Guten. Menschliche Freiheit bewegt sich nicht in ihrem eigenen Wesen als ergriffenem und erfülltem, sondern befindet sich in einem Abstand dazu« (8f.). Was Philosophie so konstatiert, kann aus theologischer Perspektive, d. h. »von der Bezeugung der Huld Gottes her als sündhafter Zustand erkannt und benannt werden« (10). Vorausgesetzt ist dabei freilich, daß die Freiheit ihr eigenes Maß nur ergreift und ergreifen kann, indem sie »aus einer anderen, sie bejahenden, ihr zuvorkommenden und sie damit zutiefst gewährenden Freiheit existiert« (9). Damit wird Begnadigung und Rechtfertigung verstehbar als »ein kraft der Zuwendung Gottes in Jesus Christus anhebender Konstitutionsprozeß menschlicher Freiheit«, der geschichtseröffnend und, so Hünermann, als »ein wurzelhaftes, transzendentales Geschehen« zu begreifen ist, sofern er nämlich »trotz aller geschichtlichen Vermittlung nicht in irgendeinem empirisch feststellbaren Geschehen als solchem identifizierbar ist«. Entsprechend wäre das peccatum originale »jene transzendental-geschichtliche Freiheitstat«, in der »der Mensch seine eigene Freiheit als eine lediglich menschliche Freiheit aus eigener menschlicher Herkunft und absoluter, d. h. losgelöster Eigenständigkeit affirmiert« – eine gleichfalls geschichtseröffnende Konstitution, mit der im einzelnen das »allgemeine Wesen der Verweigerung« zur Herrschaft gelangt, das in allen sündhaften Taten durchschlägt und sich durch sie vermittelt (11).

Mich überzeugen diese Überlegungen vor allem, weil sie die Frage nach Erbsünde und Erlösung auf die Konstitutionsproblematik wirklicher Freiheit beziehen (denn die formelle Freiheit wird ja, als »possibilitas« und »Wahlfreiheit« [12f.], vom peccatum originale nicht zerstört) und dabei wesentliche Momente der Erbsündenlehre (so die Herkunft des Menschengeschlechts in ihrem geschichtlichen Zusammenhang und die Verderbnis seiner Natur) als Freiheitsbestimmungen reformulieren. Unklar bleiben mir nur der dabei verwendete Begriff der »transzendentalgeschichtlichen Verweigerung«, ihre ausweitende Bezeichnung als »allgemeines Wesen« sowie die Frage nach dessen Subjekt und näherem Status – genauer: ob jene »Tat« der sich selbst aus losgelöster Eigenständigkeit affirmierenden Freiheit, die Hünermann mit dem (individuellen Aspekt des) peccatum originale gleichsetzt, nicht schon – gerade als Affirmationsakt und geschichtseröffnende Konstitution – als der Vollzug der formellen, transzendentalen Freiheit und Grundausrichtung ihrer Selbstbestimmung zu verstehen wäre, durch die ihr konkretes Tun zur »eigenen« Sünde qualifiziert und ebenso die schon vorfindlich-bestimmende Sündigkeit zur aktuellen Sünde wird. Und ob dementsprechend das peccatum originale (jedenfalls seiner Auswirkung nach) nicht vor allem in der realen Konstitution der Freiheit zu suchen wäre, die diese hindert, ihr Wesensmaß zu ergreifen. Daß letzteres faktisch nicht geschehen kann ohne die Zuvorkommenheit Gottes, leuchtet sehr ein. Nur ist damit noch nicht die hindernde Verschlossenheit und Selbstbefangenheit der Freiheit erklärt. Sofern diese, da sie mit dem Wesen des Menschen nicht gleichgesetzt werden kann, als Faktum und Resultat freier (sündiger) Entscheidungen aufgefaßt werden muß, ist sie freilich nicht ableitbar und insofern auch nicht erklärbar. Wohl aber kann man versuchen, einen Verstehenszugang zur universalen Verbreitung dieses Faktums zu gewinnen. In diesem Sinn war mein im 7. Kapitel (Abschn./2.3) im Anschluß an *Kierkegaard* und *Drewermann* gegebener Hinweis auf die aporetische Situation menschlicher Freiheit ohne die Gewißheit und Nähe Gottes (und die aus ihr resultierende, in der Selbstbehauptung kompensierte Angst) einerseits und die Aufnahme der Überlegungen *Rahners* und *Schoonenbergs* zur Verstrickung der Freiheit in die Verhältnisse der Sünde andererseits gemeint, wobei freilich sehr ernst genommen ist, daß die objektiv vermittelte Interdependenz verschiedener Freiheiten, sofern sie die (äußere und innere)

Realität einer Freiheit bestimmt, auch deren reale Möglichkeiten der Selbstbestimmung bestimmt und daher »Freiheitsbestimmung« genannt werden kann. Und zugleich ebenso ernst genommen ist, daß die in Jesus Christus begegnende und durch den Glauben bezeugte Zuwendung Gottes zu den Menschen bis an die Wurzel und Grundausrichtung ihres Freiheitsvollzugs reicht und eben als die Liebe, die zur Umkehr des Selbst frei macht und ein neues *Selbst*sein begründet, Konstitution wahrer Freiheit und geschichtseröffnend ist.

Verzeichnis der zitierten Literatur

(Abkürzungen nach NHthG 4. Wo möglich, wurde nach leicht zugänglichen Ausgaben zitiert)

G. Abel, Nietzsche. Die Dynamik der Willen zur Macht und die ewige Wiederkehr, Berlin–New York 1984

Th. W. Adorno, Negative Dialektik, Frankfurt 1966

–, Stichworte, Frankfurt 1969

–, Minima Moralia. Reflexionen aus dem beschädigten Leben (BS 236), Frankfurt 1970

Anselm von Canterbury, Cur Deus homo, lat.-deutsch (ed. *F. S. Schmitt*), Darmstadt 1956

W. Anz, Philosophie und Glaube bei S. Kierkegaard: *H. H. Schrey* (Hg.), Sören Kierkegaard (WdF 179), Darmstadt 1971, 173–239

K.-O. Apel, Das Apriori der Kommunikationsgemeinschaft und die Grundlagen der Ethik: Transformation der Philosophie. Bd. 2: Das Apriori der Kommunikationsgemeinschaft (stw 165), Frankfurt 1973, 358–435

D. Arendt (Hg.), Der Nihilismus als Phänomen der Geistesgeschichte (WdF 360), Darmstadt 1974

E. Arens, Kommunikative Handlungen. Die paradigmatische Bedeutung der Gleichnisse Jesu für eine Handlungstheorie, Düsseldorf 1982

G. Aulen, Die drei Haupttypen des christlichen Versöhnungsgedankens: ZSTh 8 (1930) 501–538

I. Bachmann, Sämtliche Erzählungen, München 1980

H. U. von Balthasar, Herrlichkeit. Eine theologische Ästhetik. 3 Bde., Einsiedeln 1961–1969

–, Karl Barth. Darstellung und Deutung seiner Theologie, Köln ²1962

–, Glaubhaft ist nur Liebe, Einsiedeln 1963

–, Theodramatik. 4 Bde., Einsiedeln 1973–1983

–, Das Selbstbewußtsein Jesu: IKaZ 8 (1979) 30–39

–, Crucifixus etiam pro nobis: IKaZ 9 (1980) 26–35

K. Barth, Die kirchliche Dogmatik. Bde. I/1–IV/4, Zürich 1932–1967

–, Die protestantische Theologie im 19. Jahrhundert. Ihre Vorgeschichte und ihre Geschichte, Zürich ³1960

U. Baumann, Erbsünde? Ihr traditionelles Verständnis in der Krise heutiger Theologie, Freiburg 1970

H. M. Baumgartner, Über das Gottesverständnis der Transzendentalphilosophie. Bemerkungen zum Atheismusstreit von 1798/99: PhJ 73 (1965/66) 303–321

– (Hg.), Prinzip Freiheit. Eine Auseinandersetzung um Chancen und Grenzen transzendentalphilosophischen Denkens, Freiburg–München 1979

J. Baur, Freiheit und Emanzipation. Ein philosophisch-theologischer Traktat, Stuttgart 1974

O. Bayer, Zugesagte Freiheit. Zur Grundlegung theologischer Ethik (GTB 379), Gütersloh 1980

–, Umstrittene Freiheit. Theologisch-philosophische Kontroversen (UTB 1092), Tübingen 1981
S. Beckett, Endspiel (es 96) Frankfurt ^{7}1976
S. Ben-Chorin, Die Antwort des Jona. Zum Gestaltwandel Israels. Ein geschichtstheologischer Versuch, Hamburg 1956
–, Bruder Jesus. Der Nazarener in jüdischer Sicht (List-TB 394), München 1967
W. Benjamin, Illuminationen. Ausgewählte Schriften, Frankfurt 1955
H. Biesel, Das Leid in der Welt und die Liebe Gottes, Düsseldorf 1972
G. Bitter, Erlösung. Die religionspädagogische Realisierung eines zentralen theologischen Themas, München 1976
J. Blank, Das Evangelium als Garantie der Freiheit, Würzburg 1970
– (Hg.), Der Mensch am Ende der Moral, Düsseldorf 1971
– Jesus von Nazareth. Geschichte und Relevanz, Freiburg 1972
–, Art. Jesus Christus/Christologie. Bibeltheologisch: NHthG 2, 226–239
E. Bleske, Konfliktfeld Ehe und christliche Ethik, München 1981
E. Bloch, Atheismus im Christentum. Zur Religion des Exodus und des Reichs (rde 347–49), Reinbek 1970
–, Das Prinzip Hoffnung (stw 3), Frankfurt 1973
H. Blumenberg, Die Legitimität der Neuzeit, Frankfurt 1966
D. Bonhoeffer, Ethik, München ^{7}1966
–, Widerstand und Ergebung. Briefe und Aufzeichnungen aus der Haft (siebenstern 1), München–Hamburg ^{3}1966
G. Bornkamm, Jesus von Nazareth, Stuttgart ^{5}1960
B. Brecht, Gedichte und Lieder (BS 33), Frankfurt 1966
–, Die heilige Johanna der Schlachthöfe (es 113), Frankfurt 1966
–, Der gute Mensch von Sezuan (es 73), Frankfurt ^{6}1967
–, Der kaukasische Kreidekreis (es 31), Frankfurt ^{8}1969
–, Mutter Courage und ihre Kinder (es 49), Frankfurt ^{11}1969
–, Ausgewählte Gedichte (es 86), Frankfurt ^{7}1973
–, Die Dreigroschenoper (es 229), Frankfurt ^{9}1973
W. Breuning, Aktive Proexistenz – Die Vermittlung Jesu durch Jesus selbst: TThZ 83 (1974) 193–213
N. Brox, Soteria und Salus. Heilsvorstellungen in der Alten Kirche: EvTh 33 (1973) 253–279
R. Bultmann, Das Verhältnis der urchristlichen Christusbotschaft zum historischen Jesus, Heidelberg ^{4}1965
A. Camus, Hochzeit des Lichts, Zürich 1954
–, Die Pest (rororo 15), Reinbek 1959
–, Der Mythos von Sisyphos. Ein Versuch über das Absurde (rde 90), Reinbek 1960
–, Der Fremde (rororo 432), Reinbek 1961
–, Der Fall (rororo 1044), Reinbek 1968
–, Der Mensch in der Revolte. Essays (rororo 1216/17), Reinbek 1969
R. Descartes, Meditationes de prima philosophia (Phil. Bibl. 250 a), Hamburg 1959
–, Von der Methode (Phil. Bibl. 26 a), Hamburg 1960
W. Dettloff, Art. Erlösung, dogmengeschichtlich und systematisch: HthG I, 308–319
L. Dewart, Die Zukunft des Glaubens, Einsiedeln 1968
F. M. Dostojewskij, Die Brüder Karamasow (dtv 2043), München 1978
E. Drewermann, Strukturen des Bösen. Die jahwistische Urgeschichte in exegetischer, psychoanalytischer und philosophischer Sicht. 3 Bde., Paderborn 1977/78

–, Psychoanalyse und Moraltheologie. Bd. 1: Angst und Schuld, Mainz 1982
F. Dürrenmatt, Theaterprobleme, Zürich 1955
G. Ebeling, Wort und Glaube, Tübingen [3]1967
–, Wort und Glaube. Bd. 2: Beiträge zur Fundamentaltheologie und zur Lehre von Gott, Tübingen 1969
–, Wort und Glaube. Bd. 3: Beiträge zur Fundamentaltheologie, Soteriologie und Ekklesiologie, Tübingen 1975
–, Dogmatik des christlichen Glaubens. 3 Bde., Tübingen 1979
G. Eich, Botschaften des Regens (es 48), Frankfurt 1963
P. Eicher, Die anthropologische Wende. Karl Rahners philosophischer Weg vom Wesen des Menschen zur personalen Existenz, Freiburg (Schweiz) 1970
–, Offenbarung. Prinzip neuzeitlicher Theologie, München 1977
–, Bürgerliche Religion. Eine theologische Kritik, München 1983
–, Art. Neuzeitliche Theologien. A. Die katholische Theologie: NHthG 3, 196–235
H. M. Enzensberger, Die Gedichte, Frankfurt 1983
A. Exeler, Zur Katechese über die Erlösung: Oberrhein. Pastoralblatt 67 (1966) 33–37
L. Feuerbach, Werke in sechs Bänden (ed. *E. Thies*), Frankfurt 1975ff.
J. G. Fichte, Werke. 11 Bde. (ed. *I. H. Fichte*), Berlin 1971
P. Fiedler, Sünde und Vergebung im Christentum: Conc 10 (1974) 568–571
–, Jesus und die Sünder, Frankfurt–Bern 1976
K. P. Fischer, Der Mensch als Geheimnis. Die Anthropologie Karl Rahners, Freiburg 1974
S. Freud, Fragen der Gesellschaft, Ursprünge der Religion (Studienausgabe IX, ed. *A. Mitscherlich* u. a.), Frankfurt 1974
G. Friedrich, Die Verkündigung des Todes Jesu im Neuen Testament, Neukirchen–Vluyn 1982
M. Frisch, Biografie. Ein Spiel, Frankfurt 1967
–, Stiller, Frankfurt [6]1976
E. Fuchs, Zur Frage nach dem historischen Jesus. Gesammelte Aufsätze II, Tübingen [2]1965
G. Fuchs, Glaubenserfahrung – Theologie – Religionsunterricht. Ein Versuch ihrer Zuordnung: KatBl 103 (1978) 190–216
–, Roter Faden Theologie – eine Skizze zur Orientierung: KatBl 107 (1982) 165–181
V. Gardavsky, Gott ist nicht ganz tot. Betrachtungen eines Marxisten über Bibel, Religion und Atheismus, München [5]1971
H. Gese, Die Sühne: Zur biblischen Theologie. Alttestamentliche Vorträge, München 1977, 85–106
J. Gnilka, Wie urteilte Jesus über seinen Tod?: *K. Kertelge* (Hg.), Der Tod Jesu, 13–50
F. Gogarten, Verhängnis und Hoffnung der Neuzeit. Die Säkularisierung als theologisches Problem (siebenstern 72), München–Hamburg 1966
G. Greshake, Gnade als konkrete Freiheit. Eine Untersuchung zur Gnadenlehre des Pelagius, Mainz 1972
–, Der Wandel der Erlösungsvorstellungen in der Theologiegeschichte: *L. Scheffczyk* (Hg.), Erlösung, 69–101
–, Erlösung und Freiheit. Zur Neuinterpretation der Erlösungslehre Anselms von Canterbury: ThQ 153 (1973) 323–345
–, Geschenkte Freiheit. Einführung in die Gnadenlehre, Freiburg 1977
– /*G. Lohfink* (Hg.), Bittgebet – Testfall des Glaubens, Mainz 1978
–, Der Preis der Liebe. Besinnung über das Leid, Freiburg 1978

–, Gottes Heil – Glück des Menschen. Theologische Perspektiven, Freiburg 1983
J. Habermas, Arbeit und Interaktion. Bemerkungen zu Hegels Jenenser »Philosophie des Geistes«: *ders.,* Technik und Wissenschaft als »Ideologie«, Frankfurt 1968, 9–47
–, Philosophisch-politische Profile, Frankfurt 1971
–, Legitimationsprobleme im Spätkapitalismus (es 623), Frankfurt 1973
–, Der philosophische Diskurs der Moderne. Zwölf Vorlesungen, Frankfurt 1985
F. Hahn, Methodologische Überlegungen zur Rückfrage nach Jesus: *K. Kertelge* (Hg.), Rückfrage, 11–77
A. von Harnack, Lehrbuch der Dogmengeschichte. 3 Bde., Darmstadt (Neudruck der 4. Auflage 1909) 1964
U. Hedinger, Wider die Versöhnung Gottes mit dem Elend. Eine Kritik des christlichen Theismus und A-Theismus, Zürich 1972
G.W.F. Hegel, Werke in zwanzig Bänden (Theorie Werkausgabe), Frankfurt 1969–1971
M. Heidegger, Was ist Metaphysik?, Frankfurt ^{8}1960
–, Holzwege, Frankfurt ^{4}1963
B. van der Heijden, Karl Rahner. Darstellung und Kritik seiner Grundpositionen, Einsiedeln 1973
J. Heinrichs, Sinn und Intersubjektivität. Zur Vermittlung von transzendentalphilosophischem und dialogischem Denken in einer »transzendentalen Dialogik«: ThPh 45 (1970) 161–191
–, Fichte, Hegel und der Dialog. Ein Bericht in systematischer Absicht: ThPh 47 (1972) 90–131
–, Ideologie oder Freiheitslehre? Zur Rezipierbarkeit der thomanischen Gnadenlehre von einem transzendentaldialogischen Standpunkt: ThPh 49 (1974) 395–436
–, Theorie welcher Praxis? Theorie-Praxis-Vermittlung als die Grundaufgabe praktischer Theologie: *L. Bertsch* (Hg.), Theologie zwischen Theorie und Praxis, Frankfurt 1975, 9–85
–, Reflexion und soziales System. Perspektiven einer Reflexions-Systemtheorie: ThPh 51 (1976) 538–558
M. Hengel, Der stellvertretende Sühnetod Jesu. Ein Beitrag zur Entstehung des urchristlichen Kerygmas: IKaZ 9 (1980) 1–25.135–147
D. Henke, Gott und Grammatik. Nietzsches Kritik der Religion, Pfullingen 1981
Th. Hobbes, Leviathan (RK 187–189), Reinbek 1965
–, Naturrecht und allgemeines Staatsrecht in den Anfangsgründen (Übers. *F. Tönnies*), Darmstadt 1976
P. Hoffmann/V. Eid, Jesus von Nazareth und eine christliche Moral. Sittliche Perspektiven der Verkündigung Jesu, Freiburg 1975
P. Hoffmann, »Er weiß, was ihr braucht ...« (Mt 6,7). Jesu einfache Rede von Gott: *H. Merklein/E. Zenger* (Hg.), Ich will euer Gott werden (SBS 100), Stuttgart 1981, 153–176
M. Horkheimer, Kritische Theorie. 2 Bde. Hg. v. *A. Schmidt,* Frankfurt 1968
–, Die Sehnsucht nach dem ganz Anderen. Ein Interview mit Kommentar v. *H. Gumnior,* Hamburg 1970
W. Hübener, Carl Schmitt und Hans Blumenberg oder über Kette und Schuß in der historischen Textur der Moderne: *J. Taubes* (Hg.), Religionstheorie und Politische Theologie. Bd. 1: Der Fürst dieser Welt. Carl Schmitt und die Folgen, Paderborn ^{2}1985, 57–76

P. Hünermann, »Erlöse uns von dem Bösen«. Theologische Reflexion auf das Böse und die Erlösung vom Bösen: ThQ 162 (1982) 317–329
–, Erlöste Freiheit. Dogmatische Reflexionen im Ausgang von den Menschenrechten: ThQ 165 (1985) 1–14
Instruktion der Kongregation für die Glaubenslehre über die christliche Freiheit und die Befreiung. Hg. v. Sekretariat der Deutschen Bischofskonferenz, Bonn 1986
Instruktion der Kongregation für die Glaubenslehre über einige Aspekte der »Theologie der Befreiung«. Hg v. Sekretariat der Deutschen Bischofskonferenz, Bonn ²1984
W. Jäger, Paideia. 3 Bde., Berlin 1934–1947
–, Das frühe Christentum und die griechische Bildung, Berlin 1963
W. Janke, Fichte. Sein und Reflexion – Grundlagen der kritischen Vernunft, Berlin 1970
B. Janowski, Sühne als Heilsgeschehen. Studien zur Sühnetheologie der Priesterschaft und zur Wurzel KPR im Alten Orient und im Alten Testsament, Neukirchen–Vluyn 1982
K. Jaspers, Von der Wahrheit, München 1958
J. Jeremias, Neutestamentliche Theologie. Erster Teil: Die Verkündigung Jesu, Gütersloh ³1979
E. Jüngel/K. Rahner, Was ist ein Sakrament? Vorstöße zur Verständigung, Freiburg 1971
E. Jüngel, Unterwegs zur Sache. Theologische Bemerkungen, München 1972
–, Gott als Geheimnis der Welt. Zur Begründung der Theologie des Gekreuzigten im Streit zwischen Theismus und Atheismus, Tübingen 1977
E. Käsemann, Exegetische Versuche und Besinnungen. 2 Bde., Bd. I, Göttingen ⁴1965. Bd. II, Göttingen ²1965
–, Der Ruf der Freiheit, Tübingen ³1968
F. Kafka, Die Erzählungen, Frankfurt 1961
I. Kant, Werke in zehn Bänden (ed. *W. Weischedel*), Darmstadt 1968–1970
W. Kasper, Das Absolute in der Geschichte. Philosophie und Theologie der Geschichte in der Spätphilosophie Schellings, Mainz 1965
–, Einführung in den Glauben, Mainz 1972
–, Krise und Neuanfang der Christologie im Denken Schellings: EvTh 33 (1973) 366–384
–, Jesus der Christus, Mainz 1974
–, Christologie von unten? Kritik und Neuansatz gegenwärtiger Christologie: *L. Scheffczyk* (Hg.), Grundfragen der Christologie heute, Freiburg 1975, 141–170
–, Der Gott Jesu Christi, Mainz 1982
K. Kertelge (Hg.), Rückfrage nach Jesus. Zur Methodik und Bedeutung der Frage nach dem historischen Jesus, Freiburg 1974
– (Hg.), Der Tod Jesu. Deutungen im Neuen Testament, Freiburg 1976
– Das Verständnis des Todes bei Paulus: *ders.* (Hg.), Der Tod Jesu, 114–136
H. Kessler, Die theologische Bedeutung des Todes Jesu. Eine traditionsgeschichtliche Untersuchung, Düsseldorf ²1971
–, Erlösung als Befreiung, Düsseldorf 1972
–, Erlösung als Befreiung?: StdZ 191 (1973) 849–853; 192 (1974) 3–16
–, Sucht den Lebenden nicht bei den Toten. Die Auferstehung Jesu Christi in biblischer, fundamentaltheologischer und systematischer Sicht, Düsseldorf 1985
–, Art. Auferstehung: NHthG 1, 78–96
–, Art. Erlösung/Soteriologie: NHthG 1, 241–254

S. Kierkegaard, Entweder – Oder (ed. *H. Diem/W. Rest*), Köln–Olten [2]1968
–, Philosophische Brosamen (ed. *H. Diem/W. Rest*), Köln–Olten [2]1968
–, Einübung im Christentum (GTB 621), Gütersloh 1980
–, Die Krankheit zum Tode (GTB 620), Gütersloh [2]1982
–, Der Liebe Tun. 2 Bde. (GTB 616/617), Gütersloh 1983
–, Der Begriff Angst (GTB 608), Gütersloh [2]1983
–, Kleine Schriften 1848/49 (GTB 619), Gütersloh 1984
W. Kohlschmidt, Nihilismus der Romantik: *D. Arendt* (Hg.), Der Nihilismus, 79–98
L. Kolakowski, Der Mensch ohne Alternative. Von der Möglichkeit und Unmöglichkeit, Marxist zu sein, München 1967
H. Krings, System und Freiheit. Gesammelte Aufsätze, Freiburg–München 1980
– /*E. Simons,* Art. Gott: HphG 3, 614–641
W. G. Kümmel, Dreißig Jahre Jesusforschung (1950–1980), Königstein 1985
J. E. Kuhn, Katholische Dogmatik I, Tübingen [2]1859
W. Lautemann, Transzendentalphilosophie als Anthropologie und als Erscheinungslehre. Ein Panorama neuerer Fichte-Interpretationen: Philosophische Rundschau 23 (1976) 197–236
K. Lehmann, »Er wurde für uns gekreuzigt«. Eine Skizze zur Neubesinnung in der Soteriologie: ThQ 162 (1982) 298–317
F. Lentzen-Deis, Kriterien für die historische Beurteilung der Jesusüberlieferung in den Evangelien: *K. Kertelge* (Hg.), Rückfrage, 78–117
G. E. Lessing, Werke. 3 Bde. (ed. *K. Wölfel*), Frankfurt 1967
C. Levin, Die Verheißung des neuen Bundes in ihrem theologiegeschichtlichen Zusammenhang ausgelegt, Göttingen 1985
E. Linnemann, Gleichnisse Jesu. Einführung und Auslegung, Göttingen [4]1966
K. Löwith, Weltgeschichte und Heilsgeschehen. Die theologischen Voraussetzungen der Geschichtsphilosophie, Stuttgart 1953
–, Nietzsches Versuch zur Wiedergewinnung der Welt: Gott, Mensch und Welt in der Metaphysik von Descartes bis zu Nietzsche, Göttingen 1967, 156–196
–, Nietzsches Philosophie der ewigen Wiederkehr des Gleichen, Hamburg [3]1978
N. Lohfink, Heil als Befreiung in Israel: *L. Scheffczyk* (Hg.), Erlösung, 30–50
H. de Lubac, Die Freiheit der Gnade. Bd. II: Das Paradox des Menschen, Einsiedeln 1971
M. Machovec, Jesus für Atheisten, Stuttgart–Berlin 1972
G. Marcel, Das ontologische Geheimnis. Drei Essais (reclam 8643/44), Stuttgart 1961
O. Marquard, Schwierigkeiten mit der Geschichtsphilosophie, Frankfurt 1973
K. Marx, Werke. 6 Bde. (ed. *H.-J. Lieber*), Darmstadt 1971–1975
H. Merklein, Die Gottesherrschaft als Handlungsprinzip. Untersuchungen zur Ethik Jesu, Würzburg [2]1981
J. B. Metz, Der Unglaube als theologisches Problem: Conc 1 (1965) 484–492
–, Zeit der Orden? Zur Mystik und Politik der Nachfolge, Freiburg 1977
–, Glaube in Geschichte und Gesellschaft. Studien zu einer praktischen Fundamentaltheologie, Mainz 1977
– (Hg.), Die Theologie der Befreiung: Hoffnung oder Gefahr für die Kirche (Schriften der kath. Akademie in Bayern Bd. 122), Düsseldorf 1986
–, Erlösung und Emanzipation: *L. Scheffczyk* (Hg.), Erlösung, 120–140
Ch. Moeller, Der Mensch vor dem Heil. Eine Untersuchung moderner Literatur, Salzburg 1967

J. Möller, Freiheit und Erlösung. Eine Reflexion zur Freiheitsgeschichte der Neuzeit: ThQ 162 (1982) 275–288
–, Einleitung: Der unbewältigte Gott der Philosophen: *ders.,* (Hg.), Der Streit um den Gott der Philosophen. Anregungen und Antworten, Düsseldorf 1985, 7–16
–, Sein – Freiheit – Gott: *ders.,* (Hg.), Der Streit um den Gott der Philosophen. Anregungen und Antworten, Düsseldorf 1985, 36–47
J. Moltmann, Der gekreuzigte Gott. Das Kreuz Christi als Grund und Kritik christlicher Theologie, München 1972
T. Moser, Gottesvergiftung, Frankfurt 1976
K. Müller, Art. Exegese/Bibelwissenschaft: NHthG 1, 332–353
R. Musil, Der Mann ohne Eigenschaften, Hamburg 1952
F. Mußner, Theologie der Freiheit nach Paulus, Freiburg 1976
– (u. Mitarbeiter), Methodologie der Frage nach dem historischen Jesus: *K. Kertelge* (Hg.), Rückfrage, 118–147
K. Niederwimmer, Der Begriff der Freiheit im Neuen Testament, Berlin 1966
F. Nietzsche, Werke in drei Bänden (ed. *K. Schlechta*), Darmstadt ^{7}1973
A. Noffke, Ehre und Genugtuung (Diss.), Erlangen 1940
Novalis, Die Christenheit oder Europa: Werke und Briefe (ed. *A. Kelletat*), München 1962, 389–408
L. Oberlinner, Todeserwartung und Todesgewißheit Jesu, Stuttgart 1980
L. Oeing-Hanhoff, Das Reich der Freiheit als absoluter Endzweck der Welt. Tübinger und weitere Perspektiven: *J. Simon* (Hg.), Freiheit, 55–83
W. Oelmüller (Hg.), Normenbegründung – Normendurchsetzung (UTB 836), Paderborn 1978
W. Pannenberg, Grundfragen systematischer Theologie. Gesammelte Aufsätze, Göttingen 1967
–, Grundzüge der Christologie, Gütersloh ^{3}1969
– u. a., Offenbarung als Geschichte, Göttingen ^{4}1970
–, Gottesgedanke und menschliche Freiheit, Göttingen 1972
–, Wissenschaftstheorie und Theologie, Frankfurt 1973
–, Ethik und Ekklesiologie. Gesammelte Aufsätze, Göttingen 1977
G. Patzig, Art. Agnostizismus, philosophisch: RGG^{3} I, 175f.
Ch. Péguy, Das Mysterium der Hoffnung, Wien–München 1952
O. H. Pesch/A. Peters, Einführung in die Lehre von Gnade und Rechtfertigung, Darmstadt 1981
O. H. Pesch, Frei sein aus Gnade. Theologische Anthropologie, Freiburg 1983
R. Pesch, Jesus, ein freier Mann: Conc 10 (1974) 182–188
–, Das Abendmahl und Jesu Todesverständnis: *K. Kertelge* (Hg.), Der Tod Jesu, 137–187
T. R. Peters, Tod wird nicht mehr sein, Zürich–Einsiedeln–Köln 1978
H. Peukert, Wissenschaftstheorie – Handlungstheorie – Fundamentale Theologie. Analysen zu Ansatz und Status theologischer Theoriebildung, Düsseldorf 1976
–, Sprache und Freiheit. Zur Pragmatik ethischer Rede: *F. Kamphaus/R. Zerfaß* (Hg.), Ethische Predigt und Alltagsverhalten, München–Mainz 1977, 44–75
–, Kommunikative Freiheit und absolute befreiende Freiheit: *H. Vorgrimler* (Hg.), Wagnis Theologie. Erfahrungen mit der Theologie K. Rahners, Freiburg–Basel–Wien 1979, 274–283
–, Kontingenzerfahrung und Identitätsfindung. Bemerkungen zu einer Theorie der Religion und zur Analytik religiös dimensionierter Lernprozesse: *J. Blank/G. Hasenhüttl* (Hg.), Erfahrung, Glaube und Moral, Düsseldorf 1982, 76–102

–, Über die Zukunft von Bildung: Frankfurter Hefte, FH-extra 6 (1984) 129–137
–, Art. Fundamentaltheologie: NHthG 2, 16–25
O. Pöggeler, Hegel und die Anfänge der Nihilismus-Diskussion: *D. Arendt* (Hg.), Der Nihilismus, 307–349
W. Post, Kritische Theorie und metaphysischer Pessimismus. Zum Spätwerk Max Horkheimers, München 1971
Th. Pröpper, Der Jesus der Philosophen und der Jesus des Glaubens. Ein theologisches Gespräch mit Jaspers, Bloch, Kolakowski, Gardavsky, Machovec, Fromm, Ben-Chorin, Mainz 1976
–, Warum gerade ich? Zur Frage nach dem Sinn von Leiden: KatBl 108 (1983) 253–274
–, Gottes Ja – unsere Freiheit. Theologische Betrachtungen, Mainz 1983
–, Erlösungsglaube und Freiheitsgeschichte. Eine Skizze zur Soteriologie, München 1985
–, Thesen zum Wunderverständnis: *G. Greshake/G. Lohfink* (Hg.), Bittgebet, 71–91
–, Art. Freiheit: NHthG 1, 374–403
K. Rahner, Schriften zur Theologie. 16 Bde., Einsiedeln 1954–1984
–, Hörer des Wortes. Zur Grundlegung einer Religionsphilosophie, München ²1963
–, Bemerkungen zum Begriff der Offenbarung: *J. Ratzinger/K. Rahner,* Offenbarung und Überlieferung, Freiburg 1965, 11–24
–, Grundkurs des Glaubens. Einführung in den Begriff des Christentums, Freiburg 1976
–, Art. Offenbarung: KThW 265–269
–, Art. Erbsünde: HThT 2, 155–164
J. Ratzinger, Einführung in das Christentum, München 1968
W. Rehm, Jean Paul – Dostojewski. Eine Studie zur dichterischen Gestaltung des Unglaubens, Göttingen 1962
T. Rendtorff, Theorie des Christentums. Historisch-theologische Studien zu seiner neuzeitlichen Verfassung, Gütersloh 1972
P. Ricoeur, Die Fehlbarkeit des Menschen. Phänomenologie der Schuld I, Freiburg–München 1971
–, Symbolik des Bösen. Phänomenologie der Schuld II, Freiburg–München 1971
J. M. Robinson, Kerygma und historischer Jesus, Zürich ²1967
R. Rothe, Theologische Ethik. 5 Bde., Wittenberg ²1867–1871
J. P. Sartre, Dramen, Reinbek 1949
–, Drei Essays (Ullstein-TB 304), Frankfurt–Berlin 1962
–, Das Sein und das Nichts. Versuch einer phänomenologischen Ontologie, Hamburg 1974
G. Sauter, Heilsvorstellungen und Heilserwartungen. Notizen zur theologischen Orientierung: EvTh 83 (1974) 227–243
J. C. Scannone, Die Dialektik von Herr und Knecht. Ontologische Reflexionen zur Praxis der Befreiung: *P. Hünermann/G. P. Fischer* (Hg.), Gott im Aufbruch, Freiburg 1974, 119–167
H. Schaller, Verbirg nicht dein Gesicht vor mir. Vom christlichen Bitten und Klagen, Mainz 1982
L. Scheffczyk, (Hg.), Erlösung und Emanzipation, Freiburg 1973
F. W. J. Schelling, Philosophie der Offenbarung. 2 Bde., Darmstadt 1966
–, Schriften von 1801–1804, Darmstadt 1973
–, Schriften von 1806–1813, Darmstadt 1974
D. Schellong, Bürgertum und christliche Religion (Theologische Existenz heute 187), München ²1984

G. Scherer, Reflexion – Meditation – Gebet. Ein philosophischer Versuch, Essen 1973
E. Schillebeeckx, Jesus. Die Geschichte von einem Lebenden, Freiburg 1975
–, Christus und die Christen. Die Geschichte einer neuen Lebenspraxis, Freiburg 1977
F. Schleiermacher, Der christliche Glaube. 2 Bde. (ed. *M. Redeker*), Berlin [7]1960
H.R. Schlette, Vom Atheismus zum Agnostizismus: *ders.* (Hg.), Der moderne Agnostizismus, Düsseldorf 1979, 207–223
–, »Geben – nicht Hassen«. Zur Friedensformel von Albert Camus: Orientierung 48 (1984) 266–268
H. Schlier, Über das vollkommene Gesetz der Freiheit: Die Zeit der Kirche, Freiburg [3]1962, 193–206
R. Schnackenburg, Gottes Herrschaft und Reich. Eine biblisch-theologische Studie, Freiburg [2]1961
–, Befreiung nach Paulus im heutigen Fragehorizont: *L. Scheffzcyk* (Hg.), Erlösung, 51–68
–, Ist der Gedanke des Sühnetodes Jesu der einzige Zugang zum Verständnis unserer Erlösung durch Jesus Christus? (Mit Teilbeiträgen von O. Knoch und W. Breuning): *K. Kertelge* (Hg.), Der Tod Jesu, 205–230
Th. Schneider, Zeichen der Nähe Gottes. Grundriß der Sakramententheologie, Mainz 1979
P. Schoonenberg, Theologie der Sünde. Ein theologischer Versuch, Einsiedeln 1966
H. Schürmann, Jesu ureigener Tod. Exegetische Besinnungen und Ausblick, Freiburg 1975
–, Gottes Reich – Jesu Geschick. Jesu ureigener Tod im Licht seiner Basileia-Verkündigung, Freiburg 1983
G. Schulte, Die Wissenschaftslehre des späten Fichte, Frankfurt 1971
W. Schulz, Der Gott der neuzeitlichen Metaphysik, Pfullingen [3]1957
–, J. G. Fichte. Vernunft und Freiheit, Pfullingen 1962
–, Die Vollendung des Deutschen Idealismus in der Spätphilosophie Schellings, Pfullingen [2]1975
F. Schupp, Glaube – Kultur – Symbol. Versuch einer kritischen Theorie sakramentaler Praxis, Düsseldorf 1974
R. Schwager, Der wunderbare Tausch. Zur Geschichte und Deutung der Erlösungslehre, München 1986
A. Schweitzer, Geschichte der Leben-Jesu-Forschung. 2 Bde. (siebenstern 77–80), München–Hamburg 1966
M. Seckler, Das Haupt aller Menschen. Zur Interpretation eines Thomastextes: *J. Möller* (Hg.), Virtus politica. Festgabe zum 75. Geburtstag von Alfons Hufnagel, Stuttgart 1974, 107–125
–, Theosoterik und Autosoterik: ThQ 162 (1982) 289–298
J. Simon (Hg.), Freiheit. Theoretische und praktische Aspekte des Problems, Freiburg–München 1977
–, Grammatik und Wahrheit. Über das Verhältnis Nietzsches zur Satzgrammatik der metaphysischen Tradition: *J. Salaquarda* (Hg.), Nietzsche (WdF 521), Darmstadt 1980, 185–218
E. Simons, Philosophie der Offenbarung. Auseinandersetzung mit Karl Rahner, Stuttgart 1966
P. Sloterdijk, Kritik der zynischen Vernunft (es 1099), Frankfurt 1983

D. Sölle, Stellvertretung. Ein Kapitel Theologie nach dem »Tode Gottes«, Stuttgart [4]1967
–, Phantasie und Gehorsam. Überlegungen zu einer künftigen christlichen Ethik, Stuttgart 1968
–, Leiden, Stuttgart–Berlin 1973
–, Die Hinreise. Zur religiösen Erfahrung. Texte und Überlegungen, Stuttgart 1975
B. Spinoza, Die Ethik (Phil. Bibl. 92), Hamburg 1967
D. F. Strauss, Das Leben Jesu. 2 Bde., Darmstadt 1969
B. Studer, Gott und unsere Erlösung im Glauben der Alten Kirche, Düsseldorf 1985
Th. Süß, Der Nihilismus bei F. H. Jacobi: *D. Arendt* (Hg.), Der Nihilismus, 65–78
M. Theunissen, Hegels Lehre vom absoluten Geist als theologisch-politischer Traktat, Berlin 1970
– /*W. Greve* (Hg.), Materialien zur Philosophie Sören Kierkegaards (stw 241), Frankfurt 1979
W. Thüsing, Die neutestamentlichen Theologien und Jesus Christus. Bd. 1: Kriterien, Düsseldorf 1981
H. Timm, Gott und die Freiheit. Studien zur Religionsphilosophie der Goethezeit. Bd. 1: Die Spinozarenaissance, Frankfurt 1974
E. Troeltsch, Was heißt »Wesen des Christentums«?: Gesammelte Schriften. 2. Bd.: Zur religiösen Lage, Religionsphilosophie und Ethik, Aalen (Neudruck der 2. Aufl. 1922) 1962, 386–451
–, Die Absolutheit des Christentums und die Religionsgeschichte (siebenstern 138), München–Hamburg 1969
H.-J. Venetz/H. Vorgrimler (Hg.), Das Lehramt der Kirche und der Schrei der Armen. Analysen zur Instruktion der Kongregation für die Glaubenslehre über einige Aspekte der »Theologie der Befreiung«, Freiburg (Schweiz)–Münster 1985
A. Vögtle, Jesus von Nazareth: *R. Kottje/B. Moeller* (Hg.), Ökumenische Kirchengeschichte I, Mainz–München 1970, 3–24
–, Todesankündigungen und Todesverständnis Jesu: *K. Kertelge* (Hg.), Der Tod Jesu, 51–113
–, Der verkündigende und verkündigte Jesus »Christus«: *J. Sauer* (Hg.), Wer ist Jesus Christus?, Freiburg 1977, 27–91
K.-H. Volkmann-Schluck, Nietzsches Stellung zur überlieferten Metaphysik: Leben und Denken. Interpretationen zur Philosophie Nietzsches, Frankfurt 1968, 64–114
Voltaire, Candide oder der Optimismus (it 11), Frankfurt 1973
H. Vormweg, Das Elend der Aufklärung. Über ein Dilemma in Deutschland, Darmstadt–Neuwied 1984
M. Walser, Die Gallistl'sche Krankheit, Frankfurt 1972
K. H. Weger, Theologie der Erbsünde, Freiburg 1970
S. Weil, Das Unglück und die Gottesliebe, München 1953
M. Welker (Hg.), Diskussion über Jürgen Moltmanns Buch »Der gekreuzigte Gott«, München 1979
J. Werbick, Schulderfahrung und Bußsakrament, Mainz 1985
–, Versöhnung durch Sühne? (Unveröff. Manuskr.)
D. Wiederkehr, Glaube an Erlösung. Konzepte der Soteriologie vom Neuen Testament bis heute, Freiburg 1976
–, Die ganze Erlösung. Dimensionen des Heils: ThQ 162 (1982) 329–341

E. Wiesnet, Die verratene Versöhnung. Zum Verhältnis von Christentum und Strafe, Düsseldorf 1980
B. A. Willems, Erlösung in Kirche und Welt, Freiburg 1968
Chr. Wolf, Kassandra. Erzählung, Darmstadt–Neuwied [6]1983

Personenregister

(Nicht aufgenommen sind biblische Namen und Gestalten aus Literatur und Mythologie.)